한국인과 한국어의 발상과 표현

한국인과 한국어의 발상과 표현

박 갑 수

역락

머리말

오랜 숙제를 마치게 되니 가슴이 후련하다.

지금으로부터 40여 년 전 일본에서 문체론(文體論)을 연구하고 돌아와 "국어의 발상"이란 강의를 하게 되었고, 그 뒤 같은 제목의 책을 쓰기로 하였다. 그러나 커리큘럼이 바뀌어 강의를 하지 않게 되니 자연히 이 일은 소홀하게 되어 마음에 부담으로만 남게 되었다. 그러던 것을 정년을 하고, 숙제에 본격적으로 손을 대어 "한국인과 한국어의 발상과 표현"을 출간하게 되니, 정말 40년 묵은 "체증"이 풀리는 것 같다. 그리고 이 책의 대부분의 원고들이 지상에 발표하지 않은 새로운 글들이어서 다행스럽다.

발상(發想)은 몇 가지 다른 면을 생각할 수 있다. 하나는 민족·국가와 같은 공동체(共同體)의 발상이고, 다른 하나는 개별·개성에 따른 개성적(個性的) 발상이다. 그리고 이는 주체(主體)로서의 발상과 객체로서의 발상이 있을 수 있다. 전자는 한국인(韓國人)의 발상과 같은 것이고, 후자는 한국어(韓國語)의 발상과 같은 것이다. 이 책에서는 발상의 이러한 너덧 가지 국면을 아울러 다루고 있다. 따라서 여기에는 유형적 문체, 개성적 문체, 공통적 발상, 개별적 발상에 대한 논의가 다 함께 이루어지고 있다. 책제를 "한국인과 한국어의 발상과 표현"이라 한 것도 이 때문이다.

이 책은 네 장(章)으로 이루어졌다.

제1장 "언어문화의 발상과 표현의 원리"는 우선 "발상(發想)"의 의미를 규명하고, 다양한 발상의 국면을 살펴 표현의 원리를 제시한 것이다. 1.1.은 문자 그대로 발상과 표현의 서설로 쓰인 것이다. 그래서 "발상"이

정의되고, 기발한 발상과 표현의 실례들이 제시되었다. 따라서 흥미로운 읽을거리가 될 수 있을 것이다. 1.2.와 1.3.은 공동체의 유형적 발상 및 표현(문체)을 살핀 것이고, 1.4.는 개성적 발상과 표현(문체)의 문제를 살핀 것이다.

제2장 "성어(成語)에 반영된 발상과 문화"는 본격적인 민족공동체의 유형적 발상을 살핀 것이다. 이러한 유형적 발상은 속담, 관용어, 어원, 관용적 비유 등에 두드러지게 나타난다. 이 장에서는 속담과 관용어를 중심으로 이들을 살펴보았다. 속담은 2.1.과 2.2.에서 가족관계와, 생활 주변 사물을 중심으로, 관용어는 2.3.과 2.4.에서 손과, 이목구비 관련 신체어(身體語)의 관용구를 각각 고찰하였다. 이때 일어권 및 영어권의 속담과 관용어를 비교함으로 한국의 발상과 표현의 특성이 보다 잘 드러나도록 하였다.

제3장 "발상과 수사적 표현의 함수"에서는 수사적 기법과 관련된 발상과 표현의 문제를 다루었다. 3.1.은 유형적 수사적 기법을 살핀 것으로, "열녀춘향수절가"와 동양문고본 "춘향전"의 비유를 통해 한국인의 비유의 특성을 밝힌 것이다. 이에 대해 3.4.는 고전문학의 해학과 풍자를 통해 개별적 특성과 함께, 고전문학 전반에 걸쳐 드러나는 일반적 발상과 표현의 특성을 실례를 통해 제시하였다. 3.2.와 3.3.은 개성적 발상과 표현의 관계를 살핀 것이다. 3.2는 개별 작가에 따라 차이를 보이는 인물의 형상화를 밝힌 것이며, 3.3.은 전통적인 동양문고본계 춘향전을 "고본춘향전"에서 개고자 최남선이 어떻게 개성적 표현을 하고 있는가 밝힌 것이다.

제4장 "한국어의 명명과 한자의 조자"는 언어와 문자에 대한 발상과 표현을 살핀 것이다. 4.1.은 앞에서 언급한 바와 같이 어원(語源)은 유형적 발상을 살필 수 있는 대표적 영역 가운데 하나다. 따라서 여기서는

한국어 어휘의 명명(命名)과 발상의 관계를 심도 있게 살폈다. 특히 발상의 기본으로서, 감각 곧 오관(五官)과 관련시켜 어원을 유형화하여 고찰하였다. 4.2.와 4.3.은 한자의 조자(造字)와 발상 그리고 한국어 어휘의 문제를 다룬 것이다. 한자는 문자인 동시에 한어(漢語)다. 그리고 이 한자어는 우리말 어휘의 과반수를 차지한다. 따라서 한자의 조자 과정, 말을 바꾸면 어원을 이해하는 것은 우리말의 이해를 위해 필요한 작업이다. 그럼에도 이러한 시도가 꾀해지지 않고 있는 것이 오늘의 우리 현실이다. 여기서는 이러한 한자의 조자(造字)와 발상, 그리고 우리말 어휘와의 관계를 살폈다. 4.4.는 언어유희인 수수께끼, 그 가운데도 한국과 중국의 파자(破字) 수수께끼를 살핀 것이다. 수수께끼는 독특한 발상의 언어 표현이다. 이는 유형적 발상을 이해하게 하는가 하면, 흥미를 자아내기도 하여 언어교육에 좋은 자료로 활용될 수 있다.

이 책은 이렇게 한국인의 언어와 발상과 표현의 문제를 다룬 것이다. 언어는 객관적인 단순한 기호가 아니다. 이는 문화를 반영한다. 그것도 특정한 민족의 문화로 포장된 기호다. 한국인의 발상과 표현은 이러한 특정한 문화 기호로 포장된 산품(産品)이다. 따라서 이러한 산품을 통해 우리는 우리의 정체성(正體性)을 확인할 수 있다. 그리고 이를 교육에 의해 후대에 계승되도록 한다. 우리 나름의 발상과 표현을 통해 우리의 정체성을 바로 하고, 또한 이러한 한국적 발상과 표현을 누리는 기회를 많이 가질 수 있게 되길 바라 마지않는다.

2014년 8월 1일

沙平書室에서 南川 적음

차례

머리말 | 5

제1부 언어문화의 발상과 표현의 원리

제1장 한국인의 발상과 표현 서설 …… 15

1. 서언 __ 15
2. 발상과 구성 및 표현 __ 18
3. 기발한 발상과 표현 __ 24
4. 수사와 명명, 그리고 조자(造字) __ 32
5. 결어 __ 41

제2장 비교를 통해 본 한국어의 발상과 표현 …… 43

1. 서언 __ 43
2. 행위에 관한 표현 __ 44
3. 감정·심정에 관한 표현 __ 60
4. 결어 __ 66

제3장 한·일·영어권 사물에 대한 발상과 이미지 …… 69

1. 서언 __ 69
2. 가축에 대한 발상과 이미지 __ 70
3. 안면에 대한 발상과 이미지 __ 85
4. 음식물에 대한 발상과 이미지 __ 100
5. 결어 __ 106

제4장 "황진이" 소설의 발상과 표현 …… 111

1. 서언 __ 111
2. 황진이의 생애와 관련된 기록 __ 113
3. 패설 자료와 소설의 구성 형식 __ 117
4. 패설 자료와 소설의 구성 내용 __ 123
5. 허구와 "황진이" 소설의 구성 __ 132
6. 결어 __ 138

제2부 성어(成語)에 반영된 발상과 문화

제1장 한·일 속담에 반영된 가족 관계 ······ 145
1. 서언 __ 145
2. 한국 속담에 반영된 가족관 __ 146
3. 일본 속담에 반영된 가족관 __ 162
4. 결어 __ 176

제2장 한·일·영어 속담 표현의 발상과 이미지 ······ 181
1. 머리말 __ 181
2. 속담의 발상과 표현 __ 183
3. 맺는 말 __ 203

제3장 "손" 관련 관용어의 발상과 표현 ······ 207
1. 서론 __ 207
2. "손"과 관련된 관용어 __ 208
3. 결어 __ 228

제4장 이목(耳目) 관련 관용어의 발상과 표현 ······ 231
1. 서언 __ 231
2. 언어권 간에 공통되는 관용어 __ 233
3. "귀" 관련 관용어의 유형과 특성 __ 239
4. "눈" 관련 관용어의 유형과 특성 __ 247
5. 결어 __ 261

제3부 발상과 수사적 표현의 함수

제1장 비유에 반영된 한국인의 발상 ······ 267
1. 서언 __ 267
2. 열녀춘향수절가의 비유 __ 268
3. 동양문고본 춘향전의 비유 __ 285
4. 결어 __ 310

제2장 소설 상의 인물 "황진이"의 형상화 ······ 315
1. 서언 __ 315
2. 패설에 반영된 황진이의 인물 __ 317
3. 황진이의 인물과 이의 형상화 __ 321
4. 결어 __ 339

제3장 동양문고본계 "고본춘향전"의 발상과 표현 ······ 343
1. 서언 __ 343
2. 경판본계 장편 춘향전의 해제 __ 345
3. "고본춘향전"의 발상과 표현의 특성 __ 347
4. 결어 __ 371

제4장 고전에 반영된 한국인의 해학과 풍자 ······ 375
1. 글머리에 __ 375
2. 풍자와 해학적 표현의 실제 __ 376
3. 결어 __ 397

제4부 한국어의 명명과 한자의 조자(造字)

제1장 한국어의 어원과 발상과 명명 ······ 401

    1. 서언 __ 401

    2. 시각에 따른 발상과 명명 __ 402

    3. 기타 감각에 따른 발상과 명명 __ 427

    4. 결어 __ 430

제2장 한자의 조자와 한국어의 발상 ······ 433

    1. 서언 __ 433

    2. 한자의 조자 방법 __ 435

    3. 조자에 반영된 발상과 한국어 __ 438

    4. 결어 __ 468

제3장 문자와 언어에 대한 발상의 허실 ······ 471

    1. 서언 __ 471

    2. 조자와 한국어 어휘의 명명 __ 472

    3. 결어 __ 498

제4장 한·중 파자 수수께끼의 원리와 실제 ······ 501

    1. 서언 __ 501

    2. 수수께끼의 종류와 글자 수수께끼 __ 502

    3. 한국의 파자 수수께끼의 유형과 실제 __ 509

    4. 중국의 측자 수수께끼의 유형과 내용 __ 527

    5. 결어 __ 532

사항 찾아보기 | 535

조자(造字) 풀이 찾아보기 | 544

제1부

언어문화의 발상과
표현의 원리

제1장 한국인의 발상과 표현 서설

제2장 비교를 통해 본 한국어의 발상과 표현

제3장 한·일·영어권 사물에 대한 발상과 이미지

제4장 "황진이" 소설의 발상과 표현

제1장│한국인의 발상과 표현 서설

1. 서언

우리는 일상에서 "발상(發想)"이란 말을 곧잘 쓴다. "기발한 발상, 유치한 발상, 발상이 좋다, 발상의 전환, 독창적 발상, 역발상"과 같이 쓰는 것이 그것이다. 발상은 이렇게 흔히 "어떤 생각을 해내는 것"을 의미한다. 그리하여 "기발한 발상"을 하여 뛰어난 신제품이라도 만들게 되면 사업에 성공을 하게 되고, 혹 "엉뚱한 발상"을 하여 기행(奇行)을 하게 되면 웃음거리가 되기도 한다. 발상은 또 "비슷한 발상의 작품"과 같이 생각을 전개해 나가거나, 전개해 나간 형태를 의미하기도 한다.

그러면 "발상"이란 구체적으로 어떤 의미를 지니는 말인가? 우선 사전적 의미부터 보기로 한다.

(1) 국립국어연구원(1999), 표준국어대사전, 두산동아

발상(發想) : (명) ①어떤 생각을 해냄. 또는 그 생각. ②(음) 악곡의

곡상(曲想), 완급(緩急), 강약(强弱) 따위를 표현하는 일.
발상하다 : (동) 발상3① q논리적인 사고가 풍부한 가설을 발상하
게 해 준다./ 그가 발명해 낸 것의 대부분은 일상생활
에서의 불편함을 해결하려고 발상한 것이다.
(2) 김민수 외(1967), 금성판 국어대사전, 금성사
발상(發想) : (명) ①어떤 일을 생각해 내는 것. 또는 그 생각. ②생
각을 전개시키거나 정리하여 형태를 갖춘 것. ③(음)
악곡(樂曲)의 곡상(曲想), 완급(緩急), 강약(强弱) 등을
표현하는 것.

"표준국어대사전"은 "발상"의 의미를 "생각해 내는 것"과 악상의 표
현으로 보고 있는데, 금성판 사전에서는 "생각해 내는 것"과 "구상(構想)
내지 구성(構成)"과 "악상의 표현"이란 세 가지 의미로 보고 있다. 이러한
"發想"이란 한자어를 중국어에서는 음악용어로만 보고 있다. 일본어에서
는 우리와 같이 사용하는데, 三省堂 출판의 "新明解國語辭典"에는 이의
풀이를 다음과 같이 하고 있다.

① 그 문제를 어떻게 취급하고, 어떻게 정리할까에 대한 생각. 아이디어
② (생각한 것을) 효과적인 서술·구성 등에 의해 표현하는 것.
③ (음악에서) 악곡이 지니는 기분 등을 연주 방법에 의해 표현하는 것.

이렇게 "發想"을 "아이디어"와 "서술·구성 등에 의한 표현" 및 "악
상의 표현"이란 세 가지로 본다. 이는 "금성판 국어대사전"의 풀이와 비
슷하나, 표현이란 면에서 볼 때 三省堂版의 사전 풀이가 좀 더 구체적이
라 할 수 있다. 이러한 풀이를 유의(類義)의 어휘와 관련지으면 음악용어
로 쓰이는 것을 제외할 때, 전자는 "착상(着想)", 후자는 "구상(構想)"이 된
다(시사엘리트 한영대사전(1996)은 표제어 "발상"에 대해 "Conception[착상]"이라 풀

이하고 있다.). 따라서 "발상(發想)"은 문장 작법과 관련지을 때, 樺島(1999)
에 보이듯 "어떤 내용이나 표현으로 글을 지음에 있어 자기 나름의 독창
적 아이디어를 드러내는(구성·서술) 것"이라 정의할 수 있다. 이는 곧 간
단히 "창안(創案)"이라 바꿀 수도 있을 것이다.

발상을 영어로 바꾼다면 Ideation이라 할 수 있다. Wikipedia에서는
"Ideation"을 "Idea generation"과 동의어로 보고 있다. 개념 생성, 관념
생성, 사고 유발 등으로 번역할 수 있을 것이다. 이러한 Ideation은 아이
디어(idea)를 사고의 기본 요소로 볼 때, 새로운 아이디어를 생성·발전·
소통하는 창조적 과정이라 할 수 있다. Ideation은 혁신과 발전 및 현실
화에 이르는 사고의 주기 전 단계를 포함한다. 참고로 Wikipedia 원문을
보면 다음과 같다.

Ideation(idea generation)

Ideation is the creative process of generating, developing, and communicating
new ideas, where an idea is understood as a basic element of thought that
can be either visual, concrete, abstract. Ideation comprises all stages of a
thought cycle, from innovation, to development, to actualization.

그러나 "발상"은 반드시 이러한 사전적 의미로만 쓰이는 것은 아니다.
다른 의미로도 쓰인다. 그것은 "한국어의 발상", "영어의 발상", "일본어
의 발상"과 같이 쓰이는 것이 그것이다. 이는 "표현(表現)"과 동의어로 쓰
이는 것이다. 이때의 "발상"은 표현하려는 심적 내용을 구체적 언어표현
으로 바꾸는 표현행동의 과정을 의미한다. 특히 이는 두 언어를 비교하
는 경우 공통되는 의미, 곧 "저층 의미"가 어떻게 표현되느냐 하는 것이
다(國廣, 1992). 이는 개별언어의 통사상, 혹은 어휘상의 표현 특성을 의미
한다. 영어 "That's all I know."를 한국어로 표현할 때 일반적으로 "나

는 그것밖에 몰라."라 하는 것이 그것이다. "그것은 내가 아는 전부다." 라고 하는 것은 한국어의 발상이 아닌, 번역어투의 말이다. 이때의 표현의 차이는 "언어적 발상"과 "문화적 발상"의 차이로 말미암아 드러나게 된다.

이 글에서는 "발상"에 따른 표현의 차이를 살펴보고자 한다. 따라서 문장작법상의 발상과 언어상의 발상이란 양면의 고찰이 다 가능하다. 이 글에서는 주로 문장작법상의 "발상"을 중심으로, 한국어보다 한국인의 표현을 살펴보기로 한다.

"발상"을 표현 면에서 볼 때, 이는 우선 취재한 소재를 선정(選定)하는 과정에서부터 작용한다. 그리하여 발상 여하에 따라 이광수의 "단종애사(1928)"가 되기도 하고, 김동인의 "대수양(1932)"이 된다. 그리고 명명(命名), 조어(造語), 제자(製字), 수사(修辭), 구성(構成), 전환(轉換), 서술(敍述) 등과 관련을 갖는다. 따라서 이 글에서는 이러한 표현 과정 내지, 구조의 구체적 장면을 통해 발상의 특성을 살펴보게 된다. 그러나 여기에서는 표현의 원리를 천착한다기보다, 발상과 표현론(表現論)의 서설로서 표현의 실상을 살펴보고, 이들을 이해하고 향수하게 하는 데 초점을 맞추기로 한다. 그렇게 함으로 표현의 원리를 귀납적으로 파악하게 하려는 것이다. 따라서 보다 기발한 발상과 표현의 묘가 주로 언급될 것이다.

2. 발상과 구성 및 표현

2.1. "사랑손님과 어머니"의 발상과 표현

글을 쓰기 위해서는 우선 구상을 하여야 한다. 그리고 이를 바탕으로 표현하게 된다. 따라서 한국어의 발상과 표현을 살피는 과정도 우선 구상을 하고 이를 하나의 이야기로 엮어 나가는 구성(構成)과 서술(narration)부터 살펴보기로 한다.

주요섭(朱耀燮)의 대표적인 단편에 "사랑손님과 어머니"가 있다. 그리고 단편소설의 대가인 모파상(Maupassant)에게는 잘 알려지지 않은 "시몬의 아빠(Simon's Papa)"란 단편이 있다. 이들 두 작품은 발상(發想)이 같으면서 매우 대조적인 소설이다. 이에 이들 두 작품의 구성과 서술을 비교함으로 한국의 발상과 표현의 특성을 보기로 한다.

이들 두 소설은 다 자녀의 장래를 위해 부모가 재혼을 하느냐, 마느냐 하는 문제를 다루고 있다. 모파상의 "시몬의 아빠"에서는 아들 시몬의 장래를 위해 어머니가 재혼을 하고, 주요섭의 "사랑손님과 어머니"에서는 딸 옥희의 장래를 위해 어머니가 재혼을 단념한다는 상반된 구성을 하고 있다. 그래서 전자는 해피엔딩의 대단원의 막을 내리는가 하면, 후자는 이별이라는 비극으로 막을 내린다. 우선 이들의 구성을 살피기 위해 줄거리를 간단히 보기로 한다.

"시몬의 아빠"의 줄거리

8~9세 된 시몬은 라 브란쇼트(La Blanchotte) 부인의 아들로, 이사를 가 처음 학교에 간 날부터 아이들에게 아버지 없는 아이라고 놀림을 받는다. 부인은 불행한 과거가 있었던 듯 시몬에게는 아버지가 없다.

시몬은 연일 "아버지 없는 아이"라고 조롱을 받는다. 그는 견디다 못해 마침내 투신자살을 하겠다고 결심을 하고 강가로 가 울고 있었다. 이때 대장장이 필립 레미(Philip Remy)가 와 시몬의 사연을 듣고 위로한 뒤, 그를 시몬의 집으로 데리고 온다. 집에 도착한 소년은 필립에게 아버지가 되어 달라고 말함으로 필립과 그의 어머니를 당황하게 하였다. 필립은 시몬이 아버지가 되어 주지 않으면 죽겠다고 하므로 농으로나마 약속을 한다. 그 뒤 시몬은 놀리는 아이들에게 필립이 아버지라 말한다. 필립은 그 뒤 몇 번 시몬네 집 앞을 지나는 적이 있었고, 부인과 대화도 나누는 사이가 되었다. 그러나 부인은 그를 집에 들이지는 않았다. 그럼에도 두 사람의 관계는 소문이 났다.

짓궂은 아이들은 필립이 어머니의 남편이 아니니 아버지가 될 수 없다고 시몬을 몰아댔다. 이에 난처해진 시몬은 필립을 찾아가 문제의 해결을 호소하였다. 그러나 필립도 신통한 해결 방법이 없어 어깨만 으쓱했다. 이러한 과정에 필립의 대장장이 동료들이 라 브란쇼트 부인은 아내로서 훌륭한 여인이라고 칭찬을 주고받는다. 이에 필립은 청혼하기로 결심을 한다. 그리고 시몬에게 "오늘 밤 내가 너의 어머님을 찾아뵙겠다."고 말씀 드리라 한다.

그날 밤 필립은 말쑥하게 차리고 부인을 찾았다. 부인이 소문을 걱정하자, 필립은 그녀에게 자기 부인이 되면 무엇이 걱정이냐고 잘라 말했다. 둘은 키스를 하였다, 그리고 필립이 시몬의 방으로 와 시몬을 안아 치켜들었다. 그리고 "만일 너를 또 아버지 없는 아이라고 놀리는 놈이 있으면, 아버지는 필립 레미며 대장장이고, 너를 건드리는 놈이 있으면 때려 준다고 하였다"고 하라고 한다. 시몬은 이튿날 학교에 가 친구들 앞에서 이를 선포한다. 그러자 아무도 그를 조소하거나 놀리지 않았다. 필립은 아버지로서 자랑할 만한 사람이었기 때문이다.(박갑수, 1966)

"사랑손님과 어머니"의 줄거리

여섯 살배기 옥희네 사랑에 돌아가신 아버지의 친구인 학교 선생님이 하숙을 들었다. 옥희는 그 아저씨가 와 있게 된 것이 기뻤다. 아저씨는 그림책도 보여 주고, 과자도 주며 옥희를 몹시 귀여워하였다. 옥희는 매일 아저씨 방에 놀러갔다.

아저씨와 뒷동산에 산책을 다녀오는데, "옥희가 아빠하구 어디 갔다 온다."는 친구의 말을 듣고, 옥희는 얼굴이 빨개졌다. 그리고 아저씨가 아빠라면 얼마나 좋을까 생각했다. 그래서 대문간에서 아저씨가 우리 아빠라면 좋겠다는 말을 해 아저씨를 당황하게 하였다. 하루는 옥희가 유치원에서 돌아오는 시간에 어머니가 보이지 않자, 옥희는 화가 나 엄마를 골려 주려고 벽장에 숨어 있다가 그만 잠이 들었다. 그래서 온 집 안이 그녀를 찾느라고 한바탕 소동을 벌였다.

옥희는 소동이 벌어지게 한 것이 미안해서 이튿날 어머니를 기쁘게 해 드리려고 유치원 선생님의 책상 화병에서 꽃을 몇 송이 뽑아 가지고 나와 어머니에게 갖다 드렸다. 어머니가 웬 꽃이냐고 묻자 옥희는 사랑 아저씨가 엄마 갖다 주라고 주었다고 거짓말을 하였다. 그러자 엄마는 놀라고, 얼굴을 붉히는가 하면 손가락을 파르르 떨었다. 그리고 이런 것 받아 오면 안 된다며, 이 꽃 얘기를 아무에게도 하지 말라고 하였다. 어머니는 꽃을 꽃병에 꽂아 풍금 위에 올려놓았고, 그날 밤 아버지가 돌아가신 뒤 한 번도 타지 않던 풍금을 타고, 노래를 불렀다. 꽃이 시든 뒤에는 그 꽃을 찬송가 갈피에 꽂아 놓았다.

하루는 아저씨가 하숙비라며 옥희에게 봉투를 전했다. 봉투를 받은 어머니는 당황했고, 봉투 속의 편지를 읽는 어머니의 얼굴은 푸르락 붉으락 하다못해, 손을 바들바들 떨었다. 그날 밤 어머니는 밤중에 장롱에서 아버지의 옷을 꺼내 매만지며, "시험에 들지 말게 하옵시고"를 반복하며 기도문을 외웠다.

이런 일이 있은 뒤 어머니의 태도는 종잡을 수 없었다. 즐거워하기도 하고 가끔은 눈물을 흘리기도 하였다. 그리고 "엄마는 옥희 하나면 그뿐이라"며 우셨다. 하루는 아빠가 있으면 좋겠다는 옥희에게 새로 아빠를 갖게 되면 세상 사람들이 어머니에게는 "화냥년"이라 하고, 옥희에게는 "화냥년의 딸"이라 욕을 한다고 하였다. 그리고 옥희의 사랑을 확인하고 다시 한 번 "엄마는 옥희 하나믄 그만이야"라고 다짐하였다. 그 뒤 사랑방 아저씨의 손수건이라며 편지가 들어있는 손수건을 옥희에게 전하게 하였다. 어머니는 밤늦도록 구슬프고도 고즈넉한 곡조의 풍금을 탔다.

그로부터 여러 날이 지난 뒤 아저씨는 짐을 싸 옥희네 집을 떠났다. 옥희와 어머니는 뒷동산에 올라가 기차가 산모퉁이 뒤로 사라지고, 기차 연기가 사라질 때까지 전송했다. 그리고 집에 들어와서는 풍금을 잠그고, 찬송가 갈피의 마른 꽃송이를 옥희에게 버리게 하였다.

이것이 두 작품의 경개이다. 주요섭의 소설 "사랑손님과 어머니"는 "시몬의 아빠"에 비해 훨씬 농도 짙은 사랑을 하였다. "시몬의 아빠"에서는 애정의 수수는 고사하고, 두 사람 사이의 다정한 관계 묘사도 보이지 않는다. "사랑손님과 어머니"에서는 사랑의 편지가 오고 갔고, 두 사람의 사랑의 고뇌가 묘사되어 있다. 그럼에도 전자는 결혼을 하고, 후자는 결별을 하였다. 이는 두 사람의 사랑의 농도 아닌, 자녀의 장래를 위해 이합집산(離合集散)을 달리 구성한 것이다. 이는 한 마디로 동서양의 발상의 차이가 구성을 달리하게 한 것이다.

"사랑손님과 어머니"에서 어머니는 개가(改嫁)를 하면 자기에게는 "화냥년"이라 하고, 옥희에게는 "화냥년의 딸"이라 욕할 것이 두려워 사랑을 하면서도 개가를 단념한 것이다. "사랑손님과 어머니"에는 이때 장면을 다음과 같이 묘사하고 있다.

> "옥희가 이제 아버지를 새로 또 가지면 세상이 욕을 한다. 옥희는 아직 철이 없어서 모르지만 세상이 욕을 한다. 사람들이 욕을 해. 옥희 어머니는 화냥년이다. 이러구 세상이 욕을 해. 옥희는 아버지가 죽었는데 옥희는 아버지가 또 하나 생겼네. 참 망측두 하지. 이러구 세상이 욕을 한다. 그리 되문 옥희는 언제나 손가락질 받구. 옥희는 커두 시집도 훌륭한 데 못 가구. 옥희가 공부를 해서 훌륭하게 돼두, 에 그까짓 화냥년의 딸이라구 남들이 욕을 한다."

이렇게 옥희 어머니는 옥희의 장래를 위해 개가를 단념한 것이다. 불경이부(不更二夫)라는 동양 윤리(倫理)에 저촉되기 때문에 자기희생을 한 것이다. 이에 대해 프랑스, 더 크게 서양에서는 개가가 하등 윤리에 저촉되는 것이 아니기 때문에 시몬의 어머니는 애틋한 사랑을 하는 것도 아니면서 결혼을 하였다. 이러한 구도는 여인 "옥희의 소극성", 남성

"시몬의 적극성"에도 이미 복선(伏線)으로 깔려 있다고 할 수 있다.

2.2. "부득"과 "달달"의 발상과 표현

삼국유사(三國遺事)의 제3권에는 "남백월(南白月) 이성(二聖) 노힐 부득(努肹不得), 달달 박박(怛怛朴朴)"이란 두 사람의 성불담(成佛談)이 실려 있다. 이 설화는 기승전결의 구성을 하고 있고, 전(轉)에서 독자적 발상으로 새로운 세계를 보여 주고 있다.

> 백월산의 부득과 박박이란 두 젊은이가 출가하여 대불전(大佛田)과 소불전(小佛田)에 살았다. 이들은 부처가 되기를 염원해 처자와 세상을 등지고 깊은 골짜기에 숨어 도를 닦았다. 이 때 한 아름다운 낭자가 박박을 찾아와 날은 저물고 길이 머니 기숙하게 해 달라 청했다. 박박은 "사찰은 청정한 곳으로 그대가 가까이 할 곳이 못 되니 지체하지 말고 가라"하고 문을 닫았다. 낭자는 할 수 없이 부득을 찾아가 박박에게와 같이 청하였다. 부득 역시 이곳은 부녀가 더럽힐 데가 아니라 하였다. 그러나 중생에게 수순(隨順)함이 보살행의 하나이다. 궁곡(窮谷)에 밤이 어두우니 소홀히 할 수 없다 하고 낭자를 암자에 들이었다. 그리고 부득은 끝없이 염불만 하였다. 낭자는 밤이 깊어 산기(産氣)가 있으니 짚자리를 준비해 달라 하였다. 부득이 불쌍히 여겨 준비해 주었더니 해산을 하고, 목욕하기를 원하였다. 이에 물통을 준비하고 목욕을 시켰더니 통속의 물에서 향기가 나고, 물이 금빛으로 변하였다. 부득이 크게 놀라자 낭자가 "우리 스승도 여기 목욕하라" 하므로 그는 마지못해 이에 따랐다. 그러자 홀연히 정신이 맑아지고, 그의 피부가 금빛이 되었다. 낭자는 관음보살의 화신이었다. 박박은 부득이 틀림없이 계를 더럽혔을(染戒) 것이라 생각하고 와 보니 그는 오히려 연대(蓮臺)에서 미륵불(彌勒佛)이 되어 금빛으로 빛나고 있었다. 부득이 박박에게도 통에 남은 물로 목욕하라 하여 목욕을 하니 그도 금빛 미타불(彌陀佛)이 되었다.

이는 발상의 차이에 의해 성불의 순서가 결정된 설화다. 계율을 지키느냐, 그것을 넘어서 중생에 수순(隨順)하느냐 하는 발상의 차이가 성불의 순서를 달리한 것이다. 수계(守戒) 여부는 가치관의 차이에서 빚어지는 것이라 할 것이다. 부득은 수계의 단계를 뛰어 넘어 한걸음 먼저 부처 가까이 다가간 것이다. 이는 소승(小乘) 아닌 대승적(大乘的) 차원이다. 부득이 대불전(大佛田)에 살고, 박박이 소불전(小佛田)에 살고 있었다는 것은 이러한 대단원을 이미 거주지명으로 복선(伏線)을 깔아 놓은 것이라 해도 좋을 것이다.

3. 기발한 발상과 표현

3.1. 김삿갓이 지은 수연시의 발상

문장 표현방법 가운데 하나로 발단, 전개, 전환, 결론의 네 단계로 구성하는 방법이 있다. 이는 달리 말하면 기승전결(起承轉結)의 4단설이다. 이때 전(轉)에서는 발상을 달리하게 되어 있다. 소설의 경우가 그러하고, 한시(漢詩)의 경우가 그러하다. 물론 문장이 반드시 전(轉)에 이르러 비로소 기발한 발상을 드러내는 것은 아니다. 첫 귀부터 기발한 발상의 표현을 하는 경우도 있다. 김립(金笠), 김삿갓의 수연시(壽宴詩)는 첫 귀부터 사람의 허를 찌른다. 이는 시로 감상하는 경우보다 행간(行間)에 적절한 사설을 덧붙인 산문과 함께 감상할 때 더욱 극적인 효과가 드러난다. 이에 황구연 옹의 민담(民譚)을 통해 김삿갓의 수연시를 음미해 보기로 한다(김재권, 2007).

피좌노인불사인(彼坐老人不似人 : 저기 앉은 저 노인 사람 같지 않고)

시 구절 쓴 것을 바라보던 사람들은 눈이 둥그래졌다.

"어허, 이거 너무하는군!"

혹시 거지 차림의 암행어사가 아닌가 해서 여직껏 침묵을 지키면서 김삿갓의 일거일동을 눈박아 보던 고을의 이방이 혀를 찼다.

"이거야말로 동서고금에 듣도 보도 못하던 해괴망측한 글이로다."

그 바람에 맏아들도 참지를 못하고, "여보시오, 내 그만큼 사과했으면 됐지, 이럴 법이 어디 있단 말이오?"하며 따지는데, 성질이 우락부락한 둘째와 셋째가 주먹을 쳐들었다.

"이게 어디서 굴러온 놈인데 누굴 보고 사람 같지 않다는 거냐? 그래 사람 같지 않으면 뭐 같단 말이냐 응?"

김삿갓은 눈먼 송장들이 노는 꼴이 하도 우스워 빙그레 웃으며 대답 대신에 계속해 썼다.

의시천상강진선(疑是天上降眞仙 : 하늘에서 내려온 신선 같구나)

"아니 아니, 뭐라구요?!"

"그러면 그렇겠지! 우리 부친님께서 사람을 잘못 볼 리가 있나. 자, 여러분 조용하고 들어보시오. '저기 앉은 노인 사람 같지 않고, 하늘에서 내려온 신선 같구나! 과연! 과연!!'"

맏아들이 놀랍고 기뻐서 소리 내어 읽으니, 좌중은 금시 벌통이 터진 듯 웅성대며 말이 모자라서 칭찬을 못했다.

"여보시오, 선비양반. 한 수만 더 써 주시오."

맏아들이 흥분되어 간청했다.

"그럽시다, 기왕 붓을 들었던 김에. 주공께선 자제분을 몇 분이나 두셨는지요?"

"일곱입니다."

"알겠소."

김병연은 그 아들들이 노는 꼴을 보자고 이렇게 서두를 뗐다.

기중칠자개위적(其中七子皆爲賊 : 슬하의 일곱 아들 모두 도적이로다.)

아니나 다를까 우락부락한 둘째아들이 팔소매를 걷으며 겯고 들었다.

"아니, 우리 칠형제를 어찌 보고 그런 소리를 하오? 누굴 놀리는 거요,
뭐요?"

"허허, 콩밭에 가서 두부를 찾겠군. 마무리도 안했는데 입이 너무 빠
르군. 자, 이제 납지를 쓰지요."

"투득천도헌수연(偸得天桃獻壽宴 : 천도를 훔쳐다 수연에 드렸구나!"

천도란 복숭아나무의 첫 열매를 말하는데 민간에선 이것을 먹으면 장
수한다는 말이 있어 이 얻기 어려운 것을 구해다 부모에게 드리는 아들
을 효자라고 불렀다. 이런 말을 들어서 너무나 잘 알고 있는 칠형제는
너무나 좋아서 입이 함박만 해졌다.

"아니, 처음엔 우리 칠형제를 도적놈으로 치부하는 줄 알고 화를 냈는
데 선비님, 죄송합니다! 아버님 이런 시는 범인이 감히 생각이나 할 수
있겠습니까?"

"아, 참으로 신기하고 장한 재간이로다. 신선이 아니고서야 저런 옥
같은 문장이 어디서 나오겠소? 선비님, 이 술 한 잔만 더 드시오."

이는 첫 귀에서부터 기상천외의 발상으로 좌중을 당황하게 하고, 승귀
(承句)에서 이 해괴한 발상의 의문을 풀어 주고, 다시 전귀(轉句)에서 발상
을 달리 해 일곱 아들을 놀라게 하고, 결귀(結句)에서 또다시 기발한 발상
으로 마무리하여 감탄을 금치 못하게 한 시다. 발상 여하에 따라 그 표
현은 사람들을 흥분하게도 하고 감탄을 하게도 한다. 이는 특히 전귀(轉
句)에서 발현된다.

3.2. 춘향전과 흥부전의 대단원

"춘향전"이나 "흥부전"의 경우는 이와는 달리 대단원에서 발상을 달
리하여 또한 독자를 놀라게 하는 것도 보여 준다. 대부분의 춘향전은 경
판(京板)이나 완판(完板)을 가릴 것 없이, 또한 춘향의 신분도 가리지 않고,

대단원이 변 사또를 봉고파직(封庫罷職)하고, 춘향을 정렬부인(貞烈夫人)으로 봉한다는 것으로 되어 있다. 대표적인 이본 "열녀춘향수절가"는 다음과 같이 되어 있다.

> 좌정 후에 "본관은 봉고파직하라" 분부하시니, "본관은 봉고파직이요." 사대문에 방 붙이고…… (중략)
> 이때 어사또 좌우도(左右道) 순읍하여 민정을 살핀 후에 서울로 올라가 어전(御前)에 숙배하니, 삼당상(三堂上) 입시하사 문부를 사정 후에 상이 대찬하시고 즉시 이조참의, 대사성을 봉하시고 춘향으로 정렬부인을 봉하시니 사은숙배하고 물러나와 부모 전에 뵈온대 성은을 축수하시더라.

그런데, 박기홍조 사설을 바탕으로 하여 이해조(李海朝)가 부분적으로 개작한 옥중화(獄中花)는 발상을 달리하여 다른 이본들과 대단원을 달리하고 있다. 봉고파직이 아니라, 관대한 처분을 내리는 것이다. 우선 춘향모가 암행어사에게 본관을 박대하지 말라고 청을 한다. 자기 같으면 관정발악(官庭發惡)하는 것을 단박 때려 죽였을 텐데 지금껏 살려 주어 춘향의 수절이 드러나게 되었다며 고마워한다. 어사또(御使道)가 본관을 관대하게 처리하는 장면은 이러하다.

> 차시에 본관이 무색하야 인병부(印兵符)를 끌러 어사도께 바치니 어사도 본관을 청하야 좋은 말로 수작하되, "일성(一城) 중 동거하야 높은 성화는 많이 듣고 만나기는 처음이오나 나를 뉘인 줄 아시닛" 본관 몸을 굽혀 "모를 리가 있소릿까?" 어사도 웃으시며, "남아의 탐화(探花)함은 영웅열사(英雄烈士) 일반이라. 그러나 거현천능(擧賢薦能) 아니하면 현능을 뉘가 알며, 본관 아니면 춘향 절행 엇지 알오릿까? 본관의 수고함이 얼마쯤 감사하오." 본관이 수참하야 유유부답 앉았으니, (어)"연이나 남

원이 재읍이라. 겸제민정오오(歉歲民政嗷嗷)하야 만민도탄 되었으니 아
모쪼록 선치하와 만인산(萬人傘)을 받으시고 환향상봉 하옵시다." 인즉
(因卽) 작별하니 본관이 재배하고 관곡(款曲)한 처분을 못내 사례하더라.

어사는 남아의 탐화(探花)는 영웅열사가 한가지라며, 본관을 탄핵하는
것이 아니라 오히려 춘향의 절행을 알게 해 준 것을 감사하고, 선치를
당부한 것이다. 이는 다른 춘향전과는 백팔십도로 발상을 달리한 것이
다. 옥중화는 1912년 보급서관에서 간행되었는데 이는 인기가 높아 그
뒤 많은 출판사에서 거의 동일한 내용의 이본을 간행하였다. 따라서 "증
수 춘향전"(1913), "별춘향가"(1913), "증상연예옥중가인"(1914), "특별무쌍
춘향전"(1919), "절대가인춘향전"(1920), "언문춘향전"(1922) 등의 대단원
이 "옥중화"와 같은 내용으로 되어 있다. 그러나 이는 춘향전의 전통적
경향에서 벗어나기 때문에 춘향전의 큰 흐름은 이를 수용하지 않았다.
일반적으로 우리의 민족의식이 암행어사라면 악을 통쾌하게 징벌하기를
바라지, 관용을 베풀고 회개하는 것을 원치 않았기 때문이다.

대표적인 유머 소설 흥부전의 대단원도 발상을 달리 하는 것이 있다.
흥부전은 흔히 그 주제가 형제간의 우애를 강조한 것이라 본다. 이 소설
의 대단원은 대체로 마지막 박을 타니 똥물 줄기가 쏟아져 나와 집 위까
지 이르러 놀부가 탄식하며 흥부를 찾아가는 것으로 되어 있다. 경판 25
장본의 대단원을 보면 다음과 같다.

또 집우에 올라가 보니 박 한 통이 있으되 빛이 누르고 불빛 같은지
라 놀뷔 비위 동하여 따 가지고 나려와 한참 타다가 귀를 기울여 들으
니 아무 소래도 없고 전동내가 물신물신 마치이거늘 놀뷔 하는 말이 이
박은 농익어 썩어진 박이로다 하고 십분의 칠팔분을 타니 홀연 박 속으
로서 광풍(狂風)이 대작하며 똥줄기 나오는 소래 산천이 진동하는지라.

왼 집이 혼이 떠서 대문 밖으로 나와 문틈으로 엿보니 된똥, 물찌똥, 진똥, 마른똥 여러 가지 똥이 합하여 나와 집 위까지 쌓이는지라. 놀뷔 어이없어 가슴을 치며 하는 말이 이런 일도 또 있는가? 이러할 줄 알아시면 동냥할 바가지나 가지고 나오더면 좋을 뻔하다 하고 뻔뻔한 놈이 처자를 이끌고 흥부를 찾아가니라.

흥부전의 대단원은 경판 20장본이나, 그 밖의 이본도 대체로 이렇게 되어 있다. 신문관, 박문서관, 세창서관의 활판본 흥부전도 흥부가 소식을 듣고 찾아와 놀부 내외를 집으로 데리고 가는 등 다소간의 출입은 있으나 같은 내용으로 되어 있다. 그런데 신재효(申在孝)의 "박타령"(1903)은 다르다. 발상을 달리한다. 신재효의 박타령에서는 다섯째 박까지 타고, "잡것들"에게 재산을 다 빼앗긴 놀부가 여섯째 박을 타려 하자 그의 아내가 죽기로 만류해 대문 밖에 버린다. 그런데 이번에는 톱으로 타지도 않았는데 "개문포(開門砲)가 터지며, 천군만마와 장비(張飛)가 나온다. 장비는 놀부를 나포해다가 수죄하고 죽일 것으로되 그리하면 회개할 수 없어 목숨을 빌려 주니 개과하여 형제 우애하겠느냐고 묻는다. 놀부는 그간 재물도 다 잃고, 장비가 금방이라도 죽일 것 같아 울며 사죄한다.

> "장군 분부 듣사오니 소인의 전후 죄상 금수만도 못하오니 목숨 살려 주옵시면 전 허물 다 고치고 군자의 본을 받아 형제간에 우애하고, 인리(隣里)에 화목하여 사람 노릇 하올 테니 제발 덕분 살려 주오."

이렇게 간청하니 장비가 다짐 받고 회군한다. 그 뒤 놀부가 가산을 돌아보니 일패도지(一敗塗地)로 남은 재산이 없다. 그리하여 흥부를 찾아가 형우제공(兄友弟恭)하며 잘 산다. 경판본에서는 "뻔뻔한" 놀부가 흥부를 찾아가는데, 신재효의 "박타령"에서는 이렇게 개과천선한 놀부가 흥부를 찾아가는 것으로 대단원의 막을 내렸다. 이는 신재효가 그의 박타령에 독창성을 많이 가미한 때문이다. 이해조의 신구서림본 "연의각"(1913)도 경판본과 발상을 달리한다. 이는 여덟째 박을 타자 장비가 나오고, 놀부가 개과천선하겠다고 비니 심술에는 똥물이 좋다고 똥물을 먹이는 것으로 대단원을 마치고 있다. 경성서적조합본, 세창서관 "연의각"도 같은 유형으로 되어 있다. 이들은 다 개과천선한다는 도덕성을 드러내는 것이 경판본과 발상을 달리하는 점이다. 이들 발상을 달리하는 작품의 대단원에는 장비(張飛)가 등장하는데, 이는 장비가 유비(劉備), 관우(關羽)와 도원결의(桃園結義)를 하여 우애를 지킨 장군이기에 형제우애를 강조하기 위해 그를 등장시킨 것이라 하겠다.

3.3. 고려 속요의 발상의 전환

악장가사(樂章歌詞)에 실려 전하는 고료속요 "가시리"는 별장(別章)의 압권으로 일러진다. 이번에는 이 시가의 발상의 전환을 보기로 한다. "가시리"의 본문은 다음과 같다.

　　　가시리 가시리잇고
　　　브리고 가시리잇고

　　　날러는 엇디 살라 ᄒ고
　　　브리고 가시리잇고

　　　잡ᄉ와 두어리마ᄂᆞᆫ
　　　선ᄒ면 아니올셰라

셜온 님 보니옵노니
가시는 돗 도셔 오쇼셔

돌올(突兀)하고 급박한 원망의 기귀(起句), 이어지는 애원(哀怨)의 승귀(承句), 그리고 제삼 연의 전(轉). 제2 연의 시상이 그대로 이어진다면 제3 연에서는 울고 부는 지루한 원망만이 계속 되었을 것이다. 그러한 궁지에서 발상의 전환을 한 것이 제3 연이다. "날더러는 어찌 살라 하고 버리고 가십니까?" 목숨도 부지할 수 없을 정도로 절망에 빠져 있던 여인은 발상을 전환함으로 암흑의 세계에서 벗어나 새로운 광명을 찾는다. 본련(本聯)은 "잡아 두고자 하면 그리 할 수도 있으나, 그렇게 함으로 님을 선하게 하면 다시 오지 않을까 두려워 보내 드리겠다"는 것이다. 양주동(梁柱東)은 "가시리 評說"에서 이 제삼 연을 두고 "어떻게 삽상한 전환이며, 얼마나 경이적인 타개인가?"라고 감탄하며, 이 전후 귀(句)의 허실법(虛實法)을 상찬한 바 있다(양주동, 1947). 잡아 두려면 잡아 둘 수도 있다면서, 잡아 두지 못하는 이러한 허실이 교차되는 가운데 이 노래는 총총히 돌아오기를 부탁하는 간절한 사연으로 결사(結辭)를 삼는다. 이별에 있어서 무엇보다 중요한 것은 돌아오라, 돌아오겠다 하는 약속으로, 그 밖의 다른 것이 있을 수 없기 때문이다.

악학궤범에 실려 전하는 이른바 백제의 노래 정읍사(井邑詞)의 전구(轉句)도 기발한 발상의 전환을 하고 있다. 이 노래는 다음과 같다.

둘하 노피곰 도두샤
어긔야 머리곰 비취오시라

즌 져재 녀러신고요
어긔야 즌 딜롤 드디욜셰라

어느 이 다 노코시라

어긔야 내 가논 딕 졈그룰셰라

이 노래는 고려사(高麗史) 권71의 악지(樂志)에 의하면 전주(全州)의 속현
(屬縣)인 정읍(井邑)의 행상인의 아내가 지은 것으로 되어 있다. 남편이 장
사하러 나가 오래 동안 돌아오지 않으므로 산에 올라, 밤에 범행이나 당
하지 않을까 염려하여 진흙물(泥水)에 의탁해 노래한 것이라 한다(縣人爲行
商久不至 其妻登山石以望之 恐其夫夜行犯害 托泥水之汚以歌之). 이는 흔히 3 연으
로 구성된 노래로 본다. 그러나 그 내용으로 볼 때 기승전결의 4 연으로
보는 것이 좋을 것이다. 첫째 연은 달이 멀리 비춰 주기를 기원한 것이
고, 둘째 연은 남편이 지금 전주 시장에 가 계시는지, 그리고 범행을 당
하지 않을까 염려된다는 것이다. 셋째 연 전(轉)은 "어느 이 다 노코시
라"가 된다. 이는 앞뒤 구절들과 발상을 달리 하는, 여인의 상정(常情)을
노래한 것이다. 곧 작자가 바라는 것은 오직 남편의 무사 귀환뿐이고,
다른 것은 아무것도 필요 없다는 것이다. 그래서 모든 것(財物)을 다 버리
라 한다. 이로써 여인의 남편에 대한 간절한 사랑을 오롯이 드러낸다.
결구는 다시 남편에 대한 염려를 한다. 내가 가는 데 날이 저문다는 것
은 남편이 돌아오는 길도 저물어 가고 있음을 의미하기 때문이다.

4. 수사와 명명, 그리고 조자(造字)

4.1. 발상과 형용법

상징적·추상적 언어로써 사물을 구상적으로 나타내자면 아무래도 한

개의 낱말로는 한계에 부딪친다. 이에 형용법(figure of speech)을 쓰게 된다. 흔히 이는 장식이나 수식으로 인식되기도 하나, 명확·활기·강조와 같은 서법상의 효과를 드러내기 위해 사용되는 용법으로, 이는 장식 아닌, 사고의 일환이라 할 수 있다(박갑수, 1998a).

서법상의 효과는 명확성과 구체성을 증진하는 것과, 강세를 촉진하는 것의 두 가지로 나뉜다(Genung, 1985). 전자는 사고의 특정 대상을 다른 대상과 연합함으로 이루어지는 것으로 비유가 이에 속한다. 이에 대해 후자는 사고가 독자의 느낌을 자극하여 효과를 드러내는 특정한 표현방법으로, 흔히 변화법이라 하는 것이다. 한국어의 문장작법에는 이러한 형용법 가운데 비유법과 열거법이 많이 쓰이고, 이밖에 과장, 대조법이 많이 쓰이는 것을 볼 수 있다.

비유법(metaphor)은 명확성과 구체성을 드러내고자 하는 시각적 표현이다. 동양문고본 "춘향전"에서 이의 용례를 하나 보면 다음과 같다.

> 향기로운 상산(商山) 난초 잡풀 속에 묻혔는 듯, 말 잘하는 앵무새 논 가운데 갇혔는 듯, 청계수에 노던 고기 어망(魚網) 속에 들었는 듯, 문채(文彩) 좋은 형산(荊山) 백옥 진토 중에 묻혔는 듯, 벽오동(碧梧桐)에 노던 봉황 형극(荊棘) 중에 들었는 듯, 십오야(十五夜) 밝은 달이 떼구름에 쌓였는 듯, 초창적막 혼자 앉아 주야장탄 우는 말이……

이는 춘향이 옥에 갇힌 형상을 비유에 의해 시각적으로 분명히 드러나게 표현한 것이다. 춘향의 모습은 은유에 의해, 갇힌 형상은 직유에 의해 표현한 것이다.

광의의 열거법(반복법 포함)은 고전뿐만 아니라 현대 작품에도 무수히 쓰이고 있다. 처용가, 쌍화점, 정석가, 만전춘별사 등의 고려속요와 춘향전 등이 열거법이 많이 쓰인 작품들이다. 이 밖에 흥부전의 놀부의 심사,

장화홍련전의 계모 허 씨(許氏)의 용모 묘사 등은 이러한 발상의 대표적인 표현이다. 장화홍련전의 계모 허 씨의 용모 묘사를 보면 다음과 같다.

> 허 씨를 장가드니 그 용모를 의논할진대 두 볼은 한 자가 넘고, 눈은 퉁방울 같고, 코는 질병 같고, 입은 메기 같고, 머리털은 돼지털 같고, 키는 장승만 하고, 소리는 이리 소리 같고, 허리는 두 아름이나 되는 것이, 게다가 곰배팔이요, 수중다리에 쌍언청이를 겸하였고, 그 주둥이를 썰어 내면 열 사발은 되겠고, 얽기는 콩멍석 같으니 그 형용은 차마 보기 어려운 중에 그 심사 더욱 부량(不良)하여 남의 못할 노릇을 골라가며 행하니 집에 두기 일시가 난감하되, 그래도 그것이 계집이라고 그 달부터 태기 있어……

이는 사실적(寫實的) 표현이라기보다 허(許) 씨가 못생겼다는 느낌을 강조하기 위한 것으로, 감화적(感化的) 표현을 한 것이다. 그러나 이 가운데는 명확성과 구체성을 드러내려는 비유(직유)도 여러 개 쓰이고 있는 것을 볼 수 있다.

대조법의 용례로는 단어나 어귀를 대조하는 데 그치지 아니하고, 시가(詩歌) 구성 자체를 대조적 발상에 의해 표현한 것도 많다. 이러한 것으로는 청산별곡, 서경별곡, 정석가, 사모곡, 유구곡 등 많은 고려 속요를 그 예로 들 수 있다. 여기에서는 간단한 유구곡(維鳩曲)을 보기로 한다.

> 비두로가 새는
> 비두로기 새는
>
> 우루물 우로대
>
> 버곡장이사

난 좋아

버곡장이사
난 좋아

이는 "비둘기는 울음을 울지만 나는 뻐꾹새가 더 좋아, 뻐꾹새가 더 좋아"라 노래한 것이다. 고려사 악지(樂志)에 의하면 고려 예종이 언로(言路)를 널리 열고 민정(民政)을 듣고자 했으나 뭇 신하들(群臣)이 임금을 두려워 바로 고하지 않음을 풍자한 것이라 되어 있다. 따라서 이는 비둘기와 뻐꾸기, 감언의 신하와 고언의 신하를 대조해 비둘기보다 뻐꾸기, 곧 고언의 신하가 더욱 좋다는 것을 강조한 노래라 하겠다. 이렇게 대조법은 평서법에 비해 사의(辭意)가 강조된다.

우리 시가에는 또 대조법을 쓰는 가운데 불가능한 사실을 들어 소원을 하고, 그것이 이루어질 수 없음을 반어적(反語的)으로 표현하고 있는 것도 여럿 보인다. 고려 속요 가운데 정석가가 그렇고, 춘향전에서 도령과 이별하는 춘향의 자탄(自嘆)이 이러한 것이다. "남원고사"의 예를 보면 다음과 같다.

　도련님 이제 가시면 언제나 오시랴 하오? 태산중악 만강봉(萬丈峰)이 모진 광풍의 쓰러지거든 오랴시오? 기암절벽 천층석(千層石)이 눈비 맞아 썩어지거든 오랴시오? 용마 갈기 두 사이에 뿔나거든 오랴시오? 십리사장 세모래가 정 맞거든 오랴시오? 금강산 상상봉이 물 밀어 배가 둥둥 띄어 평지 되거든 오랴시오? 병풍에 그린 황계 두 나래를 둥덩 치고 사오경 늦은 후에 날 새라고 꼬끼오 울거든 오랴시오? 층암절벽에 진주 심어 싹 나거든 오랴시오? 아무래도 못 놓겠네.

정석가에서는 "유덕(有德)하신 님"과 헤어지고 싶지 않은 심정을 불가능한 생성(生成)과, 불가능한 마멸(磨滅)을 대조적으로 표현하고 있거니와, 춘향의 자탄도 마찬가지다. 춘향이는 쉬 만나고 싶은 소망을 간절히 표현하고 있지만, 여기에는 이미 절망이 깔려 있다. 이는 소망 아닌, 포기를 노래한 것이라 하겠다.

4.2. 발상과 명명과 조어

명명(命名)은 모양이나 색깔, 기능 등 그 대상이 지니는 속성을 추상하고, 이에 해석을 가함으로 이루어지게 된다. 따라서 이들은 언어에 따라 발상을 달리 하는 것을 볼 수 있다. 언어에 따라 명명을 같이 하거나 달리하는 어휘를 한·일어(韓日語)의 포유동물명에서 몇 개 보면 다음과 같다(박갑수, 2013).

> 같은 것 : 긴꼬리원숭이 : 尾長猿, 들소 : 野牛, 바다가마우지 : 海鵜, 백
> 곰 : 白熊, 씨돼지 : 種豚, 얼룩말 : 縞馬, 젖소 : 乳牛
> 다른 것 : 다람쥐 : 木鼠, 돌고래 : 眞海豚, 멧돼지 : いのしし, 물개 :
> おつとせい, 박쥐 : こうもり, 생쥐 : 二十日鼠, 염소 : やぎ

명명은 또한 비유에 의해 재명명(再命名)되기도 한다. 이의 대표적인 경우로, 꽃의 이름을 들 수 있는데, 이는 비유에 의해 재명명된 것이다. 다음 시조의 예는 그 대표적인 것이다.

> 목단(牧丹)은 화중왕(花中王)이요, 향일화(向日花)는 충효(忠孝) ㅣ 로다
> 매화(梅花)는 은일사(隱逸士)요, 행화(杏花)는 소인(小人)이요, 연화(蓮
> 花)는 부녀(婦女)요, 국화(菊花)는 군자(君子)요, 동백화(冬栢花)는 한사(寒

士)요, 박(朴)곳은 노인(老人)이요, 석죽화(石竹花)는 소년(少年)이요, 해당
화(海棠花) 갓나희로다.

이 중(中)에 이화(梨花)는 시객(詩客)이요, 홍도(紅桃) 벽도(碧桃) 삼색도
(三色桃)는 풍류랑(風流郎)인가 하노라.

이들 꽃에 대한 재명명은 우리 민족의 꽃에 대한 전통적 심상(心象)을
형상화한 것이라 할 수 있다. 물론 이는 한시(漢詩)의 영향이 크다는 것을
인정해야 한다. 이러한 명명의 표현 효과는 앞에서 살펴본 "사랑손님과
어머니"에서 옥희 어머니가 "화냥년"이란 이름 때문에 재혼을 하지 못
했음이 실증적으로 보여 준다.

조어(造語)는 새로 단어를 만드는 것이다. 신어(新語)를 창조하는 것이
다. 이는 어원론(語源論)과 연결된다. 조어는 새로운 발상에 의해 순수하
게 창조하는 경우와, 기존 자료를 활용해 만드는 경우의 두 가지가 있다.
이들은 단일어, 복합어, 관용어, 연어(連語)와 같은 형태로 나타난다. 이밖
에 속담도 여기에 포함시킬 수 있다. 순수하게 창조하는 경우는 "헉, 헐"
과 같이 요사이 새로 만들어 낸 통신언어들을 그 예로 들 수 있다. 그러
나 많은 경우 기존자료를 바탕으로 형성된다. 이는 앞에서 언급한 바와
같이 언어적 발상과 문화적 발상의 둘로 나눌 수 있다. 이는 또 사회적,
심리적, 언어적 면이 발상에 작용하는 것으로 볼 수 있다. 예를 몇 개씩
들어보면 다음과 같다(박갑수, 2013).

① 사회적인 면 : 사회적, 역사적 사실이 발상의 바탕이 되어 형성된 말
  • 동반(東班) : 양반 가운데 문반(文班)을 이르는 말. 궁중의 조례
    때 문반은 동쪽에, 무반은 서쪽에 서 있던 제도에 연유한다.
  • 장가들다 : 모계중심사회의 풍속으로 결혼하기 위해 남자가 장
    인 집으로 들어가(入丈家) 살던 제도에 연유한다.

- 청상(靑裳) : 지난날 기생이 푸른 치마를 입었던 데 연유한다.
- 기러기 아빠 : 자식의 교육을 위해 아내와 자식을 외국으로 보내고 그들을 그리워하는 남자를 비유하는 말이다.

② 심리적인 면 : 금기의 대상을 완곡하게 나타내거나 비유에 의해 재명명한 말

- 산신령 : 공포의 대상인 호랑이를 친숙한 느낌을 주기 위해 재명명한 것이다.
- 돌아가다 : 죽음에 대한 공포를 불식하기 위해 태어난 곳으로 돌아간다고 완곡하게 표현한 것이다.
- 문제아 : 질이 좋지 않은 불량한 젊은이를 사회적으로 문제가 있는 사람으로 완곡하게 표현한 것이다.
- 오쟁이 지다 : "자기 아내가 다른 남자와 간통하다"를 돌려 표현한 말이다. 오쟁이 진 녀석

③ 언어적인 면 : 어떤 대상을 구상적, 혹은 추상적 어휘나, 비유에 의해 명명한 말.

- 어른 : "남녀가 교합하다"를 의미하는 "얼다"의 어간에 명사를 만드는 접사 "-(으)ㄴ"이 붙어 조어한 것이다. "어르신"은 여기에 존칭 접사 "시"가 붙은 것이다.
- 열없다 : 열(膽)이 없다(無)는 말로 "담이 없다>소심하다"를 의미한다. "대담하다"의 대가 되는 말이다.
- 옷깃차례 : 옷깃의 왼 자락이 바른 자락을 덮는 데서 순서가 오른 쪽으로 돌아가는 것을 나타낸다. 흔히 말하는 "시계방향"의 한국식 발상의 명명이다.
- 먹튀 : "먹고튀다"의 어두음(語頭音)을 활용한 말로, 이익을 챙기고 도망감을 나타낸다.

4.3. 발상과 제자(製字)

제자(製字), 또는 조자(造字)라 할 것은 조어(造語)에 대가 되는 것으로,

글자를 만드는 데 발상이 작용함을 말한다. 곧 어떤 발상이 바탕이 되어 그 글자를 만들었느냐 하는 것이다. 우리 한글의 자음(子音)은 발음기관을 상형하여 제작하고, 그 소리가 강할 때 획을 더하였다(加劃). 이는 기발한 발상의 제자원리다. 모음은 "훈민정음"에 의하면 천지인(天地人)을 상형한 것으로 되어 있다. 그러나 이도 발음기관을 상형한 것으로 보인다. 한자는 이와 달리 육서(六書)에 의해 만들어졌다. 특히 글자 제작 방법을 나타내는 상형(象形), 지사(指事), 회의(會意), 형성(形聲)은 제자에 문화가 반영되어 있다. 제자에 발상을 바탕으로 한 문화가 반영되어 있다. 한자는 중국문자이나, 이는 그 기원이 동이족(東夷族)에 있을 뿐 아니라, 우리도 일용하는 준국자(準國字)이다. 이에 조자에 반영된 발상을 몇 개 살펴보기로 한다.

牧(칠 목) : 전서 𤘈

이는 손에 막대기를 잡고 소를 모는 것을 형상화한 글자다. 왼쪽의 牛(우)자는 소를 나타내고, 오른 쪽의 攵(복)자는 손에 막대기를 잡고 있는 형상을 나타낸 것으로 "치다"를 나타낸다. 따라서 "牧(목)"자는 소를 치는 것, 곧 소를 사육함을 나타낸다. 이는 뒤에 양을 사육하는 것도 나타내게 되었다. 우리는 "소를 치다, 돼지를 치다"라고 한다. 그리고 "치다"를 "사육하다"의 뜻으로 본다. 그러나 이는 본래 "(회초리로) 치다"와 같이 "때리다"의 뜻이었을 것이다. "攵(복)"자를 편방으로 하는 글자 "공(攻), 교(敎), 수(收), 수(數)"는 모두 "치다"의 의미를 지닌다.

走(달릴 주) : 금문 𧺆, 전서 𧺆

이는 사람이 힘차게 팔을 휘저으며 달리는 모습을 그린 윗부분과, 발의 모양을 본뜬 아랫부분이 결합하여 "달리다"의 의미를 나타내게 만든 글자이다. "걸음 보(步)"자가 발을 두 개 그려 "걷다"의 의미를 나타내는 것과 달리, 달릴 때는 한쪽 발만 땅에 닿기 때문에 발을 하나만 그린 것이다.

夫(지아비 부) : 갑골문 夫, 금문 夫, 전서 夳

이는 사람이 머리에 비녀를 꽂은 것을 형상화한 것이다. 大(대)자는 사람의 형상이고, 여기 가로 획을 더한 것은 고대인이 머리 위에 비녀를 꽂은 것을 나타낸 것이다. 옛날 남자는 20세가 되면 머리를 올리고 비녀를 꽂았다. 이는 성인이 되어 결혼할 수 있음을 나타낸다. 따라서 고대에는 夫(부)자가 어른을 뜻했다. 오늘날 중국에서 "丈夫"라 쓰고 "zha'ngfu"라 발음하여 "성년 남자, 대장부"를 나타내는 것이 그것이다.

育(기를 육) : 갑골문 育, 금문 育, 전서 育

이는 본래 "아이를 낳다"를 뜻하는 한자로, 갑골문 자형이 이를 잘 반영한다. 갑골문의 왼쪽은 어머니를 상형한 글자이고, 오른 쪽은 막 태어난 아이이다. 아이가 거꾸로 되어 있는데, 이는 아이가 태어날 때 머리가 먼저 나오는 것을 나타낸 것이다. 그리고 금문에 아이 머리에 점이 그려져 있는 것은 분만할 때의 양수를 나타낸 것이다. 이는 뒤에 "아이가 성장하도록 기르다"라는 의미를 지니게 되었고, 그래서 교육(教育), 양육(養育), 보육(保育) 같은 말이 생겨났다.

禮(예도 례) : 갑골문 禮, 금석문 禮, 전서 禮

이는 갑골문과 금문에 보이듯 본래는 오른 쪽에 "보일 시(示)"변이 없는 글자였다. 이 글자의 아래 "콩 두(豆)"자에 해당한 부분은 제기(祭器)이고, 윗부분은 두 꾸러미의 옥, 혹은 화곡(禾穀)이다. 전국시대에 제단을 의미하는 "示"자가 추가되어 오늘의 자형을 이루었다. 따라서 이는 제기에 제물로 쓰일 두 꾸러미의 옥을 담아서 신에게 바치는 것을 나타낸 것이다. 이 글자가 후대에는 예의를 갖추는 것을 나타내는 데 쓰여 예절(禮節)을 의미하게 되었다.

5. 결어

어느 철인은 "모든 것을 어떻게 생각하는가는 네 마음에 달렸다"고 하였다. 생각하는 것, 곧 "발상"은 어떤 사상(事象)을 사뭇 다른 방향으로 전개해 나가게 한다. 앞에서 본 "사랑손님과 어머니"와 "시몬의 아빠"의 경우가 이러한 것이다. 이러한 발상은 문화와 개성 및 표현 효과 등과 밀접한 관련을 갖는다. 전자가 언어 및 언어문체와 좀 더 관련되는 것이라면, 후자는 개인, 및 개성적 문체와 관련되는 것이다.

앞에서 문장작법상의 발상을 중심으로 표현의 문제를 살펴보았다. 한국인의 전통적 발상에 따른 표현과 더불어, 개인의 특이한 발상에 의한 기발한 표현을 살펴보았다. 이는 발상에 따른 소재의 선택을 위시하여, 구성, 전환, 수사, 명명(命名), 조어(造語), 조자(造字)에 의한 것이었다. 우리는 이러한 발상과 표현을 통해 한국인의 표현 특성을 발견하고, 표현의 묘를 찾아 이를 즐길 수 있다.

한국인의 표현 특성은 다른 민족의 표현과 비교함으로 보다 분명히 드러날 것이다. 그리고 문장작법상의 발상만이 아닌, 언어상의 발상에 따른 표현도 앞으로 많이 고구되어야 하겠다. 이들 작업이 많이 수행될수록 우리 민족의 표현 특성이 밝혀지고, 나아가 바람직한 발상과 표현의 방법이 여러 가지로 개발될 것이다. 발상과 표현의 연구가 활성화되기 바라마지않는다.

▍참고문헌

김재권(2007), 황구연전집 ①, 연변인민출판사.

문 용(1999), 한국어의 발상·영어의 발상, 서울대학교출판부.

박갑수 외(1966), 마음속에 파문이 일 때, 교육원.

박갑수(1979), 문체론의 이론과 방법, 세운문화사.

박갑수(1998a), 현대문학의 문체와 표현, 집문당.

박갑수(1998b), 신문 광고의 문체와 표현, 집문당.

박갑수(1998c), 일반국어의 문체와 표현, 집문당.

박갑수(2005), 고전문학의 문체와 표현, 집문당.

박갑수(2013), 한국어교육과 언어문화 교육, 역락.

양주동(1947), 麗謠箋注, 을유문화사.

Genung, J.F.(1985), The Practical Elements of Rhetoric, Gin & Company Publishers.

石定果 外編(2009), 漢字的 智慧, 이강재 역(2013), 중국문화와 한자, 역락.

韓鑒堂 編著(2005), 漢字文化, 문준혜 역(2013), 한자문화, 역락.

秋澤公二(1992), 英語の發想法 日本語の發想法, ごま書房.

神島二郎(1975), 日本人の發想, 講談社.

樺島忠夫(1999), 文章表現法, 角川選書.

川喜田二郎(1988), 發想法, 中公新書.

國廣哲彌 編(1992), 日英語比較講座 第4卷 發想と表現, 大修館書店.

藤堂明保(1980), 學研漢和大字典, 學習研究社.

卷下吉夫 外(1997), 日英語比較選書① 文化と發想とレトリツク, 研究社出版.

森田良行(2000), 日本人の發想, 日本語の表現, 中公新書.

(2013. 1. 미발표)

제2장 | 비교를 통해 본 한국어의 발상과 표현

한·일·영어의 행위, 감정 표현을 중심으로

1. 서언

언어는 그것을 사용하는 민족과 언중의 문화를 반영한다. 그래서 이는 서로 같은 점도 있지만 차이를 보인다. 따라서 한 언어를 바로 알기 위해서는 비교를 통해 그 특성을 파악하는 것이 바람직하다. 괴테가 자국어를 알려면 외국어를 알아야 한다고 한 것은 이러한 의미의 말이다.

필자는 '한·일·영어의 발상과 표현의 비교'라는 글을 발표한 바 있다(박갑수, 1998). 이것은 한국어를 일어 및 영어와 비교하여 한국어의 특성을 알아보기 위한 것이었다. 본고는 이 글의 속편이라 할 수 있는 것이다. 이러한 비교를 통해 한국어의 발상과 표현의 특징이 드러나게 될 것이다.

발상과 표현의 비교, 고찰은 한 민족의 발상과 표현 특성을 밝혀 줄 것이다. 그리고 나아가 그 언어를 외국어로서 교수·학습할 때 많은 편의를 제공해 줄 것이다. 한때 대조언어학(對照言語學)이 외국어 교육의 금과옥조의 원리로 생각된 적이 있었거니와, 그것이 전부는 아니라 하더라도 좋은 지도 방법의 하나임은 틀림없는 사실이다. 이런 점에서 볼 때 영·일어와 비교되는 한국어의 발상과 표현은 이들 언어 화자에게 한국어를 교수와 학습하는 데 일조할 수 있을 것이다.

여기서는 한국어의 행위에 관한 표현과, 감정과 심정에 관한 발상과 표현을 영어 및 일어와 비교하여 고찰하기로 한다.

2. 행위에 관한 표현

인간의 행위는 여러 가지로 나누어 볼 수 있다. 여기서는 이를 언어생활, 일상생활, 대인관계, 기타의 행위로 나누어 살펴보기로 한다.

2.1. 언어생활(言語生活)

말을 한다는 것은 인간의 대표적인 특징 가운데 하나이다. 이런 말하기는 여러 가지 방법이 있으며, 이는 발상에 따라 표현을 달리한다.

말을 잘 할 때 '청산유수같이 한다'고 한다. 영어로는 'run off at the mouth like Niagara Falls'라 한다. 이는 문화적 특성으로 나이아가라 폭포라는 특정 사실을 거명한 것으로, '懸河口辯', '懸河之辯', '懸河雄辯'과 같은 숙어의 발상과 같은 표현이다. 영어로는 또 'his talk was like silk off the spool'이라고도 한다. 우리는 "말이 비단같이 매끄럽다"고 한다. 일본어로는 '立て板に水'라 한다. 세워놓은 널판에 물이 흐르듯 잘한다는 말이다. 이것 저것 끌어대어 이야기를 늘어놓거나 입담 좋은 말로 수다를 떠는 것은 속되게 일러 '약팔다'라 한다. 길거리의 '약장수'가 수다를 떨던 데서 나온 말이다. 이러한 것을 영어로는 'shoot the breeze'

라 한다. '입에서 바람을 쏘아내다'라는 뜻으로 쓸데없는 이야기를 한다는 느낌을 드러내는 말이다. 'chew the fat'도 마찬가지다. 일본어로는 '油を賣る'라 한다. 이는 江戶시대 기름 장수가 한집 한집 기름을 팔러 다닌 데서 유래한다. 기름을 다른 그릇에 옮겨 넣는 데 시간이 걸리고, 이때 실없는 세간의 이야기를 하며 시간을 보낸 데 연유한다. 숨도 쉬지 않고 지껄이거나, 대단한 기세로 계속 말하는 것은 '다발총'에 빗대어 표현한다. '다발총과 같이 떠버려댄다'가 그것이다. 영어로는 'a motor mouth'라 하고, 일어로는 '機關銃のようにまくしたてる'라 한다. 따라서 이들은 비슷한 발상의 표현이다.

이에 대해 말을 하지 않고 침묵하는 것은 '입을 다물다, 입을 봉하다'라 한다(요사이는 '멘붕(멘탈 붕괴)'이라 한다). 영어로는 'clam up'이라 한다. 조개가 입을 다물었다는 비유적 표현이다. 일본어의 경우는 '貝のように口を閉ざす'라 하여 영어의 발상과 같다. 과묵한 것은 'be as a close as an oyster'라고 하여 '굴'에 비유하기도 한다. 한국어의 경우 침묵을 지키고 있는 사람은 '꿀먹은 벙어리', '꾸어다 놓은 보릿자루'라 한다. 특히 후자의 표현은 한국만의 특수한 것으로 특정문화를 반영하는 것이라 하겠다. 이는 아마도 '보릿고개'와 관계가 있을 것이다.

야단치는 것은 '혼 내다'라 한다. 이는 그 어원을 따질 때 '혼(魂)-내다(使出)', 곧 '혼이 나가게 하다'란 말이다. 정신이 쏙 빠지게 한다는 말로, '혼쭐내다'도 같은 발상의 표현이다. '혼비백산(魂飛魄散)'이 되게 한다는 뜻이다. 이에 대해 영어로는 'get raked over the coals'라 한다. 이는 옛날 고문법(拷問法)의 하나다. 'give someone his gruel'이라고도 한다. 오트밀을 준다는 말이다. 일어로는 '油を絞る'라 한다. 우리의 경우는 '기름을 짜다'가 못살게 구는 것을 일러 의미상 차이를 보인다. 입이 닳도록 말을 되풀이할 때 우리는 '입에 신물이 나도록'이란 표현을 한다. 이에 대해 영어로는 'till one is blue in the face'라 한다. 우리는 화자(話者)의 '얼굴이 파래질 때까지'라는 표현은 하지 않는다. 일본어에서는 우리와 같이 '口を酸つぱくして'라 한다.

거짓말하는 것은 '한 입으로 두 말 한다'고 한다. 영어로는 'speak with a forked tongue'라 한다. 이는 포크와 같이 찢어진 혀로 말한다는 말이다. 일본어의 경우는 '二枚舌を使う'라 한다. 이는 두 개의 혀를 사용한다는 말로 영어의 발상과 비슷한 것이다. 터무니없는 거짓말은 '새빨간 거짓말'이라 한다. 일본어 '眞赤な僞り'도 같은 발상의 표현이다. 영어에서는 이러한 표현을 하지 않는다. 사과할 때는 '손이 닳도록 빈다'라 한다. 이를 영어로는 'humbly beg a one's pardon'이라 한다. '무릎 꿇고 빈다'는 영어로 'beg someone's pardon on one's knees'라 한다. "손이 발이 되도록 빈다."도 같은 발상이다. 변명할 때는 '있는 말 없는 말을 다 한다'고 한다. 장광설을 늘어놓는 것이다. 이를 영어로는 'give someone a song and dance'라 한다. 'a song and dance'는 옛날 輕喜歌劇(vaudevill)에서 온 말로 노래와 춤을 추는 연예인이 막간에 만담풍으로 무의미한 쓸데없는 사설을 늘어놓았기 때문에 '무의미한 것을 중언부언 말하다'의 뜻을 지니게 된 것이다. 일본어로는 '御託を並べる'라 한다. '御託'은 '御託宣'의 약어로 이는 '神의 말씀, 神託(an oracle)'을 의미한다. '神託'이 일방적인 데서 이런 의미를 갖게 된 것이다.

아첨할 때는 '입에 침이 마르도록 칭찬한다'고 한다. '비행기를 태운다'고도 한다. 높이 띄운다는 말이다. 영어로는 'spread it on thick'라 한다. 버터 등을 두껍게 바르다란 뜻이다. 'butter someone up'이라고도 한다. 일본어로는 '齒の浮くような世辭を言う'라 한다. 아첨 잘하는 사람은 영어로는 'an apple-polisher', 'a bootlicker', 또는 'a lickspittle'이라 한다. 'an apple-polisher'는 미국의 어린이들이 반짝반짝 빛나는 사과를 선생에게 바친 풍습에 연유하는 말이다. a bootlicker란 장화를 핥는 사람이란 뜻이다. 아첨의 정도를 짐작하게 한다. 'a lickspittle'은 침을 핥는 것을 의미한다. 일본어로는 'ごますり', '太鼓持ち'라 한다. 'ごますり'는 '깨갈이'란 말이다. 우리에게는 이러한 말이 따로 없는 것 같다. 있다면 '손을 잘 비벼대는 사람' 정도가 될 것이다. 말을 흉내내는 것은 '앵무새'에 비유한다. 이는 영어나 일어의 경우도 마찬가지다. 'parrot', 'おうむ返し'가 그것이다.

이구동성으로 말하는 것을 '입을 모아'라 한다. 이를 영어로는 'in chorus'라 한다. 일본어로는 '口をそろえる'라 한다. 국어의 표현은 일본어의 영향을 받은 것이다. 비명을 지르는 것은 흔히 '비단을 찢는 듯한 비명', '적막을 깨뜨리는 비명'이란 관용적인 표현을 한다. 영어로는 'a piercing scream'이라 한다. 이는 우리의 표현과는 발상을 달리하는 것이다. 일본어로는 '絹を裂くような悲鳴'라 하여 우리의 표현과 같다.

말하는 것에 대해 듣는 것을 나타내는 대표적인 표현에 '傾聽하다'라는 말이 있다. 이를 우리는 '귀를 기울이다', 또는 '귀를 곤두세우다'라 한다. '귀를 기울이다'는 '관심을 가지고 주의 깊게 듣다'의 의미이다. 이에 대해 '귀를 곤두세우다'는 좀더 관심을 가지고 잘 들으려고 귀를 쫑긋 세우고 듣는 것을 뜻한다. 영어로는 'prick up one's ears'라 하여 '귀를 곤두세우다'와 같은 발상, 같은 표현을 한다. 'cock up one's ears'도 같은 발상의 표현이다. 일본어의 경우도 '聞き耳を立てる'라 하여 같다. '귀를 기울이려 하지 않는다'는 영어로는 'turn a deaf ear to'라 한다. '귀먼 귀'를 돌린다고, 들을 수 없는 귀를 돌린다고 표현한 것이다. 일본어 '耳を貸そうとしない'는 국어의 발상과 비슷하나 표현에 차이를 보인다.

2.2. 일상생활(日常生活)

사람의 특징 가운데 하나는 직립 보행하는 것이다. 많이 걷게 되면 다리가 경직된다. 그래서 '다리가 장작개비가 될 정도로 걷는다'거나, '다리가 떨어져 나갈 것 같다'고 한다. 이러한 표현을 영어로는 'till one's feet fall off'라 한다. 이는 우리의 '다리가 떨어져 나갈 것 같다'와 같은 발상, 같은 표현의 것이다. 일어 '足が棒になるほど'는 '다리가 장작개비가 될 정도로'와 같은 발상의 표현으로 '장작개비'가 '막대기(棒)'로 바뀐 것이 다를 뿐이다.

사람들은 일을 한다. 근면, 성실하게 일할 때 '소처럼 일한다'고 한다. 영어로는 'work like a horse'라 한다. 소가 말로 바뀐다. 일본어의 경우도 마찬가지다. '馬車馬のように はたらく'가 그것이다. 분골쇄신의 노력은 '몸이 가루가 되도록 일하다'라 한다. 영어로는 'work one's fingers to the bone'이라 한다. 손가락이 뼈만 남을 때까지 일한다는 뜻이다. 우리 말에서 '손이 닳도록', '갈퀴 같은 손'이라 하는 것이 이러한 발상의 표현이다. 일본어로는 '身を粉にしてはたらく'라 한다. '분골쇄신'의 발상과 같은 표현이다. 잔업이 있어 밤일을 하게 되면 영어로는 'burn the midnight oil'이라 한다. 일본어는 '夜なべする'라 한다. 밤참을 먹으며 일한다는 말이다. 우리에게는 따로 이러한 말이 없는 것 같다.

잘 사는 것을 우리는 '떵떵거리고 살다', '호의호식하며 살다'라 한다. 유세하거나 호강하는 쪽에 초점을 맞춘 표현이다. 영어로는 이를 'live off the fat of the land'라 한다. 잘 사는 것이 토지의 비옥함에 비유된 것이다. 일본어로는 '左うちわ(團扇)'라 한다. 이는 왼손으로 부채를 부치는 것을 뜻하는 말로, 안락한 생활을 비유하는 말이다. 이에 대해 어렵게 사는 것은 '근근연명', '풀칠하다'라 한다. '입에 풀칠하다'는 한자어

'糊口하다'에 대한 고유어이다. 영어로는 이를 'a hand-to-mouth existence'라 한다. 이는 손으로 번 것이 입, 곧 먹을 것으로 다 사라지는 상태를 나타내는 말이다. 일본어로는 'その日暮し'라 한다. 그날그날 연명하는 생활이란 말이다.

고생하는 것은 '뼈 빠지다, 뼛골이 빠지다, 등골이 빠지다'라 한다. 이는 '골수가 빠지는' 상태를 말한다. 이에 대해 영어로는 'break one's back', 'break one's neck'라 한다. 일본어로는 '骨を折る'라 한다. 영어와 일어의 발상이 비슷하다. 그러나 '빠지'고, '부러지'는 차이를 보인다. 땀을 흘리는 것은 '구슬땀을 흘린다', 또는 '비지땀을 흘린다'고 한다. 이는 땀의 형상에 초점을 맞춘 표현이다. 그런데 영어나 일어의 경우는 땀을 흘리는 주체에 맞추어 표현을 한다. 'sweat like a horse', 'sweat like a pig'나 '豚のように汗をかく'가 그것이다. 우리말에는 이러한 표현이 없다. 일어의 경우 '瀧のような汗をかく'는 형상에 초점을 맞추어 표현한 것이나 우리말 표현과는 거리가 멀다. 이와 가까운 한국어의 표현으로는 '땀이 비오듯 한다'가 있다.

먹는 것을 나타낼 때 우리는 '돼지같이 먹다, 소같이 먹다'란 표현을 한다. 탐식하거나 많이 먹는 것을 뜻하는 말이다. 이는 영어로도 'eat like a hog', 'eat like a pig'와 같이 돼지로 비유된다. 일본어의 경우도 마찬가지다. '豚のようにガツガツ食る'가 그것이다. 잘 마시고 먹는 것은 '붕어같이 마시고 소같이 먹는다'고 한다. 이러한 표현을 영어로는 'drink like a fish, eat like a horse'라 한다. 국어 표현의 '붕어'가 '물고기'로 일반화되고, '소'가 '말'로 바뀐 것을 볼 수 있다. 일본어로는 '鯨飮馬食'이라 한다. 이는 한자숙어로 일본만이 아닌 한자권에서 다 같이 쓰이는 표현이다. '馬食牛飮'이라고도 한다. 여기 '馬食'이 주의를 끈다. 이 밖에 술을 많이 마실 때에 한국어의 경우 '술고래', 또는 '고래술'이라고 '고래'에 비유한다. 크게 마시는 것을 영어로는 'have a bottomless pit', 'have a hollow leg'라는 표현을 한다. 우리도 酒豪를 '밑 빠진 독'이라 한다. 이에 대해 小食하는 경우에는 '참새 모이만큼 먹는다'고 한다. 영어의 경우도 'eat like a bird'라 한다. 한국어에서는 또 '아주 적은 음식으로 시장기를 면하는 일'을 비유적으로 '볼가심한다'고 한다. 볼을 가실 정도의 적은 음식을 먹는다는 말이다. 음식을 먹고 짭짭거리는 것을 '입맛을 다시다'라 한다. '입맛'이란 입에서 느끼는 맛, 곧 口味를 뜻하는 말이고, '다시다'는 무엇을 먹거나 먹는 것처럼 입을 놀리는 것을 뜻한다. 이를 영어로는 'smack one's lips'라 하여 입술을 친다고 하고, 일본어로는 '舌鼓を打つ'라 하여 혀를 친다고 한다. 따라서 이들은 치는 것이 입술과 혀라는 차이를 보인다. 우리말에서는 입술도 혀도 친다고는 하지 않는다.

잘 때 정신없이 자는 것을 '죽은 듯이 잔다'고 한다. 이렇게 자는 것을 영어로는 'sleep like a log'라 하여 통나무에 비유한다. 일본어로는 '死んだように眠る'라 하여 우리와 같은 발상의 표현을 한다. 자는 체하는 것을 영어로는 'play possum'이라 한다. 주머니쥐의 흉내를 낸다는 말이다. 주머니쥐는 위험을 느낄때 죽은 체 하는 습성을 지닌 동물이다. 이러한 경우 일본어로는 '狸寝入り'라 한다. '삵'의 가사 상태에 비유한다. 영미에는 이 삵이 없는 것으로 알려진다. 일찍 일어나는 사람을 영어로는 'an early bird'에 비유한다. 'get up with the chickens'라 하기도 한다. 일본어로는 '早起き鳥'라 한다. 일본어의 '鳥'는 새와 닭을 의미하므로 영어의 발상 및 표현과 같은 것이다. 우리말의 경우는 관용적인 비유가 따로 없는 것 같다. 비유를 한다면 '새벽 닭'쯤이 될 것이다.

어떤 일에 관계하는 것을 '손을 뻗치다, 손을 대다'라 한다. 영어 'have a hand in'도 같은 발상의 표현이다. 일본어도 마찬가지로 '手を出

す, 手を着ける'라 한다. '一枚かんでいる'라고도 한다. 간섭하는 경우
'남의 잔치에 감 놓아라 배 놓아라 한다'고 한다. 이런 경우 영어로는
'stick one's nose in someone's buisiness'라 한다. 일본어로는 'くちばし
をはさむ', 또는 'くちばしをいれる'라 한다. 주둥이를 끼운다거나, 넣
는다는 말이다. 영어와 일본어는 집어 넣는 것이 코와 주둥이란 차이를
보인다. 시시콜콜 따지는 것을 영어로는 'split hairs'라 하여 모발을 쪼개
는 것에 비유한다. 'nitpick'라 하기도 한다. '이나 기생충의 알을 찌른다'
는 뜻의 말로 이는 작은 결점을 찾으려고 '자세히 보다'를 뜻하는 말이
다. 일본어로는 '重箱の隅をつつく'라 한다. '겹상자의 구석을 들추다'
의 뜻이다.

감추는 것은 '덮어두다'라 한다. 영어의 표현도 마찬가지다. 'put the
lid on'이 그것이다. 일본어 '臭いものにふたをする'도 같은 발상의 표
현이다. 영어와 일어의 경우에는 '뚜껑'이 추가되어 좀 더 구체적이다.
일시적으로 우물쭈물하여 덮어버리는 것은 '糊塗하다'라 한다. 이는 한
자말로, 일본어에서도 마찬가지로 쓰인다. 영어로는 이를 'whitewash'라
한다. 석회 도료를 발라 일시적으로 모면한다는 뜻이다. 감추는 것은 '마
음을 털어 놓지 않는다', '속을 털어 놓지 않는다'고도 한다. 영어로는
이때 트럼프 놀이에서 나온 'not put all one's cards on the table', 또는
'not put all one's hand close to one's chest'라 한다. 일본어로는 '手の內
を見せない'라 한다. 한국어에서의 '마음'이 '손'으로 바뀐다.

노래를 잘 하는 것은 '꾀꼬리같이 노래한다'고 한다. 일어나 영어도
마찬가지다. 'sing like a nightingale', 'ナイチンゲ-ルのように歌う'가
그것이다. 이에 대해 노래를 못하는 것을 우리말로는 '돼지 멱 따는 소
리'라 한다. 돼지를 잡을 때 멱을 따는데 이때 돼지가 지르는 소리 같다
는 것이다. 영어로는 'make a dog howl'이라고 '개에게 울부짖게 하다'

라 한다. 일본어로는 'ぬかみそが腐つたような聲'라 한다. 막된장 썩어 문드러지는 듯한 소리라는 뜻이다.

웃을 때는 '배를 잡고 웃는다'고 한다. 한자어 '抱腹'에 해당한 말이다. '배꼽을 쥐다'는 우슴을 참지 못하고 크게 웃는 것을 나타내는 말이다. 영어 'hold one's sides with(for) laughing(laughter)'가 이에 해당한 말이다. 여기서는 배 아닌 옆구리로 되어 있어 차이를 보인다. 영어 'laugh one's head off'도 '배를 잡고 웃다'에 해당한 표현이나, 이는 '포복절도(抱腹絶倒)'나 '봉복절도(捧腹絶到)'의 '절도'에 가까운 표현이다. 'have a belly laugh'는 뱃속에서부터 웃는다는 말이다. 우리의 '배꼽이 웃는다'는 발상과는 다른 것이다. 일본어의 '腹をかかえて笑う'는 한국어의 '배를 잡고 웃다'와 같은 표현이다. '배꼽을 빼다'나 '배꼽이 빠지게 웃다'는 몹시 우습다거나, 우스워 몹시 웃다를 뜻하는 표현이다. 영어 'split one's sides laughing' 및 'burst(split) one's sides with(for) laughing(lauhter)'과 일어 '腹の皮がよじれるほど笑う'는 요절복통(腰折腹痛)의 발상과 비슷한 표현이다.

입신양명하는 것을 '出世한다'고 한다. 이는 본래 은둔하고 있던 사람이 다시 세상에 나가는 것을 의미한다. 영어 'rise(go up) in the world'나 일어 '出世する'도 같은 발상의 표현이다. 출세의 가도를 달리는 것은 영어로 'climb the ladder of success'라 한다. 일본어로는 '出世の階段を上る'라 한다. 일·영어는 '오르다'란 공통점을 지닌다. 그러나 한국어에서는 '오르다'란 표현은 하는 것 같지 않다. 성공을 출세라 보는 것은 한·일어의 발상이 같다. 위험을 감행하는 것은 '살얼음을 밟는다'고 한다. 영어의 'tread on thin ice'도 마찬가지 발상의 표현이다. 일본어로는 '危い橋を渡る'라 한다. 우리말에서는 이런 표현을 하지 않는다. 'walk a tightrope'나, '網渡りをする'도 같은 뜻으로 쓰이는 말이다. 그러나 한

국어의 '줄타기'는 이와 뜻이 다르다.

조정하여 합리화하는 것은 '군살을 빼다'라 한다. 이를 영어로는 'prune back', 또는 'wear(work) off surplus fat(the fat)'라 한다. 일본어로는 'ぜい肉を落す'라 하여 우리의 표현과 같다. 제 자랑을 하는 것을 '자화자찬하다'라 한다. 영어로는 이를 'toot(blow) one's own horn'이라 한다. 자기의 뿔나팔을 분다는 말이다. 일본어에서도 '自畵自讚する'라 한다. 한·일어는 한자 숙어에 의해 같은 표현을 하고 있는 것이다. '鼻笛を吹く'라고도 한다. 생각이 잘 나지 않을 때는 '입에서 뱅뱅 돈다'고 한다. 이러한 표현을 영어로는 'on the tip of one's tongue'라 하고, 일본어로는 'のどまて出かかつている'라 한다. 한국어에서는 이런 때 '혀 끝'이라던가, '목'이라는 표현은 쓰지 않는다.

번거로운 일을 저지를 때 '풍파(風波)를 일으키다, 파란(波瀾)을 일으키다'라 한다. 물결에 비유한다. 이러한 발상과 표현은 영어와 일어에도 다 같이 보인다. 'make waves', '風波を立てる'가 그것이다. 'rock the boat'라고도 하는데, 이는 '배를 흔든다'는 말이다. 'kick up a row'라고도 한다. 트집을 잡아 훼살 놓는 것을 '찬물을 끼얹다, 파토놓다'라 한다. 영어의 'throw cold water on'과 '水を差す'도 이러한 발상의 표현이다. 'throw a wet blanket on', 'throw a cold blanket over'도 비슷한 발상의 표현이다. 도망가는 것은 '꼬리를 감추고 도망간다'거나, '꼬리를 내리고 도망간다'고 한다. 영어의 'slink off with one's tail down'이 이러한 발상의 표현이다. 'run off with one's tail between one's legs'나 'sneak away with one's tail between one's legs'도 같은 발상의 표현이다. 일어도 'しつぽを卷いて逃る'라 하여 같은 발상의 표현을 한다. 본성을 나타내는 것은 '가면을 벗기다'라 한다. 영어 'throw off one's mask'도 같은 것이다. 영어 'blow one's cover'나, 일어의 '化けの皮がはがれる'도 비슷한 발상의 표현이라 하겠다.

  헤엄을 잘 칠 때는 국어의 경우 '물개'나, '개'에 비유하여 표현한다. 영어의 경우는 'swim like a fish'라 하여 물고기에, 일본어의 경우는 'かつぱ(河童)のように泳ぐ'라고 하여 '하동'에 비유하여 우리와 차이가 난다. 이와는 달리 수영을 못할 때는 우리의 경우 '맥주병'에 비유한다. 영어에서는 'swim like a rock'라 하여 '바위'에, 일본어에서는 'かなつち'라 하여 '쇠망치'에 비유하여 차이를 보인다.

  몸을 굽으리는 것은 '활처럼 구부리다'라 한다. 이는 영어로도 'bend one's body like a bow'라 하고, 일본어로도 '體を弓のように曲げる'라 하여 같은 발상과 표현을 한다. 교체하는 것을 '말을 갈아타다'라 한다. 이러한 발상의 표현은 영어나 일본어에도 있다. 'change horses in midstream'이나, '鞍替えする'가 그것이다. 다만 이때 일본어의 경우 말 아닌, 안장이라 하는 것은 다른 점이다. 잘못된 것을 이르는 '번짓수가 다르다'는 영어로는 'bark up the wrong tree', 또는 'put the saddle on the wrong horse'라 한다. 이에 대해 일어로는 'お門違い'라 한다. 국어의 표현은 일본어와 좀더 가까운 것이다. 재롱을 부리는 것은 '강아지'에 흔히 비유된다. 영어나 일어의 경우도 마찬가지다. 'playful as a puppy', '子犬のようにじやれる'가 그것이다. 영어로는 또 'playful as a kitten'이라고 고양이에 비유하기도 한다. 가지고 노는 것을 '고양이 쥐 어르듯 한다'고 한다. 영어 'play cat and mouse with'도 같은 발상의 표현이다. 일본어로는 'へびの生殺し'라 하여 차이를 보인다. 물건을 보지 않고 덮어놓고 사는 것을 영어로 'buy a pig in a poke(bag)'라 하고, 일본어로는 '盲買いをする'라 한다. 우리말에는 이러한 비유적인 표현이 따로 있는 것 같지 않다.

2.3. 대인관계(對人關係)

사람은 사회적인 동물이다. 그러기에 남을 기다리고 만나고 한다. 기다릴 때에는 흔히 '손꼽아 기다린다'고 한다. 이는 '굴지계일(屈指計日)'과 같은 발상의 말이다. 영어로는 'cross off the days'라 한다. 달력에 십자(X)를 그으며 지워 나간다는 뜻이다. 문화적인 차이를 반영하는 말이다. 일본어도 국어와 같이 '指折り數えて待つ'라 한다. '일각이 여삼추'는 시간이 가지 않음에 초점을 맞춘 표현이다. 영어의 'a month of sundays'도 마찬가지다. 일본어 '一日千秋の思い'도 같은 발상의 표현이다. 다만 비유의 대상을 달리할 뿐이다. 몹시 기다리는 것을 '목을 빼고 기다린다'고 한다. 이를 영어로는 'wait with a craned neck'이라 한다. 일본어로는 '首を長くして待つ'라 한다. 우리의 표현과 마찬가지다. 역성드는 것은 '편(便)들다'라 한다. 한쪽을 두둔한다는 뜻이다. 고어에서는 '太子ㅅ녀글 들면 須達이 願을 몯 일울까 ᄒᆞ야'(석보상절 6)와 같이 쓰인 것을 볼 수 있다. 영어 'take sides with'도 같은 발상의 표현이다. 일본어로는 '肩を持つ'라 한다. 약자를 응원하는 것을 영어로는 'root for the underdog'이라 하여 '싸움에 진 개를 응원한다'고 한다. 일본어에서는 '判官びいき'라 하여 '판관 응원'이라 한다. 여기 判官이란 일본의 불우한 영웅 源義經을 가리킨다. 우리말의 경우는 약자 응원에 해당한 관용어가 보이지 않는다.

치열한 경쟁이나 격전을 이를 때는 '불꽃이 튄다'고 한다. 영어의 'set sparks flying'이나, 일어의 '火花を散らす'도 이러한 것이다. 무안을 주거나 기를 죽이는 것을 '콧대를 꺾다', '코를 납작하게 하다'라 한다. 이를 영어로는 'put one's nose out of joint'라 한다. 또 'take someone down a peg'라고 쐐기못을 낮추 박는다고도 한다. 이는 사람의 평가를 한 단계 낮추어 하는 것을 의미한다. 일본어 '鼻をへし折る'는 제 자랑하는 사람의 코를 눌러 뭉개듯 꺾는다는 말이다. 따라서 일본어의 표현은 국어의 '콧대를 꺾다'와 발상을 같이 한다.

배신은 '믿는 도끼에 발등을 찍힌다', '내 밥 준 개 내 발등 문다', '내 밥 먹은 개가 발 뒤축 문다'고 한다. 이러한 발상과 표현은 영어와 일본어에도 보인다. 'bite the hand that feeds one'이나, '飼い犬に手をかまれる'가 그것이다. 배신은 또 '등을 돌린다'고 한다. 영어로는 'stab someone in the back'이라 한다. 등을 찌른다는 말이다. 국어에서도 '등을 찌르다'라는 말이 쓰이나, 이는 서구어의 영향으로 생겨난 말이라 하겠다. 일본어로는 '寢首かく'라 한다. 이는 자고 있는 사이에 급습하여 목을 베는 것을 의미한다.

해고하는 것은 '목을 자른다'고 한다. 영어로는 'give someone the ax'라 한다. 일본어 '首を切る'는 국어의 표현과 마찬가지인데, 국어의 표현은 여기서 유래한 것으로 보인다. 거절은 '고개를 젓는다'고 한다. 영어로는 'give someone the cold shoulder'라 한다. 이는 본래 차거운 어깨고기가 제공되는 데서 연유한 것으로 보이는 말이다. 그러나 지금은 이러한 유연성을 상실해 차갑게 한쪽 어깨를 돌린다는 이미지를 나타낼 뿐이다. 일본어로는 'ひじ鐵砲を食らわす'라 한다. 이는 '팔꿈치총을 먹이다'라는 뜻으로 일언지하에 거절하는 것을 의미한다. 일·영어의 이러한 표현은 우리말에는 볼 수 없는 것이다. 배척하는 것은 '등을 돌리다'라 한다. 영어나 일본어도 같은 발상의 표현을 하고 있다. 'turn one's back on', '背を向ける'가 그것이다. 냉대하는 것은 '콧방귀 뀌다'라 한다. 영어로는 'turn one's nose up at'라 한다. 흥하며 코를 위로 향하게 하는 동작에서 나온 표현이다. 이는 우리말의 발상과 같은 것이다. 일본어로는 '鼻もひっかけない'라 한다. 사람을 '턱으로 부리다'라는 말도

냉대를 나타낸다. 말로 지시하는 것이 아니라 턱으로 지시한다는 말이다. 영어로는 'lead a person by the nose'라 한다. 코로 부린다는 말이다. 일본어도 '鼻であしらう', '鼻の先であしらう'라 한다. 일어와 영어가 발상을 같이하며, 이들은 한국어와는 턱과 코를 바꾸어 차이를 보여 준다.

바쁠 때 도움을 받는 것을 '손을 빌리다'라 한다. 이러한 발상의 표현은 영·일어에 다 같이 보인다. 'lend someone a hand'와 '手を貸す'가 그것이다. 동정을 바라는 것은 '눈물 짜는 소리를 하다'라 한다. 영어로는 'play the violin'이라 하고, 일어로는 'お涙ちょうだいの話をする'라 한다. 영어의 '바이올린을 연주하다'는 눈물을 짜는 드라마에서 흔히 바이얼린 곡이 배경음악으로 사용되는 데 연유한 표현이다. 일본어의 경우는 한국어의 경우에 비해 직설적이다. 일을 재촉할 때 '회초리를 든다', '종아리를 때린다'고 한다. 이는 '가편(加鞭)'과 같은 발상이다. 영어의 'crack the whip'이나, '尻をたたく'도 같은 발상의 표현이다. '박차(拍車)를 가하다'는 가속의 의미를 나타낸다. '박차'는 승마 구두에 톱니바퀴 모양으로 달려 있는 쇠로 만든 물건으로, 이는 말의 배를 차 빨리 달리게 하는 것이다. 영어로는 'build a fire under', 또는 'fire up'이라 한다. 일본어로는 '發破をかける'라 한다. '발파장치를 하다'를 뜻하는 말이다. 우리는 영·일어에서와 같은 표현은 하지 않는다.

강력한 지배나 통솔을 나타낼 때 '코를 잡아 끈다'고 한다. 영어로도 'lead someone around by the nose'라 하여 코를 잡고 돌린다고 한다. 일본어도 '鼻面を取つて引き回す'라 하여 같은 표현을 한다. 뒤를 잇는 것을 영어로는 'step into someone's shoes'라 한다. 누구의 구두에 발을 넣는다는 말이다. 일본어로는 '後釜に座る' 한다. 후계자로 들어앉는다는 말이다. 우리말에는 이러한 비유적 표현이 따로 없는 것 같다. 뒤에서 조종하는 것은 영어로는 'pull strings', 'pull wires'라 한다. 일본어로도

'絲を引く'라 한다. 그러나 한국어에서는 '끈을 잡아다니다'라거나 '실을 잡아다니다'와 같은 표현은 하지 않는다. 오히려 "망석중이 놀리다"라 한다. 근본적으로는 같은 발상이다. 착취하는 것은 '쥐어짜다, 고혈을 빨다'라는 표현을 한다. 영어에서는 'bleed someone dry'라 하고, 일본어로는 '骨の髓までしやぶる'라 한다. 다 같은 발상의 표현이다. 곧이 곧대로 듣고 믿는 것을 영어로는 'swallow'라 한다. 일본어로는 'うのみにする'라 한다. 사다새 마시듯 한다는 뜻이다. 우리말의 경우는 '더퍽 문다'가 이에 가까운 표현이라 할 것이다.

2.4. 기타 행위(行爲)

무엇이 많이 오르는 것을 국어에서는 '다락같이 올랐다'고 다락에 비유한다. 영어에서는 'skyrocket'에 비유하고, 일어에서는 'うなぎ昇り'에 비유하여 각기 차이를 보인다. 무엇이 빙글빙글 도는 것은 '팽이처럼 돈다'고 한다. 이러한 표현은 영어나 일어에도 마찬가지로 쓰인다. 'spin like a top'과 'こまのように回る'가 그것이다.

아무짝에도 쓸데없는 사람, 필요 없는 사람은 '개 취급하다, 벌레 같이 취급하다'라고 개나 벌레에 비유한다. 영어나 일본어도 마찬가지다. 영어의 'treat someone like a dog'나, 일어의 '蟲けらのように扱う'가 그것이다.

물건이 잘 팔릴 때는 '날개 돋친듯 팔리다, 불티나게 팔리다, 불티같다'고 한다. 이를 영어로는 'sell like hot cakes', 또는 'sell like wildfire'라 하고, 일어로는 '飛ぶように賣れる'라 한다. 한·일어의 발상이 같은 것이다.

정반대로 바뀌는 것은 '180도로 변하다'라 한다 이는 영어 'take a

one-hundred-eighty-degree turn'의 번역어라 하겠다. 일본어 '180度變る'
도 마찬가지다. 이와는 달리 갑자기 변하는 것은 '豹變하다'라 한다. 표
범의 반점이 가을에 바뀌듯 바뀐다는 말이다. 영어의 'change one's
spots'는 성서의 'Can the leopard change his spots?'에서 연유하는 말이
다. 따라서 이도 '표변'을 가리킨 말이다. 일어로도 '豹變する'라 한다.

세밀히 조사하는 것은 '이잡듯 뒤진다'고 한다. 이를 영어로는 'search
with a fine toothcomb'라 하여 참빗을 가지고 찾는다고 한다. 따라서 이
것도 이잡듯 찾는 것이다. 일어도 'しらみつぶし(蝨潰)に搜す'로 같은
발상, 같은 표현이다. '눈을 왕방울만하게 뜨고 찾는다'고도 한다. 이는
영어로 'peel one's eyes'라 한다. 일어로는 '目を皿のようにして搜す'라
한다. 눈을 쟁반같이 뜨고 찾는다는 말이다. 따라서 우리의 발상과 같은
표현이다. 영어로는 또 'leave no stone unturned'라고도 한다. 돌을 남김
없이 뒤집는다는 말이다. 우리가 가재라도 잡을 때 하는 행동이다. 이러
한 표현을 일어로는 '草の根を分けて搜す'라 한다. 국어에는 이러한 표
현은 보이지 않는다.

진력하다는 '벗어부치고 하다'라 한다. 영어의 'slip off one's clothes'
도 같은 발상의 표현이다. 'go at taking off the gloves'는 비유적인 표현
이다. 'put one's shoulder to the wheel'이라고도 한다. 이는 진창에 빠진
마차에 어깨를 대어 밀어내다에서 나온 말이다. 일본어로는 '本腰を入れ
る'라 한다. 이는 진지한 마음 자세로 임하는 것을 의미한다.

불어나는 것은 '눈덩이처럼 불어난다'고 한다. 이러한 발상과 표현은
영어나 일본어에서도 마찬가지로 한다. 'snowball', '雪だるま式に增え
る'가 그것이다. 이에 대해 사라지는 것은 '눈 녹듯 사라진다'고 한다.
일본어도 '雪が溶けるように消える'라 한다. 영어에서는 이러한 표현을
잘 하지 않는다. 오히려 'disappear in smoke', 'melt into thin air'라 한다.

3. 감정·심정에 관한 표현

희로애락 애오욕과 같은 감정과 그 밖의 심정은 어떻게 표현되는가? 다음에는 이런 감정과 심정에 대해 살펴보기로 한다. 먼저 감정부터 보기로 한다.

3.1. 감정(感情)의 표현

우선 기뻐할 때는 '뛸 듯이 기뻐한다'고 한다. 영어로도 'jump for joy', 또는 'leap for joy'라 하고, 일본어로도 '跳び上がつて喜ぶ'라 한다. 같은 발상의 표현이다. 기쁨의 정도가 심하면 '참새처럼 좋아 날뛴다'고 한다. 한자어로 '환호작약(歡呼雀躍)'이라고도 한다. 영어로는 'crow like a rooster'라고 수탉처럼 소리지른다고 한다. 일본어로는 '환희작약(歡喜雀躍)'이라고 참새에 비유해 표현한다. 영어의 'one's eyes light up'이나, 일본어 '目を細める'도 우리의 기쁨을 나타내는 표현과 관련되는 것이다. '기쁨에 눈을 반짝인다', '좋아 실눈을 하고 웃는다'가 그것이다.

노여움을 나타낼 때 '열화와 같이 성내다'라 한다. 영어로는 'hit the ceiling'이라 한다. 천정에 부딪친다는 뜻이다. 일본어로는 한국어와 같이 '烈火のごとく怒る'라 한다. '핏대를 세우다'라고도 한다. 'burst a blood vessel'이 이러한 표현이다. '혈관을 파열시키다'의 뜻이다. 'turn purple with rage', 'be blue in the face with anger'라고도 한다. 일본어로는 '青筋を立てて怒る'라한다. 정맥을 세워 성낸다는 뜻이다. '노여움이 폭발하다'라고도 한다. 이는 영어로 'explode in anger', 일본어로 '怒りを爆發させる'라 하여 같은 발상의 표현을 한다. '화가 나 안색을 바꾸다'라고도 한다. 이는 영어로 'get(have) one's nose out of joint'라고 코의 관절이 벗어나다의 뜻으로 표현한다. 이는 우리와는 사뭇 다른 발상의 표현이다. 일어로는 '血相を變えて怒る'라 한다. '血相'이란 안색이란 말이므로 국어의 표현과 같은 것이다. '화가 나서 거품을 물다'라는 표현도 있다. 이에 해당한 영어는 'be fuming'이라 할 수 있다. 연기를 내고 있다는 말이다. 'be steamed'라고도 한다. 일본어로는 '湯氣を立てて怒る'라 한다. 김을 낸다는 말이다. 국어의 표현과는 발상을 달리하는 것이다. '신경에 거슬린다'고도 한다. 영어 'get on one's nerves'가 그것이다. 이는 또 'get someone's goat'라 하기도 한다. 이것은 경주마를 염소와 같이 두면 신경이 안정되는데, 그 염소를 치우면 안절부절못하게 된다는 데서 연유한 표현이다. 'see red'도 같은 뜻의 표현이다. 이는 투우가 붉은 색을 보면 흥분하는 데서 나온 표현이다. 일본어로는 '頭にくる'라 한다. '신경을 건드리다'는 영어로 'set one's nerves on edge'라 하고, 일본어로는 '神經に觸る'라 하여 같은 발상, 같은 표현을 한다. 기분이 언짢을 때 '저기압'이라 한다. 이는 영어로 'in the doghouse'라 한다. 부인의 기분을 상하게 한 주인이 방에 들어가지 못하고 개집에 있어야 하는 심정을 나타내는 것이다. 일본어로는 이를 'おかんむり(冠)'라 한다. 이는 '저기압'을 나타낸다.

분함을 나타낼 때에는 영어로 'stamp one's feet'라 한다. 발을 요란스럽게 굴러 화를 나타낸다는 말이다. 일본어로는 '地團太を踏む'라 한다. 화가 나서 풀무를 밟는다는 뜻이다. 불만을 나타낼 때에는 '부루통하다, 입을 삐쭉이다, 입을 삐쭉 내밀다'라 한다. 영어의 'be in(have) the pout'나, 일어의 '口をとがらす'도 다 입을 삐쭉하게 한다는 표현이다. 참는 데도 한계가 있다고 하는 그 한계를 나타내는 말에 'the last straw'가 있다. 이는 'the straw that broke the camel's back'의 그 최후의 지푸라기를 가리킨다. 일본어로는 이를 '堪忍袋の緒が切れる'라 한다. '최후의

지푸라기'가 '인내 주머니의 끈'이다. 우리말에는 인내의 마지노선을 나타내는 말이 따로 없는 것 같다.

슬픔을 나타낼 때에는 '가슴이 터질 것 같은, 가슴이 찢어질 것 같은, 가슴이 찢어지는'과 같은 표현을 한다. 이러한 표현은 영어나 일본어에도 보인다. 'break some's heart'나 '胸がはり裂けそう'가 그것이다. '슬퍼하다'를 나타낼 때에는 '저 세상'이 원용된다. 영어의 'turn over in one's grave'는 무덤에서 일어나의 뜻이다. 일어의 '草葉の陰で泣いている'는 '저 세상에서 울고 있다'는 말이다.

안도를 나타낼 때에는 '안도의 숨을 내쉬다', '가슴을 쓸어내리다'란 표현을 한다. 영어의 'heave a sigh of relief'는 '안도의 숨을 쉬다'란 말이고, 일본어의 '胸をなでおろす'는 '가슴을 쓸어내린다'는 뜻이다. '어깨의 짐을 벗다'는 부담에서 해방되는 것을 이른다. 영어의 'be a load off one's mind'나, 일어의 '肩の荷が下りる'도 같은 발상의 표현이다.

사랑스러운 것을 나타낼 때에는 '눈에 넣어도 아프지 않다'고 한다. 영어로는 'be the apple of one's eye'라고 제 눈의 동자라는 말로 표현한다. 일본어는 '目に入れても痛くない'라고 우리의 표현과 같이한다.

질렸다는 것을 나타낼 때에는 '말이 안 나온다'고 한다. 영어로도 'be speechless'라 한다. 일본어로는 '開いた口が塞がらない'라 한다. 일본어의 경우는 약간 발상이 다르다. 영어로는 'dumbfounded'라고도 한다. 이는 dumb와 confounded가 합성된 말이다.

부러운 것을 나타낼 때에는 '남의 밥의 콩이 크다'고 한다. 영어로는 'the grass is always greener on the other side of the fence'라 한다. 일어로는 '隣の花は赤い'라 한다. 이들은 발상은 같으나 표현이 다른 것이다.

3.2. 심정(心情)의 표현

감동을 주는 경우 한국어에서는 '심금을 울리다'라 한다. 이러한 표현을 영어로는 'touch someone's heartstrings'라 한다. 일본어로는 '心の琴線に觸れる'라 한다. 삼국의 언어가 비슷한 발상의 표현을 하고 있으나, 영어와 일어가 좀더 가까운 표현이다. 감동을 주다는 또 'touch someone's heart'라 한다. 일어로는 '心を打つ'라 한다. 이에 대등한 국어의 표현은 보이지 않는다. 감동을 받게 되면 흔히 '숨을 죽인다'고 한다. 이러한 표현을 영어로는 'take someone's breath away'라 하고, 일어로는 '息をのむ'라 한다 이들은 표현이 비슷하면서도 차이가 드러나는 것을 볼 수 있다. 감심한 경우는 '손들었다'고 한다. 영어로는 'take off one's hat to'라 한다. 일본어의 경우도 '脫帽する'라 하여 영어와 같은 발상의 표현을 한다.

무서움을 나타낼 때에는 '까무러칠 정도로 무섭다'고 한다. 영어로는 'be scared to death'라 한다. 일본어로도 '死ぬほど怖い'라 하여 영어의 발상 및 표현과 같다. 그러나 국어에서는 죽음으로 비유되지는 않는다. 무서울 때는 또 '머리카락이 거꾸로 선다'고 한다. '모발이 송연하다'고도 한다. 영어로는 'make someone's hair stand on end'라 한다. 일본어로는 '身の毛がよだつ'라 한다. 따라서 이는 삼국어가 다 같은 발상의 표현을 하고 있는 것이다. 이와는 달리 '등골이 서늘하다, 등골이 오싹하다'고도 한다. 영어로는 'send chills up and down one's spine'이라 하여 한기가 척추를 오르내린다고 한다. 따라서 이는 우리말의 발상과 같은 것이다. 일본어로는 '背筋が寒くなる'라 한다. 이는 한·영어와 발상을 달리하는 것이다. 한국어에서는 이런 경우 '간담이 서늘하다'고도 한다. 이는 놀라움의 의미도 갖는다. '소름이 끼치는 공포'라고 '소름이 끼친다'는 표현도 무서움을 나타낸다. 이를 영어로는 'be gooseflesh(goose pimple) all over'라 한다. 몹시 질렸을 때 '유령을 본 듯', 또는 '송장을 본 것 같이'라 비유적으로 표현한다. 영어로는 'look like one has just seen a ghost'라 하고, 일어로는 '幽靈を見てきたような顔をして'라 하여 같은 발상의 표현을 하는 것을 볼 수 있다. '백지장처럼 하얗게 질리다'란 표현도 한다. 이러한 경우 영어로도 'turn white as a sheet'라 하고, 일본어로도 '紙のように靑さめる'라 한다. 영어로는 또 'turn white as a ghost'라고도 한다.

불쾌한 경우 '구역이 나다'라 한다. 영어로도 'make someone's skin crawl'이라고 신트림이 나게 한다고 한다. 일본어도 '蟲酸が走る'라 하여 신물이 난다고 같은 표현을 한다. 공연히 기분이 나쁜 경우 '일진이 좋지 않다'란 말을 한다. 이에 대해 영어는 'get up on the wrong side of the bed'라 한다. 이는 기분 나쁜 것이 다른 때와 달리 침대의 반대편으로 일어났기 때문이라는 발상이다. 일본어로는 '蟲の居所が惡い'라 한다. 이와 관련이 있는 것으로 영어에 'Something is bugging someone.'이란 표현도 있다. 공연히 기분이 나쁘고 언짢은 경우 삼국의 발상은 사뭇 다른 모습을 보여 준다. 한국어에서는 몹시 기분이 나쁜 경우 '속이 뒤집힌다'는 표현도 한다.

걱정할 때는 '안색이 흐려지다', '얼굴빛이 흐려지다'라 한다. 영어로는 'one's face clouds over'라 한다. 얼굴에 구름이 낀다는 말이다. 이러한 발상의 표현은 일본도 마찬가지다. '顔が曇る'가 그것이다. 우리말의 "얼굴에 그늘이 지다"도 같은 발상이다. 긴장하여 조마조할 때 '손에 땀을 쥐다'라 한다. 이는 영어로 'in breathless suspense', 'with breathless interest', 'with bated breath' 등으로 나타낸다. 일어로는 '手に汗を握る' 한다. 국어의 '손에 땀을 쥐다'는 일본어의 영향을 받은 것이다.

부끄러움을 느낄 때 '얼굴이 빨가졌다', '얼굴이 홍당무가 되었다'라 한다. 영어로는 'turn red as a beet'라 하고, 일어로는 '眞つ赤になる'라 한다. 한국어의 경우는 영어와 일어의 표현을 다 함께 하고 있다 할 수 있다. 부끄러울 때 '구멍이 있으면 들어가고 싶다'는 표현도 한다. 영어로는 'I wish I could sink through the floor.'라고 마루 밑으로 숨고 싶다고 한다. 일어로는 '穴があつたら入りたい'라 한다. 국어의 발상이나 표현과 같다. 국어의 '땅속으로 꺼지고 싶다'도 참을 수 없는 부끄러움을 나타내는 말이다. 영어의 'I wish I could disappear.', 'I wish I could vanish into thin air.'도 같은 발상의 표현이다. '얼굴을 둘 데가 없다'고도 한다. 체면상 얼굴을 들고 다닐 수 없다는 말이다. 영어 'lose face'가 그것이다. 일어로는 '顔がつぶれる'라 한다. 이와 반대로 「체면을 살리다」는 'save face'라 한다.

뜻밖의 변고는 '청천벽력'으로 비유한다. 이는 남송의 육유(陸遊)의 '九月四日 鷄未鳴起作'이란 시에서 나온 말이다. 이러한 발상과 표현은 한·영·일 삼국이 공통된다. 'a bolt out of the blue'나, 'a thunder-bolt from a clear sky'와 '靑天の霹靂'이 그것이다. 깜짝놀라는 경우 영어로는 'eye-popping'이란 표현을 한다. 일본어에서도 '目玉が飛び出すような'란 표현을 한다. 우리의 경우에도 '눈이 튀어 나올 듯한'이 쓰이지만 일상적인 것은 못된다.

감각적으로 둔한 것을 나타낼 때 '낯가죽이 두껍다'고 한다. 이는 영어로는 'have a thick skin', 일본어로는 '面皮が厚い'라 하여 발상이 같다. 한국어에서는 '얼굴에 철판을 깔았다'고도 한다. 영어의 'be brazen-faced'가 그것이다. 이 밖에 'have lots of nerve', 'have plenty of cheek'도 厚顔을 나타내는 표현이다. 이에 대해 예민한 것은 영어로 'have a thin skin'이라 한다. 국어나 일어에서는 이러한 발상의 표현은 하지 않는다.

결의를 나타낼 때 '죽든 살든'이라 표현한다. 단단한 각오를 나타내는 말이다. 영어로는 'come hell or high water'라 한다. 지옥이 닥치거나 홍수가 닥치거나의 뜻이다. 일본어로는 '雨が降ろうと槍が降ろうと'라고 비가 내리거나 창이 내리거나라 한다. 으스대는 것은 '콧대가 높다'고 한다. 영어의 'be high-nosed'가 그것이다. 영어로는 또 비유적으로 'proud as peacock'라 하여 공작처럼 으스댄다고도 한다. 일본어로는 우리와 같이 '鼻が高い'라 한다. 이에 대해 기가 꺾인 상태는 '콧대가 꺾이다'라 한다. 이러한 표현은 영어로 'have one's nose put out of joint'라 한다. 일어로는 '鼻が凹む'라 한다. 섬뜩한 것을 느낄 때 '시근땀이 난다'고 한다. 영어 'break into a cold sweat'나, 일어 '冷汗をかく'도 우리말의 발상이나 표현과 같다. 군색하고 어려울 때는 '지푸라기도 잡는다'고 한다. 이러한 경우 영어나 일어도 마찬가지로 표현한다. 영어의 'grasp at straw', 일어의 'わらにもすがる'가 그것이다.

4. 결어

한국어와 영어 및 일본어의 행위와 감정 및 심정의 표현을 통해 한·영·일어의 발상과 표현을 살펴보았다. 이들은 언어의 보편성에 의해 공통점이 드러나는가 하면, 언어 문화의 차이로 말미암아 다른 면을 드러내는 것을 볼 수 있었다. 이를 통해 우리는 우리의 발상과 표현의 정체성을 확인할 수 있고, 효과적인 한국어 교육의 일면을 파악할 수도 있다.

한 외국의 언어학자는 어떤 글이 잘 번역되었는지, 그렇지 않은지를 파악하기 위해 심술궂게 관용 표현의 번역을 본다고 하였다. 확실히 관용 표현은 한 언어의 특징적인 단면에 해당한 것이다. 여기서는 행위와,

감정 및 심정의 관용적 표현이 어떻게 쓰이고 있는가를 살펴본 것이다. 따라서 이는 한국어의 정체성 파악에, 그리고 한국어 교육의 자료로 활용될 수 있을 것이다. 앞으로 보다 많은 한국어의 특질이 파악되고, 이것이 한국어의 발상을 확인하게 하고, 한국어 교육에도 이바지하게 되기를 바라 마지않는다.

▎참고문헌

박갑수(1998), 일반국어의 문체와 표현, 집문당.
손낙범(1978), 일한 한일 관용어사전, 국제대학 인문사회과학연구소.
國光哲彌 編(1992), 日英語比較講座 第4卷 發想と表現, 大修館書店.
東信行 外(1993), 研究社-ロングマン イデオム英和辭典, KENKYUSHA.
フランシス・J・クデイラ 外(1984), 英語發想辭典, 朝日出版社.

* 이 글은 "한·일·영어의 발상과 표현의 비교"(1998) 이후 집필한 구고를 2012. 10. 정리한 것이다.

제3장 | 한·일·영어권 사물에 대한 발상과 이미지

1. 서언

사람들은 어떤 사물에 대해 일정한 느낌이나 인상을 갖는다. 크게는 나라나 민족에 관해 어떤 생각을 가지는가 하면, 주변의 사람들에 대해 자기 나름의 평가를 하고, 작게는 하찮은 미물에 대해서까지 일정한 이미지를 갖는다. 이러한 사물에 대한 발상과 이미지는 문화와 개성에 따라 차이를 보인다.

한·일·영어권의 경우는 이러한 사물에 대한 이미지가 문화의 이동(異同)에 따라 같은 면을 보이는가 하면, 다른 면을 보여 준다. 이 글에서는 이러한 한·일·영어권의 사물에 대한 이미지를 몇 가지 살펴보기로 한다. 동물과 신체 부위와 음식물에 대한 한·일·영어권의 발상과 이미지와 이에 대한 표현을 살펴보자는 것이다.

동물은 소·돼지·개·닭과 같은 대표적인 가축을, 그리고 신체 부위는 이목구비(耳目口鼻)와 같은 안면 부위에 대해 살펴보기로 한다. 음식물은 다양한 것이 있으나 음식문화가 현격한 차이를 보여 비교가 마땅치 않아 대표적인 주식(主食)이라 할 "밥"과 "빵" 두 가지만을 살펴보기로 한다.

이러한 사물에 대한 발상과 이미지는 역사적인 사실을 바탕으로 하되 현대인의 의식을 중심으로 살펴보기로 한다. 이를 위해서는 각종 상징사전과, 속담사전, 관용어사전, 언어사전이 활용될 것이다.

한·일·영어권의 발상과 이미지에 대한 비교 고찰은 한국문화에 대한 이해를 돕고, 이문화 간의 충격과 충돌을 예방하고 친교를 도모하며, 언어·문화의 교육에도 이바지하게 할 것이다. 오늘날은 국제화 시대요, 세계화 시대이며, 지구촌의 시대다. 문화의 국제교류를 하고 협력하며 살아야 한다. 자문화중심이 아닌, 상대방의 문화를 이해하고 인정하는 문화의 상대주의적 입장을 취해야 한다. 이런 의미에서 서로의 발상과 이미지의 비교고찰과 이해는 현대인에게 필요한 작업이라 할 것이다.

2. 가축에 대한 발상과 이미지

2.1. 소(牛·ox, bull, cow)

요즘은 소를 노역용과 식용으로 구분하나 지난날은 모두가 농우(農牛)였다. 소는 농가의 소중한 존재였기 때문에 "소는 농가의 조상"이라 하였다. 영어권에서는 소를 ox, bull, cow로 나눈다. ox는 소의 총칭으로 특히 '노역용, 식용의 거세한 수소'를 가리킨다. 이에 대해 bull은 '거세하지 않은 수소', cow는 암소를 이른다. 한국어는 종합적 표현을 해 "소"를 암·수로 구별하는 데 대해, 영어에서는 분석적 표현을 해 ox, bull, cow로 나눈다.

① 힘이 세다

우리 속담에 "힘 많은 소가 왕 노릇 하나?"라는 것이 있다. 힘으로 왕이 되는 것이라면 당연히 소가 왕이 되어야 한다는 말이다. 이렇게 소는 힘이 세다는 이미지를 갖는다. "소같이 힘이 세다, 힘이 황소 같다"와 같은 관용어도 소가 힘이 세다는 이미지를 나타낸다. 북한에서는 "황소힘"을 매우 센 힘을 나타내는 명사로 보고 있다.

영어권의 경우도 bull, ox가 다같이 '힘센'의 이미지를 나타낸다. "strong as an ox(매우 강한), bull-dozer"가 이러한 것이다. "bull work"가 hard work를 나타내는 것도 같은 발상의 표현이다. 일본어권의 경우는 新村(1979)에 소에 대해 "性質は鈍い、力強く田を耕し 車を引くに使役し"라 풀이하고 있다.

② 크다

소는 크다는 이미지를 나타낸다. "남이 놓은 것은 소도 못 찾는다, 새 잡아 잔치할 것을 소 잡아 한다, 바늘구멍으로 황소바람 들어온다."란 속담에서 "소, 황소"는 큰 것을 나타낸다. 이밖에 "황소도적(큰 도적), 황소숨(큰 숨), 황소개구리"도 같은 이미지를 드러낸다. 일본어에서도 "황소개구리"를 "うしかえる"라 한다.

③ 농가의 재산

"소는 농가의 조상"이라 할 정도로 농가에서 소중히 여겼다. 가족을 식구(食口)라 한다. 종이나 하인은 생구(生口)라 한다. 소도 생구라 하였다. 이는 농사에 소가 없어서는 안 될 소중한 가축이었기 때문이다. 소는 농가의 재산이다. 왕년에 대학 등록금을 소를 팔아 마련하였기 때문에 대학 캠퍼스를 "우골탑(牛骨塔)"이라 풍자하기도 하였다.

④ 고집 · 강성(强性)

"쇠고집과 닭고집"이란 속담도 있듯이 소는 고집이 세다. "쇠고집"과 함께 "황소고집"이란 말도 소가 고집이 세다는 말이다. 소를 강가에까지 끌고 갈 수는 있으나, 물을 마시게 할 수 없다는 말도 이런 것이다.

영어권의 "bull-headed(고집 센, 미욱한)"도 이러한 이미지를 나타낸다. "bullish(강세의), a bull market(상승시세), bull buying(강세의 매기), bull shares(상승 주)"는 이런 강성의 이미지를 반영한 명명이다.

⑤ 분별력 부족

소는 분별력이 부족하다는 이미지를 나타낸다. "말 갈 데 소 간다"는 속담이 나타내는 이미지가 이런 것이다. 그리고 데퉁맞다.

영어권의 "like a bull in a china shop(어디서나 행패를 부리는 부랑자), shoot the bull(美, 허튼 소리를 하다), bull-shit(卑, 어리석은 소리, 허풍)도 이러한 것이다.

⑥ 느리고 한가하다

소는 힘든 일을 하지만 "한가하게 풀을 뜯고 있는 소"와 같이 자연을 배경으로 한 소는 한가롭고 여유 있는 이미지를 나타낸다. 특히 "소걸음, 황소걸음, 우보(牛步)"는 느릿느릿 걷는 걸음을 뜻해 여유의 이미지를 나타낸다. "느릿느릿 걸어도 황소걸음"은 더디나 믿음직스럽고 실속 있음을 나타낸다.

영어권의 경우는 cow가 '한가한'이란 이미지를 나타낸다. "till the cows come home(언제까지고, 영원히)", "cow-scape(소가 있는 한가로운 시골 풍경을 그린 그림, 전원 풍경화)"가 그 예다. 일본어권에도 "牛の步み"란 말이 있어 같은 이미지를 나타낸다.

⑦ 신성하다

소는 일반적으로 제물로 사용되었기 때문에 신성시된다. 그러나 한국
에서는 그 정도가 강한 편은 아니다.

영어권의 "a sacred cow(침범해서는 안 되는 것)"나, 일본어권에서 소를
성수(聖獸)로 보는 것이 이런 것이다.

⑧ 순하다

소는 순하고, 온화하다는 이미지를 나타낸다. 특히 암소가 그러하다.
암소는 대부분의 짐승에게서 느끼게 되는 위협적인 인상을 주지 않는다.
어린애가 몰아도 소는 조용히 순종한다. "이랴, 어디 어디" 한두 마디로
제 길을 잘도 간다. "말은 끌고 소는 몬다"는 말도 이런 이미지를 나타
낸다.

⑨ 눈이 크다

소의 눈은 크다. "쇠 눈깔, 황소 눈"이 그 예다.

영어권에서도 "ox eye, ox-eyed, cow-eyed"가 다 눈이 크다는 말이다.
일어권의 "牛の目"도 마찬가지다.

⑩ 모색이 누렇다

우모색(牛毛色)은 흑(黑)·백(白)·갈색(褐色)이 있고, 우리는 흔히 이를
누런색으로 받아들여 "황우(黃牛)"라 한다. 일본의 "和牛"는 검은 색이고,
서양의 젖소는 얼룩소다. 그래서 일본어권에서 "牛驚くばかり"는 사물
이 검은 것을 이른다.

⑪ 기타

"make cow eyes at(몹시 감상적인 눈으로 보다), cow-ard(겁쟁이, 비겁한 사람)"는 감상적이거나 비겁하다는 이미지도 나타낸다. 한국에서는 흔히 소가 "슬픈 눈"을 가졌다고 한다.

2.2. 돼지(豚・pig, hog, swine)

"돼지"는 포유동물로, 흔히 미련하거나 탐욕스러운 사람을 비유적으로 나타내거나, 몹시 뚱뚱한 사람을 농조로 이르는 동물이다. 그리하여 한 국어사전에서는 "②<속> 아무것이나 잘 먹거나, 많이 먹는 욕심쟁이. 또는 몹시 무디고 미련한 사람. 특히 음식을 나누어 서로 같이 먹을 줄 모르는 사람을 비유하는 말"(이희승, 1997)이라 풀이하고 있다.

영어권에서는 돼지를 pig, hog, swine 등으로 역시 분석적 명명을 한다. hog는 pig에 비해 좀 더 크고, 데퉁맞다는 이미지를 지닌다. 일본어권에서는 동작이 느리고 탐식을 하고 번식력이 강한 것으로 본다.

① 욕심쟁이

앞에서 인용한 사전의 풀이에도 보이듯, 돼지는 탐욕적 동물이다. 그래서 욕심이 많은 것을 "돼지 같은 욕심"이라 한다. 음식을 혼자만 먹을 때 "돼지를 그려 붙일라"라고 농담을 한다. "파리한 돼지 두부 앗은 날"이란 속담은 좋은 음식이라고 염치없이 탐하는 것을 비유로 나타내는 말이다. "돼지"는 저밖에 모르는 탐욕의 소유자라는 이미지를 나타낸다.

영어권에서는 pig가 아닌, hog가 "독점"을, go hog wild가 "욕심을 내다"를, make a pig of oneself가 "욕심을 부리다, 탐식하다"를 나타낸다. 일어권에는 위에서 본 바와 같이 "탐식(貪食)"하는 것으로 본다. 욕심은 식탐이다.

② 뚱뚱하다

뚱뚱하면 "돼지"이고, 살이 쪘으면 "돼지처럼 살이 쪘다"고 한다. 이렇게 돼지와 뚱뚱하다는 동의어라 할 수 있을 정도다.

영어권에서도 "fat as a pig"가 살이 쪘다는 이미지를 나타낸다. 일본어권에서도 "ぶた(豚), 豚のように太る"처럼 "豚"가 "뚱뚱하다"는 이미지를 나타낸다.

③ 불결

돼지는 "더럽다"는 이미지를 나타낸다. "더러운 돼지, 돼지우리같이 더럽다"가 이런 것이다.

영어권에서도 "a pigsty"가 불결의 이미지를 나타낸다. 일어권의 "豚小屋, 豚小屋のよう"도 마찬가지다. "豚小屋"는 자기 집을 나타내는 겸양어로도 쓰인다.

④ 대식(大食)·잡식(雜食)

돼지의 욕심은 식탐(食貪)이라 할 정도로 음식에 대한 욕심이며, 음식을 많이 먹는다. "너는 돼지다, 돼지처럼 많이 먹는다."라는 표현이 이런 것이다. 그리고 "꿀꿀이죽, 돼지처럼 아무거나 잘 먹는다."란 말이 드러내듯 잡식성을 지닌다.

영어권에서도 "eat like a hog"라 하여 대식(大食)하는 것을 나타낸다. 일어권도 "豚のように食べる(돼지처럼 먹는다.)"가 많이 먹는다는 것을 나타낸다. "豚が雜炊を食つて居るよう"는 돼지의 잡식성을 드러낸다.

⑤ 고집·미련

돼지는 고집이 세고 미련한 동물이란 이미지를 갖는다. 특히 가저(家豬)가 아닌 야저(野豬), 멧돼지가 이런 이미지가 강하다. "저돌적(猪突的)"이란 말은 이의 대표적인 것이다.

영어권의 "pigheaded", 일어권의 "猪突的"이 이런 것이다.

⑥ 부자·번창

돼지는 희생으로 사용하였다. 지금도 제사 때 돼지머리가 사용된다. 이렇게 제사를 지내며 부자가 되고 번창하기를 기원한다. 그래서 돼지는 "부자"의 이미지를 나타낸다. "돼지꿈"은 횡재를 나타낸다. 돼지가 "번창"의 이미지를 나타내게 된 것은 돼지의 다산(多産)에 연유하는 것으로 본다. 돼지는 임신 4개월만에 8~15마리의 새끼를 낳는다. 영어나 일본어권에는 이런 이미지가 없는 것 같다. 영어권에는 기독교의 영향으로 오히려 부정적 이미지가 강하다.

⑦ 희생

돼지도 희생·제수의 이미지를 나타낸다. 그 대표적인 것이 앞에서 언급한 "돼지머리"다. "돼지머리"는 오늘날에도 굿이나, 동제 등 큰 행사를 할 때 많이 쓰이고 있다.

⑧ 검다

우리 속담에서는 "검정 개 돼지 편이라, 검정 강아지로 돼지 만든다."와 같이 돼지는 "검다"는 이미지를 나타낸다. 이는 서구권의 흰 돼지가 들어오기 전의 고정관념이다.

⑨ 시끄럽다

시끄러운 소리를 "돼지 멱따는 소리"라 한다. 어느 동물이 멱을 따는데 시끄럽지 않으랴만, 돼지는 잡을 때 멱을 따서 잡는다. 그래서 "돼지 멱따는 소리"가 시끄러운 이미지로 굳어졌다. 멱따는 경우가 아니라도 돼지는 늘 "꿀꿀"거리기 때문에 시끄럽다.

⑩ 기타

이밖에 한국어에서는 "칠푼짜리 돼지 꼬리 같다"고 돼지는 몸에 비해 꼬리가 짧은 동물로 이미지가 굳어져 있다. 영어권의 "eat like a pig"는 "허겁지겁 먹는다."의 이미지를, "sweat like a pig"는 "땀보"라는 이미지를 나타낸다. "pig eyes"는 속어로 작은 눈을 나타낸다. 북한에서는 "돼지눈"이 영어의 경우와 달리 둥그렇게 불뚝 나온 눈을 가리킨다.

2.3. 개(犬·dog)

"개"는 우리말에서 포유동물, 행실이 비열한 사람, 남의 앞잡이(走狗)를 나타낸다. 그런가 하면 접두어로 쓰여 "①야생상태의, 질이 떨어지는, ②헛된, 쓸데없는, ③정도가 심한"을 나타낸다. 이렇게 개는 긍정적 이미지보다 부정적 이미지가 강하다. 영어권에서도 dog는 "man's best friend"라 하면서도 그 이미지는 오히려 나쁜 것을 많이 나타낸다. 일본어권도 마찬가지다. 한·일·영어권의 "개"에 대한 공통되는 이미지의 대표적인 것으로, 좋은 것은 "의리가 있다, 충실하다"는 것이고, 나쁜 것은 "흉포하다"는 것이다.

① 의리(義理)

배은망덕한 사람을 욕할 때 "개도 닷새만 되면 주인을 안다."고 한다. 동물도 의리를 안다는 말이다. 강령탈춤에는 개에게도 오륜(五倫)이 있다는 패러디가 있다. 이렇듯 "개"는 의리, 충성을 상징한다. "충복(忠僕)"은 개의 대표적 이미지다. "개도 주인을 알아본다."나, "개 새끼도 주인을 보면 꼬리를 친다."도 이런 의리, 충성의 이미지를 나타내는 말이다.

영어권의 "faithful as a dog"도 같은 발상의 표현이다. 일본어권도 같은 이미지를 나타낸다. 일본의 속담에는 "犬は其主を知る., 犬は三日の恩を三年 忘れず, 猫は三年の恩を三日で忘る"가 있다. "犬のように 忠實"도 이런 것이다. "忠犬ハチ公"는 우리의 "오수(獒樹)의 개"와 같은 미담의 주인공이다.

② 흉포(凶暴)하다

"개 새끼치고 물지 않는 종자 없다"는 속담이 있다. 북한에는 "개는 인사가 싸움이라"라는 속담도 있다. 개는 만나기만 하면 으르렁거리며, 물고 싸운다. 그러니 사나운 개는 어떠하겠는가? "사나운 개 콧등 아물 날이 없다."고 한다. 늘 싸우기만 하여 콧등이 성할 날이 없다는 말이다.

영어권의 "mean as a junkyard dog(성을 잘 내 무섭다), dog-eat-dog world(약육강식의 세상), dog's fight(混戰)"도 이러한 흉포한 이미지를 드러낸다. "let sleeping dog lie"는 "개하고 똥 다투랴?"는 이미지와 관련된다. 일본어권에서도 흉포하다는 이미지를 나타낸다.

③ 짖는다(犬吠)

"개는 나면서부터 짖는다, 개 새끼는 나는 족족 짖는다."고 한다. "개 새끼는 짖고, 고양이 새끼는 할퀸다."고도 한다. 오죽하면 "달보고 짖는

개"라고 하랴? 이렇듯 개는 짖는다는 이미지를 나타낸다.

영어권의 "bark up the wrong tree(잘못 짚은 사람을 비난하다)"도 이런 것이다. 일본어권도 "犬の遠吠え(먼산 보고 짖기)"가 이런 짖는다는 이미지를 나타낸다. "견폐(犬吠), 일폐중폐(一吠衆吠)"는 한자어권에서 이런 이미지를 나타내는 말이다.

④ 비천(卑賤)하다

"개같이 벌어서 정승같이 산다."는 속담이나, "개 같은 놈, 개새끼, 개죽음"에서 "개"는 이런 비천, 비열의 이미지를 나타낸다.

영어권의 "a dog's life(자유가 없는 비참한 생활), the death of a dog, lead a dog's life, work like a dog(일만하다)"도 이런 이미지를 나타낸다. 일본어권의 "犬畜生, いぬざむらい(犬侍), 犬死に, 犬じもの(개같은 것)"도 같은 것이다. "犬も食わぬ"는 "개도 안 먹을 만큼 하찮은"이란 이미지를 나타낸다.

⑤ 잔반(殘飯) 정리

개는 돼지처럼 탐욕스럽지는 않지만 음식을 깨끗하게 처리한다. "개 핥은 죽사발 같다"는 것이 이러한 사실을 잘 말해 준다. 영어권의 "a doggie bag(남은 물건 가지고 가는 주머니)"도 이런 이미지를 나타낸다. 개는 "남은 음식 담는 주머니"란 이미지다.

⑥ 견원지간(犬猿之間)

두 사람 사이의 관계가 좋지 않을 때 "견원지간"이라 한다. 개와 원숭이같이 앙숙이라는 것이다. 이는 우리에게도 익숙한 말이지만 체험에 의한 표현은 아니다. 오히려 체험을 통해서 아는 것은 "견묘지간(犬猫之間)",

곧 개와 고양이 사이의 관계다. 그러나 "견묘지간"이란 말은 따로 없다. "견묘지간"의 문화는 영어권에 보인다.

영어권에서는 "lead a cat-and-dog life(견원지간이다), They are cat and dog(두 사람은 견원지간이다)"라 한다. "견묘지간"이다. 일본어권에는 "견원지간"이란 한자성어 외에 "犬猿の仲"란 말도 보인다.

⑦ 질이 좋지 않다

접두어 "개"가 앞에서 "①질이 떨어지는, ②쓸데없는, ③정도가 심한"을 나타낸다고 하였다. 우리말에는 이런 파생어(派生語)가 많다. 각각의 예를 들어 보면 "①개떡, 개살구, 개팔자, ②개꿈, 개수작, 개죽음, ③개망나니, 개고생, 개잡놈"이 그것이다. 영어권의 "dog-day(미친, 광란의), dog-fashion(배위성교, 신코걸이), dog-fight(백병전), dog's life(비참한 생활), dog station(빈곤한 방송국), dog-tired(몹시 지친)"가 이런 것이다. 일어권의 "いぬざむらい(비겁한 무사), 犬死に(개죽음), いぬじもの(시시한 것), いぬたで(개여뀌)"도 이런 것이다.

⑧ 상팔자

"개 팔자가 상팔자라, 음지의 개 팔자, 풍년 개 팔자"라는 속담이 있다. 이때의 "개 팔자"란 좋은 팔자란 말이다. "오뉴월 개 팔자"도 마찬가지다. 개가 더운 여름날 그늘에 누워 잠만 자니 좋은 팔자라는 것이다. "개 팔자"가 좋은 팔자란 이미지를 나타내는 것은 영어권이나, 일어권에는 보이지 않는다. 영어권에서는 오히려 "a dog's life"가 자유가 없는 비참한 생활을 나타낸다.

⑨ 보신(補身)

지난날 개는 가장 쉬운 영양섭취 수단이었다. 복날 개고기를 먹었고, 보신·보양을 하기 위해 황구(黃狗)를 잡았다. 그러기에 개장국을 "보신탕(補身湯)"이라 하였다. 개고기는 흔히 극동(極東)에서는 한국인만 먹는 것으로 생각한다. 그러나 예기(禮記)에 의하면 중국에서는 개고기를 제사 음식으로 썼고, 사기(史記)에는 복날 개를 잡아 읍문(邑門)에 걸어 놓고 제사를 지냈다는 기록이 보인다.

영어권에서는 오히려 "eat dog"가 미국에서 "치욕을 참다"라는 뜻으로 쓰인다.

⑩ 똥을 먹는다

토종개는 똥을 먹었다. 그래서 우리 속담에는 "개가 똥을 마다한다, 개 눈에는 똥만 보인다, 개도 부지런해야 더운 똥을 얻어먹는다, 개를 따라가면 측간으로 간다."는 속담이 있다. 오늘날은 사료를 먹이기 때문에 "개"에게서 똥의 이미지가 거의 사라졌다. 영어권이나, 일본어권에는 개에게 똥의 이미지가 보이지 않는다.

⑪ 기타

앞에서 살펴본 것 외에 "개헤엄, "꼬리 내림(패배), 붙어 다님" 등의 이미지를 나타내는 데, 이는 영어권, 일어권에도 보이는 것이다. "dog-paddle·개헤엄·犬かき ; like a dog with its tail between its legs·꼬리를 감추다(내리다)·しっぽを巻く ; hound(붙어 다니다)·진날 개 사건 이같이, 개떼 모이듯·つきまとう"가 그것이다.

이밖에 한·일어권에서 "개"는 남의 앞잡이, 주구(走狗)의 이미지를 지닌다. 영어권에는 "a shaggy dog story(황당무계한 허풍선이 이야기), dog days(伏中), dog's sleep(개잠, 풋잠, 선잠), go to the dogs(영락하다 파멸하다)"와 같은 이미지를 드러내는 것도 있다. 일어권에서는 "犬の 遠吠え"가 겁쟁이의 이미지를 나타낸다. "犬殺し, 犬狩り"의 경우처럼 개는 "들개(野犬)"와 "のらいぬ(放犬)"의 이미지가 강하다.

2.4. 닭(鷄 · chicken, rooster, cock, hen)

닭은 대표적 가금(家禽)으로, 새벽을 알리고, 광명을 불러 오는 서조(瑞兆)라는 이미지를 나타낸다. 영어권에서는 chicken이 닭의 총칭, cock, rooster는 수탉, hen은 암탉을 나타낸다. 미국에서는 cock의 사용을 꺼리는 경향이 있다.

① 새벽을 알린다(時報)

닭은 울어 새벽을 알리고, 광명을 불러 오는 서조(瑞鳥)라 한다. 심청전에도 보면 "닭아, 닭아 우지마라, 반야진관(半夜秦關)에 밍상군(孟嘗君)이 아니 온다. 네가 울면 날이 시고, 날이 시면 나 죽는다."는 심청이의 비탄이 보인다. 이렇게 새벽을 알리는 닭의 울음을 "계명성(鷄鳴聲)"이라 한다. 이는 수탉의 "꼬끼오"하는 울음이다. 영어권에서는 rooster가 "cock-a-doodle-do"라 운다고 한다. 일어권에서는 "こけこっこう"라 운다. 일본에서는 날이 샘을 알리는 벼슬아치를 "鷄人"이라 하였다.

② 일찍 일어난다

닭은 새벽을 알리는 새다. 따라서 일찍 일어난다. 사람들은 계명성을 듣고, 새로운 하루를 시작한다. 중국의 맹상군(孟嘗君)의 함곡관(函谷關) 고사에서도 계명성을 듣고 관문을 여는 것을 볼 수 있다.

영어권의 "get up with the chicken"도 일찍 일어난다는 의미를 나타
낸다.

③ 길조(吉兆)

닭은 광명을 불러오는 서조(瑞鳥)다. 따라서 이는 길조의 이미지를 지
닌다. "꿩 대신 닭"은 단순히 대용물이라는 의미만이 아니요, 길조의
"꿩"을 대신하는 새라는 의미를 갖는다. 혼례 때 닭을 청홍 보에 싸서
초례상 위에 올려놓는 것이나, 폐백에 닭을 사용하는 것도 다 닭이 길조
라는 이미지가 있기 때문이다.

④ 귀한 음식

전통적으로 장모는 백년지객에게 씨암탉을 잡아주는 것으로 잘 알려
져 있다. 이는 서양에서 사위에게 꿀을 주던 습속과 같다. 닭고기는 이
렇게 귀한 음식이다. 더구나 이는 영양분이 많아 보신용으로 많이 먹는
다. 삼계탕(蔘鷄湯)은 그 대표적인 것이다.

⑤ 투지(鬪志)가 있다

수탉은 먹이를 발견하면 암탉과 병아리를 불러 모아 먹게 한다. 그리
고 자기는 새로운 모이를 찾아 다른 곳으로 떠난다. 가장(家長)의 역할을
충실히 한다. 적과 필사적 싸움을 하는 것은 이러한 처자보호를 위한 가
장의 역할을 하기 위함이다. 그래서 수탉은 용감하고, 투지에 불탄다는
이미지를 나타낸다.

영어권에서 투지에 불타다를 나타낼 때 "feel like a fighting cock"라
하는 것은 바로 이런 이미지를 나타내는 것이다. 일본에서는 일찍부터
투계인 "鷄合"란 것이 행해졌다.

⑥ 뽐낸다

"암탉이 울면 집안이 망한다."는 속담이 있다. 이는 내주장을 경계한 것이다. 닭이 우는 것은 원칙적으로 수탉에 한한다. 왕자처럼 뽐내는 자세로 "꼬끼오"하고 운다. 암탉은 알을 낳은 뒤에만 "*꼬꼬댁 꼬꼬*"라 운다.

영어권의 경우에도 "crow like a rooster"라 한다. 우는 소리는 cock-a-doodle-doo라 한다. 울음소리에 이미 "수탉"이란 말이 들어 있다. 뽐내는 울음이다. 그러기에 "crocky"란 말은 "뽐내는·으쓱대는"이란 뜻을 지니고 있다.

⑦ 입신출세·부귀공명의 상징

닭의 볏은 머리 위에 쓴 관이다. "계관(鷄冠)"이라 한다. 특히 수탉의 볏이 크고 화려하다. 그래서 닭은 입신출세, 부귀공명의 이미지를 나타낸다. 부귀도(富貴圖)에는 이 수탉이 그려져 있다.

"계관(鷄冠)"이란 한자말을 쓰고 있는 일본을 비롯한 동양권에서는 닭이 이러한 입신출세, 부귀공명의 이미지를 나타낸다고 할 것이다.

⑧ 고집이 세다

닭은 소와 같이 고집이 세다. 그래서 앞에서도 언급한 바와 같이 "쇠고집과 닭고집이라."란 속담까지 있다. 고집이 센 사람을 "닭고집"이라고 하고, 고집이 센 것을 "닭의 고집"이라 한다.

⑨ 닭살

"닭살 돋는다."는 전율을 느끼거나 지나친 아첨의 말을 들었을 때 하는 말이다. 살이 오톨도톨한 닭의 살과 같이 매끄럽지 않은 살을 비유적으로 "닭살"이라 한다.

영어권에서도 chicken-skin이라 하며, 일본어권에서는 "鳥肌"라 한다. 영어권에서는 이를 "goose skin"이라고도 한다.

⑩ 기타

영어권에서는 chicken이 "겁내다, 겁쟁이"라는 의미와 이미지를 나타낸다. "be chicken, chicken out(겁내다)"나, "chicken hearted, hen hearted"도 이런 것이다. 또한 "chickenfeed, chickenshit, chicken thief"처럼 chicken은 "자그마한, 하찮은"의 이미지를 나타내기도 한다. 한자어 "계륵(鷄肋)"도 같은 이미지를 나타낸다. 일본어권 등에서 "鷄口となるとも 牛後となるなかれ"의 "닭"도 하찮은 존재를 나타내는 것이다. 일본어권에는 또한 닭을 "신물(神物), 신의 사자(使者)"라는 이미지를 나타내기도 한다.

3. 안면에 대한 발상과 이미지

신체 부위, 그 가운데도 안면(顔面)의 이목구비(耳目口鼻)에 대한 발상과 이미지를 살펴보기로 한다.

3.1. 귀(耳 · ear)

귀는 청각기관으로 부귀·공명·출세·장수(長壽) 등의 이미지를 나타낸다. 큰 귀는 왕자(王者)·귀인·호걸·영웅 등을 상징한다. 태조 이성계는 대이상(大耳相)을 지녔다고 용비어천가에서 노래하고 있다. 또한 귀는 머리의 양쪽 가에 붙어 있기 때문에 이는 "가(緣), 모퉁이"란 이미지를 나타낸다.

① 듣다

귀는 청각기관으로 듣는 것이 주된 기능이다. "벽에도 귀가 있다"나, "귀동냥, 귀동냥하다"가 바로 이런 것이다. 귀는 듣는 태도에 따라 여러 가지 이미지를 드러낸다. "귀를 기울이다, 귀를 의심하다, 귀를 주다, 귀를 팔다, 귀동냥" 등에서 "귀"는 "듣다"의 이미지를 나타낸다. "귀가 따갑다, 귀를 씻다, 귀가 아프다, 귀가 여리다, 귀에 거슬리다, 귀에 못이 박히다"는 "들리다"와 연결된다.

영어권의 "Wall have ears."는 우리의 "벽에도 귀가 있다."는 속담과 같이 "듣다"의 이미지를 나타내는 대표적인 것이다. "Wars are pleasant in the ear, not in the eye."도 이러한 것이다. "be all ears(열심히 귀를 기울이고 있다), lend an ear to(귀를 기울이다), come to one's ears(귀에 들려오다), give ear to(귀를 기울이다), have a person's ear(경청을 받다), keep an ear to the ground(여론에 귀 기울이다)"는 이의 구체적 용례다. "go in one ear and out the other."는 "한 귀로 듣고, 한 귀로 흘린다"와 같은 이미지다. 일본어권의 "右の耳から左の耳へ拔ける."도 이런 것이다. 일어권의 경우는 "耳は聞き役, 目は見役"란 이목의 주기능(主機能)을 규정하고, "耳は大なるべし口は小なるべし"를 권장하기도 한다. "耳を貸す, 耳を傾ける, 耳に入れる, 耳が早い, 耳に留る, 耳につく, 耳が遠い, 耳が痛い, 耳を疑う, 耳を塞ぐ, 耳に逆らう, 耳にたこができる, 耳が汚れる, 耳學問(귀동냥), 耳から口, 耳相談" 등은 듣기의 구체적 예다.

② 운명(運命)

귀는 부귀·공명·출세·장수 등을 상징한다. 다시 말하면 귀는 운명을 상징한다. 귀를 보고 부자가 되겠다거나, 장수(長壽)하겠다거나, 큰 벼슬을 하겠다고 하는 따위가 이런 것이다. 귀가 크고, 두껍고, 귓불이 늘어진 상을 길상(吉相)이라 하는 것이 그것이다. "귀가 도가전(刀家廛)이라, 귀가 도가전 마루 구멍이라"는 견문이 보배임을 나타내는 속담이다.

일본어권에서는 귓불이 큰 귀를 "ふくみみ(福耳)"라한다.

③ 결혼, 정조(貞操)

"귀밑머리를 풀다, 귀밑머리를 올리다"는 출가, 혼례를 의미한다. 전통적으로 부녀자들은 "귀 가리머리"라 하여 귀를 가리고 살았다. 귀는 정조를 상징하는 것으로 보아 드러내 놓지 않은 것이다. 따라서 귀밑머리를 올려 귀를 노출한다는 것은 남의 아내가 되었음을 나타낸다. 귀는 조개를 상징하고, 이는 정조(貞操)의 이미지와도 이어진다.

④ 영감의 매체

눈을 감고 귀를 기울이는 것은 정신을 통일하는 것, 내외의 소리를 듣는 것을 의미한다. "귀를 기울이다, 귀 뜨이다"는 "귀"가 영감의 매체라는 이미지를 나타낸다. "귀밝이술", 이명주(耳明酒)는 이런 정신적인 귀와 관련된다.

⑤ 총명

"귀가 트였다"는 도통(道通)의 경지를 말한다. 이렇듯 귀는 총명의 이미지를 나타낸다. 성스러울 성(聖), 총명할 聰(총), 솟을 聳(용)자에 귀 이(耳) 부수가 들어있는 데서도 저간의 사정을 엿볼 수 있다.

⑥ 청렴(淸廉)

소부(巢夫) 허유(許由)의 고사에서처럼 관청에서는 청렴을 소중히 여겼다. 그리하여 관청 앞에는 司直(사직) 정신을 강조하는 해치(해태)가 있었고, 문안에는 청렴정신을 강조하는 세이대(洗耳臺)가 있었다. 세속에 더럽혀진 귀를 씻고 마루(대청)에 오르는 것이 통과의례였다. 그래서 행정 현장을 청(聽>廳)이라 하였고, 행정을 청사(廳事)라 하였다. 세속에 더럽혀진 귀를 깨끗하게 씻는다는 "세이(洗耳)"는 청렴의 이미지를 나타낸다. "귀를 씻다"가 그것이다.

일본어권에도 "耳を洗う"가 보인다.

⑦ 모퉁이, 갓(緣)

귀는 사물의 모서리, 갓이란 이미지를 나타낸다. "솥귀, 밭귀", 또는 항아리, 주전자 따위의 "귀"가 이런 것이다. 또한 돈의 경우 "귀를 맞추다, 귀가 빠지다"와 같이 큰돈에 붙는 작은 액수의 돈을 나타내기도 한다.

영어권에서 주전자 따위의 손잡이(handle), 종이의 꼭지 따위를 "ear"라 하는 것이 이것이다. "Pitchers have ears"는 구체적 예다. 일본어권에서도 "耳金(그릇 좌우의 손잡이), 耳付き(족자리), なべの耳, 食ぱんの耳, 織物の耳, 耳をそろえる"라 한다.

⑧ 지음(知音)

음악을 이해하는 능력, 곧 귀는 지음(知音)의 능력을 나타낸다. "음악을 듣는 귀가 있다"와 같이 쓰는 것이 그것이다. 지음을 하는 귀가 큰 가수를 탄생시킨다.

영어권의 경우도 have an ear for music과 같이 쓰인다. 일본어권의 "耳がある, 耳が鋭い"도 같은 이미지를 나타낸다.

⑨ 기타

영어권에는 주위(周圍), 격투와 관련된 이미지를 나타내기도 한다. "earshot(부르면 들릴 거리), about one's ears(주위에), be by the ears(다투다, 싸우다), fall together by the ears(격투를 시작하다)"가 그것이다. 이밖에 "earful(허풍), wet behind the ear(경험이 없는, 미숙한)"의 예도 보인다.

3.2. 눈(目·eye)

눈은 시각기관으로서 진실과 이성의 상징이며, 생명의 상징이고, 마음의 창이기도 하다. 눈의 대표적인 의미는 목자(目子)이고, 시력, 사물의 판단력, 눈길 등이다. 이들이 눈의 이미지로 많이 작용한다. 특히 눈(目子)은 "보다(見)"의 의미를 많이 나타낸다.

① 보다

눈의 기능은 보는 것으로, 이는 "보다"의 이미지를 나타낸다. 이러한 것으로는 "눈에 띄다, 눈에 어리다, 눈에 익다, 눈이 가다, 눈이 많다, 눈이 트이다, 눈을 꺼리다, 눈을 피하다, 눈에 콩깍지가 씌었다, 눈요기, 제눈에 안경" 따위가 있다.

영어권에서는 "lay eyes on(보다), be all eyes(열심히 주시하다), feast one's eyes on(눈요기하다), run one's eye over(-을 쭉 훑어보다), in the eyes of(-이 보는 바로는)" 등의 "eye"가 "보다"의 이미지를 나타내는 것이다. 일본어권에서도 앞에서 인용하였듯, "耳は聞き役, 目は見役"라고 보는 것이 눈의 역할이란 속담이 보인다. "目にする, 目が行く, 目に付く, 目を注ぐ, 目を付ける(주목하다), 目に入れる, 目を配る, 目を通す, 目をやる, 目を凝らす, 目をつぶる, 目に障る, 目を疑う, 目違い(잘못 봄)"는 그 구체적

예다.

② 안식(眼識)·통찰력

눈은 안식·통찰력을 나타낸다. "눈이 높다, 눈이 있다, 눈을 의심하다, 눈을 틔워 주다"가 그런 것이다. "눈에 콩깍지가 씌었다, 눈이 삐다"는 이런 안식에 문제가 있음을 나타낸다.

영어권에서는 "have an eye for(-에 관하여 안식이 있다), open one's eyes to(알게 하다, 깨닫게 하다), shut one's eyes to(-을 불문에 붙이다), turn a blind eye to(무시하다, 간과하다)"를 들 수 있다. 일본어권의 "目がある, 目がいい, 目が利く, 目が肥える, 目が高い"도 이러한 예다.

③ 타인의 시선

눈은 타인 내지 타인의 시선이란 이미지를 나타낸다. "눈에서 벗어나다, 눈을 꺼리다, 눈을 속이다, 눈을 피하다, 눈이 많다, 눈이 무섭다"가 그 예다.

영어권의 "pull the wool over someone's eyes(-의 눈을 속이다)"나, 일본어권의 "人の目, 目が多い, 目をそらす(눈을 피하다), 目をそばめる(외면하다), 目をくらます(눈을 속이다), 目を忍ぶ(남의 눈을 꺼리다), 目を潜す(눈을 피하다)"도 이런 것이다.

④ 관심, 유의, 경계

"눈에 불을 켜다, 눈에 차다, 눈을 끌다, 눈을 주다, 눈이 가다, 눈이 맞다, 눈이 벌겋다"의 눈은 관심·유의·경계를 나타낸다.

영어권의 경우는 "have eyes for(<俗> 갈망하다, 찬양하다), have an eye to (주의하다), catch someone's eye(남의 눈을 끌다), have one's eyes on(감시하다,

유의하다), keep one's eyes peeled for(항상 경계하다), keep an eye out for(늘 경계하고 있다), keep an eye on(감시하다)" 등의 예를 들 수 있다. 일본어권의 "目が合う, 人の目を引く, 目に火をつける, 目を皿にする, 目を剝く(눈을 부릅뜨다)"도 이러한 예다.

⑤ 생명

"눈을 감다, 눈에 흙이 들어가다, 눈이 시퍼렇게 살아 있다"의 경우는 "눈"이 생명의 이미지를 나타낸다.

일본어권에도 "目の黒いうち(눈이 시퍼렇게 살아 있는 동안), 目をふさぐ(죽다)"가 보인다.

⑥ 마음의 창

눈은 마음의 등불이라 한다. 눈에는 자기의 생각이나 느낌이 반영된다. "눈짓"은 이의 대표적인 표현수단이다. "눈에 거슬리다, 눈에 거칠다, 눈에 불이 나다, 눈에 불이 일다, 눈에 이슬이 맺히다, 눈에 천불이 나다, 눈이 가매지도록, 눈이 동그래지다, 눈이 벌겋다, 눈에 콩깍지가 씌었다"는 이러한 구체적 상황을 나타낸 것이다. 그러나 이에 국한하지 않는다. 우리는 눈을 숙일 때 순종으로, 똑바로 쳐다볼 때 반항으로 받아들인다. 이는 서양에서 눈을 맞추지 않을 때 거짓말을 한다고 보는 것과 다른 점이다.

영어권의 경우는 말을 할 때 상대방의 눈을 똑바로 바라보아야 한다. 그렇지 않으면 거짓말을 하는 것이라 본다. 숨기자니까 상대방의 눈을 똑바로 바라보지 못한다고 보는 것이다. 이렇게 눈은 마음의 창이라 본다. "cast sheep's eyes at(추파를 던지다), give the big eyes·make eyes at(추파를 던지다), give with the eyes(俗, 눈짓으로 알리다), with dry eyes(눈물 한 방

울 흘리지 않고, 태연하게), without batting an eye(눈 하나 깜빡이지 않고, 감정을 드러내지 않고)" 등도 눈이 마음의 창임을 보여 주는 것이다. 일본어권에는 구체적으로 "目は心の窓"란 말이 보인다.

⑦ 눈매

눈매는 선천적인 눈매도 있지만 마음의 변화에 따라 바뀌는 눈매도 있다. 따라서 이는 위의 "마음의 창"과 넘나든다. 이러한 예로는 "눈에 모를 세우다, 눈에 불을 켜다, 눈에 쌍심지를 켜다, 눈에 칼을 세우다, 눈알을 곤두세우다, 눈을 뒤집다, 눈이 등잔만해지다" 등이 있다.

영어권의 경우는 "give someone the evil eye(노려보다)" 등이 있다. 일어권에는 "目に角を立てる, 目を皿にする, 目を三角にする, 目を細める, 目を丸くする, 目を剝く(눈을 부라리다)"와 같은 것이 보인다.

⑧ 기타

일어권에서는 우리의 "손위, 손아래"를 "目上, 目下"라 한다. 그리고 "目は口ほと物を云う"라고 눈이 많은 말을 한다고 본다. "目好き(마음에 듦, 또는 그것)"란 말도 있다.

3.3. 입(口 · mouth)

"입"은 구강(口腔)을 의미하는 말로, 음식을 섭취하며 발성을 하는 기관이다. 이는 말과 입술, 음식을 먹는 사람의 수 등의 의미도 나타낸다. 입은 이렇듯 음식을 먹는 것과, 말을 하는 등 대표적 기능 두 가지를 지닌다. 입의 이미지는 "말(말하다), 음식(먹다)"이 대표적인 것이다.

① 말·말하다

장심위정(藏心爲情) 출구위어(出口爲語)라 한다. 따라서 "입"은 "말하다"의 이미지를 지닌다. "입"이 "말하다"의 이미지를 나타내는 말은 참으로 많다. 그 중 몇 가지만 보기로 한다. "입놀림, 입다짐, 입막음, 입씻김, 입빠르다"는 이러한 단어다. "입만 살다, 입에 침이 마르다, 입을 놀리다, 입을 다물다, 입을 모으다, 입이 가볍다, 입이 걸다, 입이 무겁다, 입이 싸다, 입이 개차반 같다"는 관용어로서 "입"이 "말", 또는 "말하다"의 이미지를 나타내는 예이다.

영어권의 입 "mouth"도 같은 이미지를 나타낸다. 속담 "God in the mouth and the devil in the heart."나, "The heart of fool is in his mouth."에서 mouth는 말을 나타내는 경우다. "mouth-friend(말뿐인 친구), mouthy(호언장담하는, 수다스러운), give mouth to(말하다), close one's mouth(입을 다물다), have a big mouth(큰소리치다), in a French mouth(불어 말투로), a loud mouth(입이 가벼운 사람), with one mouth(이구동성으로)"는 단어나 관용어에서 "mouth"가 말을 상징하는 구체적 예다. 일어권의 경우는 이러한 예가 부지기수다. 단어와 관용어를 몇 가지씩만 들기로 한다. "口爭い(언쟁), 口重い(입이 무겁다), 口數(말수), 口出し(말참견), 口前(말솜씨)"는 어휘의 예다. "口が輕い, 口が堅い(입이 뜨다), 口から先に生れる(말이 많은 사람을 경멸할 때 쓰는 말), 口と腹が違う(말과 속이 다르다), 口は災いの門(입은 재앙의 문), 口を入れる(말참견하다), 口を挾む(남의 말에 끼어들다)"는 관용어의 예다.

② 음식·먹다

입은 음식이나, 음식물을 먹다의 이미지를 나타낸다. "입걱정, 입맛, 입가심, 입요기, 입질"은 단어로서, "입에 거미줄 치다, 입에 대다, 입에

풀칠하다, 입이 높다, 입이 달다, 입이 되다, 입이 받다, 입이 짧다, 입이 서
울이라(먹는 것이 제일), 입이 포도청"은 관용어로 이런 이미지를 나타낸다.

영어권의 경우는 "mouth-watering(군침이 도는, 맛있어 보이는), hungry
mouths(걸신들린 사람들), live from hand to mouth(하루하루 살아가다), make
one's mouth water(군침을 흘리다), mouth to feed(식구)"가 이러한 예다. 일
본어권의 경우는 "口寂い(입이 심심하다), 口凌ぎ(볼가심), 口過ぎ(생계, 살림),
口直し(입가심)" 등의 어휘와 "口が干上がる(입에 거미줄 치다), 口に合う(입
에 맞다), 口を固める(입막음을 하다), 口をぬらす(음식을 조금 먹다, 풀칠이나
하다), 口を糊する(입에 풀칠하다)" 등의 관용어가 그 예다.

③ 주술적 힘

삼국유사에는 향가의 기능에 대해 "동천지감귀신(動天地感鬼神)"이란 말
이 나온다. 향가의 주술적 힘, 마력을 언급한 것이다. 이렇듯 언어는 본
래 주술적 힘을 지녔다. 그런데 이러한 말을 제유에 의해 "입"으로 나타
낸다. 무가에 구축(口祝)을 "입정성"이라 하는 것은 그 대표적인 것이다.
구지가(龜旨歌)나 해가사(海歌詞)는 중구삭금(衆口鑠金), 중구난방(衆口難防)의
마술적 힘을 드러낸다는 것을 보여 주는 구체적 사례다.

일본의 언령사상(言靈思想)도 이런 것이다.

④ 비밀의 창구

입이 무겁다거나, 가볍다고 하는 것은 입이 비밀의 발설 창구이기 때
문이다. "소더러 한 말은 안 나도 처더러 한 말은 난다."나, "소 앞에서
한 말은 안 나도 어미 귀에 한 말은 난다"는 속담은 이런 상황을 구체적
으로 말해 주는 것이다.

⑤ 마음의 창

단정하고 묵직하여 허튼소리를 하지 않는 것을 구덕(口德)이라 하고, 남을 비방하고 말이 많음을 구적(口賊)이라 한다. 마음에 갈무린 것이 뜻이요, 이를 표현하는 것이 말이니 말은 자연 마음의 창이 되게 마련이다.

⑥ 사물의 주둥이

사물의 입과 비슷한 것을 "아가리"나, "주둥이"라 한다. "독(항아리)의 아가리", "병의 주둥이"와 같은 것이 그것이다.

영어권의 경우 a bottle narrow at the mouth(목이 가는 병), 일본어권의 경우 "德利に口あり鍋に耳あり"가 있고, "口を塞ぐ, 瓶の口, 口拔き"도 같은 이미지를 나타낸다.

⑦ 미각

입은 음식을 먹고 맛을 본다. "입이 높다"는 맛있고 좋은 음식만을 찾는 것을 의미한다. "입에 맞다, 입에 달다, 입에 시다, 입에 쓰다"도 "입이 미각의 이미지를 나타낸다.

일본어의 경우 "口が肥えている, 口に合う"나, 영어권의 경우 "Good medicine is bitter in the mouth."도 마찬가지다.

⑧ 식구

음식을 먹는 사람의 수를 "입"이라 한다. "열 식구 벌지 말고 한 입 덜어라."는 속담의 "입"은 "식구"를 의미한다. "입을 하나 덜다, 입이 하나 늘다, 입이 불다, 입이 줄다"와 같이 쓰이는 것들은 "먹는 사람의 수", 곧 식구(食口)를 의미한다.

영어권의 "mouth to feed(식구)"와 일본어권의 "口を減らす, 口減らし

(식구 줄임)”가 이런 이미지를 나타내는 것이다.

⑨ 기타

이밖에 “입”은 공감현상(共感現象)에 의해 여근(女根)을 나타낸다. 영어권의 “at the river mouth(강어귀에서)”나, 일본어권의 “하구(河口), 입구(入口), 출구(出口)”의 경우 나들목을 “mouth, くち(口)”라 하여 한국어의 “입”보다 의미영역이 넓게 적용된다.

3.4. 코(鼻 · nose)

코는 얼굴의 중심부에 있는 후각기관이며, “콧물”의 준말로서 사용된다. “코”는 얼굴의 중심부에 우뚝 튀어나와 있어 흔히 얼굴을 나타내며, 남근(男根)의 이미지를 드러낸다. “그 사람 요사이 코빼기도 안 보여.”라하거나, 민요에서 “언니는 좋겠네, 언니는 좋겠네. 형부 코가 커서 언니는 좋겠네.”라고 하는 것이 이런 것이다.

① 자존심

“코”는 위신, 위세, 고만(高慢), 자존심 등을 나타내는 데 많이 사용된다. “코가 높다, 코가 솟다(뽐내다), 코가 우뚝하다, 코 큰 소리, 콧대가 높다, 코끝으로 부린다”가 이런 것이다. “코가 납작해지다, 코가 땅에 닿다, 코를 떼다, 코를 다치다, 콧대를 꺾다”는 자존심에 손상을 입게 됨을 나타내는 부정적 이미지의 표현이다. “코 떼어 주머니에 넣었다.”는 속담은 이의 구체적 예다.

영어권에서는 “hold up one’s nose at anything(고만하다), turn up one’s nose at(거들떠보지 않다), cock the one’s nose(냉담 경멸의 표정), nose-lifter(교

만·거만한 사람)"가 이런 것이고, 일본어권에는 "鼻が高い, 鼻にかける, 鼻に反を打たす, 鼻を高くする, 鼻先であしらう, 鼻つぽしが强い, 鼻高 高"와 "鼻を挫く, 鼻をへし折る" 같은 예가 보인다.

② 얼굴

코는 얼굴의 산이요, 눈은 얼굴의 못이라 한다. 이렇듯 "코"는 얼굴의 대표적 기관이다. 그래서 "코가 어디 붙은지 모른다."는 속담은 그 사람 이 어떻게 생겼는지 모른다고 할 때 쓰는 말이다. "코"는 이렇게 얼굴을 상징한다. "그 사람의 코빼기도 못 봤다."고 "코빼기"라고도 한다. "코 맞은 개 싸쥐듯"이나, "코에서 단내가 난다."에서는 코가 외형만이 아닌 내면세계까지도 나타내는 것으로 본다.

③ 체면·행실

"클레오파트라의 코가 한 치만 높거나 낮았더라면 세계의 역사가 달 라졌을 것이다."란 파스칼의 유명한 말이 있다. 코는 미(美)의 기준이기 도 하지만, 체면·행실의 이미지를 나타내기도 한다. "코 값을 하다(대장 부답게 의젓하게 굴다)"가 이런 것이다. 우리에게는 바람피운 남편의 코를 물어 흉하게 만들고 체면을 손상시키는 "코무니" 풍습이 옛날부터 있었 다(한국문화상징사전2). "서울 놈 앞에서는 눈 감으면 코 베어 간다."고 한 것은 코로 손재수를, "코가 비뚤어지도록 마셨다"는 코로 바람직하지 못 한 행실을 형상화한 것이다.

영어권의 "drunkard is known by his nose", 일본어권의 "鼻が曲る(코 가 비뚤어지다)"가 이러한 예다.

④ 냄새

코는 후각기관이다. 냄새와 향기를 맡는 기관이다. 그런데 제유(提喩)에 의해 역으로 후각의 대상인 냄새나 후각 행동을 나타낸다. 예민한 후각을 "개코, 코가 문드러지다"라 하는 것이 그것이다.

영어권의 경우 "nosy(악취를 풍기는), by nose(코로 냄새를 맡아서), have nose for(-의 냄새를 잘 맡다), have a good nose for(예리한 감각을 지니다)"나, 일본어권의 "鼻が利く, 鼻がゆがむほど臭い, 鼻を打つ(냄새가 코를 찌르다), 鼻持ち(고약한 냄새를 참는 일)"도 이러한 냄새를 맡는 동작이나, 냄새와 관련을 갖는 것이다.

⑤ 성기(性器)

이는 앞에서 언급한 "언니는 좋겠네." 민요에서처럼 성기, 특히 남성성을 상징한다. 아이를 못 낳는 여성이 돌부처의 코를 가루를 내서 먹는 것도 이런 상징성(象徵性)과 관련된 행동이다. 그래서 설화에서 "코가 크다"는 말은 곧 "성기가 크다"는 것을 암시한다고 할 정도다. 심청전(沈淸傳)에서 뺑덕 어미가 코 큰 총각에게 떡을 사 주는 것도 이런 상징성을 바탕에 깔고 있다. 지난날에는 단근형(斷筋刑)이란 것이 있어 간음이나 강간한 자의 코를 베기도 하였는데, 이것도 코의 성상징과 관련이 있는 것이다.

⑥ 직전(直前)·미래

코는 얼굴의 전면에 나와 있다. 따라서 이는 전면을 나타낸다. "뒤로 넘어져도 코가 깨진다."가 그것이다. "코"에 "앞"이나 "밑"이 합성되게 되면 바로 앞이나, 바로 아래를 나타내게 된다. 이에 코가 직전이나 미래의 이미지를 나타낸다. "코 아래 진상, 코밑, 코앞에 닥친 일"이 이러한 예다.

영어권의 경우 "at the nose of(-의 코앞에서), see beyond the end of one's nose(앞을 내다보다), under one's nose(코 앞)"나, "He sees an inch before his nose(앞을 내다보는 사람이다), He sees no farther than his nose(근시안이다)"란 속담이 그 예다. 일본어권에는 "鼻先(目前)"의 예가 보인다.

⑦ 콧물

"콧물"은 생략에 의한 의미변화로 코를 나타낸다. "코 빠지다"나, "내 코가 석자, 다 된 죽에 코 떨어뜨렸다"는 속담의 "코"가 이런 것이다.

영어권의 "He will not lose the dropping of nose(인색한)"가 그 예이고, 일본어권에서는 "鼻紙袋, 鼻が出る"가 이런 예다.

⑧ 고집이 세다

"코가 세다, 콧대가 세다, 콧등이 세다"는 고집이 세다는 관용어다. 여기에 쓰인 "코, 콧대, 콧등"은 고집을 나타낸다. "도둑괭이 코 세다"는 속담은 불량한 자가 도리어 기승스럽다는 이미지를 드러낸다.

일본어권의 "鼻っ柱が強い"도 이런 예이다.

⑨ 기타

"코웃음, 콧방귀"는 일본어의 "鼻で笑う"와 같이 부정적 이미지를 나타낸다. 영어권에서는 nose가 돌출부를 나타낸다. "nose dive(급강하하다), nose down(기수를 숙이다)"은 이런 이미지를 나타내는 것이다. 이밖에 영어권의 "cut off one's nose to spite one's face(사람을 어렵게 하려고 자기가 손해를 보다), pay through the nose(눈이 튀어나올 정도로 돈을 지불하다)나, 일본어권의 "鼻摘み(미워하는 사람), 鼻上げ(물고기가 수면에 나와 뻐끔거리는 일)"

는 코가 색다른 이미지를 나타내는 경우다.

4. 음식물에 대한 발상과 이미지

동서양의 음식물은 큰 차이를 보인다. 동양권은 전통적으로 미곡과 채소류를 주식으로 한다. 이에 대해 서양권은 빵, 버터, bacon, beef 등을 주식으로 한다. 따라서 다른 영역에 비해 이들의 이미지는 크게 차이를 보인다. 이에 음식물은 동양권의 대표적 음식인 "밥"과, 서양권의 대표적 음식인 빵(bread)의 두 가지만을 살펴보기로 한다.

4.1. 밥(飯·rice)

"밥"은 동양권, 특히 한·일 두 나라에서 주식으로 하는 음식이다. 그러기에 우리의 속담사전(이기문, 1962)에는 100개 내외의 "밥"과, 일본의 속담사전(藤井, 1979)에는 10개 정도의 "めし"와 관련된 속담이 보이는데, 영어 속담사전(大塚, 1976)에는 단 한 개의 "rice" 관련 속담만을 보여 줄 뿐이다. 이는 "Rice for good luck, and bauchles for bonny bairns(행운을 위한 쌀, 귀여운 어린이를 위한 오래된 신)"이다. 이는 행운을 위해 쌀을, 건강한 아이의 탄생을 위해 오래된 신을 신혼부부에게 던지던 풍습에 연유한 속담이다. 우리 사전의 경우 "밥"은 "반식(飯食)", "끼니로 먹는 음식", "남에게 눌려 지내거나 이용만 당하는 사람"을 주요한 의미로 들고 있다. 이에 대해 영어의 경우는 "밥"을 이르는 어휘도 따로 없다. "rice"가 "쌀, 벼, 밥"을 의미한다. "curried rice, hashed rice"가 그 예다. 일본어의 경우는 "めし(飯), ごはん(御飯)"이 우리말의 "밥"에 대응되는 말이다.

"밥"에 대한 이미지는 대체로 다음과 같은 것을 나타내는 것으로 볼 수 있다.

① 생명의 양식

"죽지 못해 입에 풀칠을 한다."는 말이 있다. 죽지 못해 연명(延命)하고 있다는 말이다. "곡기를 끊는다"는 말은 곧 죽는다는 말이다. 이렇듯 "밥"은 생명의 양식이다. 무가(巫歌)에서는 생명을 이어 주기 위해 "구무밥(구멍밥)"을 넣어 주는 것을 볼 수 있다. 생불(生佛)이 되겠다고 수도하는 사람에게도 "구멍밥"을 넣어 준다. 밥은 생명을 이어 주는 양식이다. 이러한 이미지를 영어권의 경우는 "빵(bread)"이 나타낸다. 일본어권은 한국과 마찬가지로 "めし(飯)"가 이를 나타낸다.

② 식사(끼니)

"밥"은 "하루 세 끼 밥 먹듯"의 경우처럼 "식사·끼니"의 이미지를 나타낸다. 조반석죽(朝飯夕粥)의 "반(飯)"이다. "밥 구경을 못하다, 밥살, 밥집(간단한 식사를 파는 가게), 밥장사, 밥값, 밥쌀"이 이런 예다. 우리말에는 일은 하지 않고 밥만 축내는 사람을 이르는 말이, "밥도둑, 밥벌레, 밥병신(밥이나 축내는 사람), 밥보, 밥쇠, 밥자루, 밥주머니"와 같이 많은데, 이들도 같은 이미지를 나타낸다.

일본어권의 "めしを食う(밥을 먹다), あさめし(朝飯), ひるめし(晝飯)"나, "めしだい(飯代), めしや(飯屋), めしおどこ(취사부), めしおんな(동자치)"도 이런 것이다.

③ 먹을 것

"밥"은 "먹을 것"이란 광의의 뜻을 나타내기도 한다. 사람은 다 저

"먹을 것"은 가지고 태어난다는 의미의 먹을 것이다. "날아다니는 까막까치도 제 밥은 있다."나, "아들네 집 가 밥 먹고, 딸네 가 물 마신다."의 "밥"이다. "밥을 벌다, 밥벌이"의 "밥"도 이런 것이다.

④ 복(福)

밥은 생명을 이어주는 귀중한 양식이다. 따라서 이는 복(福)의 이미지를 나타낸다. "밥이 얼굴에 더덕더덕 붙었다, 밥술이나 먹게 생겼다"와 같은 표현에서의 "밥"이 그것이다.

⑤ 보약(補藥)

밥은 생명의 양식인 동시에 보약의 이미지를 나타낸다. "밥이 보약, 밥 한 알이 귀신 열을 쫓는다."와 같은 말의 이미지가 그것이다.

⑥ 죽다

"밥은 생명의 양식"이라 했거니와, 따라서 생명의 양식인 "밥"을 먹지 않으면 죽게 마련이다. "밥숟가락 놓다, 밥술을 놓다"는 "죽음"의 이미지를 나타낸다.

⑦ 생계(生計)

"밥술, 밥숟가락, 밥줄"의 형태로 생계의 이미지를 나타낸다. "밥숟가락이나 뜬다, 밥술이나 뜬다, 밥줄이 끊어졌다" 따위가 이런 것이다. "밥줄"은 생계수단을 의미한다.

일본어권의 경우도 "めしの食い上げ(밥줄이 끊어짐), めしの種(생계수단)"가 이런 이미지를 나타낸다.

⑧ 제물(祭物)

제사 때에는 "밥"을 제상에 올린다. 이를 흔히 "메, 젯밥"이라 한다. 이 젯밥은 흰 쌀밥을 올리는 것이 일반적이고, 경우에 따라서는 찰밥, 약밥, 오곡밥을 올리기도 한다. "제메"는 풍년제, 보은제, 기구제(祈求祭), 기제(忌祭) 등 다양한 제례에 사용된다.

⑨ 기타

이밖에 "밥"은 약자, 이용당하는 자를 의미한다. "장사꾼은 세리(稅吏)의 밥이다, 약자는 강자의 밥"이라 하는 경우의 "밥"이 그것이다. 이 밖에 연장으로 베거나 깎은 데서 나오는 부스러기를 이르는 "톱밥, 대팻밥", 시계의 태엽을 감는 것을 이르는 "(시계) 밥을 주다"라 하는 것 등 색다른 "밥"도 있다.

영어권에서는 "rice Christian(편의적 기독교 개종자), rice belly(美, 경멸적으로 중국인), rice roots(쌀 주식 민족의 농민, 대중, 농촌)"의 이미지를 갖는다. 이에 대해 일본어권에서는 밥이 귀한 것이라는 이미지를 나타낸다. "飯たきを三年すれば, 目が潰れる(밥짓기를 3년 하면 눈이 먼다), 飯粒をこぼすと 盲になる(밥알을 버리면 장님이 된다)"라는 속담이 그것이다. "밥"과 "쌀"이 소중함을 나타내는 문화를 반영한 것이다.

4.2. 빵(パン·bread)

"빵"은 우리의 "밥"에 해당할 서양의 대표적인 음식이다. 이는 밀가루를 재료로 하여 굽거나 찐 외래 음식이다. 그러나 "빵"은 우리에게도 친숙한 음식이 되어 표준국어대사전(국립국어원, 1999)에도 보면 "먹고 살 양식"이란 서양의 이미지, 내지 상징이라 할 것이 풀이로 나와 있을 정도다. "빵"은 이렇게 양식, 생명의 지주(支柱)라는 이미지를 지닌다.

① 생명의 지주

앞에서 언급하였듯 우리 언어사회에서도 "밥" 아닌, "빵"을 "먹고 살 양식"이라 풀이할 정도로 "빵"이 중요한 "양식"이란 이미지를 갖게 되었다. 그러나 이는 아직 외래적 뉘앙스가 강하다.

이러한 이미지는 영어권에서는 일반적이다. 특히 성경의 "the bread of life(생명의 양식)"가 그 대표적인 것이다. 이밖에 "Bread is the staff of life (음식은 생명의 지주), Man cannot live by bread alone(사람은 빵만으로 살 수 없다), Better it is to lose cloth than bread.(먹지 않고는 살지 못한다.)"가 이런 것이다. 일본의 경우도 "人はパンのみにて生くるものにあらず(사람은 빵만으로 살 수 있는 것이 아니다.)"라 할 정도다.

② 음식물(먹을 것)

영어권에서는 "빵"이 음식물을 대표하나, 우리에게는 아직 그런 단계는 아니다. 전 같으면 "밥을 먹을래, 국수를 먹을래?" 이렇게 물었다. 밥과 면(麵)이 대표적 음식물이었다. 그런데 근자에는 "밥을 먹을래, 빵을 먹을래?"라고 면의 자리를 "빵"이 차지하고 있다.

영어권에는 마태복음의 "Give us this day our daily bread(일용의 양식)"를 비롯하여, "To the grave with the dead, and let them that live to the bread(산 사람에게는 먹을 것), Where bread is wanting all is to be sold." 등 bread는 "음식물(먹을 것)"이라는 것이 일반적 이미지다. 일본어권의 경우도 빵이 음식물의 이미지를 나타낸다.

③ 식사·생계

"빵을 위해 일한다."가 국어사전에 예문으로 나와 있다. 이 정도로 "빵"은 우리에게도 "생활의 양식"을 의미하게 되었다. "점심은 빵으로 때운다.", "우선 빵 문제를 해결해야 한다."고 한다. 이렇게 "빵"은 식사, 혹은 생계를 의미한다. 그러나 이런 이미지는 아직 본격적인 것은 못 된다. 아직 번역문의 냄새가 짙다.

영어권에서는 이런 이미지가 주종이다. "break bread(식사하다), bread and cheese(간단한 식사), someone's daily bread(매일의 식사·식비), the breadwinner(일가의 생계 책임자), someone's bread and butter(생계수단), take the bread out of someone's mouth(생계수단을 빼앗다)"가 이런 예다. 일본 어권의 경우도 "人はパンのために働く, パン食"와 같이 "パン"이 식사·생계의 이미지를 나타낸다.

④ 대접·환대

영어권에서는 bread가 대접, 내지 환대의 이미지를 갖는다. "break bread with(함께 식사하다), bread and salt(환대의 상징), a bread-and-butter letter(접대에 대한 禮狀)"가 이런 예다.

⑤ 가난한 사람의 음식

영어권에서 bread는 가난한 사람의 음식이란 이미지를 갖는다. 특히 "brown bread"가 이런 이미지를 나타낸다. "brown bread(가난한 사람의 음식), bread and circus(싼 대중의 위안물)"가 그 예다.

⑥ 보수(報酬)

영어권에서는 bread가 보수의 이미지를 나타낸다. "The dog wags his

tail not for love of you but of your bread."와 같은 속담이나, "cast one's bread upon the waters(보수를 바라지 않고 하다), give him a bread(厚遇)"와 같은 관용어가 이러한 예다.

⑦ 천부적(天賦的)이다

한국에서는 전통적으로 누구나 저 먹을 것은 가지고 태어난다고 한다. 이런 생각은 영어권도 마찬가지인 것 같다. 더구나 기독교적 배경이 그러하다. "There is no morrow but bring it's bread with it.", "Every day brings its(his) bread with it.(저 먹을 것은 가지고 태어난다.)" 같은 속담이 이러한 것이다.

⑧ 기타

한국에서는 "빵"이라면 구운 빵이건 찐빵이건 "소가 들어 있다, 둥글다"라는 이미지가 강하다. 일본도 마찬가지다. 영어권에서는 식빵을 더 머리에 떠올린다.

5. 결어

한·일·영어권의 가축·신체 부위·음식물 등의 10개 사항에 대한 발상과 이미지를 살펴보았다. 사물에 대한 이미지는 문화와 개성에 따라 이동(異同)을 달리한다. 따라서 한·일·영어권은 사물에 따라 발상과 이미지를 같이하는 경우가 있는가 하면 달리 하는 경우가 있다. 한·일·영어권의 가축의 이미지는 돼지와 개에 공통점이 많이 보이고, 신체 부위는 차이점보다 공통점이 많이 드러난다. 음식물에 대한 이미지는 밥의 경우는 차이가 많고, 빵의 경우는 서양 음식문화의 유입으로 공통점이 많아졌다 하겠다.

한·일·영어권 사물에 대한 이미지를 공통요소(共通要素)를 중심으로 하여 비교 정리해 보면 음과 같다.

(1) 소에 대한 이미지

① 한·일·영 공통 : ①힘이 세다, ⑥느리고 한가하다, ⑦신성하다

② 한·일 공통 : ②크다

③ 한·영 공통 : ④고집, ⑤분별력 부족, ⑨눈이 크다

④ 한국 특이 : ③농가 재산, ⑧순하다, ⑩모색이 누렇다

(2) 돼지에 대한 이미지

① 한·일·영 공통 : ①욕심쟁이다, ②뚱뚱하다, ③불결하다, ④대식가다, ⑤고집이 세다

④ 한국 특이 : ⑥부자·번창, ⑦희생, ⑧검다, ⑨시끄럽다

(3) 개에 대한 이미지

① 한·일·영 공통 : ①의리, ②흉포하다, ③짖는다, ④비천하다, ⑦질이 좋지 않다

② 한·일 공통 : ⑥견원지간

③ 한·영 공통 : ⑤잔반 정리

④ 한국 특이 : ⑧상팔자다, ⑨보신, ⑩똥을 먹는다.

(4) 닭에 대한 이미지

① 한·일·영 공통 : ①새벽을 알린다

② 한·일 공통 : ⑤투지가 있다, ⑦입신출세·부귀공명

③ 한·영 공통 : ②일찍 일어난다, ⑥뽐낸다

④ 한국 특이 : ③길조, ④귀한 음식

(5) 귀에 대한 이미지

① 한·일·영 공통 : ①듣다, ⑦모퉁이·갓, ⑧지음(知音)

③ 한·일 공통 : ②운명, ⑥청렴

④ 한국 특이 : ③결혼·정조, ④영감의 매체, ⑤총명

(6) 눈에 대한 이미지

① 한·일·영 공통 : ①보다, ②안식·통찰력, ③타인의 시선, ④관심·유의·경계, ⑥마음의 창, ⑦눈매

③ 한·일 공통 : ⑤생명

(7) 입에 대한 이미지

① 한·일·영 공통 : ①말·말하다, ②음식·먹다, ⑥사물의 주둥이, ⑦미각, ⑧식구

② 한·일 공통 : ③주술적 힘

④ 한국 특이 : ④비밀의 창구, ⑤마음의 창

(8) 코에 대한 이미지

① 한·일·영 공통 : ①자존심, ③체면·행실, ④냄새, ⑥직전·미래, ⑦콧물

② 한·일 공통 : ⑧고집이 세다

④ 한국 특이 : ②얼굴, ⑤성기

(9) 밥에 대한 이미지

③ 한·일 공통 : ①생명의 양식, ②식사(끼니), ③먹을 것, ⑦생계

④ 한국 특이 : ④복(福), ⑤보약, ⑥죽음, ⑧제물

(10) 빵에 대한 미미지

① 한·일·영 공통 : ①생명의 지주, ②먹을 것, ③식사·생계

② 한·영 공통 : ⑦천부적

⑤ 영어권 : ④대접·환대, ⑤가난한 사람의 음식, ⑥보수

▌참고문헌

박갑수(1999), 일반국어의 문체와 표현, 집문당.

박갑수(2013), 한국어교육과 언어문화교육, 역락.

이기문(1962), 속담사전, 민중서관.

한국문화상징사전 편찬위원회(1996), 한국문화 상징사전 1, 동아출판.

한국문화상징사전 편찬위원회(2000), 한국문화 상징사전 2, 두산동아.

赤祖父哲二(1990), 英語イメージ辭典, 三省堂.

東　信行 外 譯編(1993), 研究社-ロングマン　イデイオム 英和辭典, 研究社.

大塚高信 外編(1976), 英語諺辭典, 三省堂.

藤井乙男(1979), 諺語大辭典, 日本圖書センタ.

フランシス·J·クデイラ·羽鳥博愛(1984), 英語發想IMAGE辭典, 朝日出版社.

Vries Ad de(1974), Dictionary of Symbols and Imagery, 山下主一郎 主幹(1989), イ
　　　メージシンボル事典, 大修館書店.

(2013. 3. 10. 미발표)

제4장 | "황진이" 소설의 발상과 표현

이태준, 홍석중, 전경린의 "황진이"를 중심으로

1. 서언

우리나라에는 황진이라는 유명한 기생이 있다. 중국의 이계란(李季蘭), 설도(薛濤) 등에 견주는 인물이다. 그녀는 너무도 유명한 인물이기에 그녀에 대한 소설이 10여 종이나 된다.

그러나 그녀에 대한 기록은 정사(正史) 어디에도 보이지 않는다. 설화나 야사등 패설류(稗說類)에 단편적인 것이 보일 뿐이다. 그녀는 유명한 명성과는 달리 생몰(生沒) 연대도 부모가 누구인지도 분명치 않다. 전하는 기록은 차착을 보이는가 하면 또한 신비화하여 그 사실 여부를 가늠하기 힘들게 한다.

소설은 허구(虛構)라 한다. 따라서 소설에는 사실만이 기록되는 것이 아니다. 설령 정사에 보이는 인물이라 하여도 마찬가지다. 황진이의 경우는 실재의 인물이라 하나 그의 생애가 분명치 않고, 전하는 기록 또한 단편적이니 그의 전기를 쓰기 위해서는 그 나름의 생애를 구성하고, 허구를 끼워 넣지 않으면 안 될 숙명을 지닌다.

이 글에서는 최초의 황진이 소설인 이태준의 "황진이"와 21세기에 남
북한에서 쓰인, 두 편의 황진이 소설에 드러나는 발상과 표현을 살펴보
기로 한다. 검토의 자료는 다음 세 편으로 하기로 한다.

> 이태준, 황진이, 깊은 샘, 1999.
> 홍석중, 황진이, 대훈, 2004.
> 전경린, 황진이, 이룸, 2004.

이태준의 "황진이"는 본래 중앙일보에 연재하던 것을 1938년 동광당
서점에서 간행한 것이고, 홍석중의 소설은 평양의 문학예술출판사에서
2002년 간행한 것이다. 따라서 그 출간연대는 이태준, 홍석중, 전경린의
순이 된다.

이 글에서는 상기한 세 편의 "황진이"와, 전래의 황진이에 대한 패설
(稗說)과의 관계를 살펴보기로 한다. 곧 소설 구성에 있어서 패설들이 어
떻게 활용되고 있는지 살피게 된다. 패설은 앞에서 언급한 바와 같이 하
나의 온전한 전기가 아니요, 단편적 기록이다. 연대순으로 기록된 것도
아니다. 따라서 황진이의 삶의 역사는 이들을 소재로 하여 재구성하여야
한다. 이에 작가의 발상과 구상이 여기에는 필연적으로 작용하게 된다.
이 글에서는 패설(稗說)의 수용 여부 및 구성과 함께 허구, 곧 창작의 면
도 아울러 살피기로 한다. 이렇게 함으로 소설 "황진이"를 구성함에 있
어 작가의 발상과 표현이 어떻게 되었는지 그 특성의 일단을 밝히기로
한다.

2. 황진이의 생애와 관련된 기록

황진이의 생애를 엿볼 수 있는 대표적 기록으로는 유몽인(柳夢寅, 1559-1623)의 어우야담(於于野談), 이덕형(李德泂, 1566~1645)의 송도기이(松都記異), 허균(許筠, 1569~1618)의 성옹지소록(惺翁識小錄), 임방(任昉, 1640~1724)의 수촌만록(水村漫錄), 서유영(徐有英, 1801~1874)의 금계필담(錦溪筆談), 김택영(金澤榮, 1850~1927)의 송도인물지(松都人物志)와 그 밖의 자료들이 있다. 이들 거명된 자료에 보이는 진이의 생애는 다음과 같다.

(1) 유몽인(柳夢寅)의 어우야담(於于野談)

* 가정(嘉靖) 초에 송경에 명창 진이가 있었는데, 그녀는 뜻이 크고 기개가 있으며, 남자처럼 용감하였다(女中之倜儻任俠人也).

* 진이는 학문의 정수를 이루었다는 서 화담을 시험하고자 학문을 빙자해 화담에 들어가 유혹하였으나, 그는 조금도 동요하지 않았다.

* 진이는 재상의 아들이라는 이생(李生)과 금강산 유람을 하였다. 두루 유람하는 가운데 걸식도 하고, 승려들에게 몸을 팔아 양식을 얻기도 하였다. 그들은 기갈이 들고 곤핍하여 지난날의 모습이 아니었다.

* 시골 유생들의 시냇가 잔치에 들러 술을 얻어먹고 노래를 불렀다. 유생들이 매우 특이하게 여겼다. 진이는 종이라며 이생에게도 술과 안주를 얻어 먹었다.

* 양쪽 집에서는 두 사람이 간 곳을 몰랐다. 반 년만에 남루한 옷에 시커먼 얼굴로 돌아오니, 이웃에서 보고 크게 놀랐다.

* 진이 천수원 시냇가에서 노랫소리를 듣고 명창인 선전관 이사종(李士宗)임을 알고 청해 며칠 머문 뒤, 6년을 같이 살자고 제안했다. 그리고 먼저 첩의 예를 다하여 이사종의 집에 가 3년을 살았다. 비용

은 모두 진이 부담하였다. 그 뒤 이사종이 진이와 같이 3년을 보답한 뒤, 진이는 "이미 약속이 이루어졌고, 기일이 다 되었습니다."라며 하직했다.(業已遂約期滿矣辭而去)

* 지금 송도 큰길 가에는 진이의 묘가 있다. 임제가 평안 도사로 부임하는 도중 축문을 지어 묘에 제사하였다 하여 마침내 조정의 비평을 받았다.

(2) 이덕형(李德泂)의 송도기이(松都記異)

* 진이는 송도에 이름난 창기로, 표모 현금(玄琴)과 이인(異人) 사이에 출생하였다.

* 진이는 용모와 재주가 일세에 뛰어나고, 노래도 절창이었다. 사람들은 그를 선녀라 불렀다.

* 유수 송공(宋公) 부임 시 낭료(郎僚)들의 조그만 술자리에 참여하였다.

* 유수 송공의 첩이 "과연 절색이로군. 나의 일이 낭패로다"라며 행패를 부렸다.

* 송공 자당 수연에 화장도 하지 않고, 담장으로 왔는데, 천연한 국색(國色)으로 광채가 사람들을 감동시켰다.(不施丹粉淡粧來預 天然國色光彩動人)

* 유수 송공의 자당 수연에서 악공 엄수(嚴守)는 진이의 노랫소리를 듣고 동부(洞府)의 여운이라고 칭탄하였다.

* 조사(詔使) 하는 말이 "너의 나라에 천하절색이 있구나." 하였다.

* 비록 창류로 있었으나, 성질이 고결하여 번화하고 화려한 것을 좋아하지 않았다. 관부(官府)의 주석에도 빗질과 세수만 했고, 옷도 갈아입지 않고 나아갔다.

* 방탕한 것을 좋아하지 않아 시정(市井)의 천예(賤隸)는 돌아보지 않았

고, 선비와 어울리기를 좋아했다. 자못 문자도 해독하여 당시(唐詩)
보기를 좋아했다.

* 화담(花潭)을 사모해 그의 문하에 나아갔다.
* 진이의 방에서는 이상한 향기가 며칠씩 계속되었다.

(3) 허균(許筠)의 성옹지소록(惺翁識小錄)

* 송도 기생 진랑이 이언방(李彦方)의 소리 잘한다는 소리를 듣고 그를
  찾았는데, 그가 아우라고 속였으나, 곡조를 듣고 그가 바로 이언방
  임을 알아보았다.
* 진낭은 장님의 딸로, 성품이 남자 같이 활달하고, 거문고를 잘 타고,
  노래를 잘 하였다.
* 진낭은 풍악산을 유람하고 금성(錦城)에 와, 남루한 복색으로 고을
  원의 잔치에 참석하여 노래와 거문고를 타되 조금도 부끄러운 기색
  이 없었다.
* 평생 화담의 사람됨을 사모하였다.
* 진낭은 매양 말하였다. "지족선사는 30년 면벽 수양했으나 내가 그
  의 지조를 꺾었다. 화담은 여러 해 가깝게 지냈으나 끝내 관계하지
  않았으니 참으로 성인이다."
* 죽을 무렵에 집사람에게 "출상할 때 곡하지 말고, 풍악을 잡혀서 인
  도하라."고 부탁하였다(愼勿哭 出葬以鼓樂導之).
* 진랑은 일찍 화담에게 박연폭포와 선생과 자기가 송도삼절(松都三絶)
  이라고 아뢰었다.

(4) 임방(任昉)의 수촌만록(水村漫錄)

* 소세양(蘇世讓)은 송도 명기 황진이를 두고 친구들과 이렇게 약속했다.

"내가 이 계집과 더불어 30일만 지내고, 그 후엔 즉시 헤어지겠네.
그리고는 추호도 마음을 두지 않을 것이네. 만약 이 기한을 하루라
도 어긴다면, 내 사람이 아닐세(吾其非人也)."

* 황진이를 만나보니 과연 뛰어난 여인이었고, 그와 한 달 정을 나누
었다. 떠나기 전날 송도 남쪽 누대에 올라 주연을 벌였다. 이때 황
진이가 이별의 율시 한 수를 지어 소세양에게 주었다. 그는 그 시를
읊조려 보고 탄식하며 말하였다. "에라! 내가 사람이 아니지." 하고
는 다시 눌러앉았다.

(5) 서유영(徐有英)의 금계필담(錦溪筆談)

* 황진은 송도의 명기다. 미모와 기예가 뛰어나 명성이 한 나라에 퍼
졌다. 황진은 성품이 고결하여 풍류명사가 아니면 친하게 지내지
아니하였다.

* 종실 벽계수(碧溪守)가 황진을 한번 보기를 원해 손곡(蓀谷) 이달(李達)
과 의논하였다. 진낭을 만나려면 소동(小童)으로 하여금 거문고를 지
고 뒤를 따르게 하고, 황진의 집 앞을 지나 누에 올라 술을 마신 뒤,
거문고를 타면 진이 나타날 것이다. 그러면 그녀를 본체만체하고
취적교(吹笛橋)를 지날 때까지 돌아보지 않으면 성공할 것이다. 벽계
수는 그 말대로 하였다. 과연 진낭이 뒤를 따랐다. 그녀는 동자에게
그가 누구임을 묻고, 아름다운 목소리로 "청산리 벽계수야"를 노래
하였다. 이에 벽계수가 뒤돌아보다 말에서 떨어졌다. 진낭은 웃으
며, "이 사람은 명사가 아니라, 단지 풍류랑이로구나."라며 되돌아
갔다. 벽계수는 부끄럽고 한스러웠다.

(6) 김택영(金澤榮)의 송도인물지(松都人物志)

* 황진(黃眞)은 중종 때 황 진사의 서녀로, 진현금(陳玄琴)이 병부교(兵部橋) 아래서 감응하여 태어났고, 기이한 향기가 3일 동안 방안에 풍겼다.

* 진낭은 절색의 미모를 갖추었고, 사서와 삼경도 깨우쳤다.

* 진낭이 나이 15, 6세 되었을 때 이웃 서생이 진이의 미모에 반해 상사병으로 죽었다. 상여가 진의 집 앞에서 움직이지 아니하므로 망자의 집에서 자초지종을 이야기하자, 관에 저고리를 덮어 주었다. 그러자 상여가 앞으로 나갔다(得其襦覆之柩 然後柩始乃前).

* 황진은 멀리 놀러 다니기를 좋아했고, 시문(詩文)도 맑고 빼어났다. 만월대(滿月臺) 시 등이 있다.

* 황진은 죽을 무렵 다음과 같이 부탁했다 한다. "나는 천하 남자를 위해 자신을 사랑하지 못하고(我爲天下男子不能自愛) 이 지경이 되었다. 죽게 되면 금수도 관도 쓰지 말고, 동문 밖 물가 모래밭에 시신을 버려 땅강아지와 개미와 여우와 살쾡이(螻蟻狐狸)로 하여금 뜯어 먹게 하여, 세상 여자들로 하여금 나를 경계 삼도록 하라(以眞爲戒)."

* 진이 죽은 뒤 집안사람들이 그 말대로 했는데, 한 남자가 시신을 거두어 묻어 주었다. 무덤은 지금 장단(長湍) 구정현(口井峴)에 있다.

3. 패설 자료와 소설의 구성 형식

패설에 보이는 황진이의 전기적 기록은 2장에서 살펴본 바와 같다. 이러한 사실을 바탕으로 그의 생애를 가상해 보면 대체로 다음과 같이 된다.

① 진이의 출생
② 상사병으로 서생(書生) 사망
③ 송도 유수와의 교유
④ 이언방 방문
⑤ 유수 자당의 수연 참석
⑥ 엄수와의 교유
⑦ 소세양과의 교유
⑧ 벽계수와의 조우
⑨ 지족선사의 파계
⑩ 서 화담과의 교유
⑪ 이 사종과의 교유
⑫ 금강산 유람(이생)
⑬ 고을 잔치 등에 참석
⑭ 진이의 유언과 무덤
⑮ 임제의 묘제

이러한 황진이의 생애는 소설에 어떻게 수용하고 있는가? 패설(稗說)에 보이는 진이에 대한 기록은 어떻게 반영하고 있으며, 또 어떤 순서로 구성, 전개하고 있는가? 다음에는 이들 패설을 어떻게 소설에 구성하고 있는지 그 형식을 살펴보기로 한다.

3.1. 이태준 소설의 구성 형식

이태준의 소설에는 앞에서 제시한 황진이의 생애에 대한 사항이 다음과 같은 순서로 묘사되고 있다.(각 항목 뒤의 원형 문자는 앞에서 추정한 황진이의 생애의 순서임.)

 (1) 진이가 서녀로 출생①

 (2) 동네 글방 아이가 상사병으로 죽음②

 (3) 송도 유수 송화영(宋和永)과의 교유③

 (4) 소세양(蘇世讓)과의 10여일 동거⑦

 (5) 벽계수를 희롱하고 소박함⑧

 (6) 이언방을 만나러 서경(西京)에 감④

 (7) 송 유수 자당 수연에 참석⑤

 (8) 명악공 엄수와의 상봉⑥

 (9) 화담 서경덕을 찾아 교유⑩

 (10) 이사종과 6년 동거⑪

 (11) 지족선사 소유⑨

 (12) 금강산 유람⑫

이태준의 "황진이"에는 패설에 보이는 진이의 생애에 대한 사항들이 비교적 충실히 반영되고 있다. 앞에서 추정한 진이의 중요한 인생사 가운데 다루어지지 않은 것은 그의 생애 후반부에 해당한 "⑬고을 잔치"와 "⑭진이의 유언과 무덤", "⑮임제의 묘제"란 세 개 사항뿐이다. 이는 금강산에 유람을 떠나는 것으로 대단원의 막을 내렸기 때문에 당연한 결과라 하겠다.

발상(發想)의 모티브가 된 패설의 기록들은 생애를 연대순으로 정리해 놓은 것이 아니다. 따라서 작가들은 자기 나름의 구성을 하게 된다. 이태준의 소설의 경우는 앞에 제시한 바와 같이 (1)에서 (12)에 이르는 과정으로 구성하였다. 이는 앞에서 추정한 생애와 비교할 때 다소 차이를 보인다. 이는 곧 이태준의 독자적 발상과 구상의 결과라 하겠다. 이를 알기 쉽게 기호로 도시하면 다음과 같다.

①-②-③-⑦-⑧-④-⑤-⑥-⑩-⑪-⑨-⑫

이에 의하면 ①황진이의 출생, ②상사병으로 서생 사망, ③개성유수 송공과의 교유에 이르는 소설 구성은 앞에서 상정한 인생사와 그 순서를 같이 한다. 소설에서 ④이언방 방문 ⑤유수 자당의 수연, ⑥엄수 상봉이 ⑦소세양과의 교유, ⑧벽계수와의 상봉 뒤로 순서가 바뀌었다. ④이언방 방문은 벽계수를 피하기 위해, ⑦소세양은 유수 자당 수연 이전에 송도(松都)에 행차하였기 때문에, 유수 자당 수연에서 만나게 되는 ⑥엄수와의 조우에 앞서 묘사된 것이다. ⑪이사종과의 교유는 소설 구성에 있어 ⑨지족선사와의 상봉보다 반드시 앞서는 것은 아니다. 이는 소위 지족(知足)의 "파계"가 이사종과 황진이의 "동거"에 비해 뒤에 이루어지고 있음을 의미하는 것뿐이다. 진이와 지족은 이미 ③유수 송공과의 교유 뒤, 진이가 귀법사 지족암에 가 큰 사나이 지족에 취한 바 있기 때문이다. ⑨지족의 파계가 뒤로 밀린 것은 파계가 뒤로 미루어진 데 있다.

3.2. 홍석중 소설의 구성 형식

홍석중의 소설 "황진이"에 반영된, 황진이에 대한 삶의 기록은 다음과 같다.

(1) 황진사의 서녀로 진이 출생①
(2) 서생 또복이가 상사병으로 죽음②
(3) 벽계수와의 상봉⑧
(4) 송도 유수와의 교유③
(5) 소세양과의 교유⑦
(6) 지족선사의 파계⑨
(7) 서경덕과의 교유⑩
(8) 금강산 유람 등 유랑⑫

(9) 안 교리 자당 칠순연에 들름⑬

(10) 진이의 유언과 무덤⑭

(11) 이사종과의 교유⑪

(12) 임제의 묘제⑮

　홍석중의 "황진이"에도 많은 과정의 패설이 다루어지고 있다. ④이언방 방문, ⑤유수 자당 수연 및 ⑥엄수와의 교유는 빠져 있다. ⑪이사종과의 교유, ⑬안 교리 자당 칠순 연 참석, ⑮임제의 묘제는 "후기"라 할 "그후의 이야기"에서 다루고 있다. 빠진 패설은 작가가 진이의 생애에서 그다지 큰 비중을 두지 않아 소재에서 뺀 것이라 하겠다. "후기"로 미룬 것은 일반적으로 금강산 유람을 대단원으로 보아 뒤로 돌린 것이라 하겠다.

　소설에서 재구성한 황진이의 생애는 다음과 같다.

①-②-⑧-③-⑦-⑨-⑩-⑫-⑭-⑪-⑮

　이 소설의 구성은 빠져 있는 사항 ④이언방 방문, ⑤유수 자당 수연 및 ⑥엄수와의 교유를 논외로 할 때, ⑧벽계수와의 상봉, ⑪이사종과의 교유가 역순으로 된 것을 제외하면 나머지는 자연스러운 순서로 배열되고 있다 하겠다.

　⑧벽계수와의 상봉은 패설의 기록과 전혀 다르다. 벽계수는 송도유수 김희열과 동문수학한 친구로, 다른 친구들과 같이 송도(松都)를 찾아가게 되어 진이를 만나게 되었다. 따라서 상봉이 이르게 된 것이다. ⑪이사종과의 교유(동거)가 ⑫금강산 유람, ⑭진이의 유언과 무덤 뒤로 돌려진 것은 커다란 발상의 전환이다. 진이의 생애를 확인할 길은 없으나, 패설에

의하면 진이의 금강산 유람 행적은 기구한 것으로 알려진다. 이를 고려할 때, ⑪이사종과의 교유를 ⑧금강산 유람 뒤로 돌린, 이 전환은 발상의 대변혁이라 할 것이다. 이 유람이 이사종 아닌 이생과 함께 하는 것으로 다루어졌다면 패설과 부합하는 구성이 되었을 것이다. ⑭진이의 유언 및 무덤, ⑮임제의 묘제는 다른 소설에 보이지 않는 것으로, 패설을 바탕으로 진이의 일생을 온전히 그리고자 한 작자의 발상에 따른 구상이라 하겠다.

3.3. 전경린 소설의 구성 형식

전경린의 소설에도 황진이의 생애에 대한 패설이 비교적 충실하게 반영되고 있다. 소설에 반영된 사항은 다음과 같다.

    (1) 황진이의 출생①
    (2) 서생이 상사병으로 죽음②
    (3) 송도유수와의 교유(한·송·이 유수)③
    (4) 엄수·이사종과 상봉⑥
    (5) 송 유수 자당 수연에 참석⑤
    (6) 소세양과의 교유⑦
    (7) 이사종과의 재봉(동거)⑪
    (8) 이언방과의 상봉④
    (9) 화담과의 교유⑩
    (10) 지족선사의 파계⑨
    (11) 이생과 금강산 유람⑫

따라서 앞에서 제시한 황진이의 생애 가운데 소설에 반영되지 않은 사항은 ⑧벽계수와의 상봉과, 금강산 유람 이후의 ⑬고을 잔치, ⑭유언과 무덤, ⑮임제의 묘제 등이다. ⑧벽계수와의 상봉을 다루지 않은 것은 다소 의외의 구상이다. 나머지를 생략한 것은 홍석중의 경우와 같이 ⑫ 금강산 유람을 흔히 대단원으로 의식하는 발상 때문이라 하겠다. 전경린 의 "황진이"에 재구성된 진이의 생애는 다음과 같다.

①-②-③-⑥-⑤-⑦-⑪-④-⑩-⑨-⑫

전경린의 "황진이"에서는 다른 작품에 비해 구성에 많은 변화를 보이 고 있다. ④이언방과의 상봉이 이사종과의 재봉(同居) 이후로 미루어졌다. 이는 이언방이 노래를 잘 한대서가 아니라, 이사종과의 동거 이후 노래 를 배우기 위해 찾는 것으로 발상을 전환하였기 때문이다. 이는 천하의 명기가 된 이후이고 보면 다소 의외의 구성이다. ⑥엄수와의 상봉은 ⑤ 유수 자당 수연에서가 아니라, 이에 앞서 명월관에 왔기 때문에 차례가 바뀌었다. ⑪이사종과는 2차에 걸쳐 만나게 되는데 처음은 ⑥엄수와 같 이 명월관에 찾아와 일찌감치 이루어진 것이고, 재봉(再逢)은 ⑩화담과의 교유 앞에 만났기 때문이다. ⑨지족선사의 파계는 화담과의 교유 뒤에 이루어진다. 이는 통설과는 차이가 나는 구성이다.

4. 패설 자료와 소설의 구성 내용

제3장에서 패설과 소설의 형식에 관해 살펴보았다. 다음에는 패설과 소설의 구성 내용에 대해 살펴보기로 한다. 우선 세 작품의 내용과 패설 자료의 상호관계를 알기 쉽게 도시하면 다음과 같다.(출전은 약기함)

	이태준, 황진이	홍석중, 황진이	전경린, 황진이
① 출생	* 표모 현금과 이인 사이에서 출생(기이) * 장님의 딸임(지소록) * 황진사의 서녀로 진현금이 병부교 아래서 감응하여 출생, 향기가 남(인물지)		
	* 출생 과정 묘사 없음 * 부모는 송진사와 현금	* 교전비의 딸로 태어남 * 부모는 송진사와 진현금	* 병부교 아래 맹인 악사와 한량 사이에서 태어남 * 부모는 송진사와 진현금
② 서생 상사	* 이웃 서생이 상사병으로 죽음(인물지) * 관에 저고리를 덮어 줌(인물지)		
	* 배서리 갔다 처음 만남 * 두 번씩 월장 엿봄 * 관에 적삼을 덮어 줌	* 글 받으러 가 처음 만남 * 관에 슬란치마를 덮어 줌	* 병구완 차 절에 온 선비 * 별채에 기어들다 발각됨 * 상여 위에 속곳 덮어 줌
③ 유수와 교유	* 유수 송공이 부임 시 소연(기이) * 송공의 첩이 진에게 행패를 부림(기이)		

	* 송 유수
	* 성산월 질투로 놀이 엶
	* 유수가 진이를 소유하려
	  하나 거절
		* 김희열 유수
		* 놈이 뒷배 청원
		* 유수 수청 들기를 원함
		* 괴똥이를 위해 유수에게
		  몸을 바침
			* 한·송·이 유수
			* 한 유수와 사랑−죽선이
			  자해
			* 송 유수 축연서 첩이 행패

④ 이언방 교유	* 소리 잘 한다는 말을 듣고 이언방을 찾음(지소록) * 아우라고 속였으나 진이 곡 조를 듣고 알아맞힘(지소록)		
	* 명창 소문 듣고 평양방문 * 아우라 속였으나 바로 앎		* 노래 배우러 찾아감
⑤ 유수자당 수연	* 엄수가 진이의 노래를 "동부의 여운"이라 칭탄함(기이) * 진이는 담장이나, 천연 한 국색임(기이)		

	* 엄수가 동부의 여운이라
	  칭탄함
	* 입던 옷대로, 마른 빗질
	  만 두어 번 하고 나감
			* 유수 자당 칠순연
			* 이조정랑 조장제 소개
			  받음−축출

⑥ 엄수와 교유	* 엄수가 진이의 노래를 "동부의 여운"이라 칭탄함(기이)		

	* 엄수가 "동부의 여운"이
	  라 극찬함
	* 이사종의 창법을 칭찬하
	  고 풍류남아라 소개
			* 이사종과 함께 송도에 옴
			* 엄수에게 거문고 배움

⑦ 소세양 교유	* 친구들과 30일간 교유 약속(수촌만록) * 약속을 어기면 사람이 아니라 함(수촌 만록)		
	* 약속 안 보임 * "오역인아"라 자탄	* 어질고 착한 양반임 * 동거 등 애정묘사 없음	* 30일 약속 지키기 내기 * 내가 사람이 아님, 못 가 겠음

	이태준, 황진이	홍석중, 황진이	전경린, 황진이
⑧ 벽계수 상봉	* 진이를 만나기 위해 사전 준비를 함(금계필담) * 벽계수 낙마, 명사 아닌 풀유랑이라 돌아감(금계필담)		
	* 낙마 장면이 없음 * 무한히 희롱, 소박을 함	* 도덕군자 행세하다 망신 * 월장하여 진이와 운우지정	
⑨ 지족 파계	* 30년 면벽 수도한 지족선사의 지조를 내가 꺾었다(지소록)		
	* 큰 사나이라 취함 * 지족에게 구도하려 함 * 복수와 얼러보기 위해 유혹함 * 거대한 사나이를 가져 흐뭇함	* 진이를 짝사랑, 매 맞음 * 자살기도, 생불 되기 자청 * 안락한 가정 생활의 농군으로 만듦	* 진의 미모에 침혹 파계한듯 함
⑩ 화담 교유	* 화담을 사모해 그의 문하에 가 뵈임(기이) * 화담을 유혹했으나 동요하지 않음(어우야담) * 화담과 여러 해 가깝게 지냈으나 난하지 않았으니 성인임(지소록) * 평생 사람됨을 사모했음(지소록)		
	* 성욕은 오락을 위한 것이 아님 * 송도삼절이라 아림 * 묘소에 가 분향 재배	* 학문과 인품 훌륭 * 화담 유혹 불요부동 * 송도삼절임	* 화담의 명성 서울에 미침 * 배움을 구하러 화담 방문
⑪ 이사종 교유	* 천수원 시냇가에서 노래를 듣고 이사종을 집으로 청함(어우야담) * 진이 6년 동안 동거하자고 제의(어우야담) * 이사종 집에서 3년, 그 뒤 진이네에서 3년 살고 헤어짐(어우야담)		
	* 이사종이 송도에 간다고 엄수가 편지 * 천수원에서 만남 * 6년간 계약결혼을 함 * 진의 집에서 먼저 삶	* 유랑의 동반자임 * 관서8경, 금강산 유람 * 몸을 팔기도 한다는 소문	* 진이 탐을 내고 탐닉 * 6년간 계약결혼을 함 * 풍덕에서 먼저 삶 * 풍덕 군수, 왜구 진압하다 전사함
⑫ 금강산 유람	* 이생과 금강산 유람(어우야담) * 유람 중 걸식도 하고 승려들에게 몸을 팔아 양식을 구하기도 함(어우야담) * 풍악산 태백산 지리산 등을 유람함(지소록)		
	* 금강산을 향해 표연히 화곡을 떠남	* 이사종과 금강산을 두루 유람 * 걸식, 몸을 팔기도 한다는 소문	* 이생과 금강산 오대산 등 유람 * 몸을 팔고 다님 * 대금을 진 젊은이와 긴 유람

	이태준, 황진이	홍석중, 황진이	전경린, 황진이
⑬ 고을 잔치	* 금성고을 잔치에 남루한 차림으로 참석, 태연히 거문고를 연주함(지소록) * 시냇가 잔치에 들러 술을 얻어먹고 노래를 부름	* 창도읍 안 교리 자당 칠 순연에 들러 노래함 * 이사종 하인 행세함	
⑭ 유언과 무덤	* 출상할 때 곡하지 말고 풍악을 잡혀 인도하라(지소록) * 모래밭에 시신을 버려 여인들로 하여금 경계 삼도록 하라(인물지) * 시신을 버렸는데 어떤 남자가 거두어 장단에 무덤이 있음(인물지) * 송도 큰길가에 무덤이 있음(어우야담)	* 봉분 하지 말고 길가에 묻어라 * 넋을 빼앗긴 사람들이 설치할 수 있게 하라	
⑮ 임제 묘제	* 임제가 평안도사 부임 도중 진이 묘에 제사해 조정의 비평을 받음(어우야담)	* 길가의 무덤을 찾아 제를 지냄 * 술을 붓고 절하고 시조를 지음 * 양사 탄핵 받아 벼슬이 떨어짐	

4.1. 이태준 소설의 구성 내용

이태준의 소설에 활용된 패설은 대부분 패설 내용을 그대로 수용하고 있으나, 이들 가운데는 차이가 나는 것도 있다. 차이가 나는 대표적인 것은 ⑧벽계수 조우, ⑨지족 파계, ⑫금강산 유람 등의 장면이다. 이는 패설과 작자가 발상을 크게 달리하는 부분이다. 패설의 출전은 번거로움을 피해 원칙적으로 일일이 제시하지 않고, 위에 제시한 도표에 미루기로 한다.

①진이의 출생담은 "송도인물지(松都人物志)"와 "송도기이"에 보인다. 그런데 이태준의 소설에서는 진이의 출생 과정을 밝히지 않고 "황 진사"

의 소실인 "현금"의 딸로 그리고 있다. 이는 패설의 기록을 암암리에 전제로 한 묘사라 하겠다. 그리고 아버지와는 별거하고 있으며, 어머니와는 기문(妓門)에 들어가서까지 동거하는 것으로 그리고 있다. 이는 다른 소설과 다른 점이다. ②동네 서생(書生)의 짝사랑은 "송도인물지(松都人物志)"에 간단히 보이는 것이나, 이 소설에서는 이 사건이 강조되고 있다. 상·중·하편으로 구성된 세 편 가운데 상편을 온통 이에 할애하고 있을 정도다. 배서리를 갔다가 진이를 처음 본 총각은 월장을 두 번씩이나 하며, 밤을 새울 정도로 심각한 사랑앓이를 한다. 이는 다른 작품과 크게 다르다. 관에 저고리 아닌, 적삼을 덮어준다. ③송도 유수는 "송도기이"에 의하면 "송공"으로 되어 있다. 실제로 그가 누구인지는 패설에도 밝혀져 있지 않다. 이 소설에서는 성명을 "송화영"이라 하고 있다. 홍석중의 소설에서는 "김희열"로, 전경린의 소설에는 "한, 송, 이"유수가 등장하며, 다른 유수와 달리 송 유수의 경우는 이름을 밝히지 않고 있다. 이병렬(1999)은 "송 유수"를 면앙정 송순(宋純)으로 단정하고 있는데, 이러한 추정은 가능하나 확실한 것은 못 된다. "송도기이"에 보이는 송 유수의 부임 초 소연에서의 첩의 행패는 ⑤송 유수 자당의 수연으로 장면을 바꾸어 묘사하고 있다. ④이언방 방문은 대체로 "성옹지소록"을 따르고 있다. ⑤송 유수 자당 수연에서는 악공 엄수가 진이의 노래를 "동부의 여운"이라 극찬한다. 이때 앞에서 언급한 대로 유수의 첩 평양집이 행패를 부린다. 진이는 기생이라는 것이 원업(冤業)이라는 것을 처음 알고 큰 충격을 받는다. ⑦소세양과의 교유는 친구들과의 약속 없이 "오역인야(吾亦人也)"란 자탄만이 보인다. 이는 앞에서 언급한 바와 같이 패설을 전제로 한 발상의 표현이라 하겠다. ⑧벽계수와의 조우는 소세양의 소개로 만월대에서 둘이 만나나, 예의 낙마 장면은 보이지 않는다. 진이는 예의 "청산리 벽계수야"를 불러 벽계수를 홀리고 망석중이 다루듯 벽계수를 희롱한다. 그리고 지키지도 않을 약속을 하며 면구스러울 정도의 소박을 한다. 이는 금계필담(錦溪筆談)에 보이는 풍류명사가 아니면 친교를 하지 않는다는 진이의 성격을 작품에 형상화한 것이라 하겠다. ⑨ 지족선사의 "파계"는 패설과 크게 다르다. 소설에서 진이는 세 번 지족암을 찾는데, 처음 두 번은 지족을 보고 큰 사나이라 생각하고 취한다. 세 번째는 "무안한 것으로는 복수하기 위해, 우러러 뵈는 것으로는 한번 얼러보기 위해" 지족을 찾았다. 이때 진이는 부동의 지족을 유혹하고 희롱한다. 그리고 곤해 그의 무릎에 잠이 든다. 그 뒤 선문답 같은 대화를 나눈다. 지족선사는 진이의 흙덩이에 맞은 6년 전에 이미 공부가 끝났다고 한다. 그리고 "구태여 속살 경영할 건 아니여……"라고 한다. 진이는 지족이 거대한 인물이라 찬탄하고, "이런 거대한 사나이를 가져 봄이 흐뭇하다."고 한다. 그리고 두 사람은 각기 다른 방향으로 귀법사를 떠난다. 따라서 이는 패설에 보이는 "파계"와는 달리, 지족의 득도를 암시한 것이다. ⑩화담과의 교유는 "어우야담"에 보이는 유혹 등의 묘사는 보이지 않고, 진이가 그를 사모하고 존경해, 그의 학문을 장황하다고 할 정도로 묘사하고 있는 것만이 보인다. ⑪이사종과의 교유는 둘이 천수원에서 만나 6년 동거하는 것으로 그 내용은 패설과 같다. ⑫금강산 유람은 패설과 크게 다르다. 소설에서는 금강산을 향해 표연히 화곡을 떠난다고 대단원을 맺는다. 따라서 유람 과정 등이 생략되었다. 이태준의 소설은 이병렬(1999)의 지적처럼 신문 연재 이후의 내용이 간략하게 처리되고 있다.

4.2. 홍석중 소설의 구성 내용

소설에 반영된 소재는 패설과 상당한 차이를 보인다. 이 소설은 허구적 창작에 비중이 많이 놓여 있다. 패설과 차이가 나는 대표적 장면은 ①진이의 출생, ③유수와의 교유, ⑦소세양과의 교유, ⑧벽계수와의 조우 ⑨지족의 파계 등이다.

①진이의 출생담은 이 소설에서는 황 진사가 부인 신씨의 교전비를 범해 태어난 것으로 그리고 있다. 따라서 패설과는 전혀 다른 허구다. 소설에서 아버지 송 진사는 위선자로, 어머니 진현금은 딸을 본부인에게 맡기고 내쳐져 유랑하다 마침내 창녀가 되는, 그러나 딸에 집착을 한 여인으로 그려져 있다. ②서생 상사는 또복이가 글 받아오기 내기를 하다 진이를 만나게 되었으나 이렇다 할 사랑의 묘사는 보이지 않는다. 진이가 관에 저고리 아닌, "슬란치마"를 덮어 주는 것으로 그리고 있다. ③ 송도 유수는 "송공(宋公)" 아닌 김희열로, 출세지향의 의리 없는 인물이다. 그는 진이와의 교유도 원만치 않았고, 막판에는 진이의 경멸의 대상이 된다. ⑦소세양과의 교유는 크게 차이가 난다. 패설에 보이듯 여인에 대해 대범하지도 않고, "수촌만록"에 보이는 동거생활에 대한 묘사도 없이 간단히 처리하고 있다. ⑧벽계수와의 조우도 앞에서 간단히 언급한 바와 같이 패설과는 사뭇 다르다. 그는 도덕군자로 자처하고, 동료들을 속물로 내몬다. 그러한 그가 진이의 계략에 걸려 만월대 아닌, 객사 뒷집으로 월장하여 운우지정을 즐겼고, 이것이 마침내 탄로되어 동료들의 웃음거리가 된다. 이는 소위 도학자의 위선을 폭로한 것이다. ⑨지족선사도 발상을 달리하여 사뭇 다른 인물로 그리고 있다. 그는 탁발승으로 진이를 짝사랑하다 매를 맞았고, 마침내 자살을 기도하였으며, 원묵 대사에게 구조되어 생불(生佛)이 되기를 자청한 사내다. 지족선사의 이러한 사실을 뒤에 안 진이는 원묵 대사를 볼모로 그를 구해 낸다. 그리고 "안락한 가정을 가진 착한 농군"으로 변신하도록 한다. 따라서 "성옹지소록"에 보이는 파계가 아니다. 소설에서도 지족선사를 파계시켰다는 소문

은 사실과 다르다고 쓰고 있다.

후기에 보이는 ⑪이사종과의 교유도 패설처럼 각자의 집에서 3년씩 동거하는 것이 아니라, 유랑의 동반자로 그리고 있다. 전혀 다른 발상이다. ⑫금강산 유람은 이사종과 둘이 관서8경, 금강산을 유람하였는데, 금강산에서는 걸식하는가 하면, 진이가 중들에게 몸을 팔기까지 한다는 소문을 전하고 있다. 이는 "어우야담"에 보이는 패설 내용과 같은 것이다. 패설의 ⑬고을 잔치는 강원도 창도읍의 안 교리 자당의 칠순 잔치로 대치되어 있다. 진이가 가무를 베풀어 청중을 선경으로 인도한다. 따라서 금강산 유람은 패설의 "이생(李生)"이 "이사종"으로 바뀐 것이라 하겠다. ⑭유언과 무덤에 관한 패설은 두어 가지가 있다. "줄무지장"을 하라는 것과 시신을 송도 모래밭에 버려 여인들의 경계를 삼도록 하라는 것이다. 패설에서는 진이의 말대로 시신을 버렸더니 어떤 남자가 거두어 장단에 무덤이 있다고도 한다. 소설에서는 "따루 봉분을 만들지 말구 길가에 아무렇게나 묻어라. 나한테 넋을 빼앗겼던 사람들이 마음껏 설치를 할 수 있게 말이다."(하300)라고 패설에 의지하고 있으나 그 내용에는 차이가 있다. ⑮임제의 묘제는 패설의 기록을 소설에서 좀 더 구체화하였다.

4.3. 전경린 소설의 구성 내용

전경린의 소설도 패설류에 많이 의지하고 있으나, 패설의 기록과 소설의 소재는 많이 차이가 난다. 그 중 대표적인 것이 ④이언방 방문, ⑤유수 자당 수연, ⑥엄수와의 교유, ⑨지족의 파계 등이다.

①황진이의 출생은 황 진사가 병부교 아래에서 빨래하던 맹인인 기생 악사 진현금과 동거하며 진이가 태어나는 것으로 그리고 있다. 따라서 이는 "송도인물지"의 내용을 바탕으로 한 구상이라 하겠다. 소설에서는

아버지를 위선적인 인간, 그러나 죽을 때까지 현금을 잊지 못하였고, 진이 태어나 현금을 잃게 되어 진이를 미워한 것으로 그리고 있다. 본부인 신씨는 양반가 부인답게 남편을 효자로 변신시켜 집안을 명문가로 만들었고, 진이를 양반가에 시집보내겠다는 조건으로 현금을 박정하게 내어쫓은 여인으로 묘사하고 있다. ②상사병으로 죽는 서생(書生)은 신분이 패설과 다르게 설정하였다. 그는 진이가 요양 차 절에 머물 때 어머니 병구완 차 옆방에 와 있던 "선비"이다. 이 선비는 그의 어머니가 죽은 뒤 진이를 찾아 별채에 침입하는 사건을 벌이기도 하였다. 진이는 상여 위에 속곳을 덮어주는 것으로 그리고 있다. ③유수와의 교유는 송(宋) 유수 한 사람이 아닌, 한(韓)·송(宋)·이(李)의 세 유수와 교유를 한다. 황진이는 이들 세 유수 가운데 한(韓) 유수에게만 호감을 가졌고 사랑을 나누었다. 송 유수 부임 후의 축하연에서는 그의 첩 항아가 진이에게 행패를 부린다. 이는 "송도기이"의 패설과 일치하는 것이다. 이에 앞서 한익규 유수의 수청 죽선의 자해소동도 보인다. ④이언방과의 만남은 패설과 달리 진이가 이사종과의 동거 후 노래를 배우기 위해 찾는 것으로 발상을 달리하고 있다. ⑤송 유수 자당 수연에서는 유수로부터 이조정랑 조장제를 소개받아 모시게 되는데, 이때 진이는 그의 자부심과 반골정신을 유감없이 발휘한다. ⑥엄수와의 상봉은 송 유수 자당의 수연에서가 아니라, 진이가 거문고의 지도를 받기 위해서 초청하여 명월관에서 만나게 된다. ⑦소세양과의 교유는 "수촌만록"을 바탕으로 하고 있다. 패설에서 소세양은 약속을 어기면 "내가 사람이 아니다"라고 하였는데, 소설에서는 "사람이 아니라도 좋으니, 아직은 못 가겠다."라 할 정도로 진이를 사랑해 약속보다 5일을 더 머물렀다. ⑨지족선사의 파계는 패설과 달리 진이가 파계시킨 것이 아니라, 지족이 진이의 미모에 침혹하여 상사병에 걸려 파계한 것으로 묘사하였다. ⑩화담과의 교유는 다른 작품에 비해

학문적 교유를 한 것으로, 다소 비중 있게 다루었다. 패설에서는 진이가
화담의 사람됨을 사모한 것으로 되어 있다. ⑪이사종과의 상봉은 엄수와
같이 명월관으로 와 처음 이루어지는데 만나자 서로 끌려 탐닉하였고,
두 사람의 형편상 일단 5년을 헤어졌다가 뒤에 재회하여 패설과 같이 6
년을 동거하는 것으로 그리고 있다. 재회할 때엔 진이는 속량되어 자유
의 몸이 되고, 이사종은 풍덕 군수가 되어 자유롭게 사랑을 나눌 수 있
었다. 이사종은 뒤에 왜구를 진압하다가 전사한다. 이사종이 치사(致仕)하
고, 전사하는 것은 소설에서 표현 효과를 고려해 허구적 미화를 한 것이
다. ⑫금강산 유람은 "어우야담(於于野談)"의 기록과 같이 이생(李生)과 동행
하는 것으로 그리고 있다. 따라서 이는 패설에 따른 발상이라 하겠다.

5. 허구와 "황진이" 소설의 구성

제3장과 4장에서는 패설이 소설에서 어떻게 형상화되고, 구성에 작용
하고 있는가를 중심으로 소설 "황진이"를 살펴보았다. 다음에는 이와 달
리 소설의 본질이라 할 허구(虛構), 말을 바꾸면 소설의 창작적 면을 보기
로 한다. 이는 황진이에 대한 패설로서의 사실(Fact)이 아니라 허구(Fiction)
에 의한 기술이기 때문에 그만큼 독창적인 발상과 구상이 작용한 것이
며, 작품의 독창성을 보여 주는 것이다. 다음에 이들의 대표적인 창작적
표현을 보기로 한다.

5.1. 이태준의 소설 "황진이"의 창작성

이태준의 "황진이"는 다른 두 소설에 비해 좀 더 패설을 많이 반영한

작품이다. 따라서 패설에 보이지 않는 허구적, 창작적 요소(사건)는 다른 두 소설에 비해 상대적으로 적은 편이다. 허구적 창작의 대표적 사실로 는 김 참판에 대한 복수 및, "김지학과의 해후"를 들 수 있고, 이밖에 "외삼촌과의 교섭", "병객과의 시문 교환"을 들 수 있을 것이다. 김지학 은 진이와 혼담이 있었으나, 진이가 온전한 양반이 아닌, 서녀(庶女)라 하 여 파혼을 하게 된 김 참판의 아들이다. 김 참판은 유수와 경쟁적으로 진이에게 구애를 하고, 백마까지 선물하며 환심을 사려한 인물이다. 진 이는 그러한 김 참판의 시회(詩會)에 가던 도중 송악산에서 김지학을 우 연히 만나, 그가 이러한 김 참판의 아들임을 알고 그를 유혹했다. 그리 고 "반은 향락으로, 반은 그들 부자에 대한 농락으로"(146) 그를 희롱하 였다. 이는 진이의 호탕함과 강렬한 복수심을 강조하기 위한 삽화라 하 겠다. "외삼촌과의 교섭"이란 진이네가 황 진사의 첩실로 따로 살게 되 므로 자연 외삼촌네와 이웃에 살게 된 것이라 하겠다. 그래서 외삼촌은 기녀가 되기 전 진이의 그림 지도를 하는가 하면, 그 후에도 혼사를 의 논하는 등 접촉을 하는 것으로 그리게 된 것이다. "병객과의 시문 교환" 은 박연폭포로 가는 길에 우연히 병막(病幕) 같은 집 앞에서 병객을 만나 시문을 교환한 사건이다. 이 병객은 그날 밤 진이에게 어지러운 꿈을 꾸 게 하는가 하면, 마침내는 세상을 떠나 그가 하루라도 일찍 죽은 것이 진이 자기로 말미암은 것 같아 한이 되게 하였다. 그리하여 그는 "어져 내 일이여 그릴 줄 모르던가/ 이시라 하드면 가랴마는 제 구타여/ 보내 고 그리는 정은 나도 몰라 하노라."란 시조를 지어 부르게 하였다. 이는 그녀의 미모와 인생무상을 강조하기 위한 발상의 표현이라 하겠다.

134 제1부 언어문화의 발상과 표현의 원리

5.2. 홍석중의 소설 "황진이"의 창작성

홍석중의 소설은 상대적으로 창작성이 높다. 우선 여기에는 패설에 보이지 않는 "놈이, 괴똥이, 이금이, 상직할멈, 윤승지 아들, 려성위 송인, 영의정 윤은, 원묵 대사, 이조정랑 민순, 곰보와 박진우" 등의 인물이 등장한다. 이는 물론 소설의 표현 효과를 고려한 작가의 발상과 구상의 결과 설정된 인물들이다. 이들 인물 가운데 가장 큰 비중을 차지하는 사람은 "놈이"다. 그는 주인공 진이의 상대가 되는, 말하자면 남자 주인공이다. 이 소설은 놈이가 황 진사댁 하인의 아들이나 차지가 되고, 마침내는 진이의 정신적 정인(情人)이 되어 애정소설의 성격을 띠게 한다. 여기에서는 신분의 벽으로 말미암아 진이를 사랑하지 못하는, 아니 온전히 소유하지 못하는 처절한 놈이의 고민과, 마침내는 신분의 벽을 넘어 놈이를 사랑하게 되는 진이의 정신적 사랑의 추이가 그려지고 있다. 이 소설에서 놈이는 불공평한 제도와 부패한 사회에 항거하기 위해 화적(火賊)이 되어 활동을 하다 죽게 된다. "괴똥이"와 "이금이"는 이 소설에서 조연급 인물이다. 괴똥이는 놈이와 의리로 맺어진 사이이고, 이금이는 진이의 몸종으로 자매와 같이 다정한 사이다. 괴똥이와 이금이는 명월관에 기거하며 사랑하는 사이로, 진이는 초례상을 받아보지 못한 한을 풀기 위해 이들의 결혼식을 성대하게 치러주려 승벽을 부린다. 이는 전경린의 소설 "황진이"에서 같은 몸종인 "연두"의 결혼식이 간소하게 치러지는 것과 대조를 이룬다. "상직할멈"은 진이의 거문고를 지도하던 스승으로, 뒤에 상직할멈이요, 명월관의 충실한 경영자가 된다. "윤 승지 아들"은 진과 정혼했다 파혼한 인물로, 정혼했었다는 이유 하나만으로 진이가 정을 쏟고, 그에게 서간체의 독백을 늘어놓는 인물이다. 이러한 서간체의 독백은 이 소설 구성의 독특한 형식을 이루고 있다. 윤 승지의 아들은 뒤에 역모죄(逆謀罪)에 연루되어 압송되는 불행한 인물로 그리고 있다. "려성위 송인, 영의정 윤은"은 소세양과 같이 진이와 교유한 인물이다. "려성위"는 진이에게 매혹되어 송도에 달포를 머물러, 이 소설에서 소세양보다 오히려 더 비중 있게 다루어지고 있는 인물이다. 원묵대사는 귀법사의 주지로 색을 즐기는 중으로 그리고 있다. 이는 불교의 타락상을 고발한 것이라 하겠다. 이조정랑 민순은 공무로 송도에 들러 잠시 객사 별채에서 진이와 교유를 하였다.

홍석중의 "황진이"에는 객줏집 곰보와 환관 박진우에 관한 이야기가 비중 있게 다루어지고 있다. 박진우는 여말(麗末) 경상도 상주 사람으로 환관이 되어 원(元)나라에 가 그 나라의 황제와 황태후의 총애를 받았다. 그는 말년에 귀국하며 천하의 보물을 비롯한 많은 금은보화를 가지고 송도로 들어왔다. 그런데 이들 보물이 박진우가 급살하며 행방불명이 되었는데, 뒤에 조선조 중종 때 곰보네가 마구간을 수리하다 이를 발견하게 된다. 이때 송도 유수 김희열은 보흠(補欠) 문제로 어려움에 처해 있었고, 호장 등 아전들의 꾐에 빠져 보흠을 해결해 주는 조건으로 이 박진우의 보물사건에 코가 꿰었다. 호장 등 아전은 살인까지 저지르며 보물을 훔친 뒤 놈이네 화적당의 짓으로 꾸며 장계를 올리게 한 것이다. 그러자 놈이는 이 사건이 자기네 아닌 아전들의 소행임을 중인환시리(衆人環視裏)에 밝힌다. 이에 유수 김희열은 호장 등을 감금, 자살한 것으로 꾸며 처치하고, 여전히 놈이네에게 죄를 뒤집어씌우려고 놈이 체포 작전에 들어간다. 유수가 최후 수단으로 놈이와의 연결 고리인 괴똥이를 잡아다가 물고를 내려하자, 놈이는 괴똥이와 진이를 위해 죽음을 각오하고 자수한다. 예상대로 놈이는 억울하게 효수를 당한다. 이는 부정이 횡행하는 당시 사회를 고발한 발상의 표현이라 할 것이다.

5.3. 전경린의 소설 "황진이"의 창작성

전경린의 "황진이"도 홍석중의 "황진이"처럼 창작적 요소가 짙다. 이 소설에는 패설에 보이 지 않는 "수근이, 화광·진관 스님, 난이·경이, 옥섬, 송도유수 한익규·송 유수, 이귀령 유수, 이조참의 조장제, 홍경화 등의 인물이 등장한다.

수근이는 유기공방집 아들로, 마치 홍석중의 "황진이"에서의 놈이와 같은 비중의 인물이다. 수근이는 종은 아니나 공상인(工商人)의 신분이라 양반계층의 하대(下待)를 받는다. 그는 무시당하며 진을 사랑했다. 그래서 기생이 되지 말라고 간청하는가 하면, 화전에서 같이 살자고 "화전 살자"고까지 한다. 그리고 마침내 진이가 기생이 되자 수근은 공방(工房)과 집 등을 정리하여 진이의 머리를 올리는 몸값으로 거액을 치른다. 그러나 그는 그 밤에 진이네에 나타나지 않고 연경(燕京)으로 장사하러 떠난다. 그는 도중에 도적떼에 잡혀 장사밑천을 다 빼앗길 뿐만 아니라, 혀까지 잘려 갖은 고생 끝에 송도로 돌아온다. 그리고 지족사에 들어가 묵암(默庵)이란 중이 되어 옻칠 등신불을 자원한다. 뒤에 이를 안 진이가 갖은 설득과 유혹으로 묵암의 마음을 돌리려 하였으나 그것이 본심이고, 주지 지족선사에게 만류를 부탁해 보았으나 허사가 되어 수근은 마침내 생불(生佛)이 되고 만다. 그러나 법회 이후 지족사는 불이 나 전소된다. 그 뒤 진이는 생불 수근이 봉안되었던 자리에 아미타불사를 지어 헌정·배례한 다음 유랑의 길을 떠난다. 이는 제도의 벽에 희생된 황진이의 또 하나의 슬픈 사랑을 제시함으로 그의 비극적 인생을 다시 한 번 조명하고자 한 발상이라 하겠다.

전경린의 "황진이"에는 송도 유수가 세 명 등장한다. 한익규 유수는 진이가 처녀를 바친 자상하고 좋은 사람이다. 송 유수는 "송도기이"의 기록을 반영하는 인물이다. 유수 이귀령은 거명에 그칠 뿐이다. 이조참의 "조장제"에 대해서는 앞에서도 잠시 언급한 바 있는데, 기방에 이력이 났으며, 권위적 위인이었다. 그는 진이의 자존심을 건들였고, 그래서진이는 반항하였다. 조장제는 폭력을 썼고, 진이도 맞받아 쳤다. 그리고그를 문밖으로 내쳤다. 팔천(八賤)에 속하는 진이의 자부심과 용감성을묘사한 사건이다.

"진관스님, 홍경화 의원"은 진이를 역경에서 구조한 인물이다. "난이,경이"는 진이의 이복 남매로, 특히 난이는 진이가 정혼했던 윤승지 아들에게 대신 출가해 불행한 가정생활을 한 것으로 그리고 있다. "옥섬"은진현금의 친구로, 진이의 스승이며, 명월관의 고마운 경영인이다. 이 밖에 "백고정"의 이름도 보이는데, 이는 중국과 교역을 하는 거상으로 진이에게 청혼을 하였으나 거절당한 사람이다. 진이가 재화를 중시하지 않고, 첩실(妾室)을 원하지 않는다는 것을 강조하기 위해 설정된 인물이라하겠다.

이 밖에 전경린의 "황진이"에는 발상의 특성을 보이는 또 하나의 독창적 표현이 보인다. 그것은 애정, 특히 성애(性愛)의 묘사를 많이, 그리고 자세히 하고 있다는 것이다. 이태준의 "황진이"에는 성애의 묘사가전혀 보이지 않는다. 홍석중의 "황진이"에는 북한 소설의 특징의 하나가애욕 묘사를 하지 않는 것이라 하는데, 여기에는 성애의 장면이 몇 군데도입되고 있다. 그것은 벽계수의 월장 운우지락, 기생 허참 때 형방비장의 난행 등이 그것이다. 이들에 비하면 전경린의 "황진이"에는 성애의장면을 외설적이라 할 정도로 풍성하게 그리고 있다. 이는 물론 소설의표현 효과를 증대하고, 독자의 관심과 흥미를 끌고자 하는 발상에 연유한 것이라 할 것이다. 이러한 표현은 옥섬이 진이에게 성행위의 자세를일러 주는 것을 시작으로 소세양과의 거사 장면을 거쳐, 이사종의 애정

행각에 이르러 절정에 이른다. 이사종과의 대표적인 애정 표현은 이사종과 진이가 희롱하는 장면(하, 45), 이 사종이 진의 성기를 희롱하는 장면(하, 49~50), 이사종과 진이의 거사 장면(하, 81~2) 등에 나타난다. 이 소설에서 이들은 이러한 사랑 나누기를 폭포 안, 숲 속, 흙구덩이 속, 빈 방 앗간 등 어디서나 감행한 것으로 묘사하고 있다(하, 59).

6. 결어

이태준, 홍석중, 전경린의 소설 "황진이"의 발상과 표현의 문제를 살펴보았다. 이들은 패설을 바탕으로 각자 자기 나름의 발상과 구상으로 소설 "황진이"를 구성하고 있다. 그래서 이들은 공통점이 보이는가 하면 많은 차이점을 드러낸다. 공통점은 진이의 생애에 대한 패설에 기댄 것이며, 차이점은 작가의 발상과 구상의 차이에서 빚어진 것이다. 특히 소설의 허구성은 작품의 성격을 완연히 구별 짓는다. 홍석중과 전경린의 "황진이"의 두드러진 특성이 그것이다.

다음에는 앞에서 논의한 세 작품의 특성을 제시함으로 결론을 삼기로 한다.

첫째, 패설과 소설과의 관계

황진이에 대한 패설은 유몽인(柳夢寅)의 어우야담(於于野談), 이덕형(李德泂)의 송도기이(松都記異), 허균(許筠)의 성옹지소록(惺翁識小錄), 임방(任防)의 수촌만록(水村漫錄), 서유영(徐有英)의 금계필담(錦溪筆談), 김택영(金澤榮)의 송도인물지(松都人物志) 등과 그 밖의 자료에 전한다. 이들 황진이에 대한 패설은 소설에서 작가 나름의 황진이의 생애를 구성함에 활용되고 있다.

그런데 이 생애에 대한 패설은, 앞에서 상정한 황진이의 인생 과정에서 선택적으로 활용되고 있다. 그래서 작품에 형상화된 황진이의 생애는 차이를 보인다. 그리고 패설이 설정한 인생사의 사항을 반영한다고 하여도, 그 내용이 반드시 패설과 일치하는 것은 아니다. 차이가 날 수 있다. 따라서 패설과 소설의 관계는 형식과 내용 면을 아울러 살펴보아야 한다.

둘째, 패설과 소설 구성의 형식

패설을 자료로 황진이의 생애는 다음과 같이 추정하였다.

①진이의 출생, ②상사병으로 서생(書生) 사망, ③송도유수와의 교유, ④이언방 방문, ⑤유수 자당의 수연 참석, ⑥엄수와의 교유, ⑦소세양과의 교유, ⑧벽계수와의 조우, ⑨지족선사의 파계, ⑩화담과의 교유, ⑪이사종과의 교유, ⑫금강산 유람(이생), ⑬고을 잔치 등에 참석, ⑭진이의 유언과 무덤, ⑮임제의 묘제

소설의 구성 형식면에서 볼 때 위의 황진이의 생애는 작가들의 독자적 발상과 구상에 의해 다음과 같이 달리 나타난다. 이를 앞에 제시한 기호로 제시하면 다음과 같다.

이태준 : ①-②-③-⑦-⑧-④-⑤-⑥-⑩-⑪-⑨-⑫
홍석중 : ①-②-⑧-③-⑦-⑨-⑩-⑫-⑭-⑪-⑮
전경린 : ①-②-③-⑥-⑤-⑦-⑪-④-⑩-⑨-⑫

위의 표에 보이는 바와 같이 이태준의 소설에서는 패설의 ⑬⑭⑮가, 홍석중의 소설에서는 ④⑤⑥이, 전경린의 소설에서는 ⑧⑬⑭⑮가 소설의 소재로서 빠져 있다. 그리고 그 구성은 이태준의 소설의 경우 ⑦⑧이, 홍석중의 소설의 경우 ⑧⑪이, 전경린의 소설의 경우 ⑥⑪④⑨가 비

순차적인, 역순의 전환을 보인다. 따라서 구성 형식으로 볼 때 전경린의 소설이 상정한 황진이의 생애와 가장 차이를 보이는 구성을 하고 있고, 그 다음이 홍석중, 이태준의 순서가 된다.

셋째, 패설의 내용과 소설의 내용

패설과 소설의 내용은 서로 유사한 것과, 차이가 나는 것, 반반인 것으로 나눌 때 이태준의 소설은 ②④⑥⑩⑪은 유사한 것에, ③⑫는 차이가 나는 것에, ①⑤⑦⑧⑨는 반반인 것에 속한다 할 수 있다. 홍석중의 소설은 ②⑩⑭⑮는 유사한 것, ①③⑦⑧⑨⑪은 차이가 나는 것, ⑫⑬은 반반인 것에 속한다 하겠다. 전경린의 소설은 ①⑦⑩⑫는 유사한 것, ④⑤⑥⑨는 차이가 나는 것, ②③⑪은 반반인 것에 속한다 할 수 있다. 이로 볼 때 이태준의 소설이 패설 내용과 가장 유사하고, 그 다음이 전경린의 소설, 그 다음이 홍석중의 소설이 된다. 반반인 것을 유사한 것으로 볼 때에도 이태준의 소설이 10 : 2, 홍석중의 소설이 6 : 6, 전경린의 소설이 7 : 3의 비율로 나타나 같은 경향을 보인다. 패설은 "어우야담"이 ⑪⑫⑭⑮에, "송도기이"가 ③④⑤⑥⑩에, "송도인물지"가 ①②⑭에, "성옹지소록"이 ④⑨⑬에, "수촌만록"이 ⑦에, "금계필담"이 ⑧에 활용되고 있어 "어우야담"과 "송도기이"가 작품 구성에 많이 활용되고 있는 것으로 보게 한다.

넷째 소설의 허구, 곧 창작성

소설의 허구성은 홍석중의 소설에 가장 두드러지게 나타나고, 그 다음이 전경린의 소설, 이태준의 소설 순으로 나타난다고 할 수 있다. 이는 소설에 반영된 패설의 활용까지 고려할 때 더욱 그러하다. 무엇보다 홍석중의 소설에서는 놈이와 진이의 사랑이, 전경린의 소설에서는 수근이

와 진이의 사랑이 두드러진 것으로 나타난다. 그러나 홍석중의 소설의
경우 정신적 사랑에, 전경린의 소설의 경우 오히려 구도(求道)에 그 주제
가 놓여 있는 것으로 보인다. 이태준의 소설에서는 진이가 김지학을 희
롱하는 것이 두드러진 허구요 창작이라 할 수 있다. 이 밖의 패설 아닌,
대표적 창작적 표현은 다음과 같은 사항으로 나타난다.

- 이태준의 소설 : 외삼촌과의 교섭, 병객과의 시문 교환
- 홍석중의 소설 : 황 진사 부인 신씨의 생애, 진현금의 창기 생활, 괴
  뚱이와 이금이의 사랑, 려성위 송인과의 교유, 원묵 대사의 호색,
  박진우의 일화, 송도 유수의 보흠(補欠) 문제
- 전경린의 소설 : 이조참의 조장제 축출 사건, 진관스님과 홍경화 의
  원의 진이 구조, 동생 난이의 대신 출가, 이사종의 출사(出仕), 많고
  자세한 성애(性愛) 묘사

▌참고문헌

김탁환(2002), 나, 황진이, 푸른 역사.
박갑수(1998), 일반국어의 문체와 표현, 집문당.
박갑수(2013), 한국어교육과 언어문화교육, 역락.
樺島忠夫(1999), 文章表現法, 角川選書.
國廣哲彌 編(1992), 日英語比較講座 第4卷 發想と表現, 大修館書店.
박갑수(2014), 한국인의 발상과 표현 서설(미발표), 본서 게재.
박 선(2009), 황진이 설화의 전개와 소설적 변용, 성신여대 석사학위논문.
이병렬(1999), 역사적 인물의 소설적 형상화—이태준의 "황진이"를 중심으로, 숭실어
                문 14, 숭어문학회.
장선희(2009), 황진이 소재 역사소설의 사적 고찰, 호서대학교 박사학위논문.

(2013. 6. 10. 미발표)

제 2 부

성어(成語)에 반영된
발상과 문화

제1장 한·일 속담에 반영된 가족 관계

제2장 한·일·영어 속담 표현의 발상과 이미지

제3장 "손" 관련 관용어의 발상과 표현

제4장 이목(耳目) 관련 관용어의 발상과 표현

제1장 | 한·일 속담에 반영된 가족 관계

1. 서언

우리는 인생관, 세계관과 같이 세상을 살아가면서 자기 나름의 일정한 견해를 가지고 있다. 평가의 잣대다. 가족에 대해서도 개인이나, 민족이 같거나 다른 평가의 기준을 갖는다. 이를 우리는 가족관이라 할 수 있다. 그렇다면 한국인, 한민족은 가족(家族)에 대해 어떤 견해를 가지고 있는 것일까?

가정은 하나의 작은 사회다. 따라서 원만한 사회생활을 하기 위해 대인관계가 중시된다. 그렇다면 우리 사회에서는 가족사회의 구성원에 대해 어떻게 생각하는가? 가족 관계를 어떻게 인식해 왔는가?

가족에 대한 우리의 전통적 견해를 알아보기 위해 속담에 반영된 가족 관계를 살펴보기로 한다. 가족관을 중심한 가족 간의 관계를 살피는 것이다. 하나의 특징은 비교를 통해 그 본질이 잘 드러난다. 이에 이 글에서는 한일(韓日) 양국의 속담을 비교함으로, 우리의 가족 관계에 대한 인식을 좀 더 분명히 파악하기로 한다. 이는 곧 한국인이 가족에 대해 어떤 생각을 가지고 있느냐 하는 한국인의 발상(發想)을 규명하는 것이다. 자료는 다음의 두 사전에서 추출하기로 한다.

- 이기문(1962), 속담사전, 민중서관
- 藤井乙男(1979), 諺語大辭典, 日本圖書

가족 관계의 검토는 "아버지, 어머니, 부모, 부부와 처첩, 아들, 딸, 자식, 시부모와 장인, 며느리와 사위, 형제와 시누이" 등 2대에 걸친 가족, 10개 항에 걸쳐 행해질 것이다. 가족 관계는 위에 제시한 가족이 행위자로서 표현하는 경우와 대상으로서 표현되는 경우가 있다. 이 글에서는 주체와 객체를 따로 구분하지 아니하고, 가족 구성원이란 입장에서 위에 든 10개 항목을 중심하여 종합적으로 살피게 될 것이다. 이는 한국인의 가족 관계를 발상의 차원에서 제시하는 데 이 글의 목적을 두고자 하기 때문이다. 따라서 여기서는 가족 관계에 대한 자세한 해설은 할애할 것이고, 가족 간의 관계를 유형화(類型化)하는 데 초점을 맞추게 될 것이다.

2. 한국 속담에 반영된 가족관

2.1. 아버지(父)

한국 속담에는 아버지에 대한 유교적 권위나, 은혜, 소중함 등은 전혀 드러내지 않는다. 오히려 아버지에 우선하여 "나"를 우선하는 이기적 가치관이 큰 비중을 차지한다. 더구나 의부(義父)와 계부(季父)는 중요한 존재가 되지 못하며, 소원한 존재로 홀대의 대상으로 나타난다.

① 아버지는 자식을 잘 안다.

　* 자식을 보기에 아비만한 눈이 없고, 제자를 보기에 스승만한 눈이 없
　　다.(知子莫如父知臣莫如君)<管子)

② 아버지는 아들의 칭찬을 반긴다.

　* 아버지는 아들이 잘 났다고 하면 기뻐하고, 형은 아우가 더 낫다고 하
　　면 노한다.

③ 아버지는 아들보다 낫다.

　* 형 미칠 아우 없고, 아비 미칠 아들 없다.

④ 계모를 맞으면 자식 사랑이 식는다.

　* 어머니가 의붓어머니면 친아버지도 의붓아버지 된다.

⑤ 아버지보다 내가 우선이다.

　* 내 발등의 불을 꺼야 아비 발등의 불을 본다.

　* 제 발등엣 불 먼저 끄고 아비 발등엣 불을 끈다.

　cf. * 내 발등의 불을 꺼야 아들 발등의 불을 끈다.

⑥ 부자관계에도 경계가 있다.

　* 아비 아들 범벅 금 그어 먹어라.

⑦ 의부는 아버지 축에 안 든다.

　* 가을에 내 아비 제도 못 지내거든, 봄에 의붓아비 제 지낼까.

　* 의붓아비 제삿날 물리듯.

　* 보리떡을 떡이라 하며 의붓아비를 아비라 하랴.

　* 의붓아비 아비라 하랴.

⑧ 작은아비는 소홀히 여긴다.

　* 작은아비 제삿날 지내듯.

2.2. 어머니(母)

어머니는 자모(慈母)이며, 비밀이 샐 수 있는 대상으로 본다. 아버지와
는 달리 어머니는 자식을 잘 모르는 것으로 인식한다. "부모가 자식을
겉 낳았지 속 낳았나?"와 같이 자식의 속을 알지 못한다고 보는 것이다.

① 어머니는 자식을 사랑한다.
   * 자식 떼고 돌아서는 어미는 발자국마다 피가 고인다.
   * 흉년에 어미는 굶어 죽고, 아이는 배 터져 죽는다.
② 어머니는 의지의 대상이다.
   * 어미 잃은 송아지
③ 어머니는 비밀을 지키지 않는다.
   * 소 앞에서 한 말은 안 나도 어미 귀에 한 말은 난다.
   * 어미한테 한 말은 나고, 소한테 한 말은 안 난다.
④ 어머니는 딸을 선전해야 한다.
   * 어머니가 반 중매쟁이가 되어야 딸을 살린다.
⑤ 어머니는 자식을 잘 모른다.
   * 어미 모르는 병 열두 가지를 앓는다.
⑥ 어머니보다 친구가 중하다.
   * 어미 팔아 동무 산다.
⑦ 자기 자식을 더 사랑한다.
   * 자기 자식에겐 팥죽을 주고, 의붓자식에겐 콩죽을 준다.
⑧ 작은어미는 소홀히 여긴다.
   * 작은어미 제삿날 지내듯

2.3. 부모(父母)

부모는 자식의 운명을 좌우하는 존재이며, 자식을 사랑하고, 이들에 대한 역성이 심한 존재로 인식한다. 그리고 자식은 그 부모를 따라하므로 자식에게 모범을 보여 주어야 하는 것으로 본다. 제 부모를 위하려면 남의 부모부터 공경해야 하는 것으로 보기도 한다.

① 자식은 부모를 닮는다.
   * 부모가 온 효자가 되어야 자식이 반 효자.
   * 부모가 착해야 효자가 난다.
② 부모는 자식의 운명적 존재다.
   * 부모가 반 팔자.
③ 부모는 자식의 속을 잘 모른다.
   * 부모가 자식을 겉 낳았지 속 낳았나?
   * 자식 겉 낳지 속은 못 낳는다.
④ 부모는 자식을 높이 평가한다.
   * 부모는 자식이 한 자만 하면 두 자로 보이고, 두 자만 하면 석 자로 보인다.
⑤ 부모는 자식을 사랑한다.
   * 부모 속에는 부처가 들어 있고, 자식 속에는 앙칼이 들어 있다.
   * 한 부모는 열 자식을 거느려도, 열 자식은 한 부모를 못 거느린다.
⑥ 부모는 버릴 수 없는 존재다.
   * 제 부모 나쁘다고 내버리고, 남의 부모 좋다고 내 부모 할까?
⑦ 남의 부모를 공경해야 한다.
   * 제 부모를 위하려면 남의 부모를 위해야 한다.
⑧ 부모 임종을 하려면 생선 눈알을 먹지 말아야 한다.

   * 생선 눈알을 먹으면 부모 임종을 못한다.

2.4. 부부(夫婦)와 처첩(妻妾)

부부는 역할이 다르다. 부부의 불화는 오래 가지 않는다. 그러나 이들
은 어느 한 편을 잘 못 만나게 되면 일생을 망치게 되는 존재로 인식한
다. 부부는 누구보다 제일 가까운 사이이고, 아내 자랑은 하지 않는 것
으로 본다. 아내는 예뻐야 사랑을 받고, 투기가 없어야 한다. 처첩 사이,
시앗 사이와 같이 여인들의 사랑싸움은 매우 심각한 것으로 인식하여
그 속담도 많다. 특히 여인들은 시앗 꼴은 못 볼 것으로 인식한다.

2.4.1. 부부(夫婦)

① 부부의 불화는 오래 가지 않는다.
   * 부부 싸움은 칼로 물 베기. * 내외간 싸움은 개싸움.
   * 내외간 싸움은 칼로 물 베기.
② 부부는 직분이 다르다.
   * 남편은 두레박, 아내는 항아리.
③ 부부가 잘못 만나면 원수와 같다.
   * 남편을 잘못 만나면 당대 원수, 아내를 잘못 만나면 당대 원수.

2.4.2. 남편(男便)

① 남편은 바깥일을 한다.
   * 남편은 두레박, 아내는 항아리.
② 잘못 만난 남편은 원수와 같다.
   * 남편을 잘못 만나면 당대 원수, 아내를 잘못 만나면 당대 원수.

③ 남편은 제일 만만한 사람이다.

　＊ 영감님 주머닛돈은 내 돈이요, 아들 주머닛돈은 사둔네 돈이라.

　＊ 영감 밥은 누워 먹고, 아들 밥은 앉아 먹고, 딸의 밥은 서서 먹는다.

④ 아내 자랑은 하지 않는 것이다.

　＊ 온통으로 생긴 놈 계집 자랑, 반편으로 생긴 놈 자식 자랑.

　＊ 자식 추기 반 미친놈, 계집 추기 온 미친 놈.

2.4.3. 처첩(妻妾)

① 좋은 아내는 투기를 하지 않는다.

　＊ 먹지 않는 종, 투기 없는 아내.

② 나쁜 아내는 일생을 망친다.

　＊ 남편을 잘못 만나면 당대 원수, 아내를 잘못 만나면 당대 원수.

　＊ 아내 나쁜 것은 백년 원수, 된장 신 것은 일년 원수.

③ 아내 행실은 일찍 길을 들여라.　cf. 3.9.1. ⑥

　＊ 아내 행실은 다홍치마 적부터 그루를 앉힌다.

④ 아내가 예쁘면 아내 주변 것이 다 예쁘다.

　＊ 아내가 귀여우면 처갓집 말뚝 보고 절을 한다.

　＊ 아내가 귀여우면 처갓집 문설주도 귀엽다.

　＊ 아내가 예쁘면 처갓집 울타리까지 예쁘다.

⑤ 아내 자랑은 하지 않는 것이다.

　＊ 온통으로 생긴 놈 계집 자랑, 반편으로 생긴 놈 자식 자랑.

　＊ 자식 추기 반 미친놈, 계집 추기 온 미친 놈.

⑥ 처첩은 남편을 닮는다(남편은 처첩의 모범이 된다.).

　＊ 한 남편의 처첩이 몇이라도 한 줄의 생물

⑦ 본처와 후처는 사이가 나쁘다.

　＊ 큰어미 날 지내는데 작은어미(後妻) 떡 먹듯.

⑧ 본처와 시앗(妾)은 사이가 나쁘다.
  * 겉보리 껍질 채 먹은들 시앗이야 한집에 살랴?
  * 며느리 시앗은 열도 귀엽고, 자기 시앗은 하나도 밉다.
  * 시앗 싸움엔 돌부처도 돌아앉는다.
  * 시앗을 보면 길가의 돌부처도 돌아앉는다.
  * 시앗이 시앗의 꼴을 못 본다. * 시앗 죽은 눈물만큼.
  * 시앗 죽은 눈물이 눈가장이 젖히랴?

2.5. 아들(子)

부자지간의 관계는 편한 사이다. 아들은 일 잘하는 아들이나 힘 센 아들보다 말 잘하는 아들이 좋고, 늦둥이가 사랑스러운 것으로 본다. 아비만한 아들이 없다고도 생각한다.

① 말 잘하는 아들이 좋다.
  * 일 잘하는 아들 낳지 말고 말 잘 하는 아들 낳아라.
  * 힘센 아들 낳지 말고, 말 잘하는 아들 낳아라.
② 아들은 편한 사람이다.
  * 아들네 집 가 밥 먹고, 딸네 집 가 물 마신다.
  * 영감 밥은 누워 먹고, 아들 밥은 앉아 먹고, 딸의 밥은 서서 먹는다.
③ 늦둥이가 사랑스럽다.
  * 여든에 낳은 아들인가. * 막내둥이 응석 받듯.
  * 막내딸 시집보내려면 내가 가지. * 막내아들이 첫아들이라.
④ 아들보다 아비가 낫다고 본다.
  * 형 미칠 아우 없고, 아비 미칠 아들 없다.
⑤ 못난 아들은 집안을 망친다.

    * 아들 못난 건 제 집뿐 망하고, 딸 못난 건 양 사돈이 망한다.

⑥ 부자간에도 경계가 있다.

    * 아비 아들 범벅 금 그어 먹어라.

⑦ 아들보다 나(아비)가 우선이다.

    * 내 발등의 불을 꺼야 아들 발등의 불을 끈다.

⑧ 아들의 작첩(作妾)은 말리지 않는다.

    * 한 아들에 열 며느리.

2.6. 딸(女)

딸은 사랑스러운 존재다. 특히 며느리와 비교하여 애증관계를 강조한다. 이러한 비교에 의한 딸에 대한 사랑은 매우 강조된다. 일본 속담에는 이러한 비교에 의한 딸의 사랑이 보이지 않는다. 딸은 서운한 존재이고, 혼비가 많이 드는 존재라 본다. 혼비의 과도한 출자는 일본 속담에도 보인다. 혼가에서 신혼살림을 많이 준비해야 하기 때문이다. 그래서 전에는 추수 뒤에 일반적으로 딸을 여위었다. 딸은 또한 출가하면 부모보다 시집과 남편을 위해 도둑년이라 인식하기도 한다.

① 딸은 며느리보다 사랑스럽다

    * 가을볕에는 딸을 쬐이고, 봄볕에는 며느리를 쬐인다.

    * 배 썩은 것은 딸을 주고, 밤 썩은 것은 며느리 준다.

    * 양식 없는 동자는 며느리 시키고, 나무 없는 동자는 딸 시킨다.

    * 죽 먹은 설거지는 딸 시키고, 비빔 그릇 설거지는 며느리 시킨다.

    * 딸의 시앗은 바늘방석에 앉히고, 며느리 시앗은 꽃방석에 앉힌다.

    * 딸 손자는 가을볕에 놀리고, 아들 손자는 봄볕에 놀린다.

    * 친손자는 걸리고, 외손자는 업고 간다.

        * 오라는 딸은 안 오고 외통 며느리만 온다.

② 딸은 혼비가 많이 든다.

        * 딸 셋을 여의면 기둥뿌리가 파인다. * 딸이 셋이면 문을 열어 놓고 잔다.

③ 딸은 출가외인이다.

        * 딸은 산 도적이라 하네. * 딸자식은 도둑년이다.

        * 딸의 차반 재 넘어가 고, 며느리 차반 농 위에 둔다.

④ 출가한 딸은 부모보다 남편을 위한다.

        * 딸의 차반 재 넘어가고, 며느리 차반 농 위에 둔다.

⑤ 딸은 어려운 존재다.

        * 아들 네 집 가 밥 먹고, 딸네 집 가 물 마신다.

        * 영감 밥은 누워 먹고, 아들 밥은 앉아 먹고, 딸의 밥은 서서 먹는다.

⑥ 딸의 덕도 볼 수 있다.

        * 첫딸은 세간 밑천이라. * 딸 덕에 부원군

⑦ 딸은 서운한 존재다.

        * 딸은 두 번 서운하다.

⑧ 못난 딸은 친정과 시집을 망친다.

        * 아들 못난 건 제 집뿐 망하고, 딸 못난 건 양 사돈이 망한다.

⑨ 딸네 것은 중히 여긴다.

        * 딸의 집에서 가져 온 고추장.

⑩ 수양딸은 만만하다.

        * 수양딸로 며느리 삼기.

2.7. 자식(子息)

자식은 부모가 사랑하는 존재이며, 돈보다 교육을 시키되 엄한 교육을
하여야 하는 것으로 인식한다. 부모는 제 자식에 대한 평가를 정도 이상

높이 하며, 어렸을 때의 자식이 자식이라 생각한다. 자식 자랑은 하지 않는 것으로 본다. 자식은 병신자식이 효도하며, 자식을 애물단지라고 인식하기도 한다. 지나친 사랑은 오히려 자식을 해치는 것으로 보며, 의 붓자식은 자기자식으로 생각하지 않아 홀대한다.

① 부모는 자식을 사랑한다.
  * 부모 속에는 부처가 들어 있고, 자식 속에는 앙칼이 들어 있다.
  * 자식 떼고 돌아서는 어미는 발자국마다 피가 고인다.
  * 한 부모는 열 자식을 거느려도, 열 자식은 한 부모를 못 거느린다.
② 자식은 교육을 해야 한다.
  * 귀한 자식 매로 키워라.
  * 귀한 자식 매 한대 더 때리고, 미운 자식 떡 한개 더 준다.
  * 남의 자식 흉보지 말고, 내 자식 가르쳐라.
  * 돈 모아 줄 생각 말고 자식 글 가르쳐라.
  * 예쁜 자식 매로 키운다. * 황금 천냥이 자식 교육만 못하다.
③ 부모는 제 자식을 높이 평가한다.
  * 부모는 자식이 한 자만 하면 두 자로 보이고, 두 자만 하면 석 자로 보인다.
  * 자식은 내 자식이 커 보이고 벼는 남의 벼가 커 보인다.
  * 자식은 제 자식이 좋고, 곡식은 남의 곡식이 좋다.
④ 자식은 어미를 따른다.
  * 어린 아들 굿에 간 어미 기다리듯. * 어미 본 애기, 물 본 기러기.
⑤ 자식은 부모를 닮는다(父傳子傳).
  * 부모가 온 효자가 되어야 자식이 반 효자.
⑥ 불구의 자식이 효도한다.
  * 눈먼 자식이 효자 노릇한다. * 병신자식이 효도 한다.
⑦ 자식 자랑은 하지 않는 것으로 본다.

　　* 온통으로 생긴 놈 계집 자랑, 반편으로 생긴 놈 자식 자랑.

　　* 자식 추기 반 미친놈, 계집 추기 온 미친 놈.

⑧ 자식은 어렸을 때 자식이다.

　　* 이십 안 자식, 삼십 전 천량. * 자식도 품 안에 들 때 내 자식이지.

　　* 품 안에 있어야 자식이라.

⑨ 자식은 애물단지다.

　　* 도둑의 때는 벗어도 자식의 때는 못 벗는다. * 자식은 애물이라.

⑩ 자식은 아비가 잘 안다.

　　* 자식을 보기에 아비만한 눈이 없고, 제자를 보기에 스승만한 눈이 없다.

⑪ 장례를 치러 주는 자식이 효자다

　　* 죽어서 상여 뒤에 따라와야 자식이라.

⑫ 지나친 자식 사랑은 바람직하지 않다.

　　* 응석으로 자란 자식이라. * 얼러 키운 호로 자식.

⑬ 의붓자식은 자식으로 여기지 않는다.

　　* 의붓자식 다루듯. * 자기 자식에겐 팥죽 주고, 의붓자식에겐 콩죽 먹인다.

⑭ 부잣집 가운데 자식은 쓸모없는 존재다.

　　* 부잣집 가운데자식.

2.8. 시부모(媤父母)와 장인장모(丈人丈母)

시아버지는 며느리를, 장모는 사위를 사랑한다. 시어머니는 딸과 달리 며느리를 미워한다. 미워할 것이 없으면 생트집을 잡기까지 한다. 그러니 시어머니는 며느리의 미움의 대상이 된다. 시아버지와 시어머니는 노동력이 필요할 때 아쉬워한다. 장모는 사위를 사랑하는 자애로운 여인이나, 장인은 이렇다 할 가족관을 드러내지 않는다. 사위는 백년지객으로 어려운 존재인 동시에 장모의 극진한 대접을 받는 존재다.

2.8.1. 시부모(媤父母)

1) 시아버지(媤父)

① 시아버지는 며느리를 사랑하다.

* 며느리 사랑은 시아버지, 사위 사랑은 장모
* 장모는 사위가 곰보라도 이뻐하고, 시아버지는 며느리가 뻐드렁니에 애꾸라도 이뻐한다.
* 사위 사랑은 장모, 며느리 사랑은 시아버지.

② 시아비는 의젓한 존재로 본다.

* 의젓하기는 시아비 빰치겠다.

③ 시아버지는 노동력이 필요할 때 아쉬운 존재다.

* 시아버지 죽으라고 축수했더니 동지섣달 맨발 벗고 물길을 때 생각난다.

2) 시어머니(媤母)

① 시어머니는 며느리를 미워한다.

* 가을볕에는 딸을 쐬이고, 봄볕에는 며느리를 쐬인다.
* 배 썩은 것은 딸을 주고, 밤 썩은 것은 며느리 준다.
* 양식 없는 동자는 며느리 시키고, 나무 없는 동자는 딸 시킨다.
* 죽 먹은 설거지는 딸 시키고, 비빔 그릇 설거지는 며느리 시킨다.
* 친손자는 걸리고, 외손자는 업고 간다.
* 딸의 시앗은 바늘방석에 앉히고, 며느리 시앗은 꽃방석에 앉힌다.
* 딸 손자는 가을볕에 놀리고, 아들 손자는 봄볕에 놀린다.
* 흉이 없으면 며느리 다리가 희단다.
* 며느리가 미우면 발뒤축이 달걀 같다고 나무란다.
* 며느리가 미우면 손자까지 밉다.
* 오라는 딸은 안 오고, 외통 며느리만 온다.
* 미운 열 사위 없고, 고운 외며느리 없다.

　　* 열 사위는 밉지 아니하여도 한 며느리가 밉다.

② 시어머니는 며느리의 미움의 대상이다.

　　* 시어미가 미워서 개 배때기 찬다.

　　* 시어미에게 역정 나서 개 배때기 찬다. * 쓰니 시어머니.

　　* 모진 년의 시어미 밥내 맡고 들어온다.

③ 시어머니는 노동력이 필요할 때 아쉬운 존재다.

　　* 시어머니 죽으라고 축수했더니 보리방아 물 부어 놓고 생각난다.

　　* 죽은 시어미도 방아 찧을 때는 생각난다.

2.8.2. 장인장모(丈人丈母)

① 장모는 사위를 사랑한다.

　　* 며느리 사랑은 시아버지, 사위 사랑은 장모

　　* 장모는 사위가 곰보라도 이뻐하고, 시아버지는 며느리가 뻐드렁니에 애
　　　꾸라도 이뻐한다. * 사위 사랑은 장모, 며느리 사랑은 시아버지.

② 첫사위를 특별히 사랑한다.

　　* 첫 사위가 오면 장모가 신을 거꾸로 신고 나간다.

2.9. 며느리(婦)와 사위(壻)

　　며느리는 미움의 대상이다. 특히 고부 갈등으로 인한 증오가 심하다.
이는 사위와의 비교, 딸과의 비교, 및 생트집에 의한 미움으로 나타난다.
이는 위의 시어머니의 가족관에 드러난 바와 같다. 따라서 시어머니는
상대적으로 며느리의 미움의 대상이 된다. 이에 대해 시아버지는 며느리
를 사랑한다. 일 못하는 며느리는 멋만 내고, 며느리가 자라 시어머니가
되면 시어미 티를 더 내는 것으로 본다. 따라서 악순환이 계속된다. 사
위는 앞에서 본 바와 같이 장모의 극진한 사랑을 받는 대상이다. 그러나

사위는 장인장모에게 효도할 줄을 몰라 "개자식"이라 폄하되기도 한다.
사위는 딸이 고와야 고를 수 있는 것으로 인식한다.

2.9.1. 며느리(婦)

① 며느리는 시어머니를 미워한다.

　　* 시어미가 미워서 개 배때기 찬다. * 시어미에게 역정 나서 개 배때기 찬다.

　　* 쓰니 시어머니. * 모진 년의 시어미 밥내 맡고 들어온다.

② 시아버지는 며느리를 사랑한다.

　　* 며느리 사랑은 시아버지, 사위 사랑은 장모

　　* 사위 사랑은 장모, 며느리 사랑은 시아버지.

　　* 장모는 사위가 곰보라도 이뻐하고, 시아버니는 며느리가 뻐드렁니에 애
　　　꾸라도 이뻐한다.

③ 일 못하는 며느리는 멋만 낸다고 본다.

　　* 동정 못하는 며느리 맹물 발라 머리 빗는다.

　　* 부뚜막 땜질 못하는 며느리 이마의 털만 뽑는다.

④ 며느리는 친부모보다 남편을 위한다.

　　* 딸의 차반 재 넘어가고, 며느리 차반 농 위에 둔다.

⑤ 며느리는 늙어 시어미 노릇한다.

　　* 시어미가 죽으면 안방이 내 차지. * 며느리 늙어 시어미 된다.

　　* 며느리 자라 시어미 되니 시어미 티 더 한다.

⑥ 며느리 덕은 모른다.

　　* 고양이 덕과 며느리 덕은 알지 못한다.

⑦ 며느리가 집안 망신을 시킨다

　　* 집안 망신은 며느리가 시킨다.

⑧ 며느리는 일만 한다.

　　* 들 적 며느리 날 적 송아지.

⑨ 며느리는 실속을 챙긴다.

  * 떡 다 건지는 며느리 없다.

⑩ 부모는 아들의 첩을 싫어하지 않는다.

  * 한 아들에 열 며느리.

⑪ 맏며느리는 복스럽게 생겼다.

  * 부잣집 맏며느리.(교만, 복스런 사람)

2.9.2. 사위(壻)

① 사위는 백년지객이다.

  * 사위는 백 년 손이요, 며느리는 종신 식구라. * 사위도 반자식이라.

② 사위는 장모의 사랑을 받는다.

  * 며느리 사랑은 시아버지, 사위 사랑은 장모

  * 사위 사랑은 장모, 며느리 사랑은 시아버지.

  * 장모는 사위가 곰보라도 이뻐하고, 시아버니는 며느리가 뻐드렁니에 애 꾸라도 이뻐한다. * 미운 열 사위 없고, 고운 외며느리 없다.

  * 첫 사위가 오면 장모가 신을 거꾸로 신고 나간다.

  * 씨아와 사위는 먹어도 안 먹는다. * 사위가 고우면 요강 분지를 쓴다.

③ 사위는 효도를 모르는 개자식이다.

  * 사위 자식 개자식.

④ 사위를 고르려면 딸이 고와야 한다.

  * 내 딸이 고와야 사위를 고른다.

  * 반달 같은 딸 있으면 온달 같은 사위 삼겠다.

⑤ 사위 덕을 보려면 안주를 먹어야 한다.

  * 안주 안 먹으면 사위 덕 못 본다.

⑥ 딸이 없으면 소용 없는 존재다.

  * 딸 없는 사위.

2.10. 형제(兄弟)와 시누이(小姑)

형제는 우애의 대상이기보다 경쟁의 대상으로 인식하고 있다. 형제는 아우보다 형이 낫다는 것이 세평이다. 올케와 시누이의 관계는 심한 갈등 관계이며, 올케는 시누이를 미워하고, 시누이는 올케를 괴롭히는 존재로 인식한다.

1) 형제(兄弟)

① 형제는 처지에 따라 달리 평가된다.

   * 형제는 잘 두면 보배, 못 두면 원수.

② 형은 아우가 낫다면 싫어한다.

   * 아버지는 아들이 잘 났다고 하면 기뻐하고, 형은 아우가 더 낫다고 하면 노한다.

③ 형이 아우보다 낫다.

   * 형 미칠 아우 없고, 아비 미칠 아우 없다. * 형만한 아우 없다.

④ 형제는 비슷하다.

   * 형보니 아우.

2) 시누이(小姑)

① 시누이는 올케와 사이가 좋지 않다.

   * 때리는 시어미보다 말리는 시누이가 더 밉다.

   * 열 시앗이 밉지 않고 한 시누이가 밉다.

② 시누이는 올케에게 심히 군다.

   * 시누 하나에 바늘이 네 쌈.

3. 일본 속담에 반영된 가족관

3.1. 아버지(父)

일본 속담에서는 부모를 천지(天地)와 같다고 하는가 하면, 부모의 은혜가 산과 같이 높고, 바다같이 깊다고 한다. 이는 한국 속담에는 보이지 않는 것이다. 그리고 아들은 아버지를 닮는다고 하고 있다. 이는 한국 속담에서 "자식은 부모를 닮는다."라 한 것과 같은 가족관이다. 아들은 아버지가 잘 안다고 한 것은 한국 속담과 같으나, 한국 속담은 관자(管子)에서 온 말이고, 일본의 경우는 아버지, 또는 부모(親)가 잘 안다고 하여 일본화한 것이다. 일본 속담에는 유용한 자식을 사랑한다는 아버지의 실용적 애정관도 보인다.

① 아버지(부(父))의 은혜는 크다.
　　* 父の恩は山より高く　母の德は海より深し.
　　* 父母の恩は山よりも高く海より深し.
② 아버지는 하늘(天)과 같다.
　　* 父は天　母は地. * 父母は天地の如し. 父母如天地　師君如日月＜實語敎＞
③ 자녀는 아버지를 닮는다(父傳子傳).
　　* 父父たれば子も子たり. * この父にしてこの子あり.
　　* 男の子は母に肖, 女の子は父に肖る.
④ 부자는 천리(天理)를 중시한다.
　　* 子は父のために隱す. * 父は子のために隱す.
⑤ 아버지는 아들을 잘 안다.
　　* 子を知ること父に若かず. cf. 3.3.⑭
⑥ 유용한 자식을 사랑한다.

* 父無益の子を愛せず, 君不軌の臣を愛せず. <說苑>

3.2. 어머니(母)

어머니는 땅(地)과 같은 존재며, 그 은혜는 바다같이 깊다. 이러한 가족관은 한국 속담에는 보이지 않는다. 일본 속담에는 경전이 많이 활용되고 있다. 어머니는 자애로운 분이다. 그래서 자식을 사랑하는가 하면, 자식에 대한 정성이 대단하다. 자식은 씩씩하게 길러야 한다고 본다.

① 어머니의 은혜는 바다 같다.

    * 父の恩は山より高く 母の德は海より深し.

    * 父母の恩は山よりも高く海より深し.

② 어머니는 땅(地)과 같다.

    * 父は天 母は地. * 父母は天地の如し. 父母如天地 師君如日月<實語教>

③ 어미는 자식을 사랑한다.

    * 母が痩せると子が太る. * 母の折檻より隣の人の仲裁が痛い.

    * ほんの母の折檻より隣の人の仲裁が痛い.

④ 어머니는 정성이 대단하다.

    * 母の尼して祈禱はすべし.

⑤ 자식은 씩씩하게 길러야 한다.

    * 母の溜息つくより小兒の泣くがよい.

3.3. 부모(父母)

부모와 자식의 관계는 삼계의 족쇄다. 부모와 자식은 일체이며, 자식은 부모를 닮는다. 따라서 부모는 모범을 보여야 한다. 부모는 익애를 베풀어 이것이 폐단을 낳기도 한다. 부모의 사랑은 자식의 사랑보다 크며, 부모는 역성이 심하다. 부모는 자식을 위해 걱정하고 고생을 하는 존재다. 부모는 자식의 수호신이다. 자식은 효도를 하고 복종해야 한다. 또한 자식은 부모의 사랑을 그의 자식들에게 베풀어야 하는 것으로 인식한다.

① 부모는 자식에게 모범을 보여야 한다.

  * 親が虚言つきや 子が虚言習ふ. * 親虚言 子虚言. * 親に似ぬ子なし.
  * 親馬鹿子馬鹿. * 親も親なら子どもも子ども. * 親を習ふ子.
  * 親に似ぬ子は鬼子. * 親に似ぬ子は島流し.

② 부모는 자식을 사랑한다.

  * 親思ふ心に 勝る親心. * 親の思ふ程, 子は思はぬ. * 親の心子知らず.
  * 親は子を思へど子は親を思はず. * 親は千里に往くとも子を忘れず.
  * 親はいつまでも小兒のやうに思ふ. * 子に甘いは親の常.
  * 子に引かるる親心. * 親の情は子の爲に藥 209

③ 지나친 자식 사랑은 바람직하지 않다.

  * 親が慈悲すれば子が糞をたれる. * 親の奥歯でかむ子は他が人前歯でかむ.
  * 親の愛子は他人が憎む. 諺言偏愛子不保業(五代史). * 親煩悩に子畜生.

④ 부모는 자식을 높이 평가한다.

  * 親に目なし. * 親の目はひいき目.
  * 親の慾目. The owl thinks her children the fairest. (Danish)

⑤ 부모는 자식에게 영향을 미치는 한 몸이다.

  * 親の嘆きは子の嘆き. * 親の恥は子の恥, 子の恥は親の恥.
  * 親の善惡は子に報ふ. * 親の名が出る. * 親の物は子の物, 子の物は親の物.

⑥ 부모는 모셔야 할 대상이다.

  * 親を尋する子は稀な. * 親には一日に三度 笑うて見せよ.

* 子にする事を親にせよ. * 子程に親を思へ. * 親ほど親を思へ　211

⑦ 부모에게는 복종해야 한다.

* 親と師匠は無理なものと思へ. * 親物に狂はば 子はやすべし.

* 親の聲は神の聲. * 主と親には勝たれぬ. * 主と爺は無理なものと思へ.

⑧ 부모가 자식을 이길 수 없다.

* 子に 勝る寶なし. * 子に過ぎたる寶なし

⑨ 부모는 자식을 위해 고생을 한다.

* 子故に迷ふ親心. * 子故の闇に迷ふ. * 子を思ふ闇.

* 親は苦勞し子は樂をし孫は乞食する.

* 親は苦勞する子は樂をする孫は河原で乞食する.

* 子に使はるる身こそつらける.

⑩ 부모의 은혜를 다음 세대에 베푼다.

* 親の恩は子でおくる. * 親の恩は次第おくる.

⑪ 어버이는 수호신이다.

* 親は守りの 神. * 子の命は親の命.

⑫ 부자간이라도 돈에는 경계가 있다.

* 親子の中でも 金は他人. * 金に親子は無い. * 金は親子も他人.

⑬ 자식을 아는 사람은 부모다.

* 子を知ること父に若かず. * 子を知るものは親. * 子を視るは親に如かず.

⑭ 부모는 기쁘게 해 드리기 쉬운 존재다.

* 子程喜ばしにくきものなく, 親程喜ばし易きものなし.

⑮ 부모는 버릴 수 없는 존재다.

* 子を棄つる藪はあれど親を棄つる藪なし. cf. * 辻番は生きた親父の棄所.

⑯ 부모는 자식의 마음을 모른다.

* 子の心親知らず.

3.4. 부부(夫婦)

부부의 인연은 깊은 것이다. 불화는 오래 가지 않으며, 자고 나면 풀린다고 본다. 부부는 일심동체로 부부 싸움은 하지 않는 것이 좋다. 남편은 받들어야 하는 존재이고, 아내는 꼭 필요한, 보배로운 존재다. 남편은 집안의 수장이다. 아내는 낮은 데서 맞아야 한다. 아내는 삼종지도를 지키고, 잔소리를 하지 말며, 비밀을 흘리지 말아야 한다. 아내는 남편을 위해 화장을 해야 한다. 악처는 남편의 인생을 망치는 것으로 본다. 남편은 아내가 젊고 새로울 때 좋아하는 것으로 인식한다.

3.4.1. 부부(夫婦)

① 부부싸움은 않는 것이 좋다.

　* 夫婦喧譁は犬もくはぬ. * 夫婦喧譁と夏の餅は犬もくはぬ.

② 부부싸움은 오래 가지 않는다.

　* 夫婦喧譁と八月の風は日暮に止む.

　* 夫婦喧譁と西風(南風)は夜に入つて治まる. * 夫婦喧譁は寝て直る.

　* 夫妻夜を隔つる仇なし.

③ 부부의 인연은 깊다

　* 夫婦は二世の契. * 夫妻は輪廻の絆

④ 부부는 닮는다

　* 夫婦は從兄弟ほど似る

⑤ 부부는 일심동체다

　* 夫婦は一心同體

⑥ 부부싸움은 가난이 원인이다

　* 夫婦喧譁は貧乏の種蒔

3.4.2. 남편(夫)

① 남편은 바깥일을 한다.

　　* 夫は外を治め妻は内を治む

② 아내는 남편이 좋아하는 것을 해 준다.

　　* 旦那のすきな 赤烏帽子. * 亭主のすきな 赤烏帽子.

　　* 亭主のすきな 赤鰯. * 亭主のすきを客にふるまふ.

　　* 亭主がすきなら鷹でも被れ.

③ 남편에게 말대꾸를 하지 않는다.

　　* 夫に對して唾を返すな.

④ 남편의 마음은 쉽게 변한다.

　　* 夫の心と川の瀨は一夜にかはる.

⑤ 남편은 집의 가장이다.

　　* 我家の關白.

3.4.3. 처첩(妻妾 · 女房)

① 아내는 보배로운 존재다.

　　* 女房は家の寶. * 女房は家の大黑柱. * 女房は山の神百石の位.

　　* 一生の得は良い女房もつた人.

② 나쁜 아내는 남편의 일생을 망친다.

　　* 惡妻は六十年の不作. * 女房の 惡きは 六十年の 不作.(흉작). A bad wife
is the shipwreck of her husband. Ger.

　　* 惡婦家を破る. * 一生の患は性惡の妻.

③ 연상의 아내는 사랑을 베푼다

　　* 姉女房は子ほど可愛がる. * 姉女房は 身代の藥 (家政을 잘 함).

④ 아내는 집안에 필요한 존재다.

　　* 家に女房の無きは 梁の無きと同じ.

* 家の中に女房と俎板は 無ければならぬ.

* いやな女房も去れば 三百文損した心持.

* いらぬ女房もなくなれば 三百棄てたより惜い.

⑤ 아내는 낮은 데서 구하는 게 좋다.

* 女房は 臺所から貰へ(家格이낮은자 선택). * 女房は流し下から.

* 女房は掃溜から拾へ.

⑥ 남편(남자)은 젊고 새로운 아내를 좋아한다.

* 女房と菅笠は新しいがよい. * 女房と疊は新しいがよい.

* 女房と茄子は若いがよい. * 女房の死ぬと 家の燒けるは厭厭嬉しい.

⑦ 남편은 오래된 아내를 좋아한다.

* 女房と鍋釜は舊いほどよい. * 女房と味噌は舊いほどよい.

⑧ 아내(女子)는 삼종지도를 따른다.

* 老いては子に從ふ. 故父者子之天也, 夫者妻之天也. * 妻は夫の譜代の臣.

⑨ 아내는 남편을 위해 화장해야 한다.

* 夫に 素顔 見せな. * 大工の女房の夕化粧(저녁 때 귀가)

⑩ 아내에게 말한 비밀은 샌다.

* 妻に密事を語るな.

⑪ 아내는 잔소리를 많이 한다.

* 世に飯たき兼帶の妾はあれど 燒餅やかぬ女房はない.

⑫ 베개 밑 송사의 위력이 크다.

* 妻の言ふに向山も動く. * 男は妻から治まる(남자는 여자 하기 나름).

⑬ 아내는 장식품이다.

* 女房は床の間に置物.

3.5. 아들(男の子)

아들은 부모를 닮는가 하면, 아버지를 따른다. 부모의 자식에 대한 사랑은 특히 막내가 받는다. 양자(養子)는 아들로 치지 않는다.

① 아들은 부모를 닮는다.

　* 親虛言 子虛言. * 乞食の子は乞食で終る.

② 아들은 아버지를 따른다

　* 男の子は男親につく.

③ 막내가 특히 사랑을 받는다.

　* 末の子は殊に可愛

④ 도박하는 아들은 적자(嫡子)가 될 수 없다

　* 男の15のうちに儲けたる子をば嫡子には立てぬ事也.

⑤ 양자는 아들로 보지 않는다.

　* 養子子ならず, 麥飯續飯にならず.

3.6. 딸(娘)

딸(아가씨)은 혼비가 많이 들고, 씀씀이가 크다. 딸은 귀하게 길러야 한다. 딸은 어머니를 닮으므로 며느리를 고를 때면 어머니를 보고 고르는 것이 좋다고 본다. 며느리 감은 어린 아가씨(娘)가 좋다. 딸을 치우는 것은 일반적으로 추수 후의 겨울에 한다. 딸은 출가하면 남이 된다고 본다.

① 딸에게는 혼비와 비용이 많이 든다.

　* 娘三人もでば身代潰す.[後漢書] 陣蕃傳, 盜不過五女之門 以女貧家也.
　 Two daughters and back door are three errant thieves.

　　* 娘一人に七藏あけた. * 媳入娘が三人あれば 身代が潰れる.

　　* 娘出世に 親貧乏

　　* 娘の子と小袋は思うたより入りがつよい. * 娘の子は強盗八人.

② 어린 사람이 좋다(며느리 감으로).

　　* 娘と茄子は若いがよい.

③ 딸은 심규에서 길러라(며느리 감으로).

　　* 娘は棚上げ, よめは掃溜から貰へ.

④ 신부는 어머니를 보고 고르는 것이 좋다.

　　* 娘を見るより母を見よ.

⑤ 딸은 출가하면 부모를 잊는다(出嫁外人).

　　* 夫あれば親忘る.

⑥ 딸은 연말에 치운다.

　　* 娘ともちごめは年の暮にかたずく.(결혼을 겨울에 많이 함)

⑦ 딸은 어머니를 따른다.

　　* 娘は母につく.

⑧ 딸은 교육을 시켜라.

　　* 娘は棚上げ, よめは掃溜から貰へ.

3.7. 자식(子)

　자식은 대를 잇는 보배로, 부모를 닮는다. 자식은 양육하는 데 어려움이 따른다. 이들은 부모를 닮는다. 따라서 모범을 보여야 한다. 부모의 은혜는 자식을 낳은 뒤 비로소 알게 된다. 자식은 부부를 연결하는 고리다. 자식은 애물단지이기도 하다. 자식에겐 돈을 물려주는 것이 아니라, 교육을 시켜야 한다고 본다. 자식은 결혼을 한 뒤엔 소원해 지는 존재며, 이들이 부모보다 먼저 세상을 뜨는 것은 불효라 생각한다.

① 자식 양육에 힘이 든다.

　　* 子を 一人そだてるとばば 一升くふ.

　　* 子を一人育てるに生くる瀬か, 死ぬる瀬が七度ある

　　* 子を持つて泣ぬ親はない. * 子を持てば七十五度 泣く.

② 자식은 부모를 닮는다(父傳子傳).

　　* この父にしてこの子あり. * 子は親に似る.

③ 천륜에 따라 인정을 베푼다.

　　* 子は父のために隱す. * 子は三界の首枷 (은애를 벗어나기 어려움)

④ 자식을 낳은 뒤 부모의 은혜를 비로소 안다.

　　* 子持でば親心. * 子を持たぬ人に子の可愛さは知れぬ.

　　* 子を持たねば親の恩を知らず. * 子を持つて知る親の恩.

⑤ 자식은 부부를 연결하는 고리다.

　　* 子は夫婦の中のかすがい.

⑥ 자식은 애물단지다.

　　* 親子は三界の首枷. * 子は三界の首枷

⑦ 자식이 먼저 죽는 것은 불효다

　　* 親に先だつは不孝.

⑧ 자식은 바꿀 수 없다.

　　* よめと子どもは替へられぬ.

⑨ 자식은 돈보다 글을 가르쳐야 한다.

　　* 子に黃金滿嬴を遺すは 一經に如かず.

⑩ 자식은 큰 보배다

　　* 子は第一の寶.

⑪ 결혼하면 자식도 소원해진다.

　　* 媳を取れば可愛 子も憎くくなる.

⑫ 부모는 버릴 수 없다.

　　* 子を棄つる藪はあれど親を棄つる藪なし.

3.8. 시부모(舅姑)와 장인장모(丈人丈母)

시아버지는 며느리를 사랑한다. 며느리는 시아버지를 공경해야 한다.
고부간에는 한국의 경우와 같이 갈등이 심하다. 이와는 달리 일본 속담
에는 며느리를 잘 대해야 한다는 가족관도 보인다. 시어머니는 며느리를
미워하고, 박대한다. 잘 대하는 때는 신혼 때와 우란분회 때뿐이라 본다.
시어미는 자기 자랑이 심하고, 욕심이 많다. 일본 속담에는 시부모와 달
리 장인 장모에 관한 가족관은 거의 보이지 않는다. 이는 일본 속담의
한 특성이다.

1) 시아버지(舅)

① 시아버지는 며느리를 사랑한다.

　　* 舅の門と麥田は踏むほど善い.

② 며느리는 시아버지를 공경해야 한다.

　　* 舅は親.(봉사)

2) 시어머니(姑)

① 시어머니와 며느리는 견원지간이다.

　　* 媳と姑犬と猿. * 姑と媳に火がつく. * 媳と名がつけば我子も憎い.

　　* 飯のあらと媳のあらは少しでも歯にかかる.

　　* 朝虹立つたら媳迎へよ, 夕虹立つたら娘迎へよ. * 媳と鋏はこぜつかい.

② 며느리는 부드럽게 대해야 한다.

　　* 夏の火は女(むすめ)に焚かせよ, 冬の火は媳に焚かせよ.

　　* 八月柴は媳に焚かすな.

③ 딸은 엄하게 대해야 한다.

　* 夏の火は女(むすめ)に焚かせよ, 冬の火は媳に焚かせよ.

④ 시어머니가 미우면 남편도 밉다.

　* 姑が憎けりや夫まで憎い.

⑤ 시어머니는 욕심이 많다.

　* 小い物は媳のもて來た茶碗, 長い物は姑の爪.

⑥ 시어머니는 자기 자랑이 많다.

　* 姑の十七見た者がない(과장).

⑦ 시어머니는 우란분회와 신혼 때에만 며느리를 잘 대한다.

　* 盆三日は媳と姑の中がよくなる (盂蘭盆會 3일간 언행근신).

　* 媳の三日褒め. * 媳の三日褒め. * 媳と姑も 七十五日.

　* 七十五日は金の手洗.

⑧ 시어머니는 며느리의 감시자다.

　* 媳を貰せば姑を貰せ.

⑨ 시어머니는 감정 변화가 많아 두려운 존재다.

　* 姑の朝笑ひ後がこはい.

3.9. 며느리(媳)와 사위(壻)

며느리는 시어머니의 학대를 받는다. 며느리에게는 좋은 음식도 주지 않고 미워한다. 시누 올케 사이도 좋지 않다. 며느리는 낮은 데서 데려 오는 것이 좋다고 본다. 며느리는 일찍 길을 들이는 것이 좋다. 고부간 의 관계가 좋은 때는 앞에서 본 바와 같이 신혼 때와 우란분회 때뿐이라 본다. 사위는 사랑을 받는 존재이고, 어려운 존재로, 좋은 집안에서 맞아 야 할 것으로 인식한다. 데릴사위는 되도록 되지 말라고 한다.

3.9.1. 며느리(媳)

① 고부간에 사이가 좋지 않다.

　　* 媳と姑犬と猿. * 姑と媳に火がつく.

② 며느리는 낮은 데서 맞는 것이 좋다.

　　* 媳は門から貰せ. * 媳は下から 壻は上から.

　　* 媳は臺所から入れ, 壻は玄關から迎へ.

　　* 娘は棚上げ, よめは掃溜から貰へ. * 後家の子は嫁に貰ふな(我儘).

③ 미운 며느리가 귀여운 손자를 낳는다.

　　* 憎い嫁から可愛い孫が生る. * 憎さの腹から可愛さが生れた.

　　* 憎憎の腹からいといとが 生れた.

④ 며느리에겐 좋은 음식을 먹이지 말라고 한다.

　　* 秋梭魚は媳に食はすな. * 秋茄子は媳に食はすな. * 秋鯖媳に食はすな.

⑤ 올케와 시누이 사이는 좋지 않다.

　　* 媳は門から娘は乞ふ者にくれる(불화하니 딸을 일찍 치워라.)

⑥ 며느리 행실은 일찍 길들여라.

　　* 媳を教ふるは初にせよ. 俗諺曰 膠付初來<顔氏家訓>. cf. 2.4.3. ③

⑦ 고부간의 관계가 좋은 때는 많지 않다.

　　* 媳姑の中のよきはもつけの不思議. * 媳の三日褒め.

　　* 媳と姑も 七十五日. * 七十五日は金の手洗.

3.9.2. 사위(壻)

① 사위는 좋은 집안에서 맞는 것이 좋다.

　　* 壻は座敷から貰へ媳は庭から貰へ.

　　* 壻は大名から貰へ媳は灰小屋から貰へ.

　　* 媳は臺所から入れ, 壻は玄關から迎へ.

② 사위는 사랑을 받는다.

* 壻はむつといふ程可愛.

③ 사위는 상대하기 어려운 존재다.

* 孫を飼ふなら犬を飼へ壻にかかるなら礫にかかれ.

④ 데릴사위는 되지 않는 것이 좋다.

* 粉糠三合もつたら入壻になるな. * 入夫 一生下馬 (권력 없음)

3.10. 형제(兄弟)와 시누이(小姑)

형제는 매우 중한 인연으로 맺어진 사이다. 서로 도우며 살아야 한다. 문제가 있더라도 안으로 화합해야 하고, 부모가 돌아가신 뒤에는 형을 부모같이 받들어야 한다고 생각한다. 시누올케는 갈등 관계를 지니는 사이다. 따라서 시누올케의 불화가 빚어지기 전에 며느리를 맞은 다음에는 딸을 빨리 치우는 것이 좋다. 시집을 가면 이웃은 모두 시누이가 되는 것으로 인식한다.

1) 형제(兄弟)

① 형제의 인연은 매우 중하다.

* 兄弟は後世までの契. * 六度契りて兄となり, 七度結びて弟となる.

② 형제는 서로 도와야 한다

* 兄弟は兩手の如し.

③ 형제는 소원해지는 시작이다.

* 兄弟は他人の始.

④ 문제가 있어도 안으로 화합해야 한다.

* 兄弟牆に鬪げども外その侮を禦ぐ.

⑤ 부모 사후 형을 부모로 받들어야 한다.

* 親なき後は兄を親とせよ.

2) 시누이(小姑)

① 시누이는 올케와 사이가 좋지 않다.

* 姉姑は鬼千匹にむかひ, 小姑は 鬼十六にむかふ.
* 小姑一人は鬼千疋にむかふ.

② 며느리를 보게 되면 빨리 딸을 치워야 한다.

* 媳は門から娘は乞ふ者にくれる.

③ 시집을 가면 이웃이 모두 시누이가 된다.

* 近小姑

4. 결어

한일 속담에 반영된 가족관을 중심한 가족관계를 살펴보았다. 속담에 반영된 가족관계는 한국 100개, 일본 104개 항으로 나타난다. 기본 자료인 한국의 "俗談辭典"의 본문이 671페이지, 일본의 "諺語大辭典"의 본문이 1,159페이지로, 일본 자료가 방대하나 추출된, 구체적 자료의 가족관계는 비슷하게 나타나고 있다. 이들 가족관계 항목의 분포는 다음과 같다. (도표에 괄호로 싼 것은 비슷한 가족관의 수이다.)

항목	한국	일본	공통	항목	한국	일본	공통
1. 아버지	7	6	(1)	8. 시·의부모	8	9	2(1)
2. 어머니	8	5	1	시부	3	2	
3. 부모	8	16	4	시모	3	9	
4. 부부	14	27	3	장모	2		
부부	3	6		9. 부·서	17	11	3
남편	4	5		며느리	11	7	
처첩	8	13		사위	5	4	

항목	한국	일본	공통	항목	한국	일본	공통
5. 아들	8	5	(2)	10. 형제	6	7	1
6. 딸	10	8	1	형제	4	5	
7. 자식	14	12	3(1)	시누	2	3	
				계	100	108	19(22)

　가족관계는 한국 속담의 경우는 자식 14항, 며느리 11항, 딸 10항이, 일본 속담의 경우는 부모 16항, 처첩 13항, 자식 12항이 높은 빈도를 보인다. 따라서 한·일 모두 자식에 대한 관심이 많음을 보여준다. 이들 가족관계는 도표에 제시한 바와 같이, 한일 공통의 항목을 보여 주는데, 같은 것을 20개항, 유사한 것을 4개항, 도합 24개항을 보여 주어 20% 조금 넘는 공통성을 지닌다. 공통되는 항목은 다음과 같다(*표는 유사한 가족관계 표시다.).

2.1. ① 자식은 아버지가 잘 안다. = 3.1.⑤, 3.3.⑭

2.2. ① 어머니는 자식을 사랑한다. = 3.2. ①

2.3. ① 자식은 부모를 닮는다. = 3.3. ①
　　　③ 부모는 자식의 속을 모른다. = ⑰
　　　④ 부모는 자식을 높이 평가한다. = ④
　　　⑤ 부모는 자식을 사랑한다. = ③
　　　⑥ 부모는 버릴 수 없는 존재다. = ⑯

2.4.1. ① 부부의 불화는 오래 가지 않는다. = 3.4.1. ②

2.4.2. 남편은 바깥일을 한다. = 3.4.2. ①

2.4.3. 나쁜 아내는 남편의 일생을 망친다. = 3.4.3. ②

2.5. *③ 늦둥이가 사랑스럽다. = 3.5. ④
　　　*⑥ 아비와도 경계가 있다. = 3.3. ⑬

2.6. ③ 결혼 비용이 많이 든다. = 3.6. ①

2.7. *② 자식은 교육을 해야 한다. = 3.7. ⑨

⑤ 자식은 부모를 닮는다. = ②
⑨ 자식은 애물단지다. = ⑥
⑬ 지나친 사랑은 자식에게 해롭다. = 3.3. ②
2.8.1.1. ① 시아버지는 며느리를 사랑한다. = 3.8.1. ①
2.8.2.2. ① 시어머니는 며느리를 미워한다. = 3.8.2. ①
　　　* ② 시어머니는 며느리의 미움의 대상이다. = ②
2.9.1. ① 며느리는 시어머니를 미워한다. = 3.9.1. ①
2.9.2. ① 사위는 백년지객이다. = 3.9.2. ③
　　　② 사위는 장모의 사랑을 받는다. = ②
2.10.2. ① 시누이는 올케와 사이가 나쁘다. = 3.10.2. ①

한일 공통의 가족관계는 검토 대상인 "아버지, 어머니, 부모, 부부와 처첩, 아들, 딸, 자식, 시부모와 장인, 며느리와 사위, 형제와 시누이" 등 10개 항, 전 항목에 걸쳐 나타나는데, 이들은 위에 제시한 바와 같이 대체로 중요한 가족관을 반영하고 있다.

공통되는 가족관계 이외의 유형은 그것이 반드시 한일 가족관계가 다르다는 것을 의미하는 것은 아니다. 이들 가운데는 자료 속담에 반영되어 있지 않아 드러나지 않았을 뿐, 공통되는 것으로 보이는 가족관도 많다. 예를 들어 일본 속담의 "3.1. ① 부모의 은혜는 여산 여해하다, 3.3. ⑩ 부모는 자식을 위해 고생한다, 3.4.1. ④ 부부는 닮는다, 3.6. ⑥ 딸은 연말에 치운다, 3.7. ① 자식 양육에 힘이 든다, 3.7. ⑦ 자식이 먼저 죽는 것은 불효다"와 같은 것은 분명히 한국 가족관계에서도 볼 수 있는 가족관이라 할 것이다.

이와는 달리 한일 가족관에는 상당한 차이를 보이는 것도 있다. 대표적인 예를 몇 개 보면 다음과 같다. 우선 한국의 속담에는 다음과 같은 가족관이 보인다.

2.4.3. ⑧ 본처와 시앗은 사이가 나쁘다, 2.5. ① 말 잘하는 아들이 좋다, 2.7. ⑪ 장례를 치러 주는 자식이 효자다, 2.9.2. ③ 사위는 효도를 모르는 개자식이다.

이들 가운데 2.4.3. ⑧은 일본 속담에도 보일 법함에도 보이지 않는 처첩 간의 가족관이며, 2.5. ①은 일 잘하거나, 힘이 센 아들보다 말 잘하는 아들을 바라는 것으로, 선비에 대한 기대를 나타낸 것이라 하겠다. 2.7. ⑪은 부모의 장례에 참여해야 효도하는 것으로 생각하는 문화를 반영한 것이다.

일본의 속담에는 다음과 같은 가족관이 보인다.

3.1. ⑥ 유용한 자식을 사랑한다, 3.4.3. ⑤ 아내는 낮은 집안에서 구한다, 3.4.3. ⑨ 남편을 위해 화장을 해야 한다, 3.5. ⑤ 양자는 아들이 아니다, 3.8.2. ② 며느리를 부드럽게 대해야 한다, 3.9.1. ③ 미운 며느리가 귀여운 손자를 낳는다, 3.9.2. ① 사위는 좋은 집안에서 맞는 것이 좋다, 3.10.2. ① 며느리를 보게 되면 빨리 딸(娘)을 치워야 한다.

3.1.⑥은 실용적 가족관이며, 3.4.3. ⑤와 3.9.2. ①은 문화적 차이를 보이는 결혼관이다. 3.4.3. ⑨는 가정의 화락(和樂)을 위한 애정 어린 가족관이다. 3.5. ⑤는 양자(養子)의 폐해를 제기한 것이며, 3.8.2. ②는 며느리를 미워하는 일반적 인식과 달리 잘 대하라는 것이어서 특이한 가족관이다. 3.9.1. ③은 역설적인 인간의 가족관을 드러낸 것이다. 3.10.2. ①은 아이러니컬한 제언으로, 시누올케의 반목을 피하고자 하는 호의적 가족관이라 하겠다.

가족관은 서로 다른 사회와 문화를 반영한다. 원만한 사회생활을 하기 위해서는 이러한 문화를 알고 이러한 문화를 바탕으로 한 가족 관계를 제대로 이해해야 한다. 그렇게 되면 자국 문화는 물론 상대방의 문화와, 이문화간의 관계를 제대로 이해하게 되고, 문화적 교류도 원만히 할 수

있을 것이다. 발상과 가족간의 관계 이해로 좀 더 우호적인 대인관계와
문화적 소통이 형성되기 바란다.

▌참고문헌

박갑수(2004), 일반국어의 문체와 표현, 집문당.

박갑수(2013), 한국어교육과 언어문화교육, 역락.

박갑수(1999), 비교를 통해 본 한국어의 발상과 표현, 한국어교육연구, 제2집, 서울사
    대 외국인을 위한 한국어교육지도자과정.

박갑수(1999), "손" 관계 관용구의 발상과 표현, 이중언어학 제16호, 이중언어학회.

박갑수(2001), 한·일·영어 속담 표현의 한 단면, 梅田博之敎授 古稀紀念論文集.

박갑수(2001), "발" 관계 관용구의 발상과 표현, 외국인을 위한 한국어교육연구 제4집,
    서울대 외국인을 위한 한국어교육 지도자과정.

(2013. 9. 5. 미발표)

제2장 | 한·일·영어 속담 표현의 발상과 이미지

1. 머리말

이 세상에는 약 3,000개의 언어가 있다. 이들 언어는 각기 특유한 표현 형식을 가지고 있다. 이는 그 민족의 문화와 발상의 차이로 말미암아 표현의 차이가 빚어진 것이다.

민족어 특유의 표현은 어원, 관용어, 비유, 명명, 속담 등에 잘 나타난다. 따라서 여기서는 한국어의 발상과 표현의 특성을 살피기 위해 한국 속담의 표현을 살펴보기로 한다. 비조(飛鳥), 주수(走獸), 식물, 인간과 관계되는 것을 각각 한 가지씩 살피되, "까마귀", "여우", "꽃", "딸"에 관한 속담을 보기로 한다. 그리고 이들 표현 특성을 분명히 하기 위해 일본 속담 및 영어 속담과 비교하기로 한다. 이들 속담은 다음 자료를 기본 자료로 하여 추출하게 될 것이다.

이기문(1962), 속담사전, 민중서관 (본문 총 671쪽)
藤井乙男(1979), 諺語大辭典, 日本圖書 (본문 총 1159쪽)
大塚高信, 高瀬省三(1976), 英語諺辭典, 岩波書店 (본문 총 747쪽)

위의 자료에서 추출된 속담은 모두 446개로 그 분포와 빈도는 다음과 같다.

	까마귀	여우	꽃	딸	개
한국	48개	11개	20개	29개	108개
	44.4%	10.1%	18.6%	26.8%	
일본	42개	20개	72개	15개	149개
	28.4%	13.4%	48.7%	10.0%	
영어	49개	78개	19개	53개	199개
	24.1%	30.8%	9.5%	26.6%	
계	139개	109개	111개	97개	446개
	31.1%	22.6%	24.8%	23.9%	

이들의 빈도를 보면 한국의 속담의 수가 가장 적고, 영어 속담이 가장 많다. 그러나 이는 그것이 반드시 각 언어의 속담 수가 많고 적음을 의미하는 것이 아니다. 그것은 기본 자료의 성격에 차이가 있기 때문이다. 내용면에서 "까마귀"에 관한 속담은 139개, "여우"에 관한 속담은 109개, "꽃"에 관한 속담은 111개, "딸"에 관한 속담은 97개로 나타난다. 따라서 "까마귀"에 관한 속담이 가장 많은 편이고, "딸"에 관한 속담이 가장 적은 편이다. 한·일·영의 속담을 비교해 보면 한국은 "까마귀"에 관한 속담의 빈도가 가장 높고, 일본은 "꽃"에 관한 속담이, 영어 속담은 "여우"에 관한 속담이 가장 빈도가 높다. 이는 한·일·영어 속담의 특징적 경향을 보여 주는 것이라 하겠다.

2. 속담의 발상과 표현

2.1. "까마귀"에 관한 속담

서양 신화에서는 까맣고, 예언 능력이 있고, 썩은 고기를 먹는 새 전부를 총칭하여 "까마귀"라 한다(Vries, 1984). "까마귀"와 관련된 속담은 앞의 도표에 제시한 바와 같이 한국의 경우는 48개, 일본의 경우 42개, 영어의 경우 49개로 나타난다. 따라서 한국 속담은 평균보다 높은 빈도를 보이고, 영어 속담은 평균과 비슷하며, 일본 속담은 평균보다 빈도가 낮다.

(1) 한국 속담의 표현

한국 속담에서는 "까마귀"가 "검음", "죽음", "불길(不吉)", "망각" 등의 이미지를 나타내기 위해서 많이 사용된다. "검정"의 이미지는 까마귀의 외모에 연유하는 것이다. 그런데 이들 속담의 검정은 그들의 외모와는 달리 내면은 검지 않다는 대조적인 이미지를 드러내기 위한 것이 많다. "죽음"은 "까마귀가 울면 사람이 죽는다"와 같이 "까마귀 울음"과 주로 관련된 것이다. 이는 까마귀가 울면 사람이 죽는다는 속설을 반영한 것이다. "불길"은 까마귀 울음, 죽음과 연합된 것이다. "망각"도 까마귀가 잘 잊는다는 속설에 연유하는 것이다. 이 밖에 "미천"은 까마귀를 변변치 않은 새로 본 데 말미암은 것이고, "효도"는 까마귀가 반포조(反哺鳥)라는 데 근거한 것이다. 이들의 구체적인 예를 보면 다음과 같다.

① 검정
까마귀가 검기로 마음도 검겠나/ 까마귀가 검어도 살은 아니 검다/ 까마귀 겉 검다고 속조차 검을 줄 아느냐/ 까마귀는 검어도 살은 희다.

까마귀 대가리 희거든/ 내땅 까마귄 검어도 귀엽다/ 다리 밑의 까마귀가 한압씨 한압씨 하겠다.

② 죽음

까마귀가 울면 사람이 죽는다/ 초상이 나려면 까마귀가 깍깍 짖는다/ 까마귀가 짖어 범 죽으랴/ 병환에 까마귀/ 까마귀 모르는 제사.

③ 불길

까마귀 열두 소리에 하나도 좋지 않다/ 식전 마수에 까마귀 소리/ 아침에 까치가 울면 좋은 일이 있고, 밤에 까마귀가 울면 대변이 있다/ 염병에 까마귀 소리 듣지/ 돌림병에 까마귀 소리.

④ 망각

까마귀 고기를 먹었나/ 까마귀 떡 감추듯/ 까마귀가 알 물어다 감추듯 한다.

⑤ 미천

까마귀 학이 되랴/ 터서구니 사나운 집은 까마귀도 앉지 않는다/ 양가문(兩家門) 한 집에는 까마귀도 앉지 말랬다/ 까마귀 둥우리에 솔개미 들어앉는다.

⑥ 효도

까마귀 안 받아 먹듯

이 밖에 까마귀의 "식성" 및 "속성"을 드러내는 것이 보이는데 이는 다양하게 나타난다. "까마귀 똥"은 "무가치"한 것으로 표상되어 있다.

① 식성

까마귀의 식성은 잡식성으로 나타난다. 메밀, 오디, 고욤, 골수박, 시체 등을 먹는 것으로 나타나는 것이 그것이다. 이들 예는 다음과 같다.

까마귀가 메밀을 마다 한다/ 까마귀가 오디를 마다 한다/ 까마귀 고욤을 마다 한다/ 연희궁 까마귀 골수박 파 먹듯 한다/ 해변 까마귀 골수박 파듯/ 까마귀 밥이 된다/ 말 죽은 밭에 까마귀 같이.

② 속성

속성은 무리를 짓느다, 까치집을 뺏는다, "가아 가아" 운다, 먹을 때 그적거린다 등 다양하게 나타난다.

> 까마귀 떼 다니듯/ 까마귀가 까치집 뺏는다/ 까마귀가 오지 말라는 격 / 한입으로 온까마귀질 한다/ 까마귀 게발 던지듯/ 까마귀 똥 그적거리 듯 한다/ 까마귀 뭣 뜯어 먹듯

③ 무가치

> 까마귀 똥도 약이라니까 물에 깔긴다/ 까마귀 똥도 오백냥 하면 물에 깔긴다

이 밖에 "까마귀"에 초점이 맞추어지지 않고, "까마귀"가 거명된, 특성화되지 않은 표현도 여러 개 보인다.

> 까마귀 날자 배 떨어지기/ 병든 까마귀 어물전 돌듯/ 병자년 까마귀 빈 뒷간 들여다 보듯/ 주린 까마귀 빈 통수 엿본다/ 산까마귀 염불한다/ 까마귀 아래턱이 떨어질 소리

(2) 일본 속담의 표현

일본 속담에서도 "까마귀"가 한국 속담의 경우와 같이 "검정", "불길", "망각"의 이미지를 나타내기 위해 많이 사용되고 있다. "검정"이 외모, "불길"이 울음과 관련되는 것은 한국 속담과 마찬가지다. 까마귀가 잊기를 잘한다는 것도 우리 속담과 같다. "죽음"에 대한 속담은 거의 보이지 않는다. 한 개가 보이나 이것도 까마귀의 울음과 관련된 것이 아

니고, 까마귀의 목욕과 관련된 것이어서 우리 속담과는 차이를 보인다.
이에 대해 "효도"의 이미지를 나타내는 속담은 한국 속담에 비해 많다.
이는 반포(反哺) 및 증삼(曾參)과 관계된 것이다. 따라서 이는 중국 문화의
영향을 받은 것이다. 이 밖에 날씨를 점치는 점후(占候)의 속담이 여러개
보이는데 이는 일본의 특징적 현상이다. 이는 까마귀의 "예지 능력"과도
관련된다. "까마귀"는 또 "불능"의 이미지를 나타내기도 한다. 이는 주
로 까마귀와 외형이 유사한 사다새를 비교해 까마귀가 그의 흉내를 내
지 못함을 들어 불능자로 본 것이다.

① 불길

烏鳴きがわるい/ 烏の口眞似をすると 口豆が出來る/ 烏の口眞似をす
ると口の端に灸をすえられる/ 烏の口眞似をするとあくちがきれる

② 검정

烏の頭の白くなるまで/ 烏の黑いのは磨きが利かぬ/ 烏の紙をくはへ
たよう/ 烏の白糞/ 烏は能野の鉦叩, 一日たたいで米一升

③ 망각

烏の埋栗/ 烏に栗/ 烏のいけ栗/ 烏の物かくし/ 烏の請合/ 烏の置き忘れ

④ 효도

烏に反哺の孝あり/ 烏は親の思いを報いる/ 烏は烏中の曾參/ 烏は百日
の孝

⑤ 점후

烏が水を浴びると 雨が降る/ 烏下枝に巢へば 其年暴風あり/ 烏梢に巢
へば 其年 洪水あり

⑥ 예지

烏は三年さきを知る/ 烏は人の死を知る

⑦ 불능

烏のうまね /うのまねの烏 / うのまねする烏 水を呑む/ 烏をうに使
ふが如し/ 烏を鷺

⑧ 죽음
烏が水を浴びると隣人が死ぬ

이 밖에 몇 가지 "식성", "속성"을 드러내는 속담이 보이고, 그 밖의 것들도 보인다. "식성"은 시체, 땅강아지, 파리를 먹는다는 것이고, 속성은 늘 울고, 행렬을 짓고, 입욕 시간이 짧고, 죽어서 시체를 보이지 않는다는 것이다.

① 식성
烏の腹を肥やす/ 烏の口からけらが餘る/ 烏の口に蠅だしが餘る
② 속성
烏の鳴かぬ日はあれとも 何何はない/ 烏の行列/ 烏の行水/ 烏は死んでも姿は見せぬ.
③ 기타
烏の腹から鷹は生れぬ/ 烏に糞をかけられると仕合がよい/わるい

(3) 영어 속담의 표현

영어 속담에는 "까마귀"가 "검정"과 "배신"의 이미지를 나타내는 것이 많다. "배신"은 기른 매가 눈을 쫀다는 것이다. 이러한 이미지는 영어 속담에만 보이는 특수한 것이다. 섣불리 호의를 베풀지 말라는 비유의 표현이다. 우리 속담에서는 흔히 까마귀 아닌 개에 비유되는 것이다. 이 밖에 "불쾌", "죽음", "처치 대상"이란 것이 하나씩 보인다. 특별히 "처치 대상"이라 보는 것은 파종한 씨를 이들이 파먹기 때문이다. 그리하여 "파종법"에 특별히 "까마귀"가 거명되는 것을 볼 수 있다. 영어 속담에는 "불길", "망각", "효도"의 이미지를 드러내는 것은 보이지 않는다. 이는 동서양의 문화적 차이를 나타내는 것이다.

① 검정

The crow cannot be blacker than her(his) wings./ The crow is not more black than his feather/ A crow is never whiter for washing herself often/ He will say the crow is white.

② 배신

Bread up a crow and she will peck out your eyes./ Feed a crow and at last he will peck out thy eyes/ Some do nourish a crow that will peck out their eyes.

③ 불쾌

I have a crow to pluck(or pick or pull) with you.

④ 죽음

You look as if you would make the crow a pudding.

⑤ 처치 대상

In march, kill crow, pie, and cadow, rook, buzzard, and raven; Or else go desire them to seek a new heaven.

⑥ 파종법

One for the mouse, one for the crow, one to rot, and one to grow./ Sow four beans in a row, one for cowscot and one for crow, one to rot, and one to grow.

이 밖에 "속성", "속신"을 나타내는 속담이 보이고, 그 밖의 것도 여럿 보인다. "속성"은 특정한 경향을 보이지 않는다.

① 속성

The crow bewails the sheep and then eats it./ One crow never pulls(or will not peck) out another's(or another crow's) eyes/ On the first of march the crows begin to search.

② 속신

The hoarse crow croaks before the rain.

③ 기타

An ill crow lays an ill egg/ Shoot at a pigeon and kill a crow/ A blind man may sometimes catch(or hit or shoot) a crow/ The crow bids you good morrow. 등

2.2. "여우"에 관한 속담

"여우"에 관한 속담은 총 109개인데, 영어 속담이 78개로 가장 많고, 한국 속담이 11개로 가장 적으며, 일본 속담은 그 중간으로 20개다. 여우에 관한 영어 속담은 같은 다른 영어 속담(까마귀, 꽃, 딸)과 비교할 때도 가장 빈도가 높은 편이다. 이는 영국 사람이 그만큼 여우에 많은 관심을 가지고 있다는 증거라 하겠다. 그런데 이들 영어 속담은 다른 영역의 속담, 그리고 다른 언어의 속담에 비해, 여우 자체의 이미지가 아닌, 상황·맥락으로서 "여우"가 많이 동원되고 있다는 특징을 지닌다.

(1) 한국 속담의 표현

여우는 속신(俗信)에 북쪽에서 울면 그 동네에 초상이 난다고 하고, 밤에 울면 불길하다고 한다. 또한 여우는 간교(奸巧)의 상징으로 본다. 이렇게 여우는 요물로 인식된다. 그래서 속담에서도 "죽음", "불길", "요망", "간교" 등의 이미지를 나타낸다.

① 죽음
가는 길에 여우가 지나가면 사망이 있다.
② 요망
계집이 늙으면 여우가 된다.
③ 간교(奸巧)

토끼가 죽으니 여우 슬퍼한다.
④ 불길(不吉)
금정(金井) 놓아두니 여우가 지나간다.
⑤ 고난
여우를 피하니까 이리가 나온다(北)
여우를 피해서 호랑이를 만났다.
⑥ 해괴
봄 불은 여우 불이라.

이밖에 "여우 두룸박(두레박) 쓰고 삼밭(麻田)에 든 것"은 제 꾀에 제가
빠지는 것을 나타내는 것으로 본다. 그리고 비나 눈이 오는 날 잠깐 나
타났다 숨어버리는 볕인 "여우볕" 천소(天笑)나, 볕이 나 있는 날 잠깐 오
다 그치는 비인 "여우비"는 여우의 변덕스러운 성격과 관련된 명명이라
하겠다. "좁쌀여우"는 사람됨이 옹졸하고, 간사하게 남을 속이는 사람을
비유적으로 이르는 말이다. 북한의 "여우웃음"은 교활하고 간사한 웃음
을 뜻한다.

(2) 일본 속담의 표현

일본 속담에는 우리에게 익숙한 여우가 사람을 홀린다든가, 둔갑한다
는 속설이 많이 반영되어 있다. 일본에는 홀린다는 것도 단순히 홀리는
것을 지나 "きつねつき(狐憑き)"라 하여 여우에게 홀려서 병이 난다는
정신병까지 있다. 여우는 예지능력을 지녔고, 식성(食性)은 "팥밥(小豆飯)"
을 좋아하는 것으로 본다.

① 요망
九尾の狐(요부의 비유)

② 간교하다.

狐, 虎の威を藉る(狐藉虎威)

③ 사람을 홀림.

狐と貁とは人の眉毛を數へる(눈썹을 세는 것은 사람을 홀림을 말함)/
狐に魅まれたやう/ 狐のついたやう(여우에 홀린 것 같다.)

④ 둔갑한다.

狐三度 鳥居をこえて白狐となる/ 狐の七化 狸の八化/ 狐の窓(아이들
놀이, 손가락 사이로 여우가 둔갑한 것을 봄.)

⑤ 오곡의 신의 사자(使者)

狐は稲荷のつかはしめ(稲荷는 五穀의 神)

⑥ 예지능력

狐啼く 時は三日の中に雨降る(속설).

⑦ 팥밥을 좋아함.

狐に小豆飯(＝猫に鰹節)

이밖에 여우는 "狐死して丘を枕にす"라고, 근본을 잊지 않으며(狐死首
丘不忘本也<白虎通>), "狐の子は面白"라고 자식이 부모를 닮는 것으로 보
며, "狐は下手の射る矢を恐る"라고 서툰 포수의 화살을 걱정한다. 해가
비치며 비가 내리는 "여우비"는 "狐の嫁入"라 한다. 우리도 속언에 이런
비가 올 때 "여우가 시집가나 보다."라 한다.

(3) 영어 속담의 표현

영어 속담은 한국이나 일본 속담과는 달리 간교하다는 이미지 외에,
"간계·계책, 약탈자, 모피, 본성이 악함" 등의 이미지를 드러낸다. 특히
"old fox"는 비유적으로 풍부한 경험 및 지혜란 이미지를 두드러지게 드
러낸다.

① 간교하다

The fox preys farthest from his hole. (멀리 벗어나 범행)/ The fox when he cannot reach the grapes says that they are not ripe./ When the fox could not reach the grapes, he cried, they are sour./ Fie upon heps, quoth the fox because he could not reach them. like the fox who having lost his own tail would needs persuade all other out of theirs.

② 간계 · 계책

If the lion's skin cannot the fox's shall(힘으로 못하면 술책으로)./ The fox's wiles will never enter into the lion's head./ If you deal with a fox, think of his tricks(나쁜 기교)./ It is a blind goose that comes to a fox's sermon./ It is a blind goose that knows not a fox from a fern bush./ He that hath a fox for his mate hath need of a net at his girdle./ When the fox preaches beware the geese./ The fox preys farthest from his hole./ That a lion cannot do, a fox can do.(역부족이면 기술이 유용).

③ 약탈자

The fox should not be of the jury at a goose's trial./ Give not the fox the wether(or sheep) to keep./ The fox kills the lambs and the hounds the old sheep./ He sets the fox to keep the geese./ It is an ill sign to see a fox lick a lamb./ The wolf and fox are both of the same mind./ The wolf and fox are both privateers(私掠船 船長).

④ 모피

At length the fox is brought to the furrier(모피상 신세)./ We can have no more of the fox but the skin.

⑤ 악행 참회

The fox turns monk at length./ at length the fox turns monk

⑥ 본성이 악하다

A fox may change his hair but not his heart.(마음은 불변/ The fox may grow grey but never good. (세 살 버릇 여든까지)

⑦ 악자 필벌

Every fox must pay his own skin to the flayer. (간악한 자는 마침내 벌받는다.)

All foxes are founded at the furrier's shop.(교활한 놈은 마침내 당한다).

⑧ 풍부한 경험·지혜

It is good to follow the old fox./ An old fox is not easily snared./ An old fox cannot be taken by a snare./ An old fox need learn no craft./ An old fox need learn to no tricks./ Old foxes want no tutors./ There is no safer way to follow than that of the old fox./ Good following the way where the old fox goes.(늙은이의 말)

⑨ 꼬리가 화근

The tail often condemns the fox to death, because it is too long. (꼬리가 길면 밟힌다.)/ The tail does often catch the fox.

이밖에 "여우"는 다양한 이미지를 드러낸다.

"If the lion's skin cannot the fox's shall.", "That a lion cannot do, a fox can do."는 여우가 지혜·기술이 있음을 드러내는 것이다. "The fox knows many tricks but the hedgehog one great one."은 여우가 많은 계책 가운데는 삼십육계 줄행랑이 제일임을 안다는 것이다. "We never find that a fox dies in the dirt of his own ditch."는 여우의 결벽성을 드러낸다. "The more the fox is cursed, the better he fares."나, "The fox fares best when he is cursed."는 인간이 여우를 저주할 때 오히려 여우는 형편이 제일 좋은 때라는 역설적 사실을 강조한 것이다. 그리고 "The fox is taken when he comes to take."는 남을 잡으려다 오히려 잡히게 됨을 경고한 것이다.

이밖에 많은 "여우" 관련 속담에서 fox가 앞에서 언급한 바와 같이 여우의 이미지를 드러내기보다 특정한 이미지를 드러내기 위한 배경, 상황에 활용되고 있다. 이들 예를 몇 개 보면 다음과 같다.

The brains of a fox will be of little service, if you play with the paw of a lion.(두뇌로 군사대국을 대적 못함)/ We must fall down before a fox in season.<완력의 우세>

The sleepy fox has seldom feathered breakfasts(게름뱅이는 성공 못함.)./ When the fox sleeps nothing falls into his mouth./ The fox who sleeps in the morning hath not his tongue feathered./ The sleeping fox catches no poultry./ Foxes if sleeping have nothing fall into their mouth.<나태 경계>

Better be the head of fox than the tail of lion.(鷄口牛後)/ Better be the tail of a horse than the head of foxes.

The fox knows much but more he that catches him.

Quietness is best, as the fox said when he bit the cocks head off.

Though the fox run the chicken has wings.

He bought the fox-skin for three pence, and sold the tail for s shilling.

2.3. "꽃"에 관한 속담

"꽃"에 관한 속담은 111개로, 한국 속담이 20개, 일본 속담이 72개, 영어 속담이 19개이다. 이로 볼 때 일본의 "꽃"에 관한 속담은 다른 나라에 비해 월등히 많은 편인데 이는 일본의 다른 속담과 비교해도 상대적으로 높은 빈도를 보이는 것이다.

(1) 한국 속담의 표현

한국 속담에서 "꽃"은 "부귀 영화", "풍류", "단명", "아름다움"의 이미지를 드러내며, 꽃의 상대로는 주로 봉접(蜂蝶) 아닌, "나비"로 표현되고 있다.

① 부귀 영화

산소 등에 꽃이 피었다/ 죽은 나무에 꽃이 핀다/ 절로 죽은 고목에 꽃 피거든/ 홍두깨에 꽃이 핀다/ 딸의 시앗은 바늘방석에 앉히고, 며느리 시앗은 꽃방석에 앉힌다.

② 풍류

꽃 구경도 식사후/ 꽃밭에 불 지른다.

③ 단명

십년 세도 없고, 열흘 붉은 꽃 없다/ 꽃이라도 십일홍 되면 오던 봉접 도 아니 온다.

④ 나비의 상대

꽃 본 나비/ 꽃 본 나비 담 넘어가랴/ 꽃 본 나비, 물 본 기러기/ 꽃 본 나비 불을 헤아리랴/ 꽃이 좋아야 나비가 모인다/ 꽃 없는 나비.

꽃이라도 십일홍되면 오던 봉접(蜂蝶)도 아니 온다.

⑤ 아름다움

꽃은 꽃이라도 호박꽃이다.

이 밖에 "꽃의 품격"이 매겨지고, "속성"으로 "결실"을 형상화하고 있 다. 꽃의 "품격"은 실용성을 중시하여 목화를 제일로 쳤다. 이는 김수장 의 시조 "牧丹은 花中王이요 向日花는 忠孝ㅣ로다/ 梅花는 隱逸士요 杏 花는 小人이요 蓮花는 婦女요 菊花는 君子요, 冬栢花는 寒士요 朴곳은 老人이요 石竹花는 少年이요 海棠花는 갓나희로다/ 이 中에 李花는 詩客 이요 紅桃 碧桃 三色桃는 風流郎인가 ᄒᆞ노라"에 보이는 시인 묵객의 품 평과는 다른 것이다. 호박꽃은 꽃 중에 제일 시원찮은 것으로 보았다.

① 꽃의 품격

목화가 제일이다/ 꽃은 꽃이라도 호박꽃이다.

② 속성

열매 될 꽃은 첫 삼월부터 안다.

③ 기타
꽃샘 잎샘에 반늙은이 얼어 죽는다/ 볶은 콩이 꽃이 피랴. 등

(2) 일본 속담의 표현

일본 속담도 "부귀 영화", "아름다움", "단명", "풍류" 등의 이미지를 많이 나타내고 있다. 이는 한국 속담의 경향과 같은 것이다. 이 밖에 일본 속담은 "여자"를 비유하기도 한다. "풍류"는 즐기는 것만이 아니고, 실리 추구를 권하기도 한다.

① 부귀 영화
埋木に花さく/ 花さき實ふる/ 花も實もあり/ 花さく春に逢ふ/ 花を持たせる.
② 아름다움
花に醉う/ 花は半開 酒は微醉/ 花盗人は風流のうち/ 花の浮橋/ 花は盛りに月はすみなきわをのみ見るものかな
③ 단명
人に千日の好なく, 花に百日の紅なし/ 櫻は僅か七日/ 花一時 人一盛り/ 花も一時
④ 풍류
花の下の半日の客 月の前の一夜の女/ 花心/ 落花, 餘香あり/ 花の下より鼻の下/ 花より團子/
⑤ 여자
花はさくとも 實はなるな

이 밖에 꽃의 품격을 나타내는 속담이 많고, 꽃의 속성, 꽃의 명승지를 나타내는 속담이 여럿 보인다. 꽃의 품평에서는 벗꽃을 꽃의 왕으로 보아 일본적 특성을 드러낸다. 꽃의 속성으로는 개화의 장소, 장애 요소,

개화 시기 등을 나타내는 것이 많다. 이 밖에 특성화되지 않은 "꽃"의
속담도 여럿 보인다.

① 꽃의 품격

櫻は花の王/ 花は櫻に人は武士/ 人は武士,花は櫻/ 櫻の花を柳の枝に梅
の香を持たせたい/ 梅は香に櫻は花/ 花の弟(국화)/ 花の君子(蓮)/ 花の顔
(若紫)/ 花の君(杜若)/ 花の王(牧丹)

② 속성

綺麗な花は山にさく/ 花は所を定めぬもの/ 花は山人は里/ 花には嵐
の障あり/ 花開いて風雨多し/ 花は三月 菖蒲は五月/ 梅は百花のさきが
け/ 花の兄/ 花に三春の約あり/ 花も時節を待ちてさく/ 花になく鶯, 水
にすむ蛙も歌よむ/ 花は根にかえる/ 花多ければ實少なし.

③ 명승지

花の霧島 煙草は薩摩/ 花は吉野 人は武士/ 花が見たくば吉野へござる

④ 기타

花見月(三月)/ 花見飯を食ふ/ 花の中黃鳥 花ならずして芳し/花好きの
畑に花が集まる/ 花は其主の心の色にさく/ 花を折りたるよう.

(3) 영어 속담의 표현

영어 속담에는 놀라울 정도로 꽃에 관한 속담이 적은가 하면, 또 그것
이 드러내는 이미지도 두드러진 것이 별로 보이지 않는다. "단명"의 이
미지를 나타내는 것 외에 "향기", "화려"의 이미지를 나타내는 것이 한
두 개 보일 뿐이다. 이 밖에는 "속성"으로 개화의 시기를, 그리고 기타
를 나타내고 있다.

① 단명

Beauty dose fade like a flower/ The fairest flowers soonest fade.

② 향기

A flower among thorns sends forth a very sweet smell/ The beetle(or scarabe) flies over many sweet flowers and lights in a cowshard.

③ 화려

Gay is the garland where many flowers meet.

④ 개화 시기

April showers bring(forth) May flowers.

⑤ 벌레 먹음

The canker soonest eats the fairest flowers.

⑥ 기타

It is bad soil(or ground) where no flowers will grow/ One flower makes no garland/ Patience is a flower that grow not every(one's) garden.

2.4. "딸"에 관한 속담

"딸"과 관련된 속담은 한국의 경우 29개, 일본의 경우 15개, 영어의 경우 53개이다. 따라서 일본의 속담이 상대적으로 적고(11.6%), 영어 속담은 상대적으로 많은 편(43.8%)이다.

(1) 한국 속담의 표현

한국 속담에서 "딸"은 "사랑스러움", "도둑", "결혼 대상", "타인", "어려움", "서운함"의 이미지를 드러낸다. 딸을 사랑스러운 존재로 보는 것은 대부분 며느리와 대조적 존재로 표현된 것이다. 이는 깊숙이 박혀 있는 고부 갈등을 반영하는 것이다. 딸을 "도둑"이라 하는 것은 혼수에 비용이 많이 든다는 것과, 딸이 음식을 시집으로 나른다는 것이다. 이 밖에 "결혼 대상"으로서의 딸은 우선 내 딸이 고와야 사위를 선택할 수 있다는 것이다. "타인"이란 딸이 결국은 출가외인으로 남이란 것이다. "어려운 존재"라는 것도 출가외인이기 때문에 소원한 존재라는 것이다.

딸이 "서운한 존재"라는 것은 남아선호사상이 반영된 것이다.

① 사랑스러움

가을 볕에는 딸을 쪼이고, 봄볕에는 며느리를 쪼인다/ 딸 손자는 가을 볕에 놀리고, 아들 손자는 봄볕에 놀린다/ 딸의 시앗은 바늘 방석에 앉히고, 며느리 시앗은 꽃방석에 앉힌다/ 배 썩은 것은 딸을 주고, 밤 썩은 것은 며느리 준다/ 양식 없는 동자는 며느리 시키고, 나무 없는 동자는 딸 시킨다/ 오라는 딸은 안 오고, 외통 며느리만 온다/ 죽 먹은 설거지는 딸 시키고, 비빔 그릇 설거지는 며느리 시킨다/ 첫딸은 재산 밑천이다/ 딸의 집에서 가져 온 고추장.

② 도둑

딸 셋을 여의면 기둥 뿌리가 팬다/ 딸 셋이면 문 열어 놓고 잔다.

딸은 산적 도둑이라네/ 딸의 차반 재 넘어가고, 며느리 차반 농 위에 둔다.

③ 결혼 대상

내 딸이 고와야 사위를 고른다/ 반달 같은 딸 있으면 온달 같은 사위 삼겠다/ 어머니가 반중매쟁이가 되어야 딸을 살린다/ 미운 놈 보려면 딸 많이 낳아라/ 딸 없는 사위.

④ 타인

딸의 굿에 가도 전대가 셋/ 딸의 굿에를 가도 자루 아홉을 가지고 간다/ 딸 덕분에 부원군.

⑤ 어려운 존재

아들네 집 가 밥 먹고, 딸네 집 가 물 마신다/ 영감 밥은 누워 먹고, 아들 밥은 앉아 먹고, 딸의 밥은 서서 먹는다.

⑥ 서운한 존재

딸은 두번 서운하다.

⑦ 기타

딸 자식 잘난 것은 갈보 가고, 논밭 잘난 것은 신작로 난다/ 밴 아이 아들 아니면 딸/ 겉보리 돈 사기가 수양딸로 며느리 삼기보다 쉽다/ 괴 딸 아비.

(2) 일본 속담의 표현

일본 속담도 "딸"은 한국 속담처럼 "도둑", "결혼 대상" 등의 이미지를 드러낸다. "도둑"이란 것은 한국과 같이 혼수 비용이 많이 드는 것을 나타낸 것이다. "결혼 대상"으로서의 딸은 제때 결혼을 시켜야 한다는 것이다. 그러나 일본 속담은 한국 속담처럼 "사랑스러움", "서운함" 등의 이미지는 보이지 않는다. 그 대신 "모전여전", "교육 대상"의 이미지를 드러내는 것이 보인다.

① 도둑
娘三人は一身代/ 三人は娘一身代/ 娘三人もでば身代潰す/ 娘の子は強盗八人/ 娘出世に強盗八人/ 娘一人に七藏あけた/ 娘の子と小袋は思うたより入りがつよい.

② 결혼 대상
娘ともちごめは年の暮にかたつく/ 娘ともちごめは節季に果てる.

③ 모전여전
娘は母につく/ 娘を見るより母を見よ.

④ 교육 대상
娘は棚に上げ 嫁は掃溜から貰へ.

⑤ 기타
娘一人に壻八人/ 娘が姑になる/ 娘となすは若いがよい.

(3) 영어 속담의 표현

영어 속담의 경우는 "결혼 대상", "도둑"의 이미지를 드러내는 것 외에는 한국 속담과 차이를 보인다. "결혼 대상"으로서의 딸은 적기에, 혼인시킬 수 있을 때에, 어머니를 보고 골라 시키라는 것이 주를 이룬다. "도둑"의 이미지를 드러내는 것은 하나뿐인데 역시 혼비와 관련된 것이다. 일본의 속담처럼 "모전 여전"의 이미지를 드러내는 것이 많은데 어머니가 모범을 보여야 한다는 것이다. 이 밖에 "교육 대상", "소식 미복 (小食美服)", "지참금"과 관련된 속담이 상당수 보인다. "교육 대상"으로 서의 딸은 교육을 잘 받아야 한다는 것이다. "소식 미복"은 아들과 달리 딸은 잘 먹이지는 못하더라도 잘 입혀야 한다는 것이다. "지참금"은 결혼을 하며 약속을 하고 이를 이행하는 과정에서 복잡한 문제가 제기됨을 지적하는 것이다.

① 결혼 대상

Daughters and dead fish are not keeping wares/ Marry your daughters betimes lest they marry themselves/ Marry your daughter and eat fresh fish betimes/ He that would the daughter win must with the mother first begin/ If your daughter be marriageable set your servent free and give her to him in marriage/ Marry your son when you will, (but) your daughter when you can/ Marry thy daughter when thou mayst, and thy son when thou pleasest/ A rich citizen's daughter marrying a nobleman is like a black pudding : the one brings blood, the other suet/ Take a vine of a good soil, and the daughter of a good mother/ Of a good soil, take thee a vine-yard, and of a good mother, the daughter/.

② 도둑

Two daughters and a back door are three arrant(or stark) thieves.

③ 모전여전

The daughter follows the track of the mother/ Like mother like daughter/ If the mother trot, the daughter can't amble/ If the mother trot, how can the daughter amble?/ Such(as the) mother (is,) such (is the) daughter/ The good wife would not(or No woman would) seek her daughter in the oven if she had not been there before/ If the mother had not been in the oven, she had never sought her daughter there.

④ 교육 대상

Dawted daughters make daidling wives/ A light-heeled mother makes a

202 제2부 성어(成語)에 반영된 발상과 문화

heavy-heeled daughter/ Light-heel'd mothers make leaden-heel'd daughters/ An olight mother makes a sweir daughter/ Four good mothers beget four bad daughters; great familiarity, contempt; truth, hatred; virture, envy; riches, ignorance/ A pitiful mother makes a scabby daughter/ I have cured her from laying in the hedge, quoth the good man when he had wed his daughter(or when he marred his daughter).

⑤ 소식 미복

Thy son well fed and ill cloth'd, but thy daughter well cloth'd and ill fed/ Let thy son be well fed, and raggedly cloth'd but thy daughter less fed, but well cloth'd/ The son full and tattered, the daughter empty and fine.

⑥ 지참금

Between promising and performing a man may marry his daughter/ Between giving somewhat and promising much, a man may be honestly rid of a daughter/ Twixt promising and giving, one should marry his daughter.

이 밖의 영어 속담에는 "딸"이 한국 속담의 "타인"의 이미지와는 반대로 "영원한 딸"이라는 이미지를 나타내는 것이 보인다. 이는 사위가 장모에게 극진하게 함을 의미한다. 이 밖에 특정 이미지를 드러내지 아니하는 속담도 여러 개 보인다.

① 영원한 딸

My son is my son till he has got him a wife, but my daughter's my daughter all the days of her life.

② 기타

Ingratitude is the daughter of pride/ Truth is time's daughter(or the daughter of time or God's daughter or the daughter of God)/ Make not two mews of one daughter/ The owl was a baker's daughter/ You breed of the miller's daughter, that speered what tree groats grew on.

3. 맺는 말

"까마귀", "여우", "꽃", "딸"과 관련된 한·일·영어의 속담의 빈도와 이미지를 살펴보았다. 한국의 속담은 "까마귀"가, 일본의 속담은 "꽃"이, 영어 속담은 "여우"가 높은 빈도를 보인다.

사물에 대한 이미지는 동서양, 또는 민족과 국가 간에 이동(異同)을 보인다. 이는 문화적 차이, 발상의 차이로 말미암아 빚어진 것으로 표현의 차이를 드러낸다. "까마귀", "여우", "꽃", "딸"에 대한 발상과 표현도 마찬가지다.

"까마귀"와 관련된 속담의 경우 한국에서는 "까마귀"가 "검정, 죽음, 불길, 망각, 미천, 효도"를 드러낸다. 일본의 경우는 대체로 한국과 비슷하나, "죽음"의 이미지가 약하며, "점후, 예지, 불능"의 이미지를 보인다. 영어의 경우는 "검정, 죽음"을 제외하고 차이를 보인다. "불길, 망각, 효도"의 이미지는 보이지 않으며, 이에 대해 "배신, 불쾌, 처치 대상" 등의 이미지가 드러난다. 특히 "배신, 처치 대상"이란 이미지가 이채롭다. 이들 속담의 경향을 정리해 보면 다음과 같다.

> 한국 : 검정 죽음 불길 망각 미천 효도/ 식성 속성 무가치 기타
> 일본 : 검정 (죽음) 불길 망각 효도/ 점후 예지 불능/ 식성 속성 기타
> 영어 : 검정 죽음/ 배신 불쾌 처치대상 파종법/ 속성 속신 기타

"여우"와 관련된 속담은 한국에서는 "죽음", "불길", "간교" 등의 이미지를 주로 드러내고, 일본에서는 "요망", "간교"의 이미지 외에, "사람을 홀림", "둔갑"이란 이미지를 나타낸다. 이 밖에 "稻荷(벼락)"의 신 내지 사자라는 이미지와, 팥밥(小頭飯)을 좋아한다는 식성을 드러낸다. 영어

권에서는 "간교"의 이미지 외에 한국이나 일본과는 달리 "간계·계책", "약탈자"라는 이미지를 강하게 드러낸다. 이밖에 "모피", "악성(惡性)", "긴 꼬리" 등의 이미지와, "old fox"가 풍부한 경험의 상징으로 나타난 다. 이들의 경향을 정리하면 다음과 같다.

> 한국 : 간교, 요망/ 죽음, 불길, 고난, 해괴
> 일본 : 간교, 요망/ 홀림, 둔갑/ 벼락의 신, 예지 능력
> 영어 : 간교/ 간계·계책, 약탈자, 모피, 악성(惡性), 긴 꼬리/ 악행 참 회, 지혜

"꽃" 관련 속담의 경우 한국에서는 "꽃"이 "부귀영화, 풍류, 아름다움, 단명" 등의 이미지를 드러내고, "나비"를 연상시킨다. 일본의 경우도 비 슷하다. 일본의 경우는 "여자"의 이미지를 드러내는 것이 추가되고, "나 비"를 연상시키는 속담이 보이지 않는다. 꽃의 품격에 대한 것은 다양하 게 나타난다. 영어의 경우는 "단명, 화려"의 이미지만이 같다. 이 밖에 "향기"의 이미지를 드러낸다는 것이 영어 속담의 특징이다. 수적으로 영 어 속담은 적을 뿐 아니라, 드러내는 이미지도 상대적으로 단순하다. 이 들 속담의 경향을 정리해 보면 다음과 같다.

> 한국 : 부귀영화 풍류 단명 아름다움 나비의 상대/ 꽃의 품격/ 속성 기타
> 일본 : 부귀영화 아름다움 단명 풍류/ 여자/ 꽃의 품격 속성 명승지 기타
> 영어 : 단명 화려/ 향기 개화 기타

"딸"과 관련된 속담은 한국의 경우 "딸"이 "사랑스러움, 도둑, 결혼 대상, 타인, 어려움, 서운함" 등의 이미지를 나타낸다. 일본의 경우는 한 국과 달리 "딸"과 "며느리"에 대한 애증의 갈등은 보이지 않는다. 그리

하여 "도둑, 결혼 대상"이란 공통점만을 드러낸다. 이 밖에 "모전여전(母傳女傳), 교육 대상" 등의 이미지와 연결된다. 영어의 경우는 일본의 경우와 같이 "도둑, 결혼 대상"이란 이미지만이 같고, 나머지는 차이를 보인다. "모전여전, 교육 대상"이란 이미지면에서도 일본 속담과 같다. "小食·美服, 지참금, 영원한 딸"이란 이미지와 연결되는 것은 영어 속담만의 특징적 경향이다. 이들 속담의 경향을 정리해 보면 다음과 같다.

> 한국 : 사랑스러움 도둑 결혼대상 타인 어려운 존재 기타
> 일본 : 도둑 결혼대상/ 모전여전 교육대상 기타
> 영어 : 도둑 결혼대상/ 모전여전 교육대상 소식미복 지참금 영원한 딸
>   기타

이상의 속담에 대한 표현의 고찰로 볼 때 "까마귀"와 "꽃" 관련 속담은 한국과 일본이, "딸" 관련 속담은 "일본"과 "영어"권 속담이 유사한 표현 경향을 지닌다고 하겠다. 이에 대해 "여우"에 대한 속담은 한국과 일본이 유사한 경향을 보이는 데 대해 영어권은 상당한 이미지의 차이를 보인다. 이러한 속담의 표현 특성은 각 민족어의 표현 특성이라 할수 있다. 이들 표현 특성은 문화의 반영체로서, 외국어로서의 자국어 교육에도 원용함이 바람직할 것이다.

참고문헌

박갑수(1998), 일반국어의 문체와 표현, 집문당.
한국문화상징사전편찬위원회(1992), 한국문화상징사전 1, 동아출판.
한국문화상징사전편찬위원회(1995), 한국문화상징사전 2, 두산동아.
Ad de Vries(1984), Dictionary of Symbols and Imagery, 山下主一郎 主幹イメジ·シンボル事典, 大修館書店.

赤祖父哲二(1990), 英語イメジ事典, 三省堂.
フランイスト・J・クデイアラ, 羽鳥博愛(1984), 英語發想IMAGE辭典, 朝日出版社.

* 이 글은 2000년 7월 14일, 제12회 ICKL 국제학술회의(Kristal Hotel, Praha)에서 "한・일・영어 속담 표현의 한 단면"이란 제목으로 발표되었고, 梅田博之敎授古稀紀念論文集(2001)에 수록한 것으로, 본서에 수록하며 대폭 증보・개고한 것이다.

제3장 | "손" 관련 관용어의 발상과 표현

韓 · 英 · 日語의 비교

1. 서론

관용어(idiom)란 한 언어의 특유한 표현법으로, 이는 광의로 해석할 때 어떤 특정 언어, 지역 방언 및 사회방언을 이른다. 그러나 일반적으로는 협의로 해석하여 한 언어를 지배하는 문법이나 논리로서는 규제할 수 없는, 그 언어에 특유한 관용적 어법을 가리킨다. 이는 "문법적 내지 논리적 의미", 또는 "조성 요소의 종합적 의미"와 다른 의미를 지니는 것을 특징으로 한다.

한국어에도 이러한 협의의 관용어가 많다. 이것은 국어를 다른 언어 표현과 구별짓는 특정한 표현이다. 이러한 관용어는 형태면에서 단어가 조합된 구절 이상의 것으로 되어 있어, "관용어"란 용어와 함께 "관용구"란 용어가 많이 사용된다.

"Idiom"은 앞에서 언급한 바와 같이 "관용어"와 "관용구"라 한다. 이는 동의어로 차원을 달리하는 말이라 하겠다. "관용어"가 "관용어법", 또는 "관용적인 말"이란 의미를 나타낸다면 "관용구"는 단어가 조합된 구절 이상의 구조를 지닌다는 데 초점을 맞춘 협의의 명명이라 하겠다. 따라서 이 글에서는 원칙적으로 두 용어를 다 같이 "Idiom"을 나타내는 번역어로 보아 통용하되, "관용어"를 "관용적으로 쓰는 말"이라는 광의의 말로, "관용구"를 형태적인 면에 주목한 협의의 말로 보아 사용하기로 한다.

한국어의 관용어는 어떤 표현상의 특징을 지니고 있는가? 여기서는 국어의 표현상의 특징을 고찰하기 위해 "손"과 관련된 관용구를 살펴보기로 한다. 이를 위해서는 영어와 일어의 관용구와 비교될 것이다. 이러한 국어 관용구의 특징의 파악은 국어의 발상과 표현의 특성을 알게 하며, 나아가 외국어어로서의 한국어 교육에 이바지 하게 할 것이다.

관용구는 한국어의 경우 금성사의 "국어대사전"(1991)을 자료로 하고, 영어의 경우는 시사영어사의 The World Comprehensive English-Korean Dictionary(1978)를, 일본어의 경우는 岩波書店의 廣辭苑(1979)을 자료로 하여 추출하기로 한다. 이 밖에 필요한 경우 다른 자료를 활용·보충하기로 한다.

2. "손"과 관련된 관용어

"손"과 관련을 갖는 한국어의 관용구로, "국어대사전"에 표제어로 실려 있는 것은 모두 62개이다. 이 가운데 "손"과 함께 조합된 것이 50개, "손끝"과 함께 조합된 것이 4개, "손발"과 함께 조합된 것이 5개, "손아귀"와 함께 조합된 것이 1개, "팔"과 함께 조합된 것이 2개이다. 이에 대해 영어 관용구는 122개이고, 일어 관용구는 72개이다.

다음에는 이러한 관용구를 그 구조와 개념의 면에서 살펴보기로 한다.

2.1 "손" 관련 관용구의 구조

(1) 한국어 관용구의 구조

관용구는 통사적 구조를 지니고 있으므로, 이의 구성 형식은 문법적인 성분에 따라 분석해 볼 수 있다. 국어의 "손" 관련된 관용구는 다음과 같이 구성되어 있다.

> ① 주술구조 (24개)
>   ⓐ 동사형(7) : 손이 가다, 손이 나다, 손이 달리다, 손이 맞다, 손이 모자라다(형), 손이 잠기다, 손발이 맞다
>   ⓑ 형용사형(17) : 손이 거칠다, 손이 곱다, 손이 뜨다, 손이 많다, 손이 맑다, 손이 맵다, 손이 비다, 손이 빠르다, 손이 서투르다, 손이 설다, 손이 싸다, 손이 여물다, 손이 작다, 손이 재다, 손이 크다, 손끝이 맵다, 손끝이 여물다
> ② 보술구조(1) : 손발이 되다
> ③ 객술구조(21) : 손을 거치다, 손을 끊다, 손을 나누다, 손을 내밀다, 손을 넘기다, 손을 떼다, 손을 맺다, 손을 멈추다, 손을 벌리다, 손을 붙이다, 손을 빌리다, 손을 빼다, 손을 뻗치다, 손을 씻다, 손을 젓다, 손을 주다, 손을 타다, 손을 털다, 손끝을 맺다, 손발을 걷다, 손발을 치다
> ④ 한술구조(8) : 손에 걸리다, 손에 넣다, 손에 달리다, 손에 들다, 손에 떨어지다, 손에 익다, 손에 잡히다, 손에 쥐다, 손아귀에 넣다
> ⑤ 한객술구조(2) : 손에 땀을 쥐다, 손에 손을 잡다
> ⑥ 한수술구조(1) : 손에 잡힐 듯하다
> ⑦ 한주술구조(1) : 손끝에 물이 오르다
> ⑧ 주한술구조(1) : 손발이 닳도록 빌다
> ⑨ 객한술구조(2) : 팔을 걷고 나서다, 팔을 걷어붙이다.

국어 관용구의 경우는 주술구조가 가장 빈도가 높아 24개로 38.7%를 차지한다. 이 때의 서술어는 형용사로 된 것이 많아 17개이고, 동사로 된 것이 7개이다. 이 밖에 주술 구조의 것으로, 부속성분이 더해진 것이 2개 더 있다. 주술구조 다음으로 빈도가 높은 것은 객술 구조의 관용어이다. 이는 21개로 33.9%를 차지한다. 이것도 부속성분이 더해진 것이 4개 더 있다. 이 밖에 한정어와 서술어가 결합된 한술구조의 관용어가 8개로 1.3%를 차지한다. 이러한 한술구조의 관용어는 다른 성분과 결합된 것이 7개 더 있어 15개다. 한국어 관용구는 이러한 세 유형이 주류를 이룬다. 이밖에 보술구조가 하나 있다.

(2) 영어 관용구의 구조

영어 관용구의 구성 형식을 보면 다음과 같다.

① 명사구 (附수식어) (6개)

a big hand, a bird in the hand, clean hands, hand of glory, hand to hand conflict, last hand, the upper hand (of)

② 동사구 (2개)

Hands off, Hands up

③ 부사구(35+2) (+×는 괄호 속의 이형의 숫자임)

all hands down, at one's hands, at the hands of, at the hand of, at second hand, at third hand, at close hand, at first hand, at hand, by hand, by the hand, by the hands of, for one's own hand, from hand to hand, from hand to mouth, from very good hands, hand and foot in hand, hands down, hand in hand, hand over hand, hand under hand, in the turn(ing) of a hand, off hand, off one's hand, on hand, on one's hand, on the one hand, on the other hand, out of hand, to hand, under one's hand, with a heavy[an iron] hand, with a high hand, with an even hand, with clean hands

⑤ 보술구조

be no hand at

⑥ 객술구조(47+8)

ask for a lady's hand, bear a hand, bite the hand that feeds one, call a person's hand, change hands, do a hand's turn, do not a hand's turn, do not lift a hand, force one's hand, get a (good) hands, get one's hand in, get the hands, give a hand, give… into the hands of, give one's hand to, have a hand for, have[keep] one's hand in, have one's hands full, have something in hand, hold a person in the hollow of one's hand, hold hands, hold someone's hand, join hands, keep a person well in hand, keep one's hand in, keep one's hand off, keep one's hand [a firm hand] on, lay hands on, lend a hand, lift[raise] a hand, lift[raise] one's hand to[against], make a hand, make no hand of, play a good hand, put[set] one's hand on, put[set] one's hand to, shake a person's hand, shake hands with a person, show one's hand, strike hands, take a hand at[in], try one's hand at, turn one's hand to, wash one's hands of, weaken the hands of, win a lady's hand, wring one's hands

⑦ 객술한구조(3+1)

give one's hand on a bargain, play one's hand for all it is worth, wait on[serve] a person hand and foot

⑧ 한술구조 (V+전치사구) (20+2)

ⓐ 동사형 come to hand, eat(feed) out of one's hand, fall into the hands of, fight hand to hand, get … in hand, get out of hand, go hand in hand with, hand and(in) glove with, have … in hand, have on one's hands, keep … at hand, keep in hand, pass into other hand, play for one's own hand, play into one another's hand, play into the hands of, sit on one's hands, take in hand, throw in one's hand, throw up one's hands

ⓑ 형용사형 (A+전치사구) (4+2)

as bare [flat] as a person's hand, close at hand, heavy on(in) hand, light in hand

⑨ 기타 (2)

It stands a person in hand to do, Time hangs heavy on my hand

영어 관용구는 통사적으로 볼 때 객술구조의 것이 55개로 53.3%, 한술구조의 것이 28개로 22.9%를 차지해 주류를 이룬다. 이 밖에 부사구로 된 것이 37개로 30.3%의 높은 빈도를 보여 준다.

(3) 일본어 관용구의 구조

일본어 관용구의 구성 형식은 다음과 같다.

① 명사구 (1)
手の奴足の乘物
② 부사구 (1)
手もすまに
③ 주술구조 (14)
手が上がる, 手が明けば口が開く, 手が籠む, 腕が鳴る, 手が離れる, 手が長い, 手が惡い, 手が付けられぬ, 手が早い, 手が回る, 手を打つ, 手が後にまわる, 手がはいる, 手が見える
④ 객술구조(34)
手を延ばす, 手を燒く, 手をよく, 腕を限り, 腕をさすな, 腕を鳴らす, 腕をのす, 腕を揮う, 手を出す, 手を廣げる, 手を切る, 手を引く, 手を別る, 手差す, 手を搔く,
手を拱く, 手を擦る, 手を束ぬ, 手を束ね膝を屈む, 手をつくる, 腕拱く, 手を付ける,
手を取る, 手を握る, 手を置く, 手を替え品を替え, 手を碎く, 手取り足取り, 手を入れる, 手を反す, 手をなめる, 手をもむ, 腕を組む, 腕を引く
⑤ 한술구조(10)

手に餘る, 手に掛く, 手に入る, 手に立つ, 手に取つたよう, 腕に覺え, 腕に任せて, 手の曲に回るよう, 手と身になる, 手に乘る

⑥ 한객술구조 (4)

腕によりをかける, 手に汗を握る, 手に手を取る, 手に持つものを落したよう,

⑦ 기타 (2)

手も足も出ない, 手も無い

일본어 관용구는 주술구조가 14개로 19.4%, 객술구조가 34개로 47.2%, 한술구조가 10개로 13.9%를 차지해 주류를 이루고 있다.

이렇게 볼 때 "손" 관련 관용구의 구성 형식은 한(韓)·영(英)·일(日) 3국의 경우 객술구조의 것이 가장 높은 빈도를 보이는 것을 알 수 있다. 그리고 그 다음이 한술구조, 주술구조의 순이 된다. 영어의 경우 주술구조의 것은 2개가 보일 뿐이다. 이에 대해 영어의 경우에는 부사구의 형식으로 된 것이 높은 빈도를 보인다. 이는 한·일어에는 보이지 않는 것이다. 이런 점에서 볼 때 "손" 관련 관용구는 한(韓)·일어(日語)가 보다 유사한 구조로 이루어져 있다고 할 것이다.

2.2. "손" 관련 관용구의 개념

관용구를 올바로 파악하기 위해서는 형식과 함께 개념의 면도 아울러 살펴보아야 한다. "손" 관련 관용구가 구성요소와 달리 어떤 의미를 드러내는가가 중요한 의미를 지니기 때문이다. 따라서 여기서는 한국어의 관용구를 중심으로 그 관용구가 드러내는 개념을 유형화하여 파악하기로 한다. 그리고 그 유형에 따라 영어 및 일어의 관용구를 살피기로 한다. 그렇게 되면 바로 비교되어 그 특성을 쉽게 이해할 할 수 있을 것이다. 그리고 영어 및 일본어 관용구의 특성은 항목을 달리 하여 2.2.2.와 2.2.3.에서 따로 살펴보기로 한다.

(1) 한국어 관용어의 경우

한국어의 "손" 관련 관용구는 이들의 개념 또는 이미지를 중심으로 살펴볼 때 그 주요한 유형은 일·일손, 솜씨·능력, 관계, 동작·태도, 지배·간섭, 착수, 소유, 경제, 지체 등으로 나타난다. 이제 이들 유형의 구체적인 예를 보면 다음과 같다. 관용구에는 개념 파악을 용이하게 하기 위해 대표적인 의미를 한두 개 붙이기로 한다.

① 일·일손

"손"은 일이나 일손을 나타내는 관용구에 많이 쓰이고 있다. 이러한 한국어의 관용구는 7개이다. "손(이) 가다(손이 미치다, 손을 대어 매만지다), 손(이) 나다(잠시 쉬거나 틈이 나다), 손(이) 달리다(일손이 모자라다), 손(이) 많다(일손이 많다), 손(이) 모자라다(일손이 부족하다), 손(이) 잠기다(일에 매여 벗어날 수 없다), 손(을) 빌리다(도움을 받다)"가 그것이다.

영어의 경우는 8개가 쓰이고 있다. 이들은 일과 관련된 것이 4개, 일손과 관련된 것이 4개이다. "일"과 관련 된 것은 다음과 같은 것이다.

"do a hand's turn(최소의 노력을 하다), do not lift a hand(손하나 까딱 않다, 아무 일도 하지 않다), lift[raise] a hand(노력하다, 일하다), not do a hand's turn(조금도 움직이지 않다)"

이에 대해 "일손"과 관련된 관용구는 다음과 같다.

"bear a hand(관계하다, 거들어 주다), give a hand(돕다 거들다), have one's hands full(몹시 바쁘다, 일에 매어 손이 나지 않다), lend a hand(거들다, 조력하다)"

일본어의 관용구는 "일"과 관련된 것이 3개다.

"手が明けば口が開く(일이 없으면 생활이 안 된다, 한가하면 쓸데없는 이야기를 시작한다), 手もすまに(손을 끊임없이 움직여, 손도 쉬지 않고), 手を延ばす(거래소나 일을 확장하다)"가 그것이다. 이들 가운데 앞의 둘은 일손과, 뒤의 하나는 일과 관련된 관용어라 하겠다.

"일·일손"과 관련이 있는 한(韓)·일(日)·영(英) 삼국의 관용어는 놀랍게도 동일한 형태 및 개념의 관용어가 하나도 보이지 않는다.

② 솜씨·역량

"솜씨·능력"과 관련된 한국어의 관용구는 7개이다. 그 예를 보면 다음과 같다.

"손(이) 거칠다(손버릇이 나쁘다, 솜씨가 세밀치 못하다), 손(이) 빠르다 (일처리가 빠르다, 물건이 잘 팔리다), 손(이) 서투르다(일하는 품이 익숙지 않다), 손(이) 설다(일하는 품이 익숙지 않다), 손(에) 익다(익숙하다), 손끝(이) 여물다(빈틈없고 뒤탈 없이 일을 잘 하다), 손(이) 여물다 (빈틈없고 뒤탈 없이 잘 하다)"

영어의 경우는 13(15)개이다. 이들의 예는 다음과 같다.

"all hands down(용이하게, 여유 있게), be no hand at(아주 서투르다), get one's hand in(연습하여 숙달되다, 일 따위에 익숙해지다), get out of hand(도를 넘다, 감당할 수 없게 되다), hands down(수월하게, 명백히),

have a hand for(…의 재간이 있다), have something in hand(여분이 있다, 수월하게 이기다), heavy on(in) hand(사람이 다루기 어려운), keep one's hand in(…에 익숙해 있다), light in hand(다루기 쉬운), play a good hand (능란한 솜씨로 노름하다), the upper hand (of)(상수, 유리, 지배적 입장), to one's hand(애쓰지 않고 얻을 수 있도록), try one's hand at(…을 해보다, 솜씨를 시험하다)"

일본어의 관용구는 16개로 많은 편이다. 일본어의 경우 이러한 유형의 관용구가 상대적으로 많은 것은 "腕"가 흔히 "능력", 또는 "완력"을 나타내기 때문이다. 이들의 용례는 다음과 같다.

"手が上がる(기술 또는 기예가 훌륭해지다, 솜씨가 늘다), 手が籠む (기교가 치밀하다), 手が早い(일처리가 민속하다), 手に餘る(손아귀에서 벗어나다, 힘에 겹다), 手の曲に回るよう(자유자재한 모양), 手を燒く(실패하여 혼나다, 처치하기 곤란하다), 手をよく(감쪽같이, 보기 좋게), 腕が鳴る(기량을 나타내려 가만히 있지 못함을 이름), 腕に覺え(자기의 역량에 자신이 있는 것), 腕に任せて(힘이 있는 한), 腕によりをかける(자신 있는 팔을 자랑하려 열심임), 腕を限り(완력이 있는 한), 腕をさすな (기량을 나타내려 가만히 있지 못함을 이름), 腕を鳴らす(기량을 보일 기회를 기다리다, 기량을 보여 명성을 넓히다), 腕をのす(기량을 신장하다), 腕を揮う(기량을 발휘하다)"

이들 3개국의 관용어 가운데 "손이 빠르다"와 "手が早い"는 같은 발상과 표현을 한 것이고, "get out of hand"와 "手に餘る"는 개념상 관련이 있는 것이다.

"手が上る"와 "lift(raise) a hand(노력하다, 일하다)"는 외형은 비슷하나, 개념이 다른 관용어이다.

③ 관계

대인 또는 대물 관계를 나타내는 관용구로도 많이 쓰인다. 이러한 관용구는 한국어의 경우 8개 인데,· 그 가운데 5개가 관계의 단절, 단교를 나타내는 것이다. "손(을) 끊다(교제나 거래를 단절하다), 손(을) 나누다(작별하다, 분담하여 일을 하다), 손(을) 떼다(하던 일을 그만두다), 손(을) 빼다(하던 일에서 빠져 나오다), 손(을) 씻다(부정적 일에 관계를 청산하다)"가 그것이다. 이에 대해 다음의 예는 오히려 어떤 관계를 가짐을 나타내는 관용어다.

"손(이) 맞다(생각·방법이 서로 맞다), 손(에) 걸리다(손아귀에 잡혀들다), 손(을) 거치다(어떤 사람을 경유하다, 손질함을 입다)"

영어의 경우 "관계"를 나타내는 관용구는 7개인데, 한국어와는 달리 대부분이 관계를 가지는 것을 나타내고, "단교·단절"을 나타내는 것은 2개뿐이다. 관계를 가지는 것은 다음과 같다.

"from hand to hand(이 사람 손에서 저 사람 손으로)", "have one's hand in(…에 관계하고 있다, …에 익숙해 있다, 기량을 닦다)", "join hands(한 패가 되다, 결혼하다)", "take a hand at[in](…과 한패가 되다, 관계하다, 손을 대다)".

이와 달리 "단교·단절"과 관계되는 것으로는, "off one's hands(손을 떠나서, 책임이 없어져)", "wash one's hands of(…과 손을 끊다)"가 보인다.

일본어의 경우 "관계"에 관한 관용구는 7개이고, 이 가운데 단교, 단절과 관계되는 것이 4개이다. 먼저 "관계"를 나타내는 관용어를 보면, "手に掛く(의 손에 걸리다, 의 손으로 죽다, 의 손아귀에 들다), 手を出す(그 일에 관계하다, 여자와 색정의 관계를 갖다), 手を廣げる(손을 벌리다, 일을 확대하다)"

등이 있다. 이와 달리 "단교·단절"과 관련이 있는 관용구로는 다음과
같은 것이 있다.

"手が離れる(관계가 없어지다, 어린이가 성장하여 공력이 필요없다), 手を切る
(관계를 끊다, 인연을 끊다), 手を引く(손을 끌어 인도하다, 관계를 끊다), 手を別
る(관계를 끊다, 손을 끊다)"

이들 삼개국의 관용구의 상호관계를 보면 "손(에) 걸리다"와 "手に掛
く", "손(을) 끊다"와 "off one's hands", "手を切る", "손을 나누다"와
"手を別る", "손(을) 씻다"와 "wash one's hands of"는 형태 및 개념이
서로 관련이 있는 것이다.

④ 동작·태도

"동작·태도"와 관련된 한국어의 관용구는 8개이다.

"손(이) 뜨다(동작이 굼뜨다), 손(을) 맺다(아무 일도 안 하다), 손(을)
멈추다(동작을 중지하다), 손을 젓다(어떤 일에 대해서 거절이나 거부의
뜻을 나타내다), 손(이) 싸다 (손놀림이 몹시 빠르다), 손(이) 재다(동작이
재빠르다), 손끝(을) 맺다(아무 일도 아니하다), 손끝(에) 물도 튀긴다(아
무 일도 하지 않고 손 하나 까딱하지 않는다)"

이에 대해 영어의 관용구는 다음과 같이 10(11)개이다.

"at first hand(직접으로), at second hand(간접적으로), at third hand(간접
의, 간접으로), last hand(마지막 손질, 마무리), with a heavy[an iron] hand
(강력히, 압제적으로), take in hand(처리하다, 관리하다, 맡다)」, with a
high hand(강압적으로, 거만하게), with an even hand(공평하게), with clean
hands(청렴하게), play one's hand for all it is worth(전력을 다하다, 있는
정력을 다 쏟다)"

일본어의 경우는 17개의 관용구를 보여 준다.

"手が長い(도벽이 있다, 손버릇이 나쁘다), 手が回る(준비가 충분하다,
수배되다), 手が惡い(소행이 좋지 않다), 手差す(싸움을 걸다), 手を打つ
(수단·방법을 강구하다, 타결 짓다), 手を置く(팔짱을 끼다, 수수방관하
다), 手を替え品を替え(갖은 방법으로 시험하는 모양), 手を碎く(방법을
여러 가지로 생각하다), 手を搔く(손을 좌우로 흔들어 금지의 뜻을 알리
다), 手を拱く(팔짱을 끼다, 생각에 빠져 있는 모양), 手を擦る(간원, 사
죄의 뜻으로 양 손바닥을 비비다), 手を束ぬ(경의를 표하여 팔짱을 끼다,
방관하다), 手を束ね膝を屈む(손을 모으고 허릴 굽혀 상대방의 안부를
묻다), 手をつくる(손을 맞대고 절하다), 腕拱く(팔짱을 끼고 아무것도
하지 않는다), 腕を組む(팔짱을 끼고 생각하다), 手八丁口八丁(하는 것이
나 말하는 것이나 달인임을 말함)"

이들 가운데 "손을 젓다"는 "手を搔く"와 유사한 것이고, "手を置く"
는 "손을 놓다"와 같은 발상의 표현이다. 국어의 경우 "손을 놓다"는 오
늘날 관용구가 아닌 합성어로 보고 있다. "手を拱く"는 "깍지를 끼다",
"腕控く, 腕を組む"는 "팔짱을 끼다"와 같은 뜻의 표현이다.

⑤ 지배·간섭

한국어의 관용구 가운데 "지배"와 관련이 있는 것은 5개이고, "간섭"
과 관련이 있는 관용구는 보이지 않는다.

"손(에) 넣다(자기 것으로 만들거나 세력 범위 또는 지배하에 두다),
손(에) 달리다(좌우되다), 손(에) 들다(세력 범위나 손아귀에 들어가다),
손(에) 떨어지다(上同), 손아귀에 넣다(완전히 자기의 것으로 만들다)"

영어의 경우는 "지배·간섭"과 관련이 있는 관용구가 7개 보인다.

"have… in hand(수중에 갖고 있다, 지배하다), have on one's hands(주체
못하다), hold a person in the hollow of one's hand(남을 완전히 손아귀에
넣다), keep one's hand[a firm hand] on(…의 지배권을 쥐고 있다, …을 통
제하고 있다), keep one's hands off(간섭하지 않다), keep a person well in
hand(남을 지배하고 있다, 손아귀에 넣고 있다), keep in hand(…을 경영
하다, 지배하다)"

일본어의 경우는 "지배·간섭"의 관용구가 보이지 않는다.
"손에 넣다"와 "have … in hand", "손아귀에 넣다"와 "hold a person
in the hollow of one's hand"는 비슷한 구조에 유사한 의미를 나타내는
관용어다.

⑥ 착수
한국어의 경우는 2개의 예를 보여 준다.

"손(을) 붙이다(어떤 일을 시작하다, 노력을 들여 일하다), 손(을) 뻗치
다(하지 않던 일을 해 보다. 세력을 넓히다)"

영어의 경우는 8개의 예가 보인다.

"have [keep] one's hand in(에 착수하고 있다, 에 종사하고 있다), hold
hands(손을 대지 않다), in hand(시작하여, 진행 중인, 수중에 있는), lay
hands on(에 손대다, 을 움켜잡다), put in hand (일을 시작하다), put[set]
one's hand to(에 착수하다), turn one's hand to(에 손대다, 착수하다), get
… in hand(을 부리다, 에 착수하다)"

일본어의 경우는 3개의 예를 보여 준다.

"手が付けられぬ(할 방법이 없다), 手を付ける(착수하다, 주인공이 시
녀 등과 관계를 맺다), 手も足も出ない(해 볼 도리가 없다)"

이 가운데 "손(을) 붙이다"는 "着手하다"의 의미로, "손대다"와 같은
관용어다. "손대다"는 "손(을) 대다"가 합성어를 이룬 것이다. "put[set]
one's hand to" 및 "手を付ける"는 "손을 붙이다/ 손을 대다"와 그 구조
및 개념이 유사한 것이다.

⑦ 소유

"소유·소유주"와 관계되는 관용구는 5개이다. 이들 가운데 아래에
제시한 보기에서 앞의 셋은 "지배·간섭"과도 관련이 있는 것이다.

"손에 넣다(무엇을 자기의 것으로 만들거나 세력 범위 또는 지배 아
래 두다), 손에 들다(누구의 손아귀에 들어가다), 손에 떨어지다(어떤 세
력 범위나 지배 아래 들어가다, 또는 그 소유가 되다), 손(이) 비다(아무
일도 하지 않고 있다, 수중에 가진 돈이 없다), 손에 쥐다 (어떤 것을 자
기 소유로 만들다)"

영어의 경우는 다음과 같이 7개의 예가 보인다.

"a bird in the hand(확실한 소유물), (as) bare [flat] as a person's hand(텅
빈, 아무것도 없는), change hands(재산 따위의 임자가 바뀌다), come to
hand(손에 들어오다, 발견되다), pass into other hands(남의 손에 넘어가
다), fall into the hands of(…의 수중에 들어가다), keep … at hand(을 갖고
있다)"

일본어의 경우는 3개의 예가 보인다.

"手に入る(자기 소유가 되다, 자유자재의 역에 달하다), 手に取つたよ
う(이미 성공한 것 같다), 手に持つものを落したよう(맥 빠진 모양), 手
に据えたる鷹をそらす(수중에 들어온 것을 놓치다)"

이들 세 나라의 관용구 가운데 "손에 들다"는 "come to hand", "手に
入る"와, "손에 떨어지다"는 "fall into the hand"와 같은 구조 및 발상의
표현이라 하겠다. 그리고 "손(이) 비다"는 "(as) bare(flat) as a person's
hand"는 발상이 같거나, 결과적으로 같은 개념을 표현하는 것이다.

⑧ 수입·소비

수입·소비 등 경제 관련 관용구도 보인다. 한국어의 경우 4개가 있다.

"손(이) 맑다(재수가 없어 생기는 것이 없다, 인색하여 다랍다), 손(이)
작다(씀씀이가 깐깐하고 작다, 수단이 적다), 손(이) 크다(씀씀이가 후하
고 크다, 수단이 좋고 많다)"

영어의 경우도 4개의 관용구가 보인다.

"for one's own hand(자기의 이익을 위하여), make a hand(이익을 얻다,
성공하다), play for one's own hand(이기적 동기에서 행동하다), play into
one another's hand(서로의 이익이 되도록 행동하다)"

일본어의 경우는 "手も無い(잡을 필요가 없다, 쓸데없다)"란 예 하나가 보
인다.

이들 한·영·일 삼국의 관용어들 사이에는 서로 관련성이 있는 것이
보이지 않는다.

⑨ 지체(肢體)

"손"이 지체라는 지시적 의미가 강하게 쓰이는 경우도 있다.

> "손(이) 곱다(추워 손가락이 자유롭지 못하다), 손에 땀을 쥐다(애가
> 달다)"

"손에 땀을 쥐다"는 일본어 관용구 "手に汗を握る"를 차용한 것으로
보인다. 영어 관용구에도 지체를 나타내는 것이 여럿 보인다. 그 예를
보면 다음과 같다.

> "at one's hands=at the hands of=at the hand of(손에서, 손으로), by
> hand(손으로), by the hands of(의 손을 거쳐), Hands off!(손대지 마시오!,
> 상관하지 마시오!), hand over hand(밧줄을 타고 오를 때처럼 두 손으로
> 번갈아 잡아당겨, 부쩍부쩍, 자꾸자꾸), hand under hand(밧줄 따위를 타
> 고 내려올 때 좌우의 손을 교대로 내려잡으면서)"

일본어의 경우는 다음과 같이 쓰이고 있다. 이 가운데 "手の舞い…"
이하는 관용구라기보다 금언이요, 속담이라 할 것이다.

> "手が後にまわる(손에 쇠고랑을 차다), 手取り足取り(사족을 잡고 다
> 루는 모양, 간절하고 정중하게 가르치는 모양), 手に汗を握る(위험한 사
> 태를 보고 섬뜩섬뜩하다), 手の舞い足の踏む所を知らす(禮記)(기뻐 모르
> 는 사이에 춤을 추다, 너무 좋아 어쩔 줄 모르다), 手を飜せば雲となり
> 手を覆せば雨となる(杜甫, 貧交行) (손바닥을 뒤집듯 사람의 교정이 쉽

게 변함을 이름), 腕一本 脛一本(자기 몸 이외에 의지할 곳이 없음)"

⑩ 협력·협조

한국어에는 "협조"와 관련이 있는 관용구가 하나 보인다.

"손에 손을 잡다(다정하게 힘을 합치다)"

영어에는 이러한 관용구가 4개 보인다.

"go hand in hand with(…과 같은 보조를 취하다), hand and(in) glove with(…과 절친하여, 공동 협력하여), hand in hand(손을 마주 잡고, 협력하여), hold someone's hand(사람을 도와주다, 격려하다)"

일본어에도 4개의 관용구가 보인다.

"手に立つ(반응이 있어 상대하기에 충분하다), 手に手を取る(서로 손을 잡다, 협력하다), 手を取る(손을 잡다, 손을 잡고 이끌다), 手を握る(주먹을 쥐다, 화해하다)"

이 가운데 "손에 손을 잡다"와 "手に手を取る", "hand in hand"는 같은 발상의 표현이고, "手を取る"는 "손을 잡다"를 뜻하는 말로, "국어대사전"에서는 "손잡다"를 합성어로 다루고 있다. 이는 본래 "손을 잡다"란 관용구가 변한 것이라 하겠다.

⑪ 근거리·즉시

한국어에는 시간적·공간적으로 가까움을 나타내는 관용구가 한 개 보인다.

"손에 잡힐 듯하다(가깝게 또는 또렷하게 보이다)"

"우리말 큰사전"에는 이 말이 "손에 잡힐 듯이"란 표제어로 실려 있다. 그리고 이와 비슷한 의미의 표현으로는 "손이 닿다"와 "손이 미치다"의 둘을 생각할 수 있는데 전자는 "손닿다"란 합성어로 정착하였다.
영어에는 이러한 관용어가 발달되어 있어 13개란 많은 것이 보인다. 가까운 거리를 나타내는 것에는 다음과 같은 9개가 있다.

"at close hand(접근하여, 바로 가까이에), at hand(가까이에, 가까운 장래에), close at hand(아주 가까이), fight hand to hand(접전하다, 드잡이하다), hand to hand conflict(接戰), on hand(가지고 있어, 바로 가까이에), ready to one's hand(손에 닿는 곳에 있는), to hand 손닿는 곳에, 가까이에), under one's hand(손닿는 곳에 있는, 바로 쓸 수 있는)"

시간적으로 가까운 것을 나타내는 것에는 다음과 같은 4개가 있다.

"by the hand(급속히, 곧), in the turn(ing) of a hand(곧, 순식간에), off hand(당장에, 즉석에서), out of hand(곧, 즉석에서)"

일본어에는 이러한 유형의 관용어가 보이지 않는다.
한국어의 경우 시간적으로 가까움을 나타내는 데는 "손"이 쓰이고 있지 않다.

한국어 관용구로는 또 다음과 같은 것이 있다.

"손(을) 내밀다(달라다, 간섭하다), 손(을) 벌리다(귀찮게 요구하다)"

이들은 "요구"를 의미하는 관용구이다. 일본어 "手を出す"는 "그 일에 관계하다, 여자와 색정적 관계를 갖다"를 나타내어 한국어의 관용어와 차이를 보인다. 이밖에 "손(을) 타다(물건이 자주 없어지다), 손(을) 털다(본전을 모두 잃다)"는 "실물(失物)"과 관계된 것이다. "손(이) 맵다(①몹시 아프다 ②일하는 것이 야무지다), 손끝(이) 맵다(손이 맵다)"는 "손때가 맵다"는 개념을 나타낸다.

이 밖의 관용구로는 다음과 같은 것이 있다.

손(을) 넘기다(차례를 가감하다, 시기를 놓치다), 손에 잡히다(마음을 가라앉혀 일할 수 있게 되다), 손(을) 주다(덩굴손을 주다), 손끝(에) 물이 오르다(구차하던 살림이 점차 부유해지다), 손발(을) 걷다, 손발(이) 맞다, 손발이 닳도록 빌다, 손발이 되다, 손발(을) 치다, 팔(을) 걷고 나서다, 팔을 걷어붙이다

(2) 영어 관용구의 경우

한국어의 관용구와는 달리 영어만의 독특한 관용구도 있다. 이들 관용구 가운데 대표적인 것을 보면 다음과 같다.

① 박수·갈채

"a big hand(박수갈채), sit on one's hands(박수를 잘 안 치다, 손을 쓰지 않다), get a (good) hands(갈채를 받다), get the hands(갈채를 받다)"

② 약속·결혼

"ask for a lady's hand(여자에게 결혼을 신청하다), give one's hand on a bargain(굳게 계약을 맺다, 확약하다), give one's hand to(여자가 누구와 약혼하다), win a lady's hand(여자로부터 결혼 승낙을 받다), strike hands(계약을 맺다, 협력을 약속하다)"

③ 영역

"on one's hands(의 책임(부담)으로, 의 손에 맡겨져), on the one hand (한편으로는), on the other hand(다른 한편으로는)"

이 밖의 "손" 관련 영어 관용구로는 다음과 같은 것이 있다.

"bite the hand that feeds one(배은망덕하다), call a person's hand(남의 계획(행동)을 방해하다), clean hands(청렴, 결백), hand and foot(손발을 다함께, 부지런히), eat(feed) out of one's hand(온순하다, 다루기 쉽다), force one's hand(남을 조급히 굴다, 억지로 하게 하다), from hand to mouth(그날그날 벌어먹고), from very good hands(믿을 만한 소식통에서), give… into the hands of(을 위임하다), hand of glory(도둑 따위의 부적), Hands up!(찬성 또는 항복의 표시로, 손들어!), hold someone's hand(사람을 도와주다, 격려하다), It stands a person in hand to do(할 필요가 있다), lift[raise] one's hand to[against](을 향하여 손을 쳐들다, 공격하다), make no hand of(의 설명을 할 수 없다), play into the hands of(저도 모르게 이적 행위를 하다), put[set] one's hand on(의 숨은 곳을 알아내다), shake a person's hand= shake hands with a person(남과 악수하다), show one's hand(손 안의 패를 보이다, 의도를 밝히다), throw in one's hand(경기를 포기하다, 그만두다), throw up one's hands(가망이 없다고 포기하다, 실패를 자인하다), Time hangs heavy on my hands(시간 가는 것이 지루하다), wait on [serve] a person hand and foot(알뜰히 남의 시중을 들다), weaken the hands of(의 기세를 꺾다), wring one's hands(신세를 한탄하다, 절망하다)"

(3) 일본어 관용구의 경우

한국어의 관용구와 개념상 관련이 있는 것 외에 일본어만에 독특한 관용구로 두드러진 것은 보이지 않는다. 이런 저런 다양한 관용구가 보일 뿐이다. 이제 이들을 보면 다음과 같다.

① 수사

手がはいる(관헌의 손이 뻗치다, 손질하다)

② 손바닥・결점

手が見える(손안을 들키다, 결점이 알려지다), 手を反す(일의 매우 쉬운 모양을 이름)

③ 수단・방법

手に乗る(의 손에 놀다, 속임수에 넘어가다)

④ 보수

手を入れる(손질하다, 부족・불비점을 보충하다, 경찰이 손을 대다)

⑤ 분발

手をなめる(손에 침을 뱉으며 분발하다), 手をもむ(감정이 고조되고 진정되지 않아 손을 비비다)

⑦ 기타

手と身になる(홀딱 재산을 없애다), 手がはいれば足もはいる(점점 깊이 들어오다), 手の奴足の乗物(스스로 함을 이름), 腕を引く(맹세할 때 팔을 칼로 베어 피를 내다)

3. 결어

관용어란 어떤 언어의 특유한 표현법이다. 그럼에도 한국어와 일본어의 관용구는 같거나, 비슷한 것이 많은 것으로 지적되어 왔다. 그것은 국어의 관용구가 근대화 과정에서 일본어의 그것을 많이 차용한 데 연유하는 것으로 생각되었다.

우리는 국어의 발상과 표현의 특징을 살피고, 외국어로서의 한국어 교육에 이바지 할 수 있도록 "손"과 관련된 韓・英・日의 관용구를 살펴보았다. 우선 관용구의 구조(構造)를 보면 통사적 구조는 "객술구조, 한술구조, 주술구조" 등이 높은 빈도를 보이는 것으로 나타난다. 그러나 영어의 경우 "부사구 형식"의 관용구가 많고, "주술구조"의 관용구의 빈도가 낮은 등 차이를 보인다. 거기에다 구조적인 면에서 볼 때에 구체적으로 같거나, 유사한 관용구는 찾아보기가 어려울 정도로 빈도가 낮다. 관용구의 개념면(槪念面)에서 보면 "일·일손, 솜씨·능력, 관계, 동작·태도, 지배·간섭, 착수, 소유, 지체" 등을 나타내는 것이 높은 빈도를 차지한다. 그러나 이들도 3국이 같은 경향을 보이는 것은 아니다. 또 영어의 경우는 다른 언어와 달리 "박수·갈채, 약속·결혼, 영역" 등 특수한 개념을 나타내는 관용구가 높은 빈도를 보인다. 개념 면에서도 구조적으로 같으면서 그 의미까지 같은 형태의 관용구는 별로 보이지 않는다. 따라서 한·영·일 3국의 관용어는 동질성(同質性)보다 이질성(異質性)이 크다고 할 수 있다. 이러한 특성은 특히 종래의 일본 관용어와 유사한 경향을 보인다고 하는 것과 다른 점이다. 따라서 한국어 관용구에 대한 종래의 인식을 바로 하고, 표현교육과 한국어교육에는 이를 올바로 반영하도록 하여야 할 것이다.

▌참고문헌

박갑수(1998), 일반국어의 문체와 표현, 집문당.
박영준·최경봉(1997), 관용어사전, 태학사.
손낙범(1978), 일한, 한일 관용어사전, 국제대학 인문사회과학연구소.
東信行·取訪部仁(1993), 硏究社-ロングマン イデイオム英和辭典, 硏究社.
白石大二(1985), 國語慣用句辭典, 東京堂出版.
フランシス·J·クデイラ, 羽鳥博愛(1984), 英語發想IMAGE辭典, 朝日出版社.

* 이 논문은 이중언어학 제16집(이중언어학회, 1999.12.)에 수록한 것이다.

제4장 | 이목(耳目) 관련 관용어의 발상과 표현

한 · 일 · 영어 관용어의 비교

1. 서언

마음속에 갈무리하고 있는 것을 정이라 하고, 이것이 입 밖으로 나올 때 말이라 한다. 소위 장심위정(藏心爲情) 출구위어(出口爲語)가 그것이다. 사람들은 뜻을 지니고, 이는 언어를 통해 표현되게 마련이다.

그런데 이 심층의 개념이 표층의 언어로 표현될 때 다양한 이형을 드러낸다. 발상(發想)에 따라 표현이 달라진다. 이는 크게 언어문체(Sprachstil)와 문체언어(Stilsprachen)로 형상화한다. 전자가 언어의 유형적 문체라면, 후자는 이를 활용한 개인적 문체다. 민족어에 따른 유형적 표현의 차이는 관용어, 속담, 비유, 명명(命名) 등에 잘 나타난다.

관용적 표현은 유형적 문체로 민족적 특성을 드러낸다. 여기서는 대표적 감각기관인 耳 · 目과 관련되는 관용적 표현을 발상의 면에서 살펴보기로 한다. 한 언어의 표현의 특성을 살피기 위해서는 무엇보다 비교의 방법이 바람직하다. 이에 한 · 일 · 영어의 관용적 표현을 비교 · 대조하기로 한다. 그렇게 되면 귀와 눈에 의한 한국적 발상의 표현 특성이 보다 잘 드러날 것이다. 이 글에서는 먼저 한·일·영어의 이목(耳目) 관련 관용적 표현의 동질성을 살피고, 나아가 이들 관용적 표현을 유형화하여 세 언어권의 표현을 비교·대조함으로 한국어의 표현 특성을 구체적으로 살피기로 한다.

관용적 표현의 예는 다음 자료에서 추출하기로 한다.

⟨한국어 관용어 자료⟩

국립국어연구원 편(1999), 표준 국어대사전, 두산동아.
김민수 외편(1991), 금성판 국어대사전, 금성사.
박영준 외편(1996), 관용어사전, 태학사.

⟨일본어 관용어 자료⟩

新村出 編(1989), 廣辭苑(第二版補訂版), 岩波書店.
安田吉實 外編(2003), 민중 엣센스 日韓辭典(제2개정판), 민중서림.
白石大二 編(1995), 國語慣用句辭典(二十四版), 東京堂出版.
奧山益郎 編(1994), 慣用表現辭典, 東京堂出版.

⟨영어 관용어 자료⟩

시사영어사 편집국 편(1978), The New World Comprehensive ENGLISH-KOREAN Dictionary, 시사영어사.
장성언 편(1979), 영어관용법사전 Dictionary of ENGLISH USAGE, 연세대학교 출판부.
東信行 外譯編(1993), The Kenkyusha-Longman Dictionary of English Idioms, KENKYUSHA.

2. 언어권 간에 공통되는 관용어

2.1. 귀와 관련된 관용어

인류의 보편적인 발상과 민족적 특성에 의해 언어 표현은 같거나 다르게 나타난다. 따라서 관용적 표현도 언어에 따라 같거나 달리 표현되게 마련이다. 관용적 표현이란 어떤 언어의 특유한 표현 형식을 말한다. 이러한 관용적 표현(이하 "관용어"라 함)은 어휘적인 것과 문법적인 것의 두 가지가 있다. 그런데 이 관용어에 대한 견해는 학자에 따라 차이를 보인다. 위의 자료에서도 마찬가지다. 따라서 자료에 따라 달리 처리된 관용어 가운데 속담, 격언 및 특수한 어휘와 용례 따위는 고찰의 대상에서 제외하기로 한다. 그리고 자료 추출은 원칙적으로 표제어 "귀"와 "눈" 항의 관용어에 한정하기로 한다.

귀와 눈에 관련된 한·일·영어권의 관용어는 위의 자료를 바탕으로 할 때 600여개가 추출된다. 한국어 관용어 262개, 일본어 관용어 229개, 영어 관용어 159개가 그것이다. 그러나 실제로는 이보다 많다. 영어 관용어의 경우는 자료에 따라 동의의 유사한 형식을 "clap[set, lay] eyes on" 과 같이 몇 개의 관용어가 하나의 표제어로 다루어지고 있기도 하기 때문이다. 이들 관용어는 귀와 관련된 것이 169개이고, 눈과 관련된 것이 481개다. 따라서 눈과 관련된 관용어가 귀와 관련된 관용어의 3배 가까이 된다.

귀와 관련된 관용어는 한국어 66개(39.0%), 일본어 51개(30.2%), 영어 52개(30.8%)다. 세 언어권의 관용적 표현의 異同을 살피기 위해 먼저 동질성부터 보기로 한다. 이는 세 언어권에 공통되는 관용어와 두 언어권에 공통되는 관용어로 나누어 볼 수 있다. 세 언어권에 공통되는 관용어

는 한국어를 기준으로 할 때 5개다. 이들 同義・同形의 관용어는 "귀를 기울이다 : *耳を傾ける ・*耳をそばだ(側)てる : bend an ear(one's ears)・ bow down one's ears・incline one's ears, 귀를 세우다 : 耳を立る : prick up one's ears, 귀를 의심하다 : 耳を疑う : cannot believe one's ears, 귀를 주다 : *耳を遣る : give (one's) ear to, 귀에 들어오다・귀에 들어가다 : 耳に入る : come to(catch, fall on, reach) one's ears"가 그것이다. 다만 외형상의 이형을 고려하면 한국어와 일본어는 6개, 영어는 7개라 할수도 있다. 이러한 동의・동형의 관용어는 삼국이 모두 10%가 안 되며, 한국어가 제일 빈도가 낮아 7.6%다. 이들 형식은 O+V형의 단순구조가 주종을 이루고, 개념적인 면에서는 "듣는 태도"를 나타내는 것이 대부분이다.

이와는 달리 두 나라에 공통되는 관용어는 한・일어의 경우는 12개이고, 한・영어의 경우는 7개, 일・영어의 경우는 8개다. 3국 공통의 관용어 5개를 포함시킬 때 한・일의 관용어는 17개, 29.1%, 한・영 관용어는 12개, 20.3%, 일・영 관용어는 13개, 25.2%의 동질성을 지니는 것이된다. 따라서 한국어의 관용어의 표현은 상대적으로 일본어의 관용어와 좀 더 가깝고, 한・영어의 관계보다 일・영어 관용어의 관계가 가까운 것을 알 수 있다. 이는 발상과 문화사적인 원인이 작용한 것으로 보인다.

삼국 공통의 관용어를 제외한 한국어와 일본어만의 동의・동형의 관용어는 다음과 같다.

귀가 멀다 : みみが遠い, 귀를 세우다 : *耳を立る, 귀를 씻다 : 耳を洗う・耳を滌ぐ, 귀에 거슬리다 : 耳に逆らう, 눈에 걸리다 : 耳にさわ(障)る, 귀에 담다 : *耳に入れる, 귀에 못이 박히다 : 耳にたこができる

이들 8개의 관용어에 세 나라 공통의 관용어를 합친 한국 관용어의 형태는 S+V형이 1개, ad+V형이 4개, O+V형이 6개, ad+S+V형이 1개가 된다. 따라서 모두가 단순한 구조의 형식이며, 목적어+동사인 O+V형이 가장 빈도가 높은 것으로 나타난다. 개념적 면에서는 "유의해 듣는다"는 "경청(傾聽)"을 나타내는 관용어가 주종을 이룬다. 위의 12개 관용어 가운데 별표(*)를 한 5개가 이에 해당된다. 이는 귀가 청각 기관이기 때문에 이들 관용어는 주로 듣기, 그 가운데도 귀 기울여 듣기에 대부분이 비유된 것이다.

한·영어 간 동의·동형의 관용어는 모두가 앞에서 살펴본 3국 공통의 관용어에 속하는 것이다. 이들은 외형상 7개이나, 활용되는 동사에 따라 세분하면 영어의 경우는 10개가 된다. 따라서 영어 관용어는 동의·동형의 것이 다른 관용어보다 많은 것이 된다. 이들은 개념적 면에서 볼 때 "come to(catch, fall on, reach) one's ears(귀에 들어오다), cannot believe one's ears(귀를 의심하다)"의 두 예를 제외하고는 모두가 경청과 관련된 것이다. 경청의 뜻을 나타내기 위해 "ear"를 "bend, bow, give, incline, prick" 하고 있다. 이는 한국어의 경우 "귀"를 "기울이다, 주다, 세우다"라 하는 것과 발상을 같이 한다.

일본어와 영어 간의 동의·동형의 관용어는 "stop (close) one's ear to : 耳を塞ぐ, 耳を覆う" 하나가 더 있을 뿐이다.

그런데 관용어 가운데는 같거나 유사한 표현 가운데 의미가 다른 것도 있고, 언어에 따라 관용어로 보고 있지 않은 것이 상당히 많다. 이는 관용어에 대한 인식과 편집 태도가 다르기 때문에 빚어진 결과라 할 것이다. 이들의 예는 따로 제시하거나 거론하지 않기로 한다.

2.2. 눈과 관련된 관용어

눈과 관련된 관용어는 481개로, 앞에서 언급한 바와 같이 귀와 관련된 관용어에 비해 매우 많은 편이다. 이들 관용어는 한국어 196개, 일본어 178개, 영어 107개다. 따라서 이들의 분포는 한국어 40.7%, 일본어 37.0%, 영어 22.2%로, 귀와 관련된 관용어의 분포가 한국어 39.0%, 일어 30.2%, 영어 30.8%인 것과 현저한 차이를 보인다. 일본어 관용어의 빈도가 높고, 영어 관용어의 빈도가 매우 낮다. 이는 일어에서는 눈과 관련된 관용 표현을 많이 하고, 영어에서는 상대적으로 적게 한다는 것을 의미한다. 관용어의 유형은 한·일·영어에 공통되는 동의·동형의 것이 10개 보인다. 그리고 한·일 두 언어 사이의 동의·동형의 관용어는 26개이고, 한·영어 사이의 동의·동형은 4개, 일·영어 사이의 동의·동형은 6개다. 따라서 여기에 삼국 공통의 관용어를 포함시킬 때 한·일 관용어는 36개, 19.3%, 한·영어는 14개, 9.2%, 일·영어는 16개, 11.2%의 동질성을 지니는 것이 된다. 이는 눈 관련 관용어의 동질성이 귀 관련 관용어에 비해 동질성이 낮은 것을 의미한다. 한·일·영 관용어의 관계는 귀 관련 관용어와 마찬가지로 한·일 관계가 좀 더 밀접하고, 한·영 관계보다 일·영 관계가 더 밀접하다.

한·일·영어권의 동의·동형의 관용어를 개념적인 면에서 유형화해 보면 다음과 같다.

* 이해 및 판단(3개) : 눈이 있다 : 目がある : have(with) an eye for, 눈을 의심하다 : 目を疑う : cannot believe one's eyes, 눈을 뜨다(눈이 열리다) : 目を開く, 目をあく, open a person's eyes to the truth
* 표정 및 태도(2개) : 눈을 감다(눈감아 주다) : 目をつぶる, 目を塞ぐ, shut (close) one's eyes to, 눈을 감다 : 目を塞ぐ, 目をつぶる : with

one's eyes closed

* 주의 관심(2개) : 눈을 주다 : 目を遣る : give an eye to, 눈을 까뒤집
  다 : 目を剝く : keep (have) one's eyes peeled(skinned)
* 감정(2개) : 눈을 크게 뜨다 : 目を大くする : make a person open his
  eyes, 눈이 나오다 : 目が出る : someone's eyes nearly (almost, practically)
  popped out of his head
* 시간적 근접(1) : 눈 깜짝할 사이 : 目振る間 : in the twinkling of an
  eye

이들의 형태는 S+V형이 2개, O+V형이 5개, O+ad+V형이 2개, 기
타 1개로 되어, O+V형이 주종을 이룬다.

두 언어권에 공통되는 관용어를 보면 한·일어에 공통되는 관용어는
형태적인 면에서 볼 때 S+V형, O+V형, ad+V형의 단순구조로 되어 있
는 것이 주종을 이룬다. S+V형이 4개, O+V형이 9개, ad+V형이 3개로
빈도가 높은 것이다. 따라서 세 나라 공통의 것까지 합치면 O+V형이
14개로 가장 빈도가 높고, 그 다음이 S+V형으로 6개가 된다. 그리고 이
들은 그 개념에 따라 유형화해 볼 때 삼국 공통의 관용어까지 합칠 경우
감정을 표현하는 것이 11개로 가장 많아 전체의 1/3에 육박한다. 이들의
예는 다음과 같다(*표는 세 언어에 공통되는 관용어임).

눈이 나오다 : *目が出る, 눈이 돌다 : 目が回る, 눈에 불이 나다 : 目
から火が出る, 눈에 모를 세우다 : 目に角を立てる, 눈에 걸리다(눈에
거슬리다, 눈에 뭐가 씌우다) : 目に障る, 눈 위에 혹 : 目の上の(たん)こ
ぶ, 눈을 뜨고 볼 수 없다 : 目も當てられぬ(ない), 눈을 크게 뜨다 : *目
を大きくする, 눈을 치켜뜨다 : 目をさかだてる, 눈을 깜박이다(깜박거
리다) : 目をぱちくりさせる, 눈이 동그래지다(눈을 휘둥그레 만들다,
눈이 휘둥그레지다) : 目を丸くする

감정 이외에 높은 빈도를 보이는 것에는 표정·태도, 주의·관심, 판단·이해 등을 나타내는 것으로 22개가 있다.

* 표정·태도(6개) : 目を忍ぶ : 눈을 피하다, 目をそば(側)める : 눈을 피하다, (한눈팔다), 目を側む : 눈을 돌리다, 눈을 피하다, 目をそ(逸)らす : 눈을 피하다, 눈을 돌리다, *目をつぶる(つむる) : 눈을 감다<默認·죽음>, *目をふさ(塞)ぐ : 눈을 감다 <默認·죽음>
* 주의·관심(6개) : 目が行く : 눈이 가다, 目にはい(入)る : 눈에 들다, 目を止(留)める : 눈을 멈추다, 目を引く : 눈을 끌다, 目を向ける : 눈을 돌리다, *目を剝く : 눈을 까뒤집다
* 판단·이해(4개) : *目がある : 눈이 있다, 目が高い : 눈이 높다, *目を疑う : 눈을 의심하다, *目を開く : 눈을 뜨다, 눈이 열리다, 눈이 뜨이다
* 근거리(3개) : 目と鼻の間 : 눈코 사이, 目と鼻の先 : 눈코 사이, *目振る間 : 눈 깜짝할 사이(時間的 거리)
* 의사전달(3개) : 目で物を言う : 눈으로 말하다, 目をく(吳)れる : 눈을 주다, *目をや(遣)る : 눈을 주다

이 밖에 "目をくら(晦)ます, 目を偸む : 눈을 속이다"와 같이 속이는 것을 나타내는 것과, "目が輝く : 눈이 빛나다"란 영리함, "目に入れても痛くない : 눈에 넣어도 아프지 않다"란 귀여운 것을 나타내는 것이 있다.

한국어와 영어 관용어가 동의·동형의 것은 세 나라에 공통되는 10개 외에 두 언어에만 대응되는 서너 개가 더 있다. "keep one's (both) eyes wide open : 눈을 크게 뜨다, not bat an eye·not bat an eyelid : 눈도 깜짝 안하다, without batting an eye : 눈도 깜짝 안하다"가 그것이다. 그런데 이들 동의·동형의 관용어들은 개념적인 면에서 유형화할 정도로 집

중적 분포는 보이지 않는다. 이해·판단, 표정·태도를 나타내는 예가 너덧 개씩 되어 좀 두드러질 뿐이다.

일본어와 영어에 공통성을 보이는 관용어는 3국 공통의 관용어 외에 일·영어에만 공통되는 것이 6개 더 보인다. "remove the scale from someone's eyes : 目から鱗が落る, cast(run) one's eye over : 目を通す, drop one's eyes : 目を落す, 目を伏せる, be unable to take one's eyes off : 目を離せない, cannot take one's eyes off : 目を離せない, fix one's eye on : 目を付ける" 등이 그것이다. 이러한 관용어는 발상이라기보다 일본 의 근대화 과정과 좀 더 관계가 있을 것으로 보인다.

이 밖에 유의적 관용어가 여럿 보이며, 언어에 따라 관용어로 보는 것 과 그렇지 않은 것이 많아 언어권에 따라 차이가 남은 귀 관련 관용어의 경우와 마찬가지다.

3. "귀" 관련 관용어의 유형과 특성

관용적 표현의 특성을 살피기 위해서는 유형화하는 것이 바람직하다. 유형화는 형태적인 면과 개념적인 면에서 할 수 있으나, 개념적인 면에 서 하는 것이 좀 더 바람직할 것이다. 관용어의 의미는 구성요소의 총화 가 아닌 제3의 의미를 지닌다. 그러나 경우에 따라서는 구성 요소의 의 미가 크게 작용하므로, 여기서는 구성요소의 총화가 아닌 제3의 의미와 함께 구성 요소의 의미도 고려하는 절충적 방식을 취하기로 한다.

〈도표 1〉

유 형	한어	일어	영어	계	%
1. 신체 부위	1			1	0.6
2. 청력-기능	7	8	3	18	10.6
3. 판단·이해(력)·정보(력)	13	4	4	21	12.4
4. 주의·관심	17	17	9	43	25.4
5. 표정·태도	5	7	5	17	10.0
6. 의사전달·전언	2	1	2	5	3.0
7. 소식·풍문	4	5	2	11	6.5
8. 경험	7	1	2	10	6.0
9. 감정	5	7	1	13	7.7
10. 외형(모서리)	5	1		6	3.5
11. 주변·근처·현장			6	6	3.5
12. 기준·정도			6	6	3.5
13. 싸움·구타			4	4	2.4
14. 대가			1	1	0.6
15. 수면			1	1	0.6
16. 아첨			1	1	0.6
계	66 (39.0%)	51 (30.2%)	52 (30.8%)	169	

　　귀와 관련된 관용어의 주요 유형의 분포는 <도표 1>에 보이는 바와 같이 "주의·관심"이 25.4%로 가장 빈도가 높고, "판단·이해" 12.4%, "청력" 10.6%, "표정·태도" 10.0%의 순으로 빈도가 낮아진다. 이는 한·일·영어권 화자들이 귀를 통해 주의·관심을 표현하는 것을 가장 좋아하며, 귀가 청각기관이어 표현 아닌 이해와 관련시키고 있음을 알게 한다.

　　언어권에 따른 특징은 한국어 관용어의 경우 "주의·관심"(25.7%), "판단·이해"(19.7%), "청력·기능"(10.6%)이 빈도가 높고, 일본어 관용어 는 "주의·관심"(33.3%), "청력·기능"(15.7%), "표정·태도" 및 "외형"

13.7%)이, 영어 관용어는 "주의・관심"(17.3%), "표정・태도"(9.6%), "판단・이해력"(7.7%)의 빈도가 높다. 이들은 경향이 비슷하나 빈도에 차이를 보인다. 그리고 유형별로는 일본어 관용어가 가장 높은 빈도의 대부분을 차지하고, 한국어가 그 뒤를 잇는다. "청력"이 일본어 15.7%, 한국어 10.6%, "주의・관심"이 일본어 33.3%, 한국어 25.7%, "표정・태도"가 일본어 13.7%, 영어 9.6%, "감정"이 일본어 13.7%, 한국어 7.6%인 것이 그것이다. 이로 볼 때 고빈도의 유형은 한국인에 비해 일본인이 상대적으로 좀 더 애용하는 발상이라 하겠다. 이에 대해 "판단・이해(력)"은 한국어가 19.7%, 일본어가 7.8%의 빈도를 보여 한국어의 우세를 보인다. 따라서 귀에 의한 발상의 한국적 특징의 하나는 한국인이 "판단・이해(력)"의 표현을 즐기는 것이라 할 것이다.

그러면 대표적 유형의 표현 특성을 <도표 1>의 유형 순서에 따라 살펴보기로 한다.

제1유형 신체 부위를 나타내는 관용어는 "귀"가 하나의 감각기관이라기보다 신체 부위의 일부로서 표상된다. 한국어의 관용표현 "귀 베고 꼬리 떼고"가 그것이다. 일본어와 영어의 경우는 예가 보이지 않는다.

제2유형 청각기능은 "귀"가 "듣기", "듣는 능력"을 의미한다. 여기서의 "귀"는 듣기, 청취력, 정보력"을 비유한다. 한국의 청각 기능을 나타내는 관용어는 능력이 없음을 나타내는 것이 많은 편이다. "귀가 밝다, 귀동냥, 귀를 뜨다"는 긍정적인 것이고, "귀가 먹다, 귀가 멀다, 귀가 어둡다, 귀가 절벽이다"는 부정적인 것이다. 일어의 경우는 "耳が聞く, 耳が早い, 耳から口(들은 것을 곧 입으로 옮김), 耳で聞く, 耳に入れる"와 같이 대부분이 긍정적인 것이며, 청각 異常을 나타내는 것은 "耳が遠い, 耳が悪い, 耳を聾する" 세 개뿐이다. 영어의 경우는 "be music to someone's ear(들어서 즐겁다), come to one's ears, have(hold, keep) an ear to the ground(주변 일에 안테나가 높다)"가 그것이다.

제3유형 판단·이해(력)는 귀가 판단·이해를 하고, 이러한 능력을 나타내는 경우다. 이는 청각 능력이 연쇄적 의미변화를 해 "귀"가 이에 비유된 것이다. 이 유형의 관용어는 한국어만이 높은 빈도를 보인다. 한국어의 경우는 13개로 일·영어의 빈도에 비해 배나 된다. 한국어 관용어는 귀의 능력을 긍정적 의미로 나타내는 것이 7개, 부정적 의미로 나타내는 것이 6개다. "귀가 넓다, 귀가 뚫리다, 귀가 열리다, 귀가 트이다, 귀에 들어오다, 귓구멍이 넓다, 귓문이 넓다"는 긍정적 의미를 지니는 것이고, "귀가 무르다, 귀가 얇다, 귀가 여리다, 귀가 질기다, 귀를 의심하다, 귀에 안 들어오다"는 부정적인 것이다. 일본어의 경우는 긍정적 의미의 "耳がこ(肥)える, 耳したが順う年, 耳に入る, 耳を疑う" 등 4개의 예가 보인다. 영어의 경우도 "cannot believe one's ears, have an ear for, have no ear for, have(hold, keep) an ear to the ground(주변 일에 안테나가 높다)"와 같이 4개다.

제4유형 주의·관심은 귀를 기울여 적극적으로 들으려 하는, 의도적 청취 태도를 말한다. 이는 달리 말하면 경청하는 것이다. 이 유형의 관용어는 한·일·영 언어권에 다 같이 가장 높은 빈도를 보인다. 특히 일본어는 약 33%란 높은 빈도를 보인다. 이 유형의 관용어는 적극적 청취 태도를 보이는 것과, 소극적으로 잊히지 않거나 관심이 가는 것을 나타내는 두 가지가 있다. 한국어 관용어에는 다음과 같은 것이 있다.

　* 적극적 태도(7개) : 귀를 기울이다, 귀를 도사리다, 귀를 세우다, 귀
　　를 열다, 귀를 재다, 귀를 주다, 귀에 담다
　* 소극적 태도(10개) : 귀가 뜨이다, 귀가 번쩍 뜨이다, 귀가 솔깃하다,

귀가 쏠리다, *귀에 쟁쟁하다, *귓가에 맴돌다, *귓가에 아른거리다,
*귓전에 맴돌다, *귓전에 아른거리다, *귓전을 울리다

위에 보이는 바와 같이 한국의 관용어는 적극적 청취 태도보다 소극
적 태도를 보이는 것이 약간 많다. 소극적 태도를 보이는 것에는 *표를
한 不忘을 나타내는 것이 7개나 된다. 이에 대해 일본어의 관용어는 적
극적 경청을 보이는 것이 거의 배나 된다.

* 적극적 태도(11개) : 耳とどむ(주의하여 듣다), みみに留める, 耳の
  垢を取つて聞く, 耳をか(貸)す, 耳をかたむ(傾)ける(=귀를 기울이
  다), 耳をす(澄)ます, 耳をそばだてる(=귀를 기울이다/ 귀를 세우
  다), 耳を立る, 耳をとどめる(= 귀에 담다), 耳を遣る(=귀를 주다),
  耳寄り
* 소극적 태도(6개) : 耳がとど(留)まる(들은 것이 뒤에 남다), 耳に立
  つ(들은 것에 주의가 쏠리다), みみにとまる, 耳に付く, 耳にとま
  (留)る, 耳に殘る

영어의 관용어는 9개로 처리되었으나, 동사가 다른 경우 별개의 것으
로 칠 때 15개가 된다. 이렇게 되면 한 · 일어의 관용어와 거의 같은 빈
도가 된다.

all ears(열심히 들으며), bend an ear(one's ears), bow down(incline) one's
ears, give ear to, have(get, win, gain, catch) the ear of(귀 기울여 주다), have
itching ears(듣고 싶어 하다), lend an(one's) ear to, prick up one's ears(귀를
쫑긋 세우다), stop(close) one's ears to

영어의 관용어도 적극적인 청취 태도를 나타내는 것이 대부분이다. 따

라서 이는 한국어와는 경향을 달리 하고, 일본어와 같은 경향을 보인다할 것이다. 이 유형의 한국어 관용어는 앞에서 살펴본 바와 같이 일어및 영어 관용어와 대응되는 것이 많다는 특징을 지닌다.

제5유형 표정·태도는 음성언어에 대한 신체적 반응을 의미한다. 특히 이는 제4유형 "주의·관심"에 대한 무표적 특성(unmarked feature)이라할, 적극성이 아닌 소극성, 그리고 수동적 듣기 내지 거부의 태도가 대상이 된다. 따라서 이는 주의를 기울이지 않고 들리는 대로 듣는 것, 잘듣지 않는 표정이나 태도를 나타낸다. 한국어의 경우 "귀를 팔다, 귀 밖으로 듣다, 귀에 들어가다, 귓등으로 듣다, 귓전으로 듣다"란 5개의 예가보인다. 일본어의 경우는 "耳に入る(=귀에 들어가다), 耳にする, 耳に挟む(언뜻 듣다), 耳に觸れる, 耳をおおう, 耳を潰す(듣고서 듣지 않은 체하다), 耳を塞ぐ" 등 7개의 예가 이에 해당한다. 영어의 경우는 "fall on deaf (indifferent) ears(무시당하다), go in(at) one ear and out(at) the other, make a pig's ear (out) of , stop(close) one's ears to, turn a deaf ear to"의 5개다.

제6유형은 의사전달, 傳言의 의미를 나타내는 것이다. 이는 귀가 듣기아닌 "말하기"의 의미기능을 나타내는 것으로 특수한 것이다. 따라서 예가 많지 않다. 한국어의 관용적 표현은 "귀띔, 귀를 달다(말이나 글에 내용을 보태다)"가 그것이다. "귀를 주다"가 남에게 살그머니 알려 조심하게하다란 의미로 쓰일 때 이것도 이 유형에 속한다. 일본어의 경우는 "耳を汚す"가 이러한 예이고, "耳を打つ"도 귀엣말을 하다란 뜻으로 쓰일때 이 유형에 속하는 것으로 볼 수 있다. 영어의 경우는 "a flea in someone's ear(질책, 고언), a word in someone's ear"가 이 유형에 속한다할 것이다.

제7유형 소식·풍문은 귀가 제3자의 말을 비유하는 것이다. 한국어의경우는 "귀가 가렵다, 귀가 간지럽다, 귀를 씻다, 귀를 재우다"가 이 유

형에 속한다. 일본어의 경우는 "耳がけが(汚)れる, 耳の正月(재미있는 얘기나 음악 따위를 들음), 耳を洗う, 耳を聞く(평판 등을 듣다), 耳をすす(滌)ぐ"가 이 유형의 예다. 영어의 경우는 "feel one's ears burning, believe one's ear"가 이 유형에 해당된다. 일본어 관용어 "耳を洗う, 耳をすす(滌)ぐ"는 한국어의 관용적 표현 "귀를 씻다"에 대응되는 것이다. 영어 "feel one's ears burning"은 "나쁜 소문으로 귀가 타는 것을 느끼다"를 뜻해 한국어의 "귀가 가렵다"는 발상과 비슷하다.

제8유형 경험은 이미 경험한 반복적 사실을 의미한다. 이 때 "귀"는 반복적 청취를 비유한다고 하겠다. 경험을 나타내는 한국어의 관용적 표현은 비교적 많아 7개나 된다. "귀가 닳다, 귀가 설다, 귀를 익히다, 귀에 못이 박히다, 귀에 설다, 귀에 싹이 나다, 귀에 익다"가 그것이다. 이들은 대부분 반복적 사실과 관계되는 것이고, "귀가 설다, 귀에 설다"의 두 예만이 경험이 부족함을 나타내는 것이다. 일어의 관용 표현은 "耳にたこができる" 하나뿐이다. 이는 한국어 관용어 "귀에 못이 박히다"와 동의·동형의 것이다. 영어의 경우는 "not dry behind the ears, wet behind the ears"의 두 관용어가 보인다. 이들은 한·일어 관용어의 반복적 사실과는 발상을 달리한다. 경험을 나타내는 제8유형의 한국어의 많은 관용어는 일·영어와 구별되는 한국어의 특징을 드러내는 것이라 하겠다.

제9유형 감정은 관용적 표현이 말이나 소리로 말미암아 어떠한 감정을 갖게 됨을 말한다. 한국어에는 "귀가 따갑다, 귀가 아프다, 귀에 거슬리다, 귀에 거칠다, 귀에 걸리다"란 5개의 예가 보인다. 이들은 혐오의 감정을 나타낸다. 일어의 경우는 "耳が痛い, 耳に當る(듣고 화가 나다), 耳がかゆい(여러 번 들어 듣고 싶지 않다), 耳に逆らう, 耳にさわ(障)る(=귀에 걸리다, 귀에 거슬리다), 耳を打つ(소리가 강하게 들리다), 耳をつんさく(귀청이

떨어지다)"와 같은 7개의 관용어가 보인다. 이들도 주로 혐오감을 나나내는 것으로, 이 가운데는 소음(騷音)과 관련된 것이 많다는 특징을 보인다. 영어의 경우는 "on one's ear(화가 나서)" 하나가 보인다. 한·일어에 비해 영어의 경우는 감정을 나타내는 관용어가 상대적으로 적은 편이다.

제10유형 귀의 모양·위치는 귀의 형태나, 위치와 관련된 비유 표현이다. 한국어의 "귀가 나다(모서리가 실그러지다), 귀가 빠지다(태어나다), 귀를 맞추다(금액, 액수를 맞추다), 귀 떨어진 돈"이 그 예다. 말이나 글의 내용을 보탠다는 뜻의 "귀를 달다"도 귀의 위치와 관련된 것으로 이 유형과도 관련된다. 일본어의 예 "耳を揃える"는 한국어의 관용적 표현 "귀를 맞추다"에 대응된다. 영어의 경우는 "기준·정도"를 나타내는 관용어가 이 유형과 관련된다. 귀의 모양·위치를 나타내는 관용어가 한국어에 많다는 것은 하나의 표현적 특징이다.

제11유형 이하는 주로 영어의 관용적 표현에 보이는 것으로 특정 개념을 나타내는 표현 유형이다. 제11유형은 주변·현장을 나타낸다. "about one's ears(주위에), bring the storm of indignation(a hornet's nest) about one's ears(큰 소동을 일으키다), kick out on his ear·throw out of his ear(갑자기 그만두게 하다), out on one's ear(일이나 회사 등에서 내쫓겨), play by ear(문제를 현장 처리하다)"가 그 예다. 귀로서 주변이나 현장을 비유한 것이다. 한국어에서는 주변이나 현장을 나타낼 때에는 귀 아닌, "눈앞", "코앞" 등이 많이 사용된다. 해고는 주로 "목을 자르다"나 목에 비유해 표현한다.

제12유형은 기준·정도를 나타낸다. "from ear to ear(크게 입을 벌려), head over ears(어떤 일에 깊이 관여하여), up to the(one's) ears(上同), to the ears(한껏), bring down about someone's ears(조직, 소망 등을 완전히 무너뜨리다), fall down about someone's ears(上同)" 등이 그 예다. 이들은 "귀"의

위치와 관련된 것으로, "기준·정도·한도" 따위를 비유적으로 나타낸다. 한국어에서는 한도나 기준을 나타낼 때 흔히 "머리, 목, 귀, 코"가 다양하게 사용된다.

제13유형은 싸움·구타를 나타내는 유형이다. "be by the ears(싸우다, 다투다), fall together by the ears(싸움을 시작하다), get a thick ear(귀가 부을 정도로 맞다), set persons by the ears(분쟁을 일으키게 하다)" 등이 그 예다. 이는 귀를 잡고 싸우는 데서 연유한 관용적 표현이라 할 것이다. 한국에서 "멱, 멱살"을 잡고 싸우는 것과 대조된다.

제14유형은 대가(代價)를 나타내는 것이다. "would give one's ears for it(to do it)(어떤 희생도 마다하지 않는다)"가 그 예다. 한국어의 "목숨이라도 내 놓겠다"는 발상과 같은 표현이라 하겠다.

제15유형은 수면, 곧 잠을 비유하는 것이다. "sleep upon both ears(푹 자다)"가 그 예다. 잠은 조용해야 자게 되는 것이니 귀와 관련지은 것이다.

제16유형은 아첨을 나타내는 것이다. "tickle a person's ear(s)"가 그 예다. 귀를 간질이는 것으로 아첨을 비유한 것이다. 한국어의 "불알을 긁어 주다"와 발상을 같이 한다.

4. "눈" 관련 관용어의 유형과 특성

눈은 귀와 같은 감각기관이다. 따라서 눈과 관련된 관용어도 귀와 관련된 관용어와 대조도 할 수 있게 유형화하여 살펴보기로 한다. 이들의 유형과 관용어의 분포는 다음과 같다.

〈도표 2〉

유 형	한국	일본	영어	계	%
1. 감각기관	3	2	1	6	1.2
2. 시각능력—시력	7	15	5	27	5.6
3. 판단·이해(력)·읽다	23	20	16	59	12.3
4. 주의·주목·관심	42	36	28	106	22.0
5. 시선·표정·태도	33	30	15	78	16.2
6. 의사전달·눈짓	7	10	2	19	3.9
7. 외모·외관·눈요기	3	10	9	22	4.6
8. 경험	2	2	1	5	1.0
9. 감정	61	21	13	95	19.8
10. 생사	4	4		8	1.7
11. 잠	1	9		10	2.1
12. 기준·정도·운수	2	7	1	10	2.1
13. 근거리	6	3	3	12	2.5
14. 기만·속이다	1	5	3	9	1.9
15. 울다	1	4	4	9	1.9
16. 추파			4	4	0.8
17. 싸움			2	2	0.4
계	196 (40.7%)	178 (37%)	107 (22.2%)	481	

〈도표 2〉에 보이는 바와 같이 눈과 관련된 한국어 관용어는 196개 (40.7%)이고, 일본어 관용어는 178개(37.0%), 영어 관용어는 107개(22.2%)다. 이들의 분포를 보면 주의·관심을 나타내는 것이 가장 빈도가 높아 22.0%이고, 그 다음 감정이 19.7%, 표정·태도가 16.2%, 판단·이해가 12.3%로 나타난다. 이러한 경향은 귀 관련 관용어가 주의·관심(25.4%), 판단·이해(12.4%), 청력(10.6%), 표정·태도(10.0%)의 순으로 빈도가 낮아지는 것과 그 경향이 비슷하면서도 차이가 난다. 특히 눈 관련 관용어의 경우 "감정"이 두드러진다는 것이 다르다. 언어권에 따른 분포는 한국어

의 경우 "감정"(31.1%), "주의·관심"(21.4%), "표정·태도"(16.8%), "판단·이해"(11.7%)의 빈도가 높고, 일본어의 경우는 "주의·주목·관심"(20.2%), "표정·태도(16.8%)", "감정(11.8%)", "판단·이해(11.2%)"가, 영어권은 "주의·주목·관심"(26.1%), "판단·이해"(14.9%), "표정·태도"(14.0%), "감정"(12.1%)의 빈도가 높다. 이들도 경향은 비슷하나 빈도에 많은 차이를 드러낸다. 가장 높은 빈도를 보이는 유형은 한국어의 "감정", 일본어의 "시각기능", "태도·표정", 영어의 "판단·이해", "주의·관심" 등이다. 이들 높은 빈도를 보이는 눈 관련 관용어는 귀 관련 관용어와는 달리 한 언어권에 치우치지 아니하고 분산된 경향을 보인다. "감정"을 나타내는 한국어 관용어는 매우 특이한 경향을 보이는 것이다. 빈도가 31.1%라는 고빈도도 그러하거니와, 한·일·영 삼국의 평균 빈도가 19.7%로, 다른 언어권과 현저한 차이를 보인다는 사실이 특이하다. 일어 11.8%, 영어 12.1%이니, 이는 한국어 귀 관련 관용어의 두드러진 발상의 특징이라 할 것이다.

그러면 다음에 <도표 2>에 제시한 유형의 순서에 따라 이들의 특성을 살펴보기로 한다.

제1유형 신체 부위는 눈이 신체의 일부로서 제시되는 경우이다. 이러한 예로는 한국어의 "눈이 꺼지다, 눈이 십리만큼 들어갔다, 눈이 없냐 귀가 없냐"와 같은 것이 있다. 일본의 관용어는 "目が腐る, 目の端が痛い"가 이에 속한다. 이들은 물론 노년의 모습이나, 긴장하여 눈을 감고 있던 뒤의 느낌을 의미하나, 구성 요소인 단어 "눈", 또는 "눈 끝"의 의미가 강하게 드러난다. 영어의 경우는 "the naked eye"가 보인다. 이는 한국어나 일어에서는 "육안(肉眼), 나안(裸眼)"이라 하여 발상은 같으나 관용어가 아니다.

제2유형 시각 능력은 눈이 곧 시력을 비유한다. 한국어의 관용어는 7 개로, "눈꺼풀이 씌우다, 눈에 풀칠하다(감은 눈으로 보듯 사물을 잘못 보다), 눈에 헛거미가 잡히다, 눈을 맞추다(서로 눈을 마주 보다), 눈이 밝다, 눈이 삐다, 눈이 어둡다"가 그것이다. "눈이 어둡다, 눈에 헛거미가 잡히다"는 판단력이 흐려짐을 비유하기도 한다. 일본어의 예는 15개로, 상대적으로 빈도가 높다. "目があく, 目が痛くなる(눈이 아파 못 보겠다), 目がつぶれる(장님이 되다), 目が遠い(원시다), 目が見える, 目が弱い, 目が惡い, 目で見て口で言え(사정을 궁구하고 말하라), 目にうつ(映)る, 目にか(掛·懸)かる, 目にする, 目にはいる, 目に觸れる, 目に見える, 目を見開く(눈을 뜨다)" 등이 그것이다. 이들은 주로 "보이다"란 의미기능을 드러낸다. "目があく"는 잠이 깸에, "目にかかる"는 만남(會)에, "目にはいる"는 작은 것, 귀여운 것에 비유되기도 한다. 영어의 예는 "clap(set, lay) eyes on, put the eye on, set (the) eyes on"이 보인다. 이들은 "만나다"에 비유되기도 한다. 이밖에 "where are your eyes?"도 여기에 속할 예다. 우리의 "눈은 어디 두고 다니느냐?"에 대응될 관용어다. "a bird's-eye view"는 한·일어에서 다 "조감(鳥瞰), 조감도(鳥瞰圖)"라 하여 구성 요소를 달리하는 단어다.

제3유형 판단·이해(력)은 비교적 높은 빈도를 보이는 것으로 세 가지 부류가 있다. 첫째 "깨닫다·이해하다"류, 둘째, "분별·이해를 못하다"류, 셋째, "판단력·이해력"류가 그것이다. 한국어의 관용어는 23개로, 첫째 유형은 8개다. "눈뜸, 눈에 들어오다(=目に入る), 눈을 뜨다, 눈을 틔우다, 눈이 뜨이다, 눈이 번쩍 뜨이다, 눈이 열리다, 눈이 트이다"가 그 예다. 시각에 의한 지각에서 나아가 각성을 의미한다. 둘째 유형은 5개로, "눈에 뭐가 씌우다, 눈에 안 들어오다, 눈을 뜬 장님이다, 눈을 의심하다, 눈이 씌우다" 따위가 그 예다. 셋째 유형은 10개로, "눈이 낮다,

눈이 높다, 눈이 멀다, 눈이 무디다, 눈이 바로(똑바로) 배기다(北 : 北은 북한을 의미한다. 이하 同), 눈이 삐다, 눈이 여리다, 눈이 있다, 눈이 캄캄하다, 눈이 흐릿하다"가 그것이다. 이 유형에 속하는 일본어 관용어도 19개로 많은 편이다. 이는 첫째 유형 "目からうろこ(鱗)が落る, 目から鼻へ拔ける(머리 회전이 빠르고 빨리 이해함), 目に入る, 目鼻が付く"나, 둘째 유형 "目がくれる, 目をおおう, 目を疑う"에 비해, 셋째 유형의 관용어가 상대적으로 많아 13개다. "目がある, 目がいい, 目が利く, 目がくも(曇)る, 目が眩む, 目肥える, 目が 高い, 目先がきく, 目が無い, 目に一丁字なし(文識力), 目を肥やす(감식력), 目を開く(文識力), 目が早い"가 그것이다. 영어 관용어는 첫째 유형의 것에 "by (the) eye, in my eyes, in one's (the) mind's eye, in the eye of, open a person's eyes to the truth, remove the scale from someone's eyes, shut (close) one's eyes to, through the eyes of, with one's eyes open(shut), with open eyes" 등 11개가 있는데, 이는 견해·견지와 묵인(默認)을 의미해 표정 태도와 관련된 것이 보인다는 특징을 지닌다. "cannot believe one's eyes"는 둘째 유형의 것으로, 세 언어에 공통되는 것이다. "get one's eye in, have (with) an eye for, half an eye, if someone had half an eye"는 셋째 유형과 관계된다. 한·일어는 셋째 유형이, 영어는 첫째 유형이 많은 분포를 보인다.

제4유형 주의·관심은 가장 빈도가 높은 것이다. 한국어의 경우는 전체 유형 가운데 두 번째로 빈도가 높다. 제4유형은 한국어의 경우 관심을 나타내는 관용어의 빈도가 높고(12/42개), 일어의 경우는 주의·주목·관심(17/36개), 영어의 경우는 주의·경계(12/28개)를 나타내는 것이 빈도가 높아 차이를 보인다. 한국어의 관심을 나타내는 관용어는 "눈과 귀를 한데 모으다, 눈길을 끌다, 눈길을 모으다, 눈길이 미치다, 눈을 끌다, 눈을 멈추다, 눈을 반짝거리다, 눈을 번뜩이다, 눈을 번쩍이다, 눈이 가다, 눈이 팔리다, 제 눈에 안경"과 같은 것이다. 이 밖에 관심과 관계가 있는 것으로 잊히지 않고 생각나는 것을 나타내는 관용어도 7개 보인다. "눈 뜨고 절명한다(北), 눈에 남다(北), 눈에 밟히다, 눈에 삼삼 귀에 쟁쟁(北), 눈에 선하다, 눈에 아른거리다, 눈에 어리다"가 그것이다. 욕심을 내거나 이익 추구를 나타내는 관용어도 6개다. "눈에 불을 달다, 눈에 불을 켜다, 눈이 벌겋다, 눈이 반짝이다, 눈이 뻘겋다, 눈이 시뻘겋다" 같은 것이 그것이다. "눈에 쌍초롱(쌍불)을 켜 달다(北), 눈에 화등잔을 켜다(北), 눈에 황달이 떴다(北), 눈을 밝히다, 눈을 씻고 보려야 볼 수 없다, 눈을 씻고 보아도"는 무엇을 찾거나 밝혀내려 신경 쓰는 것을 나타내는 관용어다(6개). "눈을 뒤집다, 눈이 가매지게(가매지도록), 눈이 빠지도록 기다리다"도 이 유형에 해당하는 것으로 볼 수 있을 것이다. 이 밖에 "눈을 똑바로 뜨다, 눈을 크게 뜨다, 눈이 뚫어지게(뚫어지도록), 눈이 빠지도록 기다리다"와 같이 보는 태도를 강조하는 것, "눈에 들다, 눈에 잘 보이다"와 같은 신임, "눈에 띄다, 눈표 나다"와 같이 현저함을 나타내는 관용어가 있다.

일본어의 경우는 한국어와는 달리 주시·주목을 의미하는 관용어가 17/36개로 빈도가 가장 높다. "目がとど(届)く, 目が留る, 目が離せない, 目ぐじらを立てる, 目にとどめる, 目を入れる, 目を掛く(ける)(친절하게 돌보다), 目を凝らす, 目を皿にする, 目を澄ます, 目を注ぐ, 目を付ける, 目を留める, 目を止む, 目を長くす, 目を見出す, 目を見張る(주시)"가 그 예이다. 그 다음 빈도를 보이는 것이 관심이다(11개). "目じりが下がる, 目事理を下げる, 目にか(掛)ける(보살피다), 目の毒(보면 욕심나는 것), 目もすまに(눈도 떼지 않고), 目をうば(奪)う(われる), 目を下す(= 目を掛く), 目を配る, 目を引く, 目を向ける"가 그것이다. 이 밖에 현저함을 나타내는 "目にうか(浮)ぶ, 目に立つ, 目に付く, 目に見えて", 감시·경계를 나타

내는 "目が光る, 目を光らす(せる)", 好感을 나타내는 "目が行く(마음에 들다), 目にと(留)まる(마음에 들다)"가 보인다.

영어 관용어는 주의·감시·경계를 나타내는 관용어가 제일 많고, 그 다음이 관심, 그 다음이 주시·주목을 나타내는 것이다. 주의·감시·경계를 나타내는 관용어는 12/28개이다. "an (one's, someone's) eagle eye, half all one's eye about one, have an eye on(upon), have an (one's) eye open= keep an (one's) eye open, have eyes at the back of one's head, have one's eye on, a (one's) weather eye open(엄중하게 경계를 계속하다), keep an (one's) eye on(upon)(감시하다), keep an eye out, keep both (one's) eyes wide open, keep (have) one's eyes peeled(skinned)(항상 경계하다)" 등 이 그것이다. 관심을 나타내는 것은 7개로, "be unable to take one's eyes off(눈을 못 떼다), cannot take one's eyes off(매료되다), have set eyes on, catch a person's eye(s), have(with) an eye to, have eyes only for, have in one's eye(안중에 두다)"가 그것이다. 주시·주목을 나타내는 것에는 "all eyes(열심히 주시하다), fix one's eye on, give an eye to, look (straight, right) in the eyes , meet someone's eye(s)"가 있다. 이 밖에 갈망·추구를 나타내는 것에 "have (keep, with) an eye to (on) the main chance, have one's eyes for, someone's eyes are bigger than his belly"가 보이고, 애호 등을 나타내는 것에 "set one's eye by, the apple of someone's eye(가장 중요한 인물)"가 보인다.

제5유형 시선·표정·태도를 나타내는 것도 빈도가 높다. 이는 제4유형의 무표적(無標的) 특성을 나타내는 것이어서 우선 태도 가운데 주의를 기울이지 않는다는 의미를 나타내는 관용어가 많다. 한국어의 경우 33개 중 7개가 이런 것으로, "곁눈을 뜨다, 곁눈을 주다, 곁눈을 팔다, 눈도 거들떠보지 않다, 눈도 깜짝 안 하다, 눈을 돌리다, 눈을 팔다"가 그것이다. 이와는 달리 타인의 시선을 나타내는 것도 6개 보인다. "눈에서 벗어나다, 눈을 꺼리다, 눈을 속이다, 눈이 많다, 눈이 무섭다, 눈을 피하다"가 그것이다. 이들은 대부분이 타인의 시선을 피하고자 하는 것이다. 이 밖에 알지 못해 어리둥절함을 나타내는 것으로, "눈을 굴리다, 눈을 깜박거리다, 눈을 깜박이다, 눈을 꿈벅거리다"가 있다. "눈 딱 감다, 눈을 감아 주다, 눈을 딱 감다"는 묵인을 나타내는 것이다. 태도를 나타내는 관용어는 이렇게 20개다. 표정을 나타내는 것은 11개가 보이는데, 이 가운데 "눈만 깜박거리다, 눈만 깜박이다, 눈만 끔벅거리다"는 아무 생각이 없음을 나타낸다. "눈이 풀리다, 눈동자가 풀리다"는 정신이 나간 상태를 나타낸다. 이에 대해 "눈에 가시가 돋히다(北), 눈에 칼을 세우다"는 모진 기운이 내비치는 표정을, "눈초리가 차갑다"는 냉정함을 표현한다. 이밖에 "눈 하나 까딱하지 않다, 눈 하나 깜짝하지 않는다"는 태연함을, "눈 둘 곳을 모르다"는 어리둥절하거나 어색함을 나타낸다. "눈 밖에 나다, 눈에 나다"는 믿을 수 없는 상태를 나타낸다.

일본어의 경우는 31개 관용어 가운데 태도를 나타내는 것이 13개, 표정을 나타내는 것이 9개다. 태도를 나타내는 관용어로는 "目が舞う, 目を回す, 目をす(据)える(한 곳을 물끄러미 보다), 目を忍ぶ(눈에 띄지 않게 하다), 目を通す, 目をふ(伏)せる(눈을 내리깔다)"가 있다. "目は空, 目もくれ(吳)ない, 目をそ(逸)らす, 目をはな(離)す"는 태도 가운데도 주의를 기울이지 않는다는 의미를 나타낸다. 표정에 관한 것으로는 "目が輝く, 目が散る, 目がす(据)わる(물끄러미 한 곳을 노려보다), 目の色を變える, 目は心のかがみ(鏡) (まと(窓), 目もなく(눈을 가늘게 뜨고, 目をあそ(遊)ばせる, 目を怒らす, 目をくわす(目くばせする)" 같은 것이 있다. 묵인을 의미하는 경우 "目をつぶる, 目をふさぐ"도 여기에 해당된다. 이 밖에 시선을 나타내는 관용어가 5개 있는데, "目も遙に, 目をあいて, 目をあけ

て, 目を極む(한껏 멀리 보다), 目をくぐ(潜)る(감시의 눈을 피하다)"가 그것이다. "目をそばだつ, 目を側む"는 측시(側視)를 나타낸다. 이 밖에 "目から火が出る, 目に留まらぬ"는 "눈에 불이 나다"란 심상과 빠름을 드러낸다.

영어 관용어의 경우는 태도를 나타내는 것이 가장 많은데, 그 가운데도 주의를 기울이지 않음을 나타내는 관용어가 8개로 많은 편이다. "cast(run) one's eye over, see … with half an eye, out of the corner of one's eye, out of the public eye(세간에 잊혀져), turn a blind eye(간과하다), with half an eye, if someone had half an eye, with one's eyes closed"가 그것이다. "drop one's eyes, in the public eye"도 태도와 관련된 것이다. 표정과 관련된 관용어는 "not bat an eye, not bat an eyelid, the evil eye, the green eye, without batting an eye"와 같은 5개가 보인다.

제6유형 의사전달, 눈짓에 해당한 유형은 많지 않다. 눈은 역시 주로 표현 아닌 수용·이해의 기능을 담당하기 때문이다. 이 유형의 한국어 관용어는 7개가 보인다. "눈길을 주다, 눈웃음을 치다, 눈으로 말하다, 눈을 주다, 눈이 맞다, 눈총을 주다, 눈총을 받다"가 그것이다. 일본어의 경우는 10개로, 한국어에 비해 빈도가 높다. "目くばせする, 目で物を言う(=눈으로 말하다), 目が物を言う, 目に物を言わす, 目は口ほどに物を言う, 目引き袖引き, 目引き鼻引き, 目をく(吳)れる, 目をや(遺)る(=눈을 주다), 目を見す(눈짓을 하다)"가 그것이다. 영어의 경우는 "give with the eyes(눈짓으로 알리다), see eye to eye(의견이 딱 맞다)"란 두 개의 예만이 보인다.

제7유형 외모와 관련된 관용어는 한국어에는 거의 없고, 일어 및 영어권엔 상대적으로 매우 많은 편이다. 한국어의 경우는 "눈에 넣어도 아프지 않다, 눈이 부시다, 눈이 빛나다"의 3개가 보일 뿐이다. 일본어의 관

용어는 "目に入れても痛くない(=눈에 넣어도 아프지 않다), 目の中へ入れ ても痛くない(=눈에 넣어도 아프지 않다), 目にし(染)みる(染む)(색채 인상이 선명하다), 目の正月(=目の保養)(눈요기), 目もあや(に)(눈부시게 아름다운 모 양), 目も及ばず(바로 볼 수가 없을 정도로 아름답다), 目をい(射)る(빛이 눈을 강 하게 비추다), 目を樂しませる, 目をよろこ(喜)ばす, 目を喜ばせる" 등 10개가 보인다. 영어의 경우는 "eye bar, in the eye of the wind= in the wind's eye, easy on the eyes(보기에 좋은), feast one's eyes on(눈요기하다), a sight for sore eyes(눈의 保養), the eye of day(heaven, the morning)(태양), the eye of night(heaven)(별), to the eye(겉으로는)" 등 9개가 보이나, 이형을 고 려하면 12개가 된다. 詩에서 눈이 태양과 별에 비유된 것은 특이하다.

제8유형 경험은 체험이나 경험의 유무를 나타내는 것이다. 이 유형의 관용어는 몇 개 되지 않는다. 한국어에는 "눈에 익다, 눈에 설다"의 2개 가 있다. 경험을 나타내는 귀와 관련된 관용어가 7개인데 대해 매우 빈 도가 낮다. 일본어는 "目に近い(언제나 보고 있다), 目に見る(실제로 보다)"가 보인다. "目に近い"는 만나다의 의미도 나타낸다. 영어의 경우는 "when you were just (no more than) a twinkle in your father's eyes"가 "네가 태 어나기 아주 그 전에, 아주 옛날에"를 의미해 지난날의 경험을 나타내는 것으로 볼 수 있다.

제9유형 감정을 나타내는 관용어는 귀 관련 관용어에 비해 압도적으 로 많다. 이들 분포는 한국어 31.1%, 일본어 11.2%, 영어 12.1%를 보 여, 특히 한국어의 경우 빈도가 월등히 높다. 한국어 관용어는 61개가 보이는데, 화가 나고, 놀랍고, 혐오스러운 감정을 나타내는 것이 주류를 이룬다. 성을 내고 화를 내는 것은 12개(괄호 안 것을 별도로 치면 14개)다. "눈알을 곤두세우다, 눈알을 부라리다, 눈에 모를 세우다, 눈에 불이 나 다, 눈에 불이 일다, 눈에서 번개가 번쩍 나다, 눈에 쌍심지가 나다(서다/

오르다), 눈에 쌍심지를 켜다, 눈에 천불이 나다, 눈을 곤두세우다, 눈을
부라리다, 눈을 부릅뜨다"가 그것이다. 놀라는 것과 관련된 관용어도 12
개이다. "눈깔이 나오다, 눈알이 나오다, 눈알이 돌다, 눈을 휘둥그렇게
만들다, 눈이 나오다, 눈이 돌다, 눈이 돌아가다, 눈이 동그래지다, 눈이
등잔만 하다, 눈이 번쩍하다, 눈이 휘둥그레지다, 눈이 화등잔(火燈盞) 같
다"가 그것이다. 혐오스러운 것을 나타내는 것은 8개로, "눈꼴이 사납다,
눈꼴이 시다, 눈꼴이 틀리다, 눈살을 찌푸리다, 눈에 거슬리다(걸리다), 눈
에 거칠다, 눈에 걸리다, 눈이 시다"가 그 예다. 여기에 미워 거슬리는
"눈엣가시, 눈 위에 혹", 증오를 나타내는 "눈총을 맞다, 눈총을 주다"가
더 있다 이 밖에 비이성적 상황, 혼란스런 상황, 절망적 상황을 나타내
는 것이 10개가 있다. 비이성적 상황을 나타내는 것은 "눈이 까뒤집히
다, 눈이 뒤집히다, 눈알이 뒤집히다, 눈이 산 밖에 비어지다"가 그 예다.
"눈에 딱정벌레가 왔다 갔다 하다, 눈을 까뒤집다, 눈을 뒤집다"는 혼란
스러운 상황을, "눈앞이 깜깜하다, 눈앞이 캄캄하다, 눈앞이 아찔하다"는
절망스러운 상황을 나타낸다. 이 밖에 경멸(눈을 깔다, 눈을 내리깔다), 불만
(눈을 치켜뜨다, 눈허리가 시다), 감동(눈시울을 붉히다, 눈시울이 뜨거워지다), 대담
(눈앞에 보이는 것이 없다, 눈에 보이는 것이 없다)을 나타내는 관용어가 있다.
"눈에서 피눈물이 나다, 눈에서 황이 나다. 눈 뜨고 볼 수 없다, 눈에 차
다, 눈을 흘기다, 눈초리가 따갑다, 눈코 뜰 사이(새) 없다"와 같은 관용
어도 보인다.

　일본어 관용어는 21개로, 놀라움과 노여움을 나타내는 것이 주류를
이룬다. 이들은 각각 6개씩 보이는데 놀라움을 나타내는 것은 "目が出る
(=눈이 나오다), 目が飛び出る, 目を大きくする, 目を白黒させる, 目をぱ
ちくりさせる, 目を丸くする"가 그 예다. 노여움을 나타내는 예는 "目
に角を立てる(=눈에 모를 세우다), 目に物を見せる(뼈저리게 하다), 目をさ

かだてる, 目を三角にする, 目をつり上げる, 目をむ(剝)く(눈을 부릅뜨다)"가 그것이다. "目の上の(たん)こぶ(=눈 위에 혹), 目のかたき(敵)にする(적의를 나타내다)"는 증오, 적의를 나타낸다. "目に障る(=눈에 거슬리다, 눈에 걸리다)"는 혐오를 나타낸다. 이 밖에 애호(愛好)와 관련된 "目に入れても痛くない(=눈에 넣어도 아프지 않다), 目の中へ入れても痛くない(=눈에 넣어도 아프지 않다), 目を細くする"가 있다. "目を輝かす(せる)"는 희망에 부풀고 기뻐하는 모습을 비유하는 말이다. "目が回る(=눈이 돌다)", "目も當てられぬ(ない)(=눈을 뜨고 볼 수 없다)"는 각각 다망(多忙)과 비참(悲慘)을 나타내는 것이다.

영어 관용어는 13개로, 주류를 이루는 것은 감탄이다. "all one's(the or in the) eye!(허튼 수작 하지 마라), eye down(주목!), in a pig's eye(결코), mind one's eye(조심하라), oh my eye!= my eye(s)!(말도 안 돼!), (here's) mud in your eye(乾杯! 일차대전 때 진창서 싸운 병사들의 건배사에서)"가 그 예다. "make a person open his eyes(깜짝 놀라게 하다), someone's eyes nearly (almost, practically) popped out of his head"는 놀라움을, "spit in someone's eye(침을 뱉고 싶을 정도로 화나다)"는 노여움을 나타내는 것이다. 이 밖에 해방을 나타내는 "eyes to cool it", 낙담(落膽)을 나타내는 "one in the eye for", 기 죽이다를 나타내는 "wipe the eye of (a shooter)" 따위가 있다.

제10유형 생사에 관한 관용어는 한국어와 일본어에 다 같이 4개씩 보인다. 이는 대체로 눈 감는 것을 죽음에 비유한 것이다. 한국의 관용어는 "눈에 흙이 들어가다(덮이다), 눈을 감다, 눈이 시퍼렇게 살아 있다, 눈자위가 꺼지다"이고, 일본의 관용어는 "目が黑い, 目の黑いうち, 目をおと(落)す, 目をつぶる"이다. "눈을 감다, 目をつぶる"는 다 같이 "자다"의 의미를 나타내기도 한다. 살아 있음을 나타낼 때 한국어는 "눈이 시

퍼렇게 살아 있을 때"라 하고, 일본어는 "目の黒いうち"라고 해 발상의
차이를 보인다. 영어의 예는 보이지 않는다.

제11유형 잠에 관한 관용어는 한국어에는 몇 개 안 보이는데, 일본어
에는 여러 개가 보인다. 한국어에는 "눈을 붙이다"가 있고, 이 밖에 제
10유형에 소속시킨 "눈을 감다"가 있다. 일본어의 예는 "目が合う, 目が
堅い(밤이 깊어도 잠을 자려 하지 않다), 目がさ(覺)める, 目も合わず(자지 못하
다), 目がさえる, 目をさ(覺)ます, 目をつぶる, 目を眠る, 目をふさぐ"
가 그것이다. 특히 이들 가운데 "目が覺める, 目がさえる, 目を覺ます,
目を眠る"의 "目(め)"는 "눈" 아닌 잠에 비유된 것이다. 한국어에서는
이런 경우 대체로 "눈" 아닌 "잠"으로 표현한다. "目をつぶる, 目を眠
る, 目をふさぐ"는 못 본체 묵인한다는 의미를 지녀 제5유형에도 해당
된다. "目を眠る"는 제10유형과도 관련된다. 영어에는 이런 관용어가 보
이지 않는다.

제12유형 기준·정도·운수(運數)는 특히 일본어에서 目(め)가 자(尺),
저울 주사위 따위의 눈금을 의미해 수량을 의미하는가 하면, 바둑판, 그
물 등의 눈, 톱니, 널판의 결 등에 비유되어 쓰임으로 이런 예가 많다.
한국어의 예는 거의 보이지 않는데, "눈에 안경, 제 눈에 안경"이 여기
에 속하는 것으로 볼 수 있을 것이다. 일본어의 경우는 "目に余る(수가
많아서 다 살펴볼 수 없다), 目の下(고기의 크기를 재는 표준), 目の付け所(착안
점), 目を立てる(톱, 줄 등의 날을 세우다), 目を起す(①주사위를 던져 좋은 눈금
을 나오게 하다 ②좋은 운을 만나다), 目を切る(칼자국을 내다)" 등이 이에 해당
한다. "目あり目なし"는 바둑에서 유가무가(有家無家)를 의미한다. "目が
出る"도 주사위 눈금에서 "행운이 돌아오다"를 의미할 때 여기에 속한
다. 영어의 경우는 "up to one's (the) eyes(일에 몰두하여, 빚에 쪼들려)＝up
to the ears"가 한도를 의미해 여기에 해당되는 것으로 볼 수 있다.

제13유형 근거리는 공간적·시간적 거리를 아울러 의미한다. 한국어의 "눈 깜짝할 사이, 눈앞에 나타나다, 눈앞에 닥치다, 눈앞에 두다, 눈앞에 보이다, 눈앞에 선하다"가 그 예다. 한국어에서는 "눈앞"이라는 말로 가까운 거리 目前을 의미한다. 이와는 달리 "코앞"이라고도 한다. 일본어의 경우도 "目の前, 目前"라 한다. 일본어의 관용어는 "目と鼻の先(가까운 거리의 장소), 目と鼻の間(근거리), 目振る間(=눈 깜짝할 사이)"가 있다. 영어의 경우는 "before someone's (very) eyes(바로 눈앞에서), under someone's (very) eyes(눈앞에서), in the twinkling of an eye(눈 깜짝이는 사이에)"가 여기에 속하는 예다.

제14유형은 기만, 속이다를 나타내는 것이다. 이 유형의 한국어의 관용어는 "눈가림을 하다(얄팍한 방법으로 속이다)" 하나뿐이다. "눈을 속이다"도 타인의 시선(제4류) 외에 기만의 의미를 지닌다. 일본어는 "目を晦ます(눈을 속이다), 目を盗む, 目をかす(掠)める, 目を拔く, 目を偸む(남에게 들키지 않게 비밀히 하다)"와 같이 댓 개의 예가 보인다. 이들 가운데 "目をかす(掠)める, 目を拔く, 目を偸む"는 타인의 시선을 의미하기도 한다. 영어의 경우는 "do (a person) in the eye(남의 눈을 속이다), pull the wool over someone's eyes(사람의 눈을 속이다), throw dust in (into) someone's eyes(사람의 눈을 속이다)"가 있다.

제15유형은 눈물, 울다를 나타내는 것이다. 한국어의 예는 "눈에 이슬이 맺히다" 하나가 있다. 일본어의 경우는 "目頭が熱くなる, 目がはれる(울어 눈이 붓다), 目に涙がたまる(자연히 눈물이 나다), 目をうるませる(눈물을 조금 흘리다), 目をぬぐう(눈물을 닦다)"와 같이 4개가 보인다. 영어의 경우도 4개가 보이는데, "cry one's eyes out(눈이 붓게 울다), pipe one's eye, put one's finger in one's eye(눈물을 흘리다), with dry eyes(눈물 한 방울 흘리지 않고)"가 그것이다.

제16유형 추파는 영어에만 보이는 특수한 것이다. "cast(make) sheep's eyes(추파를 던지다), give the glad eye(추파를 던지다), give the big eye, make eyes at(추파를 던지다)"가 그 예다.

제17유형 싸움, 일격(一擊)도 영어에만 보이는 것이다. "a smack in the eye(사람을 탁 밀어붙이는 것, 一擊), hit a person(give a person one) in the eye(눈통을 한 대 치다)"가 이의 예다.

5. 결어

한·일·영어권의 耳目과 관련된 관용어를 발상과 표현을 중심으로 살펴보았다. 이목 관련 관용어는 총 650개인데, 이들 관용어는 귀 관련 관용어가 169개, 눈 관련 관용어가 481개로 눈 관련 관용어가 압도적으로 높은 빈도를 보인다. 귀 관련 한국어 관용어는 66개, 일어 51개, 영어 52개이며, 눈 관련 한국어 관용어는 196개, 일어 178개, 영어 107개다.

한·일·영어의 귀 관련 동의·동형의 관용어는 5개(8.9%), 눈 관련 동의·동형의 관용어는 10개(6.2%)다. 두세 언어권에 공통되는 관용어는 귀와 눈을 가릴 것 없이 한·일 관계가 가장 밀접하고, 일·영 관계가 한·영 관계보다 좀 더 밀접한 경향을 보인다.

한·일·영어권의 관용어는 개념적인 면에서 16-17가지 유형으로 나뉜다. 귀 관련 관용어는 주의·관심 25.4%, 이해·판단(력) 12.4%, 청각 기능 10.6%, 표정·태도 10.0%가 높은 빈도를 보이는 것이다. 눈 관련 관용어는 주의·관심 22.0%, 감정 19.7%, 시선·표정·태도 16.2%, 판단·이해(력) 12.3%가 높은 빈도를 보이는 것이다. 이들은 귀와 눈을 통한 발상의 특징적 경향을 보여 준다. 귀 관계 관용어의 대표적 유형 가

운데 가장 빈도가 높은 유형은 한국어의 판단·이해, 경험과, 일어의 청
각기능, 주의·관심, 표정·태도, 감정, 영어의 주변·근처, 기준·정도
이다. 눈 관련 관용어는 한국어의 감정, 일어의 시각기능, 표정·태도,
영어의 판단·이해, 주의·관심이다. 이들은 각 언어권의 발상과 표현의
특징을 반영하는 것이라 할 수 있다. 한국어권의 경우는 귀를 통한 판
단·이해와, 경험, 눈을 통한 감정 및 근거리 표현을 즐겨 하는 것이 된다.

  같은 감각기관인 이목 관련 관용어는 유사한 경향을 보이면서도 차이
가 난다. 귀 관련 관용어가 청각 관계를, 눈 관련 관용어가 감정의 두드
러진 빈도를 보이는 것과, 전반적으로 빈도에 차이를 보이는 것이 그것
이다. 이는 귀가 이해, 눈이 표현 기능을 좀 더 드러내는 데 연유하는 것
이라 하겠다.

  한·일·영 관용어의 표현상의 특징은, 먼저 귀 관련 관용어부터 살
펴보면 다음과 같다.

  제2류(청각기능)는 한국어의 경우 청각능력이 없다는 부정적인 것이 많
은 데 대해 일어는 긍정적 면이 강하다. 제3류(판단·이해력)는 한국어만
이 빈도가 높고, 제4류(주의·관심)는 일본 관용어가 상대적으로 높은 빈
도를 보인다. 한국어의 경우는 소극적 청취 태도를, 일·영어의 경우는
적극적 태도를 보여 차이를 드러낸다. 제6류(의사전달·전언)는 말하기의
의미기능이라 그 예가 많지 않다. 제8류(경험)는 한국어 관용어가 상대적
으로 많고, 일·영어의 관용어가 적어 한국어권의 한 특성이 된다. 이들
은 대부분 반복적 사실과 관련된다. 제9류(감정)는 감정 표현을 거의 하
지 않아, 많은 예를 보이는 눈 관련 관용어와 크게 다르다. 제11류(주변·
근방·현장), 제12류(기준·정도), 제13류(싸움·구타), 제14류(代價), 제15류(수
면), 제16류(아침)는 모두 영어권에만 보이는 것으로 특이한 것이다. 이는
저들의 발상과 문화적 특성을 반영하는 것이라 할 것이다.

눈 관련 관용어의 특징은 한국어권 관용어는 감정을, 일어권은 표정 태도, 영어권은 주의·관심을 나타내는 것이 높은 빈도를 보여 발상의 차이를 보인다.

제2류(시각기능)는 일어가 상대적으로 높은 빈도를 보인다. 제3류(판단·이해력·읽다)는 비교적 빈도가 높은 것으로, 깨닫다·이해하다類, 분별·이해 못하다類, 판단력·이해력類의 세 가지가 있는데, 한국어권은 셋째 유형이 다소 높기는 하나 분산된 경향을 보이고, 일본어권은 셋째 유형이, 영어권은 첫째 유형이 많아 차이를 드러낸다.

제4류(주의·주목·관심)는 빈도가 가장 높은 것으로, 한국어의 경우는 관심을 나타내는 것이 많고(12/42), 일어는 주시·주목(17/36), 영어는 주의·경계를 나타내는 것(12/28)이 많아 차이를 보인다. 제5류(시선·표정·태도)는 세 언어권이 다 주로 태도를 나타낸다. 제6류(의사전달·눈짓)는 귀의 경우와 마찬가지로 예가 많지 않다. 상대적으로 일본어권이 좀 많은 편이다. 제7류(외모·외관)는 한국어가 상대적으로 적고, 일·영어권이 두드러진 경향을 보인다. 제8류(경험)는 전반적으로 귀에 비해 빈도가 낮은 편이다.

제9류(감정)는 세 언어권이 다 높은 빈도를 보이나, 특히 한국어가 31.1%라는 압도적인 빈도를 나타낸다. 한국인은 눈을 통해 감정 표현을 많이 하고 있다. 한국어권은 눈을 통해 화나고, 놀랍고, 혐오스런 감정을 주로 나타낸다. 이에 대해 일본어권은 놀라움과 노여움을, 영어권은 주로 감탄을 나타내어 차이를 드러낸다. 제10류(생사), 제11류(잠)는 한·일어에만 나타난다. 특히 잠은 일본어의 경우 빈도가 높다. 제12류(기준·정도·운수)는 일어권이, 제13류(근거리)는 한국어권이 빈도가 높다. 제16류(추파), 제17류(싸움)는 영어권에만 보이는 특수한 표현으로 저들의 문화가 반영된 것이라 하겠다.

눈과 귀는 같은 감각 기관이다. 이들과 관련된 관용어는 이들에 의한 발상과 문화에 따라 표현의 같고 다름을 드러낸다. 자국어를 알려면 외국어를 알아야 한다는 말이 있다. 비교 대조를 통해 발상과 표현의 실상을 바로 알고, 효과적인 언어소통을 하도록 대처해야 한다.

▌참고문헌

박갑수(2005), 일반국어의 문체와 표현, 집문당.

이경자(1999), 우리말 신체어 형성, 충남대학교 출판부.

李明玉(2007), 日本語と韓國語の慣用表現の差異, 笠間書院.

國廣哲彌(1992), 日英語比較講座 第4卷, 發想と表現, 大修館.

白石大二(1967), 日本語の發想- 語源・イデイオム, 東京堂出版.

_____(1972), 日本語發想辭典, 東京堂出版.

フランシス・クデイラ・羽鳥博愛(1984), 英語の發想 Image 辭典, 朝日出版社.

박갑수(1999), "손" 관계 관용구의 발상과 표현, 이중언어학 16, 이중언어학회.

박갑수(2001), "발" 관계 관용구의 발상과 표현, 외국인을 위한 한국어교육연구 4, 서울대 사대 외국인을 위한 한국어교육 지도자과정.

* 이 논문은 중국 한국(조선)어교육연구학회의 "한국(조선)어교육 국제학술연토회(2010. 7. 16-20)"에서 발표한 것을 다소 보완한 것이다.

제 3 부

발상과 수사적 표현의 함수

제1장 비유에 반영된 한국인의 발상

제2장 소설 상의 인물 "황진이"의 형상화

제3장 동양문고본계 "고본춘향전"의 발상과 표현

제4장 고전에 반영된 한국인의 해학과 풍자

제1장 | 비유에 반영된 한국인의 발상
열녀츈향슈졀가와 동양문고본 춘향전의 직유

1. 서언

"춘향전"은 우리의 대표적인 고전소설이다. 여기서의 "고전소설"이란 단순한 소설의 형식을 의미하자는 말이 아니다. 온 국민이 문자 그대로 "고전"으로 생각하는 소설이란 말이다. 이는 주제만이 아니요, 표현 형식도 그러하다고 할 수 있다. 이 글에서는 이 "춘향전"의 표현 형식을 살펴보기로 한다. 사물을 구상적으로 표현하기 위해 비유를 어떻게 하고 있는가? 그 형식이 비교적 분명한 직유(直喩)를 어떻게 사용하고 있는가? 특히 발상(發想)의 차원에서 무엇을 무엇에 비유함으로 사물을 명시적으로 표현하고 있는가 살펴보기로 한다. 이는 춘향전이 우리의 대표적인 고전임으로 해서 한국인의 발상의 일단을 보여 줄 것으로 생각되기 때문이다.

직유(simile)는 크게 단순직유(simple simile)와 확장직유(expanded simile)로 나뉘며, 이는 다시 개방직유(open simile)와 폐쇄직유(closed simile)로 나뉜다 (박갑수, 1998). 그러나 여기서는 이러한 비유의 형식에 대해서는 그리 주목하고자 하지 않는다. 오히려 원관념(tenor), 곧 본의(本義)와 보조관념(veichle), 곧 유의(喩義)에 주목함으로 발상과 표현의 문제를 해명하기로 한다. 따라서 확장직유는 그 형식보다 적어도 두 개 이상의 원관념과 보조관념으로 이루어진다는 점에 주목하게 될 것이다.

직유는 두 개의 춘향전을 기본 자료로 하여 추출할 것이다. 경판과 완판의 두 자료를 아울러 활용한다는 면에서 완판본은 "열여춘향슈졀가"를, 경판본은 판본(板本)이 비교적 짧은 단편이라 경판본 계통의 대표적 장편소설인 "동양문고본 츈향젼"을 자료로 하기로 한다. "열녀츈향슈졀가"는 1895년 이후 간행된 것이고, "동양문고본 춘향전"은 1900~1924년 필사된 세책본(貰冊本)이다. 구체적으로 사용한 자료는 완판본의 경우는 이가원 주석, 춘향전, 정음사, 1962를, 동양문고본은 동양문고 소장의 복사본을 사용하기로 한다.

이 글에서는 우선 두 이본의 직유를 각각 원관념과 보조관념의 면에서 살펴 이들의 출현도와 특성을 고찰하고, 그 다음 원관념과 보조관념의 관계를 밝힌 다음, 마지막으로 이들 두 이본의 특성과, 한국인의 발상이란 차원에서 이들 표현에 대해 논의할 것이다. 그렇게 함으로 춘향전의 비유의 특성을 살피고, 한국인의 발상과 표현의 일단을 밝히기로 한다.

2. 열녀춘향수절가의 비유

비유의 원관념과 보조관념을 살핌에 있어 비교와 이해의 편의를 위해 이들 직유를 10여개 유형으로 분류하기로 한다. 이는 추출된 비유를 바탕으로 귀납적으로 유형화한 것으로 다음과 같은 것이다.

1. 주인공, 2. 동물, 3. 식물, 4. 광물, 5. 천체와 기상, 6. 산하(山河), 7. 신체 부위, 8. 음성·음향, 9. 주변 인물, 10. 의식주, 11. 기구(器具), 12. 상상(想像)의 세계, 13. 종교 관계, 14. 기타

2.1. 비유의 원관념

"열여춘향슈졀가"(이하 "슈졀가"라 약칭한다.)의 직유에는 84개의 원관념과 보조관념이 드러나고 있다. 이 가운데 원관념은 "주인공"이 가장 높은 빈도를 보여 23개 27.26%, 그 다음이 "상상의 세계" 22개 25.00%, 세 번째가 "신체 부위"로 12개 14.28%의 빈도를 보인다. 이들 10% 이상의 빈도를 보이는 유형의 총합은 66.54%이다. 주인공은 춘향과 이 도령이다. 따라서 완판 춘향전의 경우 구상적 표현을 하고자 한 대표적인 대상은 두 주인공이 된다(논의는 유형의 순서에 따르며, 해당 사항이 없는 경우 결번이 된다).

[1] 주인공 (23개)

춘향과 이 도령에 대한 비유는 춘향 15개, 도령 6개, 도령과 춘향 2개로 도령에 비해 춘향을 구상화한 것이 많다. 그러나 이들 비유는 춘향의 용모를 구상화 하고자 한 것이 아니라, 대부분 춘향 등의 행동·동작을 구상화 하고자 한 것이다. 이들은 대부분 확장직유의 형태를 띠고 있어 더욱 그러하다. 춘향의 용모와 관련된 것은 "옥결 갓탄 니 쌀(98), 빅옥 갓튼 니 쌀(156), 문치 조흔 형산빅옥(226)" 등의 세 개뿐이다. 도령의 외모에 대한 비유는 보이지 않는다. 용례 앞의 *은 단순직유, **는 확장 직유를 표시한 것이다. *(*)는 확장직유로서 원관념, 또는 보조관념이 하나임을, **는 원관념과 보조관념이 각각 둘임을 나타낸다. 용례 뒤의 숫

자는 출전의 페이지를 밝힌 것이다.

(1) 춘향 (15)
* 일흠을 춘향이라 부르면서 장중보옥갓치 질너너니(26)
* 소문 어려 바리시면 옥결 갓탄 니 짤 신셰(98)
*(*) (춘향이가) 이리 곰슬 져리 곰실 녹슈에 홍연화 미풍 맛나 굼 이난듯(109)
*(*) (춘향이가) 이리 굼실 저리 굼실 동히 쳥용이 구부를 치난듯 (110)
*(*) (만첩쳥산 늘근 범이) 살진 암키를 무러다 노코 이는 업셔 먹 든 못하고(131)
*(*) (북히 흑용이) 여의쥬를 입으다 물고 치운간의 늠노난듯(131)
*(*) (단산 봉황이) 죽실(竹實) 물고 오동 속으 늠노난듯(131)
*(*) (구구 쳥학이) 난초을 물고셔 고송간(古松間)의 늠노난듯(131)
*(*) (춘향이) (온 몸을 쑤순입 틀덧하며) 미 찡 차난 듯하고 안던 이(150)
* 빅옥 갓튼 니 짤 춘향(156)
*(*) 푸린 솔은 날과 갓고, (누른 국화 낭군갓치 실푼 싱각, (224)
*(*) (춘향) 문치 조흔 형산빅옥 진퇴 중의 무쳐난듯(226)
*(*) (춘향) 힝기로운 상산초가 잡풀 속의 셔겨난듯(226)
*(*) (춘향) 오동 속의 노든 봉황 형극 속의 길듸린 듯(226)
* 춘향이를 금쪽가치 질너너여 외손봉사 바리더니(280)

(2) 도령 (6)
*(*) (도령님) 만첩쳥산 늘근 범이… 먹든 못하고 흐르릉 흐르릉 아웅 어룬난듯(131)
*(*) 북히 흑용이 (여의쥬를 입으다 물고) 치운간의 늠노난듯(131)
*(*) 단산 봉황이 (죽실(竹實) 물고) 오동 속으 늠노난듯(131)
*(*) 구구 쳥학이 (난초을 물고셔) 고송간(古松間)의 늠노난듯(131)
*(*) (춘향이) (온 몸을 쑤순입 틀덧하며) 미 찡 차난 듯하고 안던

이(150)
* (푸른 솔은 날과 갓고,) 누른 국화 낭군갓치 실푼 싱각(224)

(3) 춘향과 도령 (2)

*(*) (춘향과 도령님이) 삼각산 졔일봉 봉학 안자 춤추난 듯(109)
* (춘향과 도령이) 오싴단청 순금장 안의 쌍거쌍녀 비들키갓치 뭉 뭉 뭉뭉 으흥거려(132)

[2] 동물 (3개)

동물, [3]식물, [4]광물, [5]천체와 기상의 원관념은 미미한 출현도를 보이고, [6]산하(山河)에 대한 원관념은 예가 보이지 않는다.

* 황금 갓튼 쐬꼬리는 숩숩이 나라든다.(39)
* 디졉 갓튼 금부어(금(金鮒魚))(91)
* 동니 울산 디견복 디모 장도 드난 칼노 밍상군의 눈셥체로 어슥비 슥 오려노코(101)

[3] 식물 (2개)

* 버들가지 느러져 불빗츨 가린 모양 구실발(珠簾)리 갈공이의 걸린 듯 하고(91)
* 좌편의 셧난 반송 쳥풍이 건듯 불면 노룡이 굼이난듯(91)

[4] 광물 (1개)

* 금은(金銀) (옥촉지빜(吳蜀之帛))이 젹여구산(積如丘山)이라도(98)

[5] 천체와 기상 (2개)

* 화씨(和氏) 갓치 발근 달 벽희의 드럿난니(186) (和氏의 옥)
* 광풍반야(狂風半夜) 우여셜(雨如雪)흐니 (275)

[7] 신체 부위 (12개)

신체 부위는 춘향과 관련된 것이 대부분이다. 특히 외모, 및 머리채와 관련된 것이 많은데, 그 가운데도 두발(頭髮)과 관련된 것이 많다. 외모는 "백옥, 옥결"과 같이 살결이 희고 아름답다는 것이다. 머리채는 "감퇴 갓탄 머리치"와 같이 머리채가 아름답다는 것이나, 형장(刑場)에서의 모습으로 묘사한 것이다.

> (1) 몸 (4)
> * (춘향) 온 몸을 쑤순입 틀덧 흐며(150)
> * 춘향 신셰 빅옥 갓탄 고흔 몸이 육자빅이로 업더져쑤나.(208)
> * 옥 갓탄 춘향 몸으 솟나니 유혈이오(216)
> * 옥결 갓흔 춘향 몸의 자뇌 갓턴 동낭치가 누셜을 시치다는(270)
> (2) 머리치 (5)
> * 전반(剪板) 갓탄 치머리 곱게 비셔(37)
> * 감퇴(褐藻類) 갓탄 춘향의 머리치를(208)
> *(*) (감퇴(褐藻類) 갓탄) 춘향의 머리치를 전정 시절(時節) 연실(鳶絲) 감듯(208)
> *(*) (감퇴(褐藻類) 갓탄) 춘향의 머리치를… 비사공이 닷줄 감듯 (208)
> *(*) (감퇴(褐藻類) 갓탄) 춘향의 머리치를 사월팔일 등 쩌 휘휘 친 친 감어쥐고(208)
> (3) 낯 · 다리 · 피 (3)
> *(*) (기분을) 셩갓트 (겉에) 회칠하듯 반죽하야 온 낫스다 믹질하고(189)
> * 빙셜 갓탄 두 다리의 (연지 갓탄 피 비쳔네.)(219)
> * (빙셜 갓탄 두 다리의) 연지 갓탄 피 비쳔네.(219)

[8] 음성 · 음향 (1개)

* (어사) 추상갓치 호령ᄒ며(258)

[9] 주변 인물 (8개)

주변 인물이란 주인공 이외의 인물을 말한다. 원관념으로 등장하는 인물은 "자식, 첩, 군노사령, 벗" 등이 있다. 이들은 다양한 부류의 인물로 분포상의 특징은 보이지 않는다.

* 남우 싱쩌갓탄 자식을 이 지경이 웬일이오.(165)
** 사람의 첩이 되야 비부기가(背夫棄家)ᄒ는 법이 베살하난 관장(官長)임네 망국부쥬(忘國負主) 갓싸오니(203)
* 밍호갓턴 굴노(軍奴) 사령(208)
* (밍호갓턴) 굴노(軍奴) 사령 벌 쩨갓치 달여드러(208)
*(*) (벗님) 구추단풍 입 지다시 션아션아 썰어지고(269)
*(*) (벗님) 시벽하날 별 진다시 삼삼오오 시러진니(269)
* (이방 등) 그놈들 기기여신(箇箇如神)이로다.(296)

[10] 의식주 (3개)

* (금은) 오촉지빅(吳蜀之帛)이 젹여구산(積如丘山)이라도(98)
* 탕기 갓튼 청슬이(靑實梨)를(101)
* (어사의) 쳘관풍치는 심산밍호 갓탄지라(253)

[11] 기구 · 재료 (7개)

기구 및 재료는 여러 용례를 보이나 두드러진 특징은 드러나지 않는다.

* 구룸 갓튼 별연(別輦) 독교(獨轎)(179)
* 달 갓튼 마픽를 (희빗갓치) 번듯 드러 "암힝어사 출도야"(303)

* (달 갓튼) 마퍼를 히빗갓치 번듯 드러 "암힝어사 출도야"(303)
* 금잔 옥잔 앵무비를 그 가온더 씌여스니… 틱을션녀 연엽션 씌듯(102)
* (틱을션녀 연엽션 씌듯,) 디광보국 영으졍 파초션 씌듯 둥덩실 씌여 노코,(102)
* 새별 갓탄 요강(107)
*(*) 기분을… 셩갓트 회 칠하듯 반죽하야 온 낫스다 믹질하고(189)

[12] 상상의 세계 (22개)

"상상의 세계"는 본래 추상적인 것을 대상으로 함으로 시각적인 표상을 필요로 하는 것이다. 이러한 것으로는 "사랑, 마음" 등이 있다. "슈졀가"에는 이들이 여럿 구상화되고 있다. "사랑"은 도령의 "사랑가"에 읊어진 것이 대부분이다. "사랑"은 11개, "마음"은 5개, 기타 "셜움, 상사, 셰월, 혼빅" 등이 구상화되고 있다.

(1) 사랑 (11)
  * 집푼 사랑 금셕 갓치 믹자싸가(98)
  * 무산(巫山) 갓치 노푼 사랑(111)
  * 여천 창희 갓치 집푼 사랑(111)
  * 화우동산(花雨東山) 목단화(牧丹花)갓치 평퍼지고 고은 사랑(111)
  * 연평(延坪) 바디 그무 갓치 얼키고 밋친 사랑(111)
  * 은하 직여(織女) 직금(織錦)갓치 올올이 이은 사랑(111)
  * 청루미여(靑樓美女) 침금(寢衾)갓치 혼술마다 감친 사랑(112)
  * 셰내 가 슈양갓치 쳥쳐지고 느리진 사랑(112)
  * 남창북창 노젹갓치 다물다물 싸인 사랑(112)
  * 은장(銀欌) 옥장(玉欌)) 장식갓치 모모이 잠긴 사랑(112)
  * 명사심이(明沙十里) 힉당화갓치 연연이 고운 사랑(112)
(2) 마음 (5)
  * 빅옥 갓탄 니 쌀 마음(98)

　　* 창파갓치 집푼 마음(100)

　　* 쳘셕 갓튼 춘향 마음 죽난 거슬 셰아릴가.(278)

　　* (이도령이) 도량은 창히 갓고(30)

　　* (춘향의) 쳘셕갓치 구든 쓰시(98)

　(3) 기타 (6)

　　* (셜움이) 속의셔 두부장 쓸틋 하난지라(147)

　　* 주홍 갓턴 셔을 물고(132)

　　* 불 쏫 갓탄 시름 상사(相思) 흉중으로 소사나(156)

　　* 무정셰월(無情歲月) 양유파(若流波)를 탄식할 제(201)

　　* 밍분(孟賁) 갓턴 용밍인들 쎄여내지 못할 터요(203)

　　* 셰우갓치 나문 혼빅 (바람인듯 구름인듯)(231)

2.2. 비유의 보조관념

　"슈졀가"에 보이는 비유의 원관념을 앞 장에서 살펴보았다. 이번에는 이에 상대가 되는 보조관념을 보기로 한다.

　"슈졀가"의 보조관념은 금은보석과 같은 "광물(鑛物)"이 가장 빈도가 높고, 그 다음은 식물, 동물, 천체(天體) 등의 순서가 된다. 이들의 빈도는 광물 17개 20.23%, 식물 14개 16.66%, 동물 13개 15.47%, 천체 9개 10.71%이어, 이들의 총합이 74.97%이다. 이는 10% 이상의 대표적 원관념 "주인공, 신체 부위, 상상의 세계"의 66.54%의 상대적 개념에 해당한 것이다.

[1] 주인공 (2개)

　"주인공"은 본의(本義)로서는 27.26%라는 높은 출현 빈도를 보이나, 유의(喩義)로서는 두어 개의 예를 보일 뿐 거의 사용되지 않는다.

* 푸린 솔은 날(춘향)과 갓고, (누른 국화 낭군갓치 실푼 싱각)(224)
* 누른 국화 낭군갓치 실푼 싱각 쑤리나니 눈물이요, 젹시난이 한숨
  이라.(224)

[2] 동물 (13개)

유의로서의 동물은 짐승이 7개, 조류가 5개, 곤충이 1개 쓰이고 있다.
이 가운데 용(龍)과 봉황(鳳凰), 범이 각각 3개씩 보이고, 나머지는 모두 1
개씩 나타난다. 봉황은 조류 5개 중 3개로 빈도가 상대적으로 높은 편이
다. 이들 동물은 대부분 원관념 "도령"과 "춘향"에 대한 보조관념으로
쓰인 것이다.

(1) 짐승 (7)
 * 좌편의 셧난 반송 쳥풍이 건듯 불면 노룡이 굼이난듯(91)
 *(*) (춘향이가) 이리 굼실 저리 굼실 동힌 쳥용이 구부를 치난듯
   (110)
 *(*) 북히 흑용이 여의쥬를 입으다 물고 치운간의 늠노난듯(131)
 * (도련님) 만졉쳥산 늘근 범이 살진 암키를 무러다 노코 이는 업
   셔 먹든 못하고 흐르릉 흐르릉 아웅 어루난듯(131)
 * 밍호갓턴 굴노(軍奴) 사령(벌 쪠갓치 달여들어)(208)
 * (어사의) 철관풍치는 심산 밍호 갓탄지라.(253)
 *(*) (만졉쳥산 늘근 범이) 살진 암키를 무러다 노코 이는 업셔 먹
   든 못하고(131)
(2) 조류(봉황·비둘기·쳥학) (5)
 *(*) (춘향과 도령님이) 삼각산 졔일봉 봉학 안자 춤추난 듯(109)
 *(*) 단산 봉황이 죽실(竹實) 물고 오동 속으 늠노난듯,(131)
 *(*) (춘향) (힝기로운 상산초가 잡풀 속의 셔겨난듯,) 오동 속의 노
   든 봉황 형극 속의 길듸린 듯(226)
 * (춘향과 도령이) 오식단쳥 순금장 안의 쌍거쌍니 비들키갓치 꿍

쑹 씅쑹 으흥거려(132)

*(*) 구구 청학이 난초을 물고셔 고송간(古松間)의 늠노난듯,(131)

(3) 곤충 (1)

* (밍호갓턴) 굴노(軍奴) 사령 벌 쎄갓치 달여드러(208)

[3] 식물 (14개)

식물은 초목류 9개, 화훼류 3개, 기타 2개로 나타난다. 초목류는 유형화할 수 없을 정도로 다양한 종류를 보인다. 화훼류는 예상과 달리 빈도가 높지 않다. 이들은 "사랑"에 대한 보조관념으로 여러 개가 쓰이고 있다. 많은 것이 확장직유에 쓰이고 있다.

(1) 초목류 (9)

* 단산 봉황이 죽실 물고 오동 속으로 늠노난듯(131)

* 구구 청학이 난초을 물고셔 고송(古松) 간의 늠노난듯(131)

* 온 몸을 쑤순입 틀덧ᄒ며(150)

* 남우 싱쩌갓탄 자식을 이 지경이 웬일이오.(165)

* 셰내 가 슈양갓치 청쳐지고 느리진 사랑(112)

* 감틔(褐藻類) 갓탄 춘향의 머리치를(208)

* 연지 갓탄 피 비쳔네(219)

*(*) (춘향) 힝기로운 상산초가 잡풀 속의 셔겨난듯, (오동 속의 노든 봉황 형극 속의 길듸린 듯)(226)

*(*) (벗님) 구추단풍 입지다시 션아션아 쩔어지고, (시벽하날 별진다시 삼삼오오 시러진니)(269)

(2) 화훼류 (3)

* 화우동산(花雨東山) 목단화(牧丹花)갓치 펑퍼지고 고은 사랑(111)

* 명사심이(明沙十里) 힝당화갓치 연연이 고운 사랑(112)

*(*) (춘향이가) 이리 곰슬 져리 곰실 녹슈에 홍연화 미풍 맛나 굼이난듯(109)

(3) 기타 (2)

* (빙설 갓탄) 두 다리의 연지 갓탄 피 비천네.(219)
* 남창북창 노젹갓치 다물다물 싸인 사랑(112)

[4] 광물 (17개)

광물은 옥(10), 금(3), 구슬(2), 쇠(2)가 쓰이고 있으며, 옥(玉)의 빈도가 두드러지다. "옥"은 대부분 춘향과 관련된 것으로, 춘향의 몸이 아름답다거나, 살결이 곱다는 것을 나타낸다. "철석"은 "* (춘향의) 철석갓치 구든 쓰시(98), * 철석 갓튼 춘향 마음 (278)"과 같이 주로 견고함을 나타내는 비유로 쓰이고 있다. "* (도령이) 집푼 사랑 금셕 갓치 미자짜가 (98)"의 "금셕"도 마찬가지다.

(1) 옥 (10)

* 일흠을 츈향이라 부르면서 장즁보옥갓치 질너너니(26)
* 소문 어려 바리시면 옥결 갓탄 니 쌀 신세(98)
* 옥결 갓탄 니 쌀 신세(98)
* 빅옥 갓튼 니 쌀 춘향(156)
* 빅옥 갓탄 니 쌀 마음(156)
* 화씨(和氏) 갓치 발근 달 벽희의 드럿난니(186) (和氏의 옥)
* 춘향 신세 빅옥 갓탄 고흔 몸이 육자빅이로 업더져쑤나.(208)
* 옥 갓탄 춘향 몸으 솟나니 유혈이오,(216)
* 옥결 갓흔 춘항 몸의 자니 갓틴 동낭치가 누셜을 시치다는(270)
*(*) (춘향) 문치 조흔 형산빅옥 진퇴 즁의 무쳐난듯, (힝기로운 상산초가 잡풀 속의 셔겨난듯, 오동 속의 노든 봉황 형극 속의 길 듸린 듯)(226)

(2) 금 (3)

* 춘향이를 금 쏙가치 질너너여 외손봉사 바리더니(280)
* 황금 갓튼 쇠꼬리는 숩숩이 나라든다.(39)

　　* (도령이) 집푼 사랑 금셕 갓치 미자싸가(98)

　(3) 구슬 (2)

　　*(*) 버들가지 느러져 불빗슬 가린 모양 구실발(珠簾)리 갈공이의

　　　걸린 듯 하고(91)

　　* (북히 흑용이) 여의주를 입으다 물고 치운간의 넘노난듯(131)

[5] 천체와 기상 (10개)

이는 천체 4, 기상 5, 기타 1의 유의를 보인다. 유형화 할 정도의 특징
은 보이지 않는다.

　(1) 천체(별2, 달2) (4)

　　* 새별 갓탄 요강(107)

　　*(*) (벗이) 시벽하날 별 진다시 삼삼오오 시러진니(269)

　　* 달 갓튼 마픠를 (히빗갓치) 번듯 드러 "암힝어사 출도야"(303)

　　* (달 갓튼) 마픠를 히빗갓치 번듯 드러 "암힝어사 출도야"(303)

　(2) 기상 (5)

　　* 광풍반아(狂風半夜) 우여셜(雨如雪)ㅎ니(275)

　　* 빙셜 갓탄 두 다리의 (연지 갓탄 피 비쳔네.)(219)

　　* 셰우갓치 나문 혼빅 바람인듯 구름인듯 한 곳슬 당도한이(231)

　　* (어사) 추상갓치 호령ㅎ며(258)

　　* 구룸 갓튼 별연(別輦) 독교(獨轎)(179)

[6] 산하(山河) (7개)

산과 바다, 물결이 쓰이고 있으며, 산과 바다는 많거나, 높고 깊고 넓
다는 것을 나타낸다.

　(1) 산해(山海) (5)

　　* 금은(金銀) (옥촉지빅(吳蜀之帛))이 젹여구산(積如丘山)이라도(98)

   * (금은(金銀) 옥촉지빅(吳蜀之帛)이 젹여구산(積如丘山)이라도(98)
   * 무산(巫山)갓치 노푼 사랑(111)
   * (이도령이) 도량은 창히 갓고(30)
   * 여쳔 창히갓치 집푼 사랑(111)
(2) 물결 (2)
   * 창파갓치 집푼 마음(100)
   * 무졍셰월(無情歲月) 양유파(若流波)를 탄식할 제(201)

[7] 신체 부위 (1개)

신체 부위, 및 [8]주변 인물, [9]의식주 등은 두드러진 특징이 드러나
지 않는다.

   * 동늬 울산 디견복 디모 장도 드난 칼노 밍상군의 눈셥체로 어슥비
     슥 오려노코(101)

[8] 주변 인물 (3개)

   ** 사람의 첩이 되야 비부기가(背夫棄家)ᄒ는 법이 베살하난 관장(官
      長)임네 망국부쥬(忘國負主) 갓싸오니(204)
   * 밍분(孟賁) 갓턴 용밍인들 쎄여내지 못할 터요(203)

[9] 의식주 (4개)

   * 은하 직여(織女) 직금(織錦)갓치 올올이 이은 사랑(111)
   * 청루미여(靑樓美女) 침금(寢衿)갓치 혼술마다 감친 사랑(112)
   * (설움이) 속의셔 두부장 끌틋 하난지라(147)
   *(*) (긔분을) 성갓트 회칠하듯 반죽하야 온 낫스다 믹질하고(189)

[10] 기구 (11개)

기구는 "디졉, 탕기, 금잔, 젼반"과 같이 생활 기구가 유의로 많이 쓰이고 있다. [11]상상의 세계, [12]종교관계는 예가 각각 하나뿐이다.

　(1) 기구 (10)
　　　* 디졉 갓튼 금부어(금(金鮒魚)난(91)
　　　* 젼반 갓탄 치머리 곱게 비셔(37)
　　　* 탕기 갓튼 쳥슬이(靑實梨)를(101)
　　　* 금잔 옥잔 앵무비를 (그 가온디 씌여스니)… 티을션녀 연엽션 씌듯, (디광보국 영으졍 파초션 씌듯) 둥덩실 씌여 노코,(102)
　　　* (티을션녀 연엽션 씌듯,) 디광보국 영으졍 파초션 씌듯 둥덩실 씌여 노코,(102)
　　　* 연평(延坪) 바더 그무갓치 얼키고 밋친 사랑(111)
　　　* 은장(銀欌) 옥장(玉欌) 장식갓치 모모이 잠긴 사랑(112)
　　　*(*) 춘향의 머리치를 젼졍 시졀(時節) 연실 감듯,(비사공이 닷줄 감듯, 사월팔일 등 썩 휘휘 친친 감어쥐고)(208)
　　　*(*) 춘향의 머리치를 (젼졍 시졀 연실 감듯) 비사공이 닷줄 감듯, (사월팔일 등 썩 휘휘 친친 감어쥐고)(208)
　　　*(*) 춘향의 머리치를… 사월팔일 등 썩 휘휘 친친 감어쥐고(208)
　(2) 재료
　　　*(*) 긔분… (무지금하고 사다가) 성갓트 회 칠하듯 (반죽하야 온 낫스다 믹질하고)(189)

[11] 상상의 세계 (1개)

　* 주홍 갓턴 셔을 물고(132)

[12] 종교 관계 (1개)

　* (이방 등) 그놈들 기기여신(箇箇如神)이로다.(296)

[13] 기타 (1개)

* 불 꽃 갓탄 시름 상사(相思) 흉중으로 소사나(156)

2.3. 원관념과 보조관념의 상호관계

"슈절가"에 쓰인 직유의 원관념과 보조관념을 출현빈도 중심으로 살펴보았다. 이는 "슈절가"가 어떤 사물을 구상적으로 표현하고 있고, 이에 어떤 사물을 유의로 사용하고 있는가 하는 전반적 경향을 살펴본 것이다. 이들 유형의 경향을 알기 쉽게 도시하면 다음과 같다.

열녀춘향수절가의 원관념과 보조관념의 비교

원관념		보조관념	
[1] 주인공	23	[1] 주인공	2
(1) 춘향 15, (2) 도령 6		[2] 동물	13
(3) 춘향·도령 2		(1) 짐승 7, (2) 조류 5	
[2] 동물	3	(3) 곤충 1	
[3] 식물	2	[3] 식물	14
[4] 광물	1	(1) 화본 3, (2) 초본 9	
[5] 천체와 기상	2	(3) 기타 2	
[6] 산하		[4] 광물	17
[7] 신체 부위	12	(1) 옥 10, (2) 금 3,	
(1) 몸 4, (2) 두발 5,		(3) 구슬 2, (4) 쇠 2	
(3) 낯·다리·피 3		[5] 천체와 기상	10
[8] 음성·음향	1	(1) 천체 4, (2) 기상 5, (3) 기타 1	
[9] 주변 인물	8	[6] 산하	7
[10] 의식주	3	(1) 산해 5, (2) 물결 2	
		[7] 신체 부위	1
[11] 기구·재료	7	[9] 주변 인물	3
		[10] 의식주	4

원관념		보조관념	
[12] 상상의 세계	22	[11] 기구·재료	11
(1) 마음 5, (2) 사랑 11		[12] 상상의 세계	1
(3) 기타 6		[13] 종교 관계	1
		[14] 기타	1
계	84	계	84

이상의 "슈절가"의 직유에 대한 고찰로, 원관념과 보조관념의 전반적인 경향이 드러났다. 그러나 본의와 유의의 상호관계는 구체적으로 드러나지 않았다. 원관념에 대한 보조관념에 어떤 것이 연합되는가를 밝혀야 비로소 이들의 관계가 분명해지고, 발상의 문제도 해명된다. 이에 대해서는 물론 부족하나마 앞에서 다소간 언급한 바 있다. 그러나 이로서는 부족하다. 이에 10% 이상의 빈도를 보이는 대표적 원관념과 보조관념을 중심으로 이들의 상호관계에 대해 좀 더 구체적으로 논의하기로 한다.

두드러진 원관념 "주인공"에 대한 유의부터 보기로 한다. 이는 앞에서도 언급한 바와 같이 춘향의 용모를 유의 "옥결(2), 빅옥"으로 묘사한 것이 보이고, 한정적 용법으로 쓰인 것에 "보옥, 금쪽"이 보인다. 확장직유에서는 "청용, 암킈, 여의쥬, 죽실, 난초, 솔, 상산초, 민" 등으로 다양하게 비유되고 있다. 도령은 "범, 흑용, 봉황, 청학, 쎙, 국화" 등으로 비유되고 있다.

상상의 세계를 원관념으로 하는 것은 "사랑, 마음" 등이 있다. "사랑"은 "무산(巫山), 창희(蒼海), 히당화"로 비유하여 높고, 깊고, 고운 것을 드러내고 있다. "마음"은 "백옥, 창파, 쳘석(2), 창희" 등을 보조관념으로 하여 마음이 결백하고 견고함을 구상화하고 있다.

원관념 "신체 부위"는 앞에서 언급한 바와 같이 "몸"과 "머리치"에 관한 것이 많다. 몸은 대부분 춘향의 아름다운 몸매와 고운 피부를 비유한 것이다. 이때 보조관념으로는 "빅옥, 옥, 옥결"과 같이 모두 "옥"이 사용되고 있다. "머리채"는 "감틔", 곧 갈조류(褐藻類)를 보조관념으로 하고 있고, 풍부한 채머리는 "전반"으로 비유하고 있다.

보조관념 "광물"은 대부분 춘향과 관련된 것이다. "춘향"이 옥에 비유된 것은 앞에서 3개의 예를 보았거니와, 이밖에 춘향의 몸이 옥에 비유된 것에 "빅옥 갓탄 고흔 몸(208), 옥 갓탄 춘향 몸(216)"의 예가 더 보인다. "철석 갓튼 춘향 마음"의 예도 하나 보인다. 보조관념 금 · 옥, 및 철은 "장중보옥갓치, 금쪽가치, 금셕갓치, 철셕갓치"와 같이 "귀하게, 단단히"와 같은 한정적 의미를 드러내는 데도 사용되고 있다.

보조관념 "식물"은 목단화와 해당화가 "고은 사랑"에, 슈양(垂楊)이 "느러진 사랑"에, 노적(露積)이 "싸인 사랑"에 비유되고 있다. "감틔"가 머리치를 비유하는 것은 앞에서 본 바와 같다. "싱쳐, 연지"가 "자식, 피"의 보조관념으로 쓰이고 있는 것도 보인다. 이밖에 확장직유에서 보조관념 식물이 연속적인 비유로서 쓰이고 있다. 이는 직접 원관념의 특성을 드러내기보다 행동 · 동작을 구상화하는 것이라 하겠다.

보조관념 동물의 예로 "밍호갓턴 굴노(軍奴) 사령(208), (어사의) 철관풍치는 심산 밍호 갓탄지라.(253)"와 같이 군노사령과 철관풍치(鐵冠風采)가 "밍호"로 구상화되고 있는 것이 보인다. 그러나 이 밖의 대부분의 용례는 확장직유에서 연속적인 행동 · 동작을 나타내는 것으로 원관념을 구상화하기보다 동작을 구상적으로 나타내고자 한 것이다.

보조관념 기구(器具)는 "금부어, 청슬이, 머리치, 사랑, 기분"을 구상화하기 위해 유의로 "디접, 탕기, 전반, 그무(網), 회(灰)"가 연합된 것이다. 이 밖의 보조관념 기구는 대부분 확장직유에서 연속되는 행위를 묘사한 것이다.

이상 원관념과 보조관념의 상호관계를 살펴보았다. 이들의 상호관계

는 단순직유의 경우는 비교적 보조관념이 원관념을 직접 구상화는 경향
을 보이나, 확장직유의 경우는 행위·동작을 주로 구상화하고 있어, 비
유 속의 대상인 원관념의 구상화와는 거리를 보인다.

3. 동양문고본 춘향전의 비유

3.1. 비유의 원관념

동양문고본 춘향전(이하 "동양문고본"이라 약칭한다.)은 "슈졀가"에 비해
장편소설이어 직유가 많이 쓰이고 있다. 따라서 "슈졀가"의 배에 육박하
는 직유가 쓰여 원관념과 보조관념이 각각 159개로 나타난다. 이 가운데
"동양문고본"의 원관념도 주인공이 가장 높은 빈도를 보여 49개, 30.81%,
둘째가 신체 부위 31개, 19.49%, 셋째가 상상의 세계 23개, 14.46%, 넷
째가 주변 인물로 20개 15.57%의 빈도를 보인다. 이러한 경향은 "슈졀
가"와 비교할 때 고빈도의 유형 넷은 마찬가지나, 그 순위는 차이가 난
다. "슈졀가"는 주인공, 상상의 세계, 신체 부위, 주변 인물의 순을 보이
기 때문이다. 그러나 이들 네 유형의 총합은 "슈졀가" 76.06%이고, "동
양문고본"은 77.23%이어 비슷한 경향을 보인다. 따라서 춘향전의 두 이
본의 직유 사용의 경향은 크게 보아 대동소이하다고 하겠다.

[1] 주인공 (49개)

"슈졀가"와 동양문고본은 모두 직유에서 "주인공"을 원관념으로 하는
것이 가장 높은 빈도를 보인다. 이는 그만큼 명시적으로 주인공을 구상
화 하겠다고 하는 의도가 반영된 것이라 하겠다. 주인공 춘향을 원관념

으로 하는 것이 35개, 도령을 원관념으로 하는 것이 14개로, 춘향을 원관념으로 하는 예가 배 이상이 된다(괄호 안의 숫자는 권수·책장 수임).

(1) 춘향 (35개)

춘향을 원관념으로 하는 예는 "슈절가"와 크게 차이를 보인다. "슈절가"에서는 외모를 구상적으로 형상화하는 예가 몇 개 보이지 않는데 비해 동양문고본에서는 외모를 구상화 하는 예가 많다. 적어도 10여개의 예를 보여 1/3이나 된다. 이들의 예는 다음과 같다.

> * 그 쳐녀롤 보아ᄒ니 쳥쳔의 ᄯᅧᆺ는 송골미 갓고(1-22)
> * (그 쳐녀) 셕양의 물찬 져비도 갓고(1-22)
> * (그 쳐녀) 녹슈파란의 비오리도 ᄀᆞᆺ고(1-22)
> * (그 쳐녀) 말 잘 ᄒᆞ는 잉무시도 갓고(1-22)
> * 동졍의 츄월 ᄀᆞᆺ고, (녹파의 부용 ᄀᆞᆺ흔) 츈향으로 훈짝치고(3-11)
> * (동졍의 츄월 ᄀᆞᆺ고,) 녹파의 부용 ᄀᆞᆺ흔 츈향으로 훈짝치고(3-11)
> * 옥 ᄀᆞᆺ흔 너 츈향을 싱니별을 ᄒᆞᆫ단말가?(3-21)
> * 만금 ᄀᆞᆺ흔 너롤 만나 빅년희로 ᄒᆞᄌᆞ더니 금일 니별을 어이ᄒᆞ리?
>   (4-2)
> * 옥 ᄀᆞᆺ흔 너를 두고 경셩으로 올나가셔(4-9)
> * 싱금 갓튼 나의 ᄯᅩᆯ을 무슴 죄로 져리 쳣누?(6-21)
> * 금불 갓흔 나의 ᄯᅡᆯ이 져리 될 쥴 어이 알니?(7-20)
> * 빅옥 갓흔 츈향이롤 억지 억지 겁탈ᄒᆞ려다가 도롯혀 욕을 보고(7-29)
> * 빅옥 ᄀᆞᆺ흔 츈향이롤 더러올 말노 욕ᄒᆞ는 그 놈을 니가 맛나더면
>   (8-6)

이 밖의 예는 대부분 "슈절가"의 경우와 같이 행동을 구상화하기 위한 것이거나, 확장직유에 의한 "도령님이 헌신 벗듯 버리시면"과 같이 서술적인 표현을 한 것이다. 다만 주의할 것은 행동의 주체가 춘향이 아

닌, 춘향을 객체로 한 도령의 행위가 많고, 그 밖에 변 사또의 행위로 나타난다는 것이다. 이들 예는 다음과 같다.

　*(*) 도령님이 헌신 벗듯 바리시면 소녀의 팔자 도라보오.(2-5)
　* 천니틱향 고인갓치 얼는 맛나 보고지고(2-15)
　* (춘향을) 딕한 칠년 가물 젹의 비발갓치 보고지고(2-15)
　* 동창명월 달빗ㅈ치 번젹 맛나 보고지고(2-15)
　* 셔산의 낙조쳐로 쑥 쩌러져 보고지고(2-15)
　* 구년지슈 장마질 졔 힉빗ㅈ치 훤출ᄒ게 보고지고(2-15)
　*(*) 울산 젼복 봉오리듯 오리려시거든 오리시고(10-25)
　*(*) 동양딕지(棟樑大材) 작벌ᄒ듯 싹그려시거든 싹그시고(10-25)

이밖에 춘향의 행동을 구상화 한 것으로 다음과 같은 것이 보인다.

　* (춘향이) 광풍의 나비 노듯(1-27)
　* (춘향이) 물속의 니어(鯉魚) 노듯(1-27)
　* 월후 삼장훈 너 놋코 십년 동당의 긔츄 관역쳐로 잠간 니러셔려무나.(3-15)
　* 칠보잠의 금나비ㅈ치 일신을 바드드 쩌는고나.(3-21)
　*(*) (분통 갓흔 졔 가삼을) 법고즁의 법고치듯 아조 쾅쾅 두다리며
　　(4-2)
　*(*) 슘단 갓흔 졔 머리룰 홍졔원 나무장사 잔디 쑤리 쑷듯(4-2)
　*(*) 칠산 바다의 쿨쿨이 잠자듯 졔나 쾅쾅 자련마는(4-23)
　* 날을 보고 조화셔 드립더 손목을 덤셕 쥐고 금불ㅈ치 귀히 너겨
　　(4-26)
　* 어이 부르는 시삿기갓치 바르르 썰며(4-29)
　* 바람 마진 병신ㅈ치 죽으라 가는 양의 거름으로(5-30)
　* 츈향이는 곤이 되어 늙지 말고 흔곳의 잇셔 달과 갓치 길게 잇셔
　　(6-4)

* (춘향이) 전목칼을 춘향의 가는 목의 션봉디댱 투고 쓰듯(6-20)
* (춘향이) 츈향의 가는 목의 … 손디셩이 금슈파 쁘듯(6-20)
* (츈향이) 여산폭포의 돌구롤듯 데굴데굴 구롤면셔(10-26)

(2) 이도령 (14개)

도령을 원관념으로 한 직유로, 춘향의 경우와 달리 도령의 외모를 구상화 한 비유는 거의 보이지 않는다. "구류손 갓흔 나의 도련님(6-16)" 하나를 들 수 있을 정도다. 나머지는 대부분 춘향이 "바라(期待)"고 "믿는" 대상이거나, 도령의 행위를 비유에 의해 묘사한 것이다.

* 도련님을 구년지슈의 희빗 바라듯 호오.(6-16)
* (도련님을) 디한 칠연 비 바라듯(8-15)
* 구연지슈 희 바라듯(8-15)
* 식연 동당 가는 디(箭) 바라듯(8-15)
* 하날ᄀᆺ치 바라고 밋더니(8-15)
*(*) 진졍으로 셔방님 밋기롤 남졍북벌의 명장 밋듯 쳘옹셩을 밋어더니(9-12)
*(*) (도령이) 가얌이 쳬박회 도듯, 불알이 번듯 쓰도록 도라오다가 (2-22)
* (목) 업은 치 입을 다희려구 목을 항시쳐로 비트려 다흐려면(3-20)
* 희당화의 범나뷔쳐로 너훌너훌 노시더니,(3-22)
*(*) 악박골 호랑이가 인왕산 기슭으로 가는 소리쳐로 동헌을 터지다시 북바쳐 우니(4-14)
* 슈박쳐로 윗목으로 구릉너 나와 알몸으로 누어시면(4-23)
*(*) 오싁운 깁흔 곳의 티을션군 나리신듯 심신이 황홀ᄒ여 만ᄉ롤 니졋더니(7-15)
*(*) (도령을) 오돔지 진상단지 거롭으로 비초밧희 기똥쳐로 밧그로 닛더리니(9-27)

[2] 동물 (4개)

동물의 경우와, [3]식물, [5]천체와 기상은 특별한 경향을 드러내지 않는다. [4]광물과 [6]산하는 용례가 보이지 않는다.

(1) 새 (3개)

* 부용당 운무병(雲霧屛)의 그림갓튼 공작시(1-16)
* 황금 갓흔 꾀고리는 구십춘광 흥을 겨워 예 가도 너훌 바라고(3-4)
* 호슈 입식 쳔은치통 키 갓흔 공작미(5-6)

(2) 어류 (1개)

* 뒤접ᄌᆞ흔 금부어는 물의 써서 노니는듸(2-27)

[3] 식물 (3개)

* 키 갓흔 파초(1-14)
* 난만한 도화송이 광풍의 낙엽쳐로… 훗날이니(1-19)
* 뒤동산의 잉도화 빅셜ᄌᆞ치 흔날니고(8-17)

[5] 천체와 기상 (1개)

* 북풍한셜 찬 바람이 살 쏘드시 드러오니(7-9)

[7] 신체 부위 (31개)

신체 부위는 안면(8), 두발(9), 동체(6), 다리(2)와, 이 밖에 양자(3) 및 기타(3)를 원관념으로 한 것이다. 이 유형의 예는 다른 유형과 달리 원관념인 신체 부위를 구상화하는 직유가 많다. 안면의 전부와, 두발 및 동체의 대부분의 예가 이에 속한다.

(1) 안면(顔面) (8개)

* 샹모롤 역역히 쓰더보니 디골이는 북통 갓고(1-6)
* 입은 귀가지 도라지고, 눈구멍은 총구멍 갓흐되(1-6)
* 쳥산 갓흔 두 눈셥을 팔㹥츈산 다사리고(1-18)
* 쏫㹥흔 고은 얼골 눈 압희 암암ᄒ고(4-14)
* 코ᄂ 바람벽의 말나붓튼 빈듸(빈대) 갓고(4-19)
* 화월갓치 맑근 얼골 표표ᄒ여 눈의 암암(7-12)
* 스승(산승=웃기떡) 갓흔 혀롤 물고 (더졉㹥ᄒ 졋슬 쥐고)(8-3)
* 츈향이 얼골이 빅옥 㹥던지, (힝실이 쳥옥 㹥던지 알 슈 잇나?)(8-6)

(2) 두발 (3개)

* 삼단 갓흔 조흔 머리(1-11)
* 흑운 갓흔 거문 머리 (반달 갓흔 와룡소로 솰솰)(1-18)
* 숨단 갓흔 졔 머리롤 (홍졔원 나무장사 잔디 뿌리 뜻듯)(4-2)

(3) 동체 (4개)

* 셰류갓치 가는 허리 깁 허리씌 눌라 씌고(1-18)
* 분통 갓흔 졔 가삼을 (법고즁의 법고치듯 아조 쾅쾅 두다리며)(4-2)
* 가삼은 두리기둥 갓트여 졋통이란 말이 업스니(4-19)
* (스승 갓흔 혀롤 물고) 더졉 㹥ᄒ 졋슬 쥐고(8-3)

(4) 양자 · 기타 (6개)

* 빅옥갓흔 고은 양자 반분더롤 다사리고(1-18)
* 빅옥 갓흔 고은 양㹥(9-10)
* 고은 양㹥 촉누갓치 되어시며(9-10)
* 션녀 갓흔 네 모양이 산 귀신이 되엿구나(9-10)
* 종아리ᄂ 비상 먹은 쥐다리 㹥흐니(1-6)
* 박속 갓튼 살거리ᄂ 빅운간의 횟득횟득(1-26)

"희남을 만히 발나 전반갓치 널게 쏘하(1-12)"와 "(거문 머리)··· 전반 갓치 널게 짜하(1-18)"도 땅은 모양을 구상화한 비유라 할 것이다. 이 밖의 "신체 부위"를 원관념으로 한 직유는 확장직유이거나 행동을 구상화하기 위해 쓰인 것이다.

* (숨단 갓흔) 졔 머리롤 홍졔원 나무장사 잔디 쑤리 쏫듯(4-2)
* 츈향의 머리치롤 션젼시졍(縇纏市井) 통비단 감듯(6-12)
* 샹젼시졍(縇纏市井) 넌줄 감듯(6-12) cf. 션젼(縇纏) : 조선시대 비단을 팔던 가게
* 츈향의 머리치롤··· 제쥬 메역 머리 감듯(6-12)
* (분통 갓흔) 졔 가삼을 법고즁의 법고치듯 아조 쾅쾅 두다리며(4-2)
* 볼기롤 셧달 그믐날 희썩 맛듯 흐옵니다.(5-3)
*(*) 그놈의 다리롤 무김치 쎠흐듯 뭇둑뭇둑 즈롤 거술(8-6)
* 츈향의 일신을 광풍의 스시나무 닙쳐로 발발 떨며(6-17)

[8] 음성 · 음향 (5개)

* 훈 모롱 두 모롱 나는다시 건너가셔 우레갓치 소리흐되(1-25)
*(*) 악박골 호랑이가 인왕산 기슭으로 가는 소리쳐로 동헌을 터지다 시 북밧쳐 우니(4-14)
* 밧비오라 직쵹 소리 셩화(星火)갓치 지르니(5-30)
* (밍호 갓치 셩닌 사도 씀쩍 움치면셔) 벽녁ㄱ치 소리흐여(6-11)
* (방귀소리) 비속의셔 별안간의 이류좌긔흐는 소리쳐로 쏭짱 쑤루룩 탁탁 별별 소리가 다 나더니(10-9)

[9] 주변 인물 (20개)

주변 인물이 원관념이 된 것은 변 사쏘(2), 방자(2), 한량 · 왈자(5), 군노사령 · 관원(6), 기타 기생 · 봉사 등(5)이다. 이들 인물에 대한 비유는

외모라기보다 대부분이 행동을 묘사한 것이다.

(1) 변 사또와 방자 (4개)

* 스되 이 모양을 보고 모가지를 길게 빠혀 항시쳐로 비틀면셔(6-2)
* 밉호 갓치 셩닌 사도(6-11)
* 엇지 그리 급회 부르나니, 요망의 아들연셕 갓트니(1-25)
* 비오는 날 쇠꼬리쳐로(1-27)

(2) 한량 · 왈자들 (5개)

* 남원 일읍 스십팔면 한량 왈짯드리 … 셔로 통문 업시 구름가치 모
혀들 제(6-22)
* 모든 한량 디경ᄒ여 … 편젼갓치, (가는 디(箭)갓치) 족불이지 한 거
롬의 나려와셔(6-24)
* 모든 한량 디경ᄒ여 … 가는 디(箭)갓치 족불이지 한 거롬의 나려와
셔(6-24)
* 여러 한량 왈즈드리 칼머리롤 바다메고 구롬갓치 옹위ᄒ여 옥즁으
로 느려갈 직(7-4)
* 비지땀 베 흘니고 널조각만 둘너메고 열업의 아들놈쳐로 가면 조흔
줄만 알고(7-6)

(3) 신연하인 · 군노사령 · 관원 (6개)

* (군노사령) 구롬ᄀ치 모혓다가 (밧비오라 지쵹소리 셩화(星火)갓치
지르니)(5-30)
* (나졸) 별쎄 갓흔 나졸드리 왈학 쒸여 달녀드러(6-12)
* (관원) 쳥텬의 구롬 못듯, (농문산의 안기 못듯)(9-24)
* (관원) 농문산의 안기 못듯(9-24)
* (관원) 영쳔의 호걸 못듯(9-24)
* (관원) 쵹즁의 명장 못듯, 스면으로 모혀드러(9-24)

(4) 기생·봉사·기타 (5개)

* 어르신니 ㅅ오납기 암범갓치 엄하시니 니일 져역 틈을 투셔(2-11)
*(*) 슘단 갓흔 졔 머리롤 홍졔원 나무장사 잔디 쑤리 쓴듯(4-2)
*(*) (기생이) 장마 긔고리 호박닙히 쒸여오르듯(6-8)
*(*) (봉사) (두 손으로 쏭 쥐무르기롤) 왕심이 어멈 풋나물 쥐무르듯
   (8-19)
* (사람들) 마음디로 터노흐니 부문ㅎ는 션비쳐로 뭉게뭉게 뒤그러셔
   … 드러갈 식(10-22)

[10] 의식주 (4개)

* 산호잠 옥빈혀 화홍 즁의 번듯 쌔져 꼿과 갓치 쩌러진다.(1-20)
* 쳥실니며 황실니 빅셜 갓흔 쑬셜기(3-2)
* 각장 댱판은 유리ㅈ고(고은 발은 외씨로다.)(3-19)
* (장마 긔고리) 호박닙히 쒸여오르듯, 신발 시는 치 마련업시 더벅더
   벅 오르것마는(6-8)

[11] 기구 (13개)

기구를 원관념으로 하는 것은 요강(2), 열쇠(2) 와룡소, 차일 등의 일
반 생활 용구와 젼목칼, 활동개, 검극, 마패(2) 등 사회적 기구가 있다.
이들은 대부분 보조관념 해, 달, 샛별 같은 "천체"(5)와 은침(2)과 같은
"기구"에 의해 구상화된 것이다.

* (흑운갓흔 거믄 머리) 빈달 갓흔 와룡소로 솰솰(1-8)
* 싀별 갓흔 뺭요강, 타구, 화판 노화 닛고(2-30)
* 은침 갓흔 가진 열쇠(2-30)
* 은침 갓흔 열쇠 닛여 금거북 잠을쇠랄 쩔컥 열고(2-31)
* 싀별 갓흔 요강, 타구와 룡초대롤 여긔져긔 버려 놋코(9-25)
* 빅셜 갓흔 구롬 차일 보계판이 놉흘시고(9-26)

* 청파역놈 달녀드러 달갓흔 마퓌롤(10-13)
* 마퓌롤 희갓치 번듯 들어 삼문을 두다리며(10-13)

이 밖의 "전목칼을 츈향의 가는 목의 션봉딕당 투고 쓰듯(6-20), (전목 칼을) … 손딕셩이 금슈파 쁘듯(6-20)"과 "(주머니를) 쯘을 다라 냥국딕 당 병부 츠듯(1-18~19), 남북 병亽 화동긔 츠듯 휘느러지게 넌즛 츠고 (1-19)"는 사물을 사물로 구상화하고 있는 비유이다.

[12] 상상의 세계 (23개)

원관념으로 쓰인 상상의 세계는 사랑(8), 마음(7), 뜻·절개(6), 세월(2) 등이 보인다. 이들 상상의 세계를 나타내는 추상명사는 보조관념에 의해 대부분 그 속성 내지 상태를 구상화하고 있다. "사랑"은 모두 이 도령의 "사랑가"에 보이는 것이다. [13] 종교 관계는 용례가 보이지 않는다.

(1) 사랑 (8개)

* 야우동풍 모란갓치 펑퍼져 퓌난 사랑(2-9)
* 포도 다리 넌출갓치 휘휘친친 감긴 사랑(2-9)
* 봉늬 방장 산세쳐로 봉봉이 솟는 사랑(2-9)
* 동히 셔히 물결갓치 구뷔구뷔 깁흔 사랑(2-9)
* 남창 북창 노젹갓치 담불담불 짜흰 사랑(2-9)
* 압늬의 슈양쳐로 쳑쳐져 천만亽 느러진 사랑(2-9)
* 은하 직녀 비단쳐로 슈졀갓치 고은 사랑(2-9)
* 룡장 봉장 장식 갓치 모모마다 짜인 사랑(2-9)

(2) 마음 (7개)

* 금셕 갓흔 늬 마음이 현마 너를 니즐소냐?(4-8)
* 딕장부의 구든 마음 석경 빗과 ㄱ치흘진딕(4-11)

* 송죽 갓흔 구든 마음 (4-11)
* (송죽 갓흔 구든 마음) 옥 갓치 단정ᄒᆞ고(4-11)
* 니일 한겻 나려오ᄌ 급훈 마음 살갓ᄉ와 몰을 밧비 모나이다.(4-19)
* 도련님 물갓흔 마음이라(4-29)
* 빙옥가튼 니 마음이 빅골이 진퇴된들 슈쳥들며,(6-10)

(3) 뜻 · 절개 (6개)

* 일월갓치 몱근 뜻이(4-11)
* 몱근 뜻이 옥갓치 쳥빅ᄒᆞ여(4-11)
** 우금삼지의 완연 부부지의가 여산약회(如山若海)오(6-1)
* 금셕갓치 구든 뜻지 혼빅인들 훼졀ᄒᆞ랴?(6-10)
* 송빅갓치 구든 졀기 북풍한셜 두려ᄒᆞ랴?(7-13)

(4) 세월 (2개)

* 무졍세월 약류파라(2-19)
* 무졍세월은 물 흐릇듯 도라가고(7-12)

[14] 기타 (6개)

이 유형의 원관념은 위의 유형에 소속시키기 곤란한 것으로, "행봉(幸逢), 수행(修行), 행실, 공사, 뚱"과 같은 것이다. 이 가운데 "뚱"을 제외한 나머지는 [13]상상의 세계에서 다룰 수도 있으나, "기타"로 처리하기로 하였다.

* 천고가인을 우연 힝봉ᄒᆞ니 운간명월이오, 슈중지연홰라. 약요지지기홰(若瑤池之奇會)오(2-7)
* 천고가인을 우연 힝봉ᄒᆞ니…(약요지지기홰)오, 사양디지운위(似陽臺之雲雨)라(2-7)
* 여자의 슈힝ᄒᆞ미 옥빗과 갓흘지라.(4-11)

* (츈향이 얼골이 빅옥 굿던지,) 힝실이 청옥 굿던지 알 슈 잇나?(8-6)
*(*) (봉사) 두 손으로 쏭 쥐무르기롤 왕심이 어멈 풋나물 쥐무르듯
(8-19)
* 본관의 미결 공사 거울갓치 쳐결ᄒ고(10-31)

3.2. 비유의 보조관념

동양문고본 춘향전의 직유에 쓰인 보조관념은 "기구"의 빈도가 27개 15.09%로 가장 높고, 둘째가 동물 22개 13.83%, 셋째가 식물과 광물로 각각 18개 11.94%이다. 천체는 16개로 10.06%로 나나난다. 따라서 10% 이상의 빈도를 보이는 이들은 62.86%로 과반수를 차지한다. 이는 다빈도(多頻度)를 보이는 원관념의 주인공 30.81%, 신체 부위 19.49%, 상상의 세계 14.46%, 주변 인물 12.57%, 총합 77.23%에 상대적인 것이다. 이로 보면 원관념이 보조관념보다 집중적 분포를 보인다 하겠다. 이들 보조관념의 빈도와 분포는 다음과 같다.

[1] 특정 인물 (1개)

* 도령님이 헌신 벗듯 (춘향을) 버리시면(2-5)

[2] 동물 (22개)

동물을 보조관념으로 하는 것은 짐승 6개, 새 7개, 곤충 6개, 어패류 3개로 나타난다. "짐승"은 호랑이(3), 쥐, 소, 개고리 등이고, "새"는 황새(2), 매, 제비, 비오리, 잉무시, 시삿기, 곤충은 나비(3), 기얌이, 빈대, 벌 등으로 나타난다. "어패류"는 잉어, 쿨쿨이, 전복의 세 종류다. 이들은 반 정도가 동물의 외양을 구상화하는 것이고, 나머지는 이들로서 원관념의 상태나 행동을 구체적으로 묘사하고자 하는 것이다. 이 가운데 보조

관념 "새"는 사람의 외모를 구상화하는 데 여럿이 연합되고 있다.

  * 종아리는 비상 먹은 쥐다리 굿흐니(1-6)
  * 그 처녀롤 보아흐니 쳥쳔의 떳는 송골미도 갓고(1-22)
  * (처녀) 석양의 물찬 져비도 갓고(1-22)
  * (처녀) 녹슈파란의 비오리도 갓고(1-22)
  * (처녀) 말 잘흐는 잉무시 갓고(1-22)
  * 코는 바람벽의 말나븟튼 빗되(빈대) 갓고(4-19)
  * 벌쩨 갓흔 나졸드리 왈학 쒸여 달녀드러(6-12)

이밖에 동물을 보조관념으로 하는 것에는 관용적인 직유가 많다. 이들 동물의 예로는 다음과 같은 것이 있다.

(1) 짐승 (5개)

  * 어르신니 스오납기 암범갓치 엄하시니(2-11)
  * (방자) 비 오는 날 쇠 쏘리쳐로(1-27)
  * 악박골 호랑이가 인왕산 기슭으로 가는 소리쳐로(4-14)
  *(*) (기생이) 장마 기고리 호박닙희 쒸여오르듯(6-8)
  * 밍호갓치 셩닌 사도(6-11)

(2) 새 (3개)

  * (도령) 업은치 입을 다희려구 목을 항시쳐로 비트려 다흐려면(3-20)
  * (춘향이) 어이부르난 시삿기 갓치 바르르 떨며(4-29)
  * 스되 이 모양을 보고 모가지를 길게 쌔혀 항시쳐로 비틀면셔 긔가 막혀(6-2)

(3) 곤충 (4개)

  * (춘향이) 광풍의 나비 노듯(1-27)

* 도령이 기얌이 체바퀴 도듯(2-22)
* (츈향이) 허리롤 덥셕 안고 칠보잠의 금나뷔ㅈ치 일신을 바드드 쪄 는고나.(3-21)
* (도령이) 날을 보고 반기실 지 힝당화의 범나뷔쳐로 너훌너훌 노시 더니(3-22)

(4) 어패류 (3개)

* (춘향이) 물 속의 니어 노듯(1-27)
* 칠산 바다의 쿨쿨이 잠자듯(4-23)
* (춘향을) 울산 전복 봉오리듯(10-25)

[3] 식물 (18개)

식물을 보조관념으로 하는 것은 초목류 11, 화훼류 4, 기타 3으로 나타난다. 초목류는 버드나무(2), 삼(2) 등 9종류이고, 화훼류는 꽃(2), 모란과 부용이 각각 하나씩 보인다. 기타는 "낙엽, 박속, 노적"이다. 보조관념 "식물"에 의해서는 신체 부위 및 추상적 사실이 많이 구상화되고 있다. 이러한 예를 따로 보면 다음과 같은 11개다.

* 셰류갓치 가는 허리 깁 허리쯰 눌라 쯰고(1-18)
* 송죽 ㅈ흔 구든 마음 (옥갓치 단정ㅎ고)(4-11)
* 송빅갓치 구든 절기 북풍한셜 두려ㅎ랴?(7-13)
* 삼단 갓흔 조흔 머리롤 (힝남을 만희 발나 전반갓치 널게 짜하) (1-12)
* 슘단 갓흔 제 머리롤 (홍제원 나무장사 잔디 쑤리 뜻듯)(4-2)
* (동정 추월 ㅈ고) 녹파의 부용 ㅈ흔 츈향으로(3-11)
* 꼿ㅈ흔 고은 얼골 눈 압희 암암ㅎ고(4-14)
* 박속 갓튼 살거리는 빅운간의 힛득힛득(1-26)
* 남창 북창 노젹갓치 담불담불 뽀흰 사랑(2-9)

이밖의 식물을 보조관념으로 하는 것은 행위나 동작을 구상화하고 있다.

(1) 초목 (6개)

* 포도 다리 넌출갓치 휘휘친친 감긴 사랑(2-9)
* 압늬의 슈양쳐로 척쳐져 천만스 느러진 사랑(2-9)
* 츈향이 일신을 광풍의 스시나무 닙쳐로 발발 썰며(6-17)
* (슘단 갓흔) 제 머리를 홍졔원 나무장사 잔디 쑤리 쑷듯(4-2)
* (기생이) 장마 기고리 호박닙히 쮜여오르듯… 더벅더벅 오르것마는
  (6-8)
* (*) 츈향의 머리치를 … (샹젼시졍 년쥴 감듯,) 졔쥬 메역 머리 감듯
  감쳐 풀쳐(6-12)

(2) 화훼 (2개)

* 녹발운환 풀니여셔 산호잠 옥빈혀 화홍 즁의 번듯 쌔져 쏫과 갓치
  쩌러진다.(1-20)
* 야우동풍 모란갓치 평펴져 퓌난 사랑(2-9)

(3) 기타 (1개)

* 난만한 도화송이 광풍의 낙엽쳐로… 훗날이니(1-19)

[4] 광물 (18개)

보조관념 "광물"은 옥(12)이 주류를 이루고 금석(6)이 그 뒤를 잇는다. "옥"은 대부분 춘향의 아름다운 용모를 나타내거나, 뜻과 행실이 결백하고 단정함을 나타낸다. "금석"은 주로 귀하거나, 견고함을 나타내는 유의로 쓰이고 있다.

(1) 옥 (12개)

〈용모의 구상화〉

* 빅옥 갓흔 고은 양자 반분씩롤 다사리고(1-18)
* 옥 굿흔 니 츈향을 싱니별을 흐단말가?(3-21)
* 옥굿흔 너롤 두고 경성으로 올나가셔(4-9)
* 츈향의 얼골이 빅옥 굿던지, (힝실이 청옥 굿던지) 알 슈 있나?(8-6)
* 빅옥 갓흔 고은 양즛 (촉누갓치 되어시며)(9-10)

〈뜻과 행실의 구상화〉

* (송죽 굿흔 구든 마음) 옥갓치 단정흐고(4-11)
* (일월굿치 묽근) 뜻이 옥갓치 청빅흐여(4-11)
* 빙옥가튼 니 마음이 빅골이 진퇴된들 슈청들며(6-10)
* 빅옥 갓흔 츈향이롤 억지 겁탈흐려다가 도른혀 욕을 보고(7-29)
* 빅옥 굿흔 츈향이롤 더러올 말노 욕흐는 그 놈을(8-6)

〈기타〉

* 녀자의 슈힝흐미 옥빗과 굿홀지라.(4-11)
* 힝실이 청옥 굿던지 알 슈 있나?(8-6)

(2) 금석 (6개)

* 황금 갓흔 쇠꼬리는 구십츈광 흥을 겨워 예가도 너홀 바라고(3-4)
* 만금 굿흔 너롤 만나 빅년히로 흐즛더니 금일 니별을 어이흐리?
  (4-2)
* 금셕 갓흔 니 마음이 현마 너를 니즐소냐?(4-8)
* 금셕갓치 구든 뜻지 혼빅인들 훼졀흐랴?(6-10)
* 싱금 갓튼 나의 쏠을 무슴 죄로 져리 쳣누?(6-21)
* (츈향이) 여산폭포의 돌 구롤듯 데굴데굴 구롤면셔(10-26)

[5] 천체와 기상 (32개)

"천체"는 11개, 햇빛·달빛·별빛 등 빛이 5개, 기상 기타가 16개의 예를 보인다. 천체는 달(5), 샛별(3), 해(2), 일월(1) 등이고, 기상은 눈·서리(4), 비·구름·안개(9), 기타(3)로 나타난다. "천체"는 주인공 내지 기구를 구상화 하는 유의로 쓰이고 있고, 빛(光) 및 기상은 사물보다 행동을 묘사하는 부사적 용법으로 많이 쓰이고 있다.

(1) 천체 (11)

* 반달 갓흔 와룡소로 솰솰 (전반갓치 널게 짜하)(1-18)
* 싀별 갓흔 쌍요강, 타구, 화판 노화 닛고(2-30)
* 동정 추월 ㅈ고 (녹파의 부용 ㅈ흔 츈향으로)(3-11)
* 일월갓치 묽근 뜻이 (옥갓치 청빅ㅎ여)(4-11)
* 츈향이는 곤이 되어 늙지 말고 훈곳의 잇셔 달과 갓치 길게 잇셔 (6-4)
* 화월갓치 맑근 얼골 표표ㅎ여 눈의 암암(7-12)
* (도령을) 구연지슈 히 바라듯(8-15)
* 싀별 갓흔 요강, 타구와 룡초대롤 여긔져긔 버려 놋코(9-25)
* 싀별 갓흔 구롬 차일 … 놉흘시고.(9-26)
* 청파역놈 달녀드러 달갓흔 마픽랄 (희갓치) 번듯 들어(10-13)
* (청파역놈 달녀드러 달갓흔) 마픽랄 희갓치 번듯 들어(10-13)

(2) 햇빛·달빛·성화 (5개)

* (춘향을) 동창명월 달빗갓치 번격 맛나 보고지고(2-15)
* (춘향을) 서산의 낙조쳐로 쑥 써러져 보고지고(2-15)
* (춘향을) 구년지슈 장마질 졔 힛빗ㅈ치 횐즐ㅎ게 보고지고(2-15)
* 밧비 오라 지촉 소리 성화갓치 지르니(5-30)
* (구류손 갓흔) 나의 도련님을 구년지슈의 힛빗 바라듯 ㅎ오.(6-16)

(3) 눈・서리 (4개)

* 청실니며 황실니 빅셜 갓흔 쑬셜기(3-2)
* 뒤동산의 잉도화 빅셜곳치 흔날니고(8-17)
* 빅셜 갓흔 구름 차일 보계판이 놉흘시고(9-26)
* 긔치금극은 츄상(秋霜) 갓고 살긔는 츔텬이라.(5-7)

(4) 비・구름・안개 (9개)

* 천고가인을 우연히 힝봉ᄒ니… (약요지지긔해오,) 스양디지운위라(2-7)
* (춘향을) 디한칠년 가물 적의 비발갓치 보고지고(2-15)
* (도령을) 디한칠년 비 바라듯(8-15)
* 흑운 갓흔 거문 머리(1-18)
* (군노스령) 구름곳치 모엿다가 밧비 오라 직촉 소릐(5-30)
* (한량・왈쯔들) 셔로 통문업시 구름갓치 모혀들 졔 누고 누고 모얏든구.(6-22)
* 여러 한량 왈즈드리 컬머리롤 바다메고 구름갓치 옹위ᄒ여 옥즁으로 니려갈 지(7-4)
* (관원) 쳥텬의 구름 못듯, (농문산의 안긔 못듯)(9-24)
* (관원) (쳥텬의 구름 못듯,) 농문산의 안긔 못듯(9-24)

(3) 기타 (3개)

* (도령을) 하날 곳치 바라고 밋더니(8-15)
* 밍호갓치 셩닌 사도 쓴쩍 움치면셔 벽녁곳치 소릐ᄒ여(6-11)
*(*) 디장부의 구든 마음 셕경빗과 곳흘진디(4-11)

[6] 산하 (8개)

산하는 산과 바다, 물, 물결이 여럿 관용적 직유로 사용되고 있다.

(1) 산·바다 (4개)

* 청산 갓흔 두 눈섭을 팔즈츈산 다사리고(1-18)
* 봉닉 방장 산세쳐로 봉봉이 솟는 사랑(2-9)
** 우금 삼지의 완연 부부지의가 여산약히(如山若海)오(6-1)

(2) 물·물결 (4개)

* 도련님 물ㅊ흔 마음이라(4-29)
* 무정세월은 물 흐르듯 도라가고(7-12)
* 동히 셔히 물결갓치 구뷔구뷔 깁흔 사랑(2-9)
* 무정세월 약뉴파라(2-18)

[7] 신체 부위 (1개)

* (빅옥 갓흔) 고은 양즈 촉누갓치 되어시며(9-10)

[8] 음향 (3개)

* 흔 모롱 두 모롱 나는다시 건너가셔 우레갓치 소리ㅎ되(1-25)
* (도령이) 악박골 호랑이가 … 가는 소리쳐로 … 동헌을 터지다시 북 밧쳐 우니(4-14)
* (방귀소리) 비속의셔 별안간의 이륙좌긔ㅎ는 소리쳐로 쏭쌍 쓔루룩 탁탁 별별 소리가 다 나더니(10-9)

[9] 주변 인물 (13개)

주인공 아닌 "주변 인물"은 다양한 인물이 유의로 쓰이고 있다. "고인, 법고즁, 나무장사, 병신, 션봉디댱, 손디셩, 왕심이 어멈, 명장, 호걸, 션비"와 욕설에 쓰인 "요망의 아들년셕, 열업의 아들놈"이 그들이다. 이들은 대부분 확장직유에 쓰이고 있어 구체적 행동 묘사를 하고 있다.

* (춘향을) 쳔니 탁향 고인갓치 얼는 맛나 보고지고(2-15)
*(*) (춘향이) 법고즁의 법고치듯 아조 쾅쾅 두다리며(4-2)
*(*) 숨단 갓흔 졔 머리롤 홍졔원 나무장사 잔디 뿌리 쓴듯(4-2)
* (춘향이) 집신 짝을 감발ㅎ고 바람마진 병신ㅅ치 죽으라 가는 양의
  거롭으로(5-30)
*(*) (춘향이) 젼목칼을 … 션봉디댱 투고 쓰듯(6-20)
*(*) (춘향이) 츈향의 가는 목의 … 손디셩이 금슈과 쓰듯(6-20)
*(*) (봉사) 쏭 쥐무르기롤 왕심이 어멈 풋나물 쥐무르듯(8-19)
*(*) 셔방님 밋기롤 남졍북벌의 명장 밋듯(9-12)
*(*) (관원) 영쳔의 호걸 못듯(9-24)
*(*) (관원) 쵹즁의 명장 못듯, ㅅ면으로 모혀드러(9-24)
* (사람들) 부문ㅎ는 션비쳐로 뭉게뭉게 뒤 그러셔 함부로 디여 드러
  갈식(10-22)
* (방자) 엇지 그리 급희 부르나니 요망의 아들년셕 가트니(1-25)
* (한량·왈자) 열업의 아들놈쳐로 가면 조흔 줄만 알고 간단 말이
  냐?(7-6)

[10] 의식주 (7개)

의식주는 유형화할 정도의 특징을 보이지 않는다.

(1) 의생활 (2개)

* 은하 직녀 비단쳐로 슈졀갓치 고은 사랑(2-9)
* 츈향의 머리치롤 션젼시졍 통비단 감듯,(6-12)

(2) 음식 (4개)

* 슈박쳐로 윗목으로 구를너 나와 알몸으로 누어시면(4-23)
* 볼기롤 셧달 그믐날 흰썩 맛듯 ㅎ옵ㄴ이다.(5-3)
* ㅅ승 갓흔 혀롤 물고 (디졉ㅅ흔 졋슬 쥐고)(8-3)
*(*) 그 놈을 니가 맛나더면 그 놈의 다리롤 무김치 쎠흐듯(8-6)

(3) 주생활 (1개)

* 가삼은 두리기둥 갓트여 졋통이란 말이 업스니(4-19)

[11] 기구 · 재료 (27개)

기구와 재료는 "기구" 24개, "재료" 3개의 예가 보이는데, "기구"는 거의 절반에 가까운 것이 사물을 구상적으로 묘사하는 데에 사용되고 있다.

* 샹모롤 역역히 쓰더보니 더골이는 북통 갓고(1-6)
* 입은 귀가지 도라지고, 눈구멍은 총구멍 갓흐되(1-6)
* 키갓흔 파초(1-14)
* 디졉갓흔 금부어는 물의 써셔 노니는더(2-27)
* 은침 갓흔 가진 열쇠 쥬황당사 쯴을 달아 본돈 셧거 쮀어 달고 (2-30)
* 은침 갓흔 열쇠 너여 금거북 잠을쇠랄 썰걱 열고(2-31)
* 분통 갓흔 제 가삼을 (법고중의 법고치듯 아조 쾅쾅 두다리며)(4-2)
* 호슈 입식 쳔은치통, 키 갓흔 공작미(5-6)
* 큰아큰 전목칼을 츈향의 가는 목의 션봉디댱 투고 쓰듯(6-20)
* 큰아큰 전목칼을 츈향의 가는 목의 … 손디셩이 금슈파 쓰듯(6-20)
* (스승 갓흔 혀롤 물고) 디졉ᄌᆞ흔 졋슬 쥐고(8-3)

이 밖의 기구를 유의로 하는 것은 한정적 의미를 드러내는 것이다.

* (삼단 갓흔) 조흔 머리 희남을 만회 발나 전반갓치 널게 짜하(1-12)
* (흑운 갓흔 거문 머리 반달 갓흔 와룡소로) 솰솰 전반갓치 널게 짜하(1-18)
* 진쥬월퓌 쳥강셕 지계향 비취향 오식당ᄉ 쯴을 다라 냥국디댱 병부 츠듯…(1-19)

* (냥국더댱 병부 츠듯) 남북 병亽의 화동긔(筒兒) 츠듯 휘느러지게 넌
  줏 츠고(1-19)
* 월후 삼장흔 너 놋코 십년 동당 의긔츄 관역쳐로 잠간 니러셔려무
  나.(3-15)
* 제 가숨을 법고즁의 법고 치듯 아조 콍콍 두다리며(4-2)
* 닉일 한것 나려오즈 급흔 마음 살 갓亽와 몸을 밧비 모나이다.(4-19)
*(*) 츈향의 머리치룰 … 샹젼시졍(繼纏市井) 년쥴 감듯(6-12)
* 모든 한량 … 편젼갓치 족불이지 한 거롬의 나려와셔(6-24)
* 모든 한량 … (편젼갓치) 가는 딕갓치 족불이지 한 거롬의 나려와셔
  (6-24)
* 북풍한셜 찬바람이 살 쏘듯시 드러오니 (7-9)
* 식연동당 가는 딕(箭) 바라듯(8-15)
* 본관의 미결 공亽 거울갓치 쳐결흐고 니방 불너 분부흐딕(10-31)

재료 기타를 나타내는 유의(喩義)로는 다음과 같은 것이 보인다.

* 룡장 봉장 장식 갓치 모모마다 ㅼㅣ인 사랑(2-9)
* 각장 댱판은 유리 곷고, 고은 발은 외씨로다.(3-19)
*(*) (춘향을) 동양딕지(棟樑大材) 작벌흐듯 싹그려시거든 싹그시고
  (10-25)

[12] 상상의 세계 (2개)

* 부용당 운무병(雲霧屛)의 그림갓튼 공작식(1-16)
* 쳔고가인을 우연 힝봉흐니… 약요지지긔홰오, (亽양딕지운위라.)(2-7)

[13] 종교 관계 (5개)

신·불(3)과 선인·선녀(2)의 예가 보인다. "금불"은 귀한 것을 강조한다.

* (도령을) 드립더 손목을 덤셕 쥐고 금불갓치 귀희 너겨(4-26)

* 구류손 갓흔 나의 도련님을 (구년지슈의 히빗 바라듯 ᄒᆞ오.)(6-16)

* 금불갓튼 나의 ᄯᅡᆯ이 져리 될 줄 어이 알니?(7-20)

*(*) (도령이) 오쉭운 깁흔 곳의 티을션군 나리신 듯(7-14)

* 선녀 갓흔 네 모양이 산 귀신이 되엿구나.(9-10)

[14] 기타 (2개)

*(*) (봉사) 두 손으로 쏭 쥐무르기롤 왕심이 어멈 풋나물 쥐무르듯
(8-19)

* (도령을) 비초밧희 기쏭쳐로 밧그 닉써리니(9-27)

3.3. 원관념과 보조관념의 상호관계

동양문고본 춘향전에 쓰인 직유의 원관념과 보조관념의 출현 빈도를 살펴보았다. 원관념과 보조관념의 상대적 경향을 알기 쉽게 도시하면 다음과 같다.

동양문고본 춘향전의 원관념과 보조관념의 비교

원관념		보조관념	
[1] 주인공	49	[1] 주인공	1
(1) 춘향 35, (2) 도령 14		[2] 동물	22
		(1) 짐승 6, (2) 새 7,	
[2] 동물	4	(3) 곤충 6, (4) 어패류 3	
(1) 새 3, 어류 1		[3] 식물	18
		(1) 초목류 11, (2) 화훼류 4,	
[3] 식물	3	(3) 기타 3	
[4] 광물		[4] 광물	18
[5] 천체와 기상		(1) 옥 12, (2) 금석 6,	

원관념		보조관념	
[6] 자연 현상	2	[5] 천체와 기상	32
[7] 신체 부위	31	(1) 천체 11, (2) 햇빛·달빛·별빛 등 5, (3) 눈·서리 3, (4) 비·구름·안개 9, (5) 기타 3	
(1) 안면 8, (2) 두발 9, (3) 동체 6, (4) 다리 2, (5) 양자 기타 6			
[8] 음향	4	[6] 산하	8
[9] 주변 인물	20	[7] 신체 부위	1
(1) 사또 2, (2) 방자 2, (3) 한량·왈짜 5, (4) 군노사령 6, (5) 기생 등 5		[8] 음향	3
[10] 의식주	4	[9] 주변 인물	13
[11] 기구	13	[10] 의식주	7
[12] 상상	23	(1) 의생활 2, (2) 식생활 4, (3) 주생활 1	
(1) 사랑 8, (2) 마음 7, (3) 뜻·절개 6, (4) 세월 외 2			
[13] 신·불		[13] 신불·신선	5
[14] 기타	6	[14] 기타	2
계	159	계	159

위의 도표에 의해 동양문고본에 쓰인 원관념과 보조관념의 경향을 개괄할 수 있다. 그러나 앞에서도 언급한 바와 같이 본의(本義)와 유의(喩義)의 관계는 제대로 파악되지 않는다. 이에 10% 이상의 빈도를 보이는 대표적인 본의와 유의의 관계를 살펴보기로 한다. 이는 주인공, 신체 부위, 상상의 세계, 주변 인물 등의 본의와, 기구, 동물, 식물, 광물, 천체 등의 유의가 그 대상이 된다.

원관념 "주인공"에 대한 보조관념은 거의 같은 것이 없을 정도로 다양하다. 따라서 좀 유형화해 본다면 춘향의 경우는 보조관념이 식물 5, 광물 5, 동물 4개로, 도령의 경우는 동물 5, 식물 1개로 나타난다. 도령과 춘향을 함께 원관념으로 하는 보조관념 "봉학"과 "비둘키"를 각각에 추가하면 춘향의 경우는 "동물"이 6개로, 도령은 7개로 나타나 "주인공"

에 "동물"을 보조관념으로 하여 묘사한 것이 가장 빈도가 높다. 동물은 "청용, 흑용, 범, 암캐, 매, 봉황, 청학, 꿩, 비둘키" 등으로 나타난다. 춘향의 경우는 용모를 비유하기 위한 유의로 "금·옥"의 빈도가 높다.

원관념 "신체 부위"의 보조관념도 유형화하기 힘들 정도로 그 종류가 다양하다. "머리치"에 삼단(2), 전반(2), "양자(樣姿)"에 백옥(2)이 반복되어 쓰인 정도다.

원관념 "상상의 세계"의 보조관념도 유형화가 안 된다. "사랑, 마음, 뜻"이 다 각각 특수한 점에 초점을 맞추어 비유되고 있다고 할 수 있다. 세월은 "약류파(若流波), 물 흐르듯"이라하여 관용적 면을 보인다.

원관념 "주변 인물"도 원관념을 유형화하기 힘들다. 이는 인물이 다양하기 때문이기도 하나, 무엇보다 인물 묘사 아닌, 행동·동작 묘사에 중점이 놓여 있기 때문이다. 이는 한량·사령 등이 많이 모인다는 의미에서 "셔로 통문업시 구름가치 모여들 제(6-22), (군노 사령들이) 구름굿치 모혓다가(5-30)" 등 "구름"이 4회 반복되고 있는 것이 하나의 증거가 된다.

다음에는 보조관념을 보기로 한다. 보조관념 "기구(器具)"는 "재료"를 제외할 때 24개인데, 다양한 것이 사용되고 있다. 대표적인 것은 화살(살, 편전, 가는 디)(5)이 "빠른 것"을 비유한 것이고, 이 밖에 키(箕)(2)가 파초와 공작미, 대접(2)이 금부어, 졋(乳房), 전반(2)이 머리치(頭髮)에 비유된 것이 반복 사용된 것이다. 이 밖의 것은 유형화할 정도의 특징을 보이지 않는다. 다만 보조관념은 화살을 포함할 때 대부분이 생활 주변의 기구이며, 이것들이 많은 신체 부위(디골이, 눈구멍, 가삼2, 졋, 머리3)와 연합되고 있다는 특징을 보인다.

보조관념 "동물"은 호랑이(3), 나비(3), 황새(2)가 몇 차례 쓰이고 있고, 이 밖에 많은 짐승과 새, 어패류가 동원되고 있다. 이들 보조관념은 대부분 사람과 연합되고 있으며, 특히 춘향과 연합된 것이 많다. "져비, 송

골믜, 비오리, 잉무식"는 그네 뛰는 쳐녀(춘향)를 묘사하는 데 동원된 보조관념이다. 원관념 춘향에 대해 보조관념 "나비"가 반복적으로 쓰인 것 외에는 다양한 인물에 다양한 동물이 연합되고 있고, 이들은 용모의 묘사 아닌, 행동을 구상화하고 있다는 특징을 지닌다.

보조관념 식물은 "사랑, 마음, 절개" 등 추상적 사실을 구상화하는 데 여럿이 활용되고 있다. 사랑에 "포도 다러넌줄, 슈양, 모란, 노젹"이 연합된 것, "송쥭-마음, 송빅-졀긔"의 연합이 그것이다. 이 밖에 "부용, 꽃"과 춘향의 미모, "삼단-머리(2)"의 연합이 일정한 경향을 보이는 것이다.

보조관념 광물은 "옥"이 미모와 행실에, "금석"이 보귀(寶貴)와 견고에 연합되고 있다. "빅옥(3), 옥(2)"이 춘향의 미모와, 옥(2), 빅옥(2), 빙옥(1)이 뜻과 행실에 연합되고 있는 것을 볼 수 있다. "만금, 금셕(2), 싱금"은 보귀와 견고에 연합되고 있는 것이다.

보조관념 "천체"는 천체(天體)와 이들의 빛(光)의 둘로 나누어 볼 수 있는데, 천체는 주로 "와룡소, 요강(2), 차일, 마픠(2)" 등의 기구와 연합되고, 빛은 주로 춘향과 도령의 행동과 연합되고 있다. 행동과의 연합은 주로 용언을 한정하고자 하는 것이다. "빛"은 춘향의 "보고지고" 사설에 여럿이 쓰이고 있다.

4. 결어

우리의 대표적인 고전 완판계의 열여춘향슈졀가와 경판계의 동양문고본 춘향전의 직유를 발상(發想)을 중심하여 살펴보았다. 다음에는 이들 두 이본의 직유 사용의 경향을 간략히 종합함으로 결론을 삼기로 한다.

첫째, 직유의 원관념과 보조관념은 모두 243개이다. 대표적인 원관념은 "주인공, 상상의 세계, 신체 부위, 주변 인물"로, 대표적인 보조관념은 "천체와 기상, 기구와 재료, 동물, 광물, 식물"로 나타난다. 그런데 좀 더 정확히 파악하기 위해 "천체와 기상" 및 "기구와 재료"와 같이 열거된 것을 구분하면 결과가 달리 나타난다. 대표적인 원관념은 주인공 72개 29.62%, 상상의 세계 45개 18.10%, 신체 부위 43개 17.69%, 주변 인물 28개 11.05%, 기구 19개 7.44%로 나타난다. 보조관념은 동물과 광물이 각각 35개 14.40%, 식물 32개 13.16%, 기구 24개 9.87%, 천체 20개 8.23%로 나타난다. 따라서 10% 이상의 원관념은 "주인공, 상상의 세계, 신체 부위, 주변 인물"의 4영역이며, 보조관념은 "동물, 광물, 식물"의 3영역이다. 이들의 합은 원관념이 188개 76.46%, 보조관념이 102개, 41.96%로, 원관념이 집중적 출현 빈도를 보인다. 이를 알기 쉽게 도시하면 다음과 같다.

원관념과 보조관념의 상호관계

원관념			보조관념		
〔1〕 주인공	72개	29.62%	〔1〕 주인공	3개	
〔2〕 동물	7		〔2〕 동물	35	14.40%
〔3〕 식물	5		〔3〕 식물	32	13.16
〔4〕 광물	1		〔4〕 광물	35	14.40
〔5〕 천체와 기상	3		〔5〕 천체와 기상	42	17.28
(1) 천체	2		(1) 천체	20	8.23%
(2) 기상	1		(2) 기상	18	
			(3) 기타	4	
〔6〕 산하	2		〔6〕 산하	15	
〔7〕 신체 부위	43	17.69	〔7〕 신체 부위	2	
〔8〕 음성·음향	5		〔8〕 음성·음향	3	
〔9〕 주변 인물	28	11.05	〔9〕 주변 인물	16	

원관념			보조관념		
[10] 의식주	7		[10] 의식주	11	
[11] 기구	20	8.27	[11] 기구	38	15.63
(1) 기구	19	7.44%	(1) 기구	24	9.87%
(2) 재료	1		(2) 재료	14	
[12] 상상의 세계	45	18.10	[12] 상상의 세계	3	
[13] 종교 관계			[13] 종교 관계	6	
[14] 기타	6		[14] 기타	2	
243			243		

둘째, 원관념과 보조관념의 관계는 다양하고 복잡하다. 원관념인 "주인공" 춘향과 도령은 동물과 가장 많이 연합된다. 보조관념인 동물은 "청용, 흑용, 범, 암캐, 봉황, 청학, 비둘키" 등으로 나타난다. 이밖에 "빅옥, 옥결" 등 광물로, 춘향의 미모(양자)를 비유하거나, "장중보옥갓치"와 같이 "귀하다, 단단하다" 등의 한정적 의미를 나타낸다. 신체 부위도 "빅옥, 옥, 옥결" 등으로 춘향의 아름다운 피부를 나타내는가 하면 "전반ζ흔"으로 탐스러운 머리치를 나타낸다. 추상의 세계인 "사랑"은 "무산(巫山), 창힉, 목단화, 힉당화" 등으로, 높고·깊고·고운 사랑을 구상화하고 있다. "그무(漁網), 직금, 슈양, 노젹" 등을 유의(喩義)로 하여서는 다양한 사랑의 성상을 묘사하고도 있다. 같은 추상어 "마음"도 "빅옥, 창파, 철셕"과 연합되어 결백하고 굳건함을 드러내기도 한다. 동물 "밍호"는 "밍호갓흔 군노사령", "철관풍치"와 같이 무섭거나 위엄이 있음을 나타낸다. 그러나 이러한 연합과는 달리 원관념과 보조관념의 상호관계는 그 관념들이 다양하여 유형화하기 곤란할 뿐만 아니라, 확장직유에서 보조관념이 연속적 행동이나 동작을 나타내어 원관념의 대상과 연합된다기보다 동작 내지 행동을 구상화하는 면이 많이 보인다.

셋째, "슈절가"와 "동양문고본"의 특성을 보면 우선 원관념인 "주인공,

상상의 세계, 신체 부위, 주변 인물"이 다 같이 4대 유형에 속해 두 이본이 같은 직유 사용 경향을 보인다. 이들의 출현 빈도도 "슈절가"가 76.06%, "동양문고본"이 77.27%로 대동소이하다. 다만 "상상의 세계"와 "신체 부위"의 빈도 순위는 바뀌고 있다. 이에 대해 보조관념은 큰 차이를 보인다. "슈절가"는 4대 유형의 빈도순이 광물(17, 20.23%), 식물(14, 16.66%), 동물(13, 15.47%), 천체(9, 10.71%)의 순이 되는데, "동양문고본"은 기구(27, 15.09%), 동물(22, 13.83%), 식물·광물(18, 11.94%)의 순으로 나타난다. "슈절가"에서는 "천체"가, "동양문고본"에서는 "기구"가 각각 4대 유형에 들어간 것은 크게 다른 점이다. 특히 "동양문고본"에서 "기구"가 가장 높은 빈도를 보이는 것이 그러하다. 구체적인 내용은 원관념에 있어, "동양문고본"의 "신체 부위" 가운데 안면, 동체, 양자가 높은 빈도를 보이는 것, "주변 인물" 가운데 한량·왈자, 군노사령의 출현 빈도가 높은 것이 다른 점이다. 보조관념은 "동양문고본"이 "동물" 가운데 "곤충"의 빈도가 높은 것, "천체와 기상", 및 "주변 인물"의 빈도가 높은 것이 다르다. "광물"과 "산하"의 보조관념이 비슷한 수의 용례를 보이는 것은 "동양문고본"의 출현빈도가 낮은 것을 의미한다. 가장 높은 빈도를 보이는 "기구"는 사물과, 신체 부위를 구상화하는 비유가 많이 쓰이고 있기 때문이다.

넷째, 춘향전의 발상의 특징은 29.62%라는 높은 빈도로 주인공을 직유에 의해 구상화하고 있다는 것이다. 이는 다른 통계 조사가 없어 조심스럽기는 하나 한국인의 발상의 특성을 드러내는 것이라 할 수 있을 것으로 보인다. 그것은 한 이본만이 아닌, "슈절가"가 27.26%, "동양문고본"이 30.81%의 비율로, 두 이본이 다 같이 가장 높은 출현 빈도를 보이기 때문이다. 이러한 현상은 주변 인물에 대한 원관념의 출현 빈도가 높은 것으로 보아 소설에서는 무엇보다 주인공을 비롯한 인물을 구상화해야 한다는 의식이 한국인의 머릿속에 박혀 있는 것이라 하겠다. "상상

의 세계"가 높은 빈도를 보이는 것은 추상적 대상이므로 이는 언어 특성
상 당연한 결과로 논의의 여지가 없다. 그리고 보조관념으로 "동물, 식
물, 광물, 천체와 기상, 기구" 등이 많이 쓰인 것도 역시 이치에 당연한
현상이라 할 것이다. 그것은 알 수 없는 대상이 아니라, 아는 대상을 좀
더 구체화하기 위해 주변의 아는 사물을 보조관념으로 끌어다 썼기 때
문이다. 그래서 춘향전에는 관용적인 비유가 많다. 그리고 확장직유에
의해 사물 아닌, 행동 내지 동작이 많이 구체적으로 묘사되고 있다는 것
도 하나의 표현 특성이라 할 것이다.

┃참고문헌

박갑수(1979), 문체론의 이론과 실제, 세운문화사.
박갑수(1998), 현대문학의 문체와 표현, 집문당.
박갑수(1998), 일반국어의 문체와 표현, 집문당.
박갑수(2005), 고전문학의 문체와 표현, 집문당.
박갑수(2005), 국어교육과 한국어교육의 성찰, 서울대 출판부.
박갑수(2013), 한국어교육과 언어문화교육, 역락.

(2013. 12. 20. 미발표)

제2장 | 소설 상의 인물 "황진이"의 형상화
이태준, 정비석, 홍석중, 전경린의 "황진이"를 중심으로

1. 서언

우리나라에는 명기 "황진이"에 대한 소설이 10여종 있다. 이는 일찍이 이태준이 중앙일보에 소설 "황진이"를 연재한 것을 시초로 그 이후 여러 작가에 의해 창작된 것이다.

황진이는 유명한 명기이나 정사(正史)의 어디에도 그에 대한 기록이 보이지 않는다. 다만 유몽인(柳夢寅)의 "어우야담" 등의 여러 패설(稗說)에 단편적인 기록이 보일 뿐이다. 그래서 작가들은 그들 나름으로 이들 패설을 바탕으로 하여 황진이의 전기소설을 창작해 내고 있다. 이들 패설은 온전한 전기가 아니요, 단편적인 것인 데다가 연대가 밝혀져 있는 것도 아니다. 작가들은 그들 나름으로 이러한 소재를 바탕으로 구상하여 황진이의 일대기를 창작해 낸 것이다. 따라서 소설 "황진이"는 소설 본래의 특성 그대로 허구적(虛構的)이어 다양한 양상을 보이고 있다.

이 글에서는 이러한 다양한 소설 "황진이"에 있어서 주인공 "황진이"의 인물이 어떻게 형상화되고 있는가 살펴보기로 한다. 앞에서 언급한

바와 같이 소설 "황진이"는 10여종이 있다. 고찰의 대상은 임의로 4종을 선택하되 다소간의 의미를 부여하기로 한다면 그것은 초기 소설 두 편과, 최근의 소설인 2000년대 소설 두 편을 대상으로 한다는 것이다. 1930년대에 쓰인 최초의 "황진이" 소설인 이태준의 작품과, 20세기 후반에 쓰인 정비석의 "황진이"와, 21세기에 쓰인 남북의 작품, 그것도 남녀의 작품을 각 한 편씩 선택하기로 하였다. 구체적으로 자료를 추출한 원전은 다음과 같다.

> 이태준, 황진이, 깊은샘, 1999.
> 정비석, 황진이, 열매출판사, 2006.
> 홍석중, 황진이, 대훈, 2004.
> 전경린, 황진이, 이룸, 2004.

이태준의 소설은 1936년 중앙일보에 연재하던 것을 1938년 동광당 서점에서 간행한 것이고, 정비석의 소설은 1976년 조선일보에 연재하던 것을 뒤에 책으로 간행한 것이다.

정비석의 소설 "황진이"를 제외한 나머지 세 작품에 대해서 필자는 "'황진이' 소설의 발상과 표현"이라는 제목으로 발상과 구성의 문제를 살펴본 바 있다. 이들 소설은 패설을 바탕으로 하되 작자 나름의 발상과 구상에 의해 어떻게 독창적인 작품을 구상해 내었는가 살펴본 것이다. 이 글에서는 같은 발상(發想)이란 차원에 주목하며 표현의 면을 살펴보기로 한다. 이를 위해 여기서는 정비석의 "황진이"를 한 편 더 추가하여 "황진이"란 인물을 어떻게 형상화하고 있는가 살피기로 한 것이다. 이는 우리의 발상과 표현의 관계를 또 다른 면에서 엿보게 할 것이다.

2. 패설에 반영된 황진이의 인물

황진이의 생애와 인물에 대한 기록은 많은 패설(稗說)에 보인다. 그 대표적인 자료로는 유몽인(柳夢寅, 1559~1623)의 어우야담(於于野談), 이덕형(李德洞, 1566~1645)의 송도기이(松都記異), 허균(許筠, 1569~1618)의 성옹지소록(惺翁識小錄), 임방(任防, 1640~1724)의 수촌만록(水村漫錄), 서유영(徐有英, 1801~1874)의 금계필담(錦溪筆談), 김택영(金澤榮, 1850~1927)의 송도인물지(松都人物志) 등이다. 이들 자료에 보이는 황진이의 생몰(生沒)과 인물에 관한 기록을 간추려 보면 다음과 같다(박갑수, 2013).

(1) 유몽인(柳夢寅)의 어우야담(於于野談)

* 가정(嘉靖) 초에 송경에 명창 진이가 있었는데, 뜻이 크고 기개가 있으며, 남자같이 용감한 사람이었다(女中之倜儻任俠人也).

* 진이는 재상의 아들이라는 이 생원(李生員)과 금강산 유람을 하였다. 두루 유람하는 가운데 걸식도 하고, 승려들에게 몸을 팔아 양식을 얻기도 하였다. 그들은 기갈이 들고 곤핍하여 지난날의 모습이 아니었다.

* 시골 유생들의 시냇가 잔치에 들러 술을 얻어먹고 노래를 불렀다. 유생들이 매우 특이하게 여겼다. 진이는 종이라며 이생에게도 술과 안주를 얻어 먹였다.

* 진이 천수원(天壽院) 시냇가에서 노랫소리를 듣고 명창인 선전관 이사종(李士宗)임을 알고 청해 며칠 머문 뒤, 6년을 같이 살자고 제안했다. 그리고 먼저 첩의 예를 다하여 이사종의 집에 가 3년을 살았다. 비용은 모두 진이가 부담하였다. 그 뒤 이사종이 진이와 같이 3년을 보답한 뒤, 진이는 "이미 약속이 이루어졌고, 기일이 다 되었

습니다."라며 하직했다(業已遂約期滿矣辭而去).

(2) 이덕형(李德泂)의 송도기이(松都記異)

* 현금이 병부교 밑에서 빨래를 하는데 형용이 단아하고 의관이 화려한 사람이 현금을 눈여겨보았다. 그는 표모들이 다 사라진 뒤 다시 다리에 나타나 길게 노래하고 물을 청하였다. 물을 떠 주자 마시고 현금에게도 마셔 보라 하였다. 마셔보니 술이었다. 현금은 놀라고 이상히 여기며 그를 좋아해 드디어 진이를 낳았다(歌竟求飲 玄琴以瓢盛 水而進 其人半飲笑而還與曰 汝且試飲之 乃酒也. 玄琴驚異之因與講歡 遂生眞娘).

* 진이는 용모와 재주가 일세에 뛰어나고, 노래도 절창이었다. 사람들은 그녀를 선녀라 불렀다.

* 유수 송공의 첩이 "과연 절색이로군. 나의 일이 낭패로다"라며 행패를 부렸다.

* 송공 자당 수연에 화장도 하지 않고, 담담한 차림으로 참석하였으나, 천연한 국색(國色)으로 광채가 나 사람을 감동시켰다(眞娘不施丹粉 淡粧來預 天然國色光彩動人).

* 유수 송공의 자당 수연에서 악공 엄수(嚴守)는 진이의 노랫소리를 듣고 동부(洞府)의 여운(餘韻)이라고 찬탄하였다(此洞府餘韻 世間寧有此調).

* 조사(詔使) 하는 말이 "너의 나라에 천하절색이 있구나."

* 비록 창류로 있었으나, 성질이 고결하여 번화하고 화려한 것을 좋아하지 않았다. 관부(官府)의 주석에도 빗질과 세수만 했고, 옷도 갈아입지 않고 나갔다(雖官府酒席 但加梳洗).

* 방탕한 것을 좋아하지 않아 시정(市井)의 천예(賤隸)는 돌아보지 않았고, 선비와 어울리기를 좋아했다. 자못 문자도 해독하여 당시(唐詩) 보기를 좋아했다.

* 화담(花潭)을 사모해 그의 문하에 나아갔다.
* 진이의 방에서는 이상한 향기가 며칠씩이나 계속되었다.

(3) 허균(許筠)의 성옹지소록(惺翁識小錄)

* 송도 기생 진랑이 이언방(李彦方)이 소리 잘한다는 소리를 듣고 그를 찾았는데, 그가 아우라고 속였으나, 곡조를 듣고 그가 바로 이언방임을 알아보았다.
* 진랑은 장님의 딸로, 성품이 활달하고 기개가 있어 남자 같았으며, 거문고를 잘 타고, 노래를 잘 하였다(眞娘開城盲女之子 性倜儻類男子工琴善歌).
* 진랑은 풍악산을 유람하고 금성(錦城)에 와, 남루한 복색으로 고을 원의 잔치에 참석하여 노래와 거문고를 타되 조금도 부끄러운 기색이 없었다.
* 평생 화담의 사람됨을 사모하였다. 지족노선은 30년 면벽을 하고 도를 닦았어도 나에게 무너졌지만 오직 화담은 여러 해를 가깝게 지냈으되 끝까지 난한 데 이르지 않았으니 이 분이야말로 참 성인이다(終不及亂 是眞聖人).
* 죽을 무렵에 집사람에게 "출상할 때 곡하지 말고, 풍악을 잡혀서 인도하라."고 부탁하였다.
* 진랑은 일찍 화담에게 박연폭포와 선생과 자기가 송도삼절(松都三絶)이라고 아뢰었다.

(4) 임방(任昉)의 수촌만록(水村漫錄)

* (소세양이) 황진이를 만나보니 과연 뛰어난 여인이었고, 그와 한 달 정을 나누었다. 떠나기 전날 송도 남쪽 누대에 올라 주연을 벌였다.

이때 황진이가 이별의 율시 한 수를 지어 소세양에게 주었다. 그는 그 시를 읊조려 보고 한달 기한을 넘기면 "나는 사람이 아니다(吾爲非人也)"라고 약속하였기에 탄식하며 말하였다. "에라! 내가 사람이 아니지(吾其非人哉)." 하고는 다시 눌러앉았다.

(5) 서유영(徐有英)의 금계필담(錦溪筆談)

* 황진은 송도의 명기다. 미모와 기예가 뛰어나 명성이 한 나라에 퍼졌다. 황진은 성품이 고결하여 풍류명사가 아니면 친하게 지내지 아니하였다.

* 종실 벽계수가 황진을 한번 보기를 원해 손곡(蓀谷) 이달(李達)과 의논하였다. 진랑을 만나려면 소동(小童)으로 하여금 거문고를 지고 뒤를 따르게 하고, 황진의 집 앞을 지나 누에 올라 술을 마시고, 거문고를 타면 진이 나타날 것이다. 그러면 그녀를 본체만체하고 취적교를 지날 때까지 돌아보지 않으면 성공할 것이다. 벽계수는 그 말대로 하였다. 과연 진랑이 뒤를 따랐다. 그녀는 동자에게 그가 누구임을 묻고, 아름다운 목소리로 "청산리 벽계수야"를 노래했다. 이에 벽계수가 뒤돌아보다 말에서 떨어졌다. 진랑은 웃으며, "이 사람은 명사가 아니라, 단지 풍류랑이로구나."하며 되돌아갔다. 벽계수는 부끄럽고 한스러웠다.

(6) 김택영(金澤榮)의 송도인물지(松都人物志)

* 황진(黃眞)은 중종 때 황 진사의 서녀로, 진현금(陳玄琴)이 병부교(兵部橋) 아래에서 물을 마시고 감응하여 태어났는데, 기이한 향기가 3일 동안 가시지 않았다(乃擧室中有異香者三日).

* 진랑은 절색의 미모를 갖추었고, 사서와 삼경도 깨우쳤다.

* 황진은 멀리 놀러 다니기를 좋아했고, 시문(詩文)도 맑고 빼어났다. 만월대(滿月臺) 시 등이 있다.

* 황진은 죽을 무렵 다음과 같이 부탁했다 한다. "나는 천하 남자를 위해 자신을 사랑하지 못하고 이 지경이 되었다. 죽게 되면 금수도 관도 쓰지 말고, 동문 밖 물가 모래밭에 시신을 버려 땅강아지와 개미와 여우와 살쾡이(螻蟻狐狸)가 뜯어 먹게 하여, 세상 여자들로 하여금 나를 경계 삼도록 하라."

3. 황진이의 인물과 이의 형상화

황진이의 생애에 대한 기록은 앞에서 언급한 바와 같이 간접 사료인 설화나 야사 등 패설로만 전한다. 따라서 그의 인물됨을 살피기 위해서는 패설에 의지해야 한다. 패설에 보이는 황진이의 인물됨은 제2장에서 제시한 바와 같다.

패설에서 알 수 있는 진이의 인물됨은 절색의 미모를 지녔고, 창(唱)과 거문고를 잘 하며, 시문(詩文)에 빼어났고, 사서삼경을 익혔고, 당시(唐詩) 보기를 좋아했다. 그는 성격이 고결하였고, 남자같이 활달하였다(倜儻). 시정의 천예는 돌아보지 아니하였고, 선비와 풍류명사와 어울리기를 좋아하였다. 멀리 놀러 다니기를 즐겼고, 화려한 것을 좋아하지 않았으며, 담장(淡粧)을 하였다. 박연폭포와 서 화담과 자신을 송도삼절이라 일컬을 정도로 자부심 또한 강하였다.

그렇다면 이러한 소재를 바탕으로 작가들은 소설에서 황진이를 어떻게 형상화하고 있는가? 다시 말해 작가들은 이러한 소재를 바탕으로 어떠한 발상과 구상을 하여 소설 속의 "황진이"라는 인물을 형상화하고 있는가? 황진이의 인물을 외모(外貌)와 성격(性格)과 재예(才藝)를 중심으로 형상화를 살피되, 그의 생몰(生沒) 과정도 간략히 덧붙이기로 한다.

3.1. 이태준 소설에서의 "황진이"의 형상화

이태준의 소설에는 황진이의 출생과정에 대한 언급이 없고, 다만 부모가 송 진사와 현금이라고만 되어 있다. 진이의 용모는 절색이고, 치장은 성장을 하지 아니하고 담장을 하였으며, 복색도 수수한 것으로 그리고 있다. 이는 작자가 황진이의 인물을 형상화하며 앞에서 제시한 "송도기이(松都記異)"의 기록을 발상과 구상에 많이 활용하고 있음을 보여 주는 것이라 하겠다. 특히 이태준의 소설에서는 황진이가 "화장을 하지 않고 담담한 차림"이었다는 "송도기이"의 "담장"이 강조되고 있다.

황진이의 외모(外貌)는 우선 "송도기이"의 기록과 같이 "절세미인"이요, "선녀"라 묘사하였다.(예문 뒤의 숫자는 출전의 페이지를 표시한 것임.)

* 선녀가 아니고 그렇게 눈이 부실 수 없고, 선녀가 아니고 그렇게 어마어마하게 우러러 보여질 리가 없을 것 같다(26).
* 저렇듯 월궁선녀와 같은 재색이 절등한 규수로서(36)
* "과연 절색이로다."하고 그제야 명월이가 어디가 이쁜 것을 알았다 (109).

치장을 성장(盛裝) 아닌, 담장(淡粧)을 했다는 묘사나 표현은 여러 곳에 보이는데, 대표적인 예를 몇 개 보면 다음과 같다.

* 얼른 보아 무슨 감인지 모르겠으나, 노리개 하나 차지 못한 흰 저고리에 옥색치마, 머리에도 이렇다 할 꼬지개 하나 보이지 않는다

(106).

* 명월이가 흰 저고리와 옥색치마에 옥 가락지 하나밖에 낀 것이 없
  되, 그 청초한 담장에 도리어 자기들의 현란한 성장을 잡초같이 짓
  밟는 듯한 위압을 느끼기 시작했다(106).
* 얼굴과 복색도 언제나 깨끗하고 담장일 뿐 누구를 위해 연지를 바
  르거나 비단옷을 걸지 않았다(117).
* 잘나지 못한 계집이 옷이나 패물로 꾸리는 것이지 나 같은 사람에
  겐 금수패옥(錦繡貝玉)이 다 군 것이라는 듯한, 초연히 솟는 데가 있
  는 것이다(106).
* 입던 옷 그대로 머리에 마른 빗질만 두어 번 하고 나앉았으니 그
  꽃나무들처럼 성장한 기생들 틈에 얼른 드러나질 리가 없다(173).

황진이의 성격(性格)은 패설에 의하면 "고결하여 번화하고 화려한 것을
좋아하지 않았"고<송도기이>, 방탕한 것을 좋아하지 않았으며, 선비와 풍
류명사를 좋아했다<송도기이·금계필담>. "당시(唐詩) 보기"<성옹지소록>와
"멀리 놀러 다니기를 좋아했"고<수촌만록>, "뜻이 크고 기개가 있으며
남자 같았다(性倜儻類男子)"고 하였다<성옹지소록·어우야담>. 진이의 이러
한 남자 같이 활달한 성격과 고결한 성격을 이태준은 다음과 같이 형상
화하였다. 특히 벽계수와의 약속 파기와 이은방에 대한 고자세는 그녀의
고만한 성격과 높은 자존심을 드러내는 것이라 하겠다.

* 성품이 남자 같고, 거문고를 잘 타고, 노래를 잘했다.
* (벽계수에게) 갑자기 볼일이 생겨 평양으로 내려가니 다녀올 때까지
  기다리고 싶으면 기다리고 그냥 떠나고 싶으면 그냥 떠나라는 쪽지
  한 쪽을 남겼을 뿐이다(171).
* (이언방이) 소리를 배우러 왔느냐, 다시 물었다. 명월이 대답하기를,
  소리를 들어 보아 배울만하면 배우고 가르칠만하면 가르치러 왔노

라(172).

* 이사종이라는 사나이가 명창이라기보다도 그 성품이 호탕청소하여
  풍류남아의 표적이 될 만하다는 말(엄수의 말)에 마음이 동하는 것
  이었다(175).

황진이는 재예(才藝)가 출중하였다. 그녀는 풍류가 국수(國手)요, 시서화
에 뛰어났다. "송도기이(松都記異)"에는 악공 엄수가 그녀의 노래를 듣고
"동부의 여운"이라 칭탄하였다고 기록하고 있다. 소설에는 이 대목이 그
대로 반영되고 있다. 소설에 반영된 대표적인 진이의 재예 묘사는 다음
과 같다.

* "(풍류가) 그만하면 국수(國手)의 솜씨로다."(107)
* 소리를 부르면 소리가 명창이요, 거문고를 타면 거문고가 명수요,
  붓을 잡으면 서화가 또한 달필이라, 이것만으로도 뛰어나거든 시문
  (詩文)에까지 넉넉한 대수요, 거기다 절등 미모임에라(156).
* 노래가 끝나니 만좌가 격절 칭찬하되, 그 중에도 엄수는 자리를 일
  어, "과시 선녀로다!"하면서 "이는 동부(洞府)의 여운이라, 세상에
  아직 이 곡조가 있단말가! 내 나이 칠십으로 화류장에서 늙었건만
  일찍이 이런 소리를 들은 적이 없노라." 하였다(174).

이 밖에 이태준의 "황진이"에는 패설에 보이지 않는 황진이의 인간성
에 대한 독창적인 묘사도 보인다. 그것은 양반과 사회제도에 대한 반감
이며, 자유인에 대한 갈망이다. 이는 제도의 희생이 된 황진이의 인생관
이요, 세계관이요, 항거라 할 수 있는 것이다. 그녀는 또한 호탕한 인생
을 꿈꾸기도 하였다. 이러한 묘사의 예를 몇 개 들어보면 다음과 같다.

* (선조들의 귀천구분) 권병잡은 놈들의 회포다… 아니 천리(天理)에

반역이 아니고 무어냐? 양반 흥! 이놈들 별놈들인가. 얼마나 도저한
가. 어디 보자!(70)

* 구구한 도덕이나 그 따위 고열한 제도에 묶여져 살 나도 아니다(89).
* 한번 호탕히 인생을 즐겨보기 위해 기생으로 나선 것이다… 내가
즐길 수 있는 사나이면 돈이 있건 없건, 권도가 있건 없건, 받음이
있건 없건, 도리어 내 것을 주면서라도 더불어 즐길 것이로되, 내가
싫은 사나이라면 영구히 빙탄(氷炭)일 수밖에 없다는 결심이 선 지
오래다(117).
* 다만 길이 쉬우니 화류장에 뛰어들어… 아깝지 않은 일생을 농세상
으로 살아보려 함이었다(177).

이상에서 살펴본 바와 같이 이태준 소설의 "황진이"는 주로 이덕형의
"송도기이"의 패설을 바탕으로 하고, 그 밖의 패설을 반영하여 인간 황
진이를 형상화하고 있다.

3.2. 정비석의 소설에서의 "황진이"의 형상화

정비석의 "황진이"에는 진이의 출생과정이 비교적 자세히 묘사되어
있다. 그는 황 진사와 명문가인 진씨(陳氏) 가문의 규수 진현금 사이에서
태어났으며, 김택영의 "송도인물지"의 패설과 같이 병부교(兵部橋) 아래
에서 물을 나누어 마심으로 감응하여 태어난 것으로 묘사하고 있다.

* "나는 황 진사라는 사람이오. 내가 절반가량 먹었으니, 남은 물은
아가씨가 마셔 보오."(12)
* 물을 다 마시고 나자 현금은 정신이 황홀해 오며 온몸에서 향기가
진동해 왔다. 이제는 죽어도 황 진사와 헤어질 수 없는 심정이었던
것이다.

그리하여 두 남녀는 이날 밤으로 아름다운 인연을 맺었다. 그래서 현금은 이날 밤에 잉태를 하여 여아를 하나 낳았는데, 그 아이가 바로 이 소설의 주인공인 명기 중의 명기 황진이였다.(13)

진이의 외모는 절세의 미모에, 광채가 난다. 치장은 담장을 하는 것으로 되어 있다. 진이는 담담한 차림으로, 관부에 나갈 때도 치장을 하지 않았다. 이는 이덕형의 "송도기이"의 패설을 따른 것이다. 용모의 묘사는 다음과 같다.

* 진이의 용모야 말로 태양같이 찬란한 광채와 보름달같이 그윽한 아름다움을 다 함께 지니고 있는 얼굴이었다.(14)
* 그도 그럴 것이, 얼굴이 절세의 미인데다가 재예(才藝)가 절륜하고, 노래 잘하고, 글씨 잘 쓰고, 시와 문장이 또한 뛰어났으니(15)
* 명월(明月)은 얼굴이 절색일 뿐만 아니라, 노래가 명창이요, 거문고도 명수가 아닌가.(62)

담장에 대한 묘사는 여러 군데 보인다. 이 중 몇 개를 보면 다음과 같다.

* 명월은 다른 기생들과 달리 얼굴 치장도 아니 하고 옷도 집에서 입는 옷 그대로였다(49).
* 분지(粉脂)도 바르지 아니하고 흰 저고리에 남치마로 담담하게 차린 명월이었다. 그러기에 서울 기생들은 명월의 몸치장을 보고, "차림새가 촌스럽기도 하네."하고 저희끼리 입을 비쭉 거린다(78).
* 언제나 그렇듯이 이날도 옷을 소탈하게 차리고, 얼굴에 지분도 바르지 않았다(147).

진이의 성격은 무엇보다 그녀가 기생이 된 뒤에 스스로 경계하는 뜻에서 마음속으로 다짐한 계명(戒銘)에 잘 드러난다.

첫째, 어떤 연석에 불려 나가도 옷은 언제나 여염집 부인처럼 수수하게 차리고, 머리에는 기름을 바르지 말 것이며, 얼굴에 분치장도 하지 말 것.

둘째, 의기 상통하는 풍류객이 아니면 상대방이 비록 권문세도가나 만석꾼 부자라 하더라도 도도한 사람의 부름에는 응하지 말 것.

셋째, 기생이 절개를 지키기 어렵겠으나 간담상조하는 남성이 아니면 몸을 허락하지 말 것이며, 스승이 되고 친구가 될 만한 남성에게는 적극적으로 접근하여 친교(親交)를 맺되, 어느 누구에게도 깊은 미련을 갖지 말 것.(45)

담장, 풍류객 상종(相從), 간담상조(肝膽相照)한 남성과만 친교를 맺는다는 것이다. 담장(淡粧)은 앞에서 살펴본 바와 같거니와, 풍류객 상종은 김경원, 소세양, 이사종과의 교유가 그것이다. 특히 부운거사 김경원(金慶元)과는 송악산에서 우연히 만나, 풍류를 알고 풍채까지 뛰어난 그의 모습에 반해 그를 집으로 초청, 20년 간직한 처녀를 바치는 첫사랑을 하였다. 그와는 헤어지기 싫어 소요산까지 단풍 구경을 나섰고, 기녀의 몸으로 홀연히 떠난 그를 1년이나 기다렸다. 김경원은 다른 소설에는 보이지 않는 인물로, "별김경원(別金慶元)"이란 시의 주인공으로 형상화한 사람이다. 간담상조한 교유는 서 화담과 더불어 하였다. 진이는 서화담의 상(喪)을 당한 뒤에 삼년상을 치르기까지 하였다.

이 밖에 진이는 이태준의 소설에서도 본 바와 같이 무엇보다 활달하고 호탕하였다. 그녀는 자기로 말미암아 상사병으로 죽은 박 초시의 손자를 위해 "시집을 못 가는 한이 있더라도" 위령제를 지내고, 내세를 약속까지 할 정도의 호탕한 성격의 소유자였다.

* 이 시 한 수만 보아도 진낭(眞娘)은 호걸남아도 견주기 어렵도록 호탕한 기질의 소유자임을 알 수 있으려니와, 사실 그녀는 어느 한 사

람만의 마누라로 종신하기에는 그릇이 너무도 큰 여인이었다.(15)
* 그러나 워낙 성품이 활달하고 호탕한 진이는 "시집을 못 갈까봐 해
야 할 일을 못하는 것은 너무도 비겁한 짓이 아닐까. 설사 시집을
못 가는 한이 있더라도 나 때문에 죽어간 고혼을 달래 주는 것은
나의 의무가 아니겠는가?" 그렇게 생각하고 안잠자기의 극성스러운
반대를 끝끝내 묵살해 버렸다(33).

진이는 또한 풍류객만 좋아한 것이 아니라 자연을 좋아하였다. 이는
"송도인물지"의 "멀리 놀러다니기를 좋아했다"고 하는 것이 이를 말하
는 것으로 볼 수 있다. 또한 그녀는 당시(唐詩)를 좋아하였다. 이들 예를
보면 다음과 같다.

* 진이는 어려서부터 꽃을 사랑하고 산수를 좋아하여, 송도 일대의
명산대천에는 아니 가 본 데가 없었다.(15)
* 명월은 남달리 자연을 좋아하는데다 박연폭포를 유난히 좋아하는
편이어서, 일 년에 사오차씩 박연폭포에는 으레 다녀오곤 했던 것
이다(85).
* 그녀는 어느 글보다도 당나라의 시를 즐겨 외웠고, 그 중에도 이 태
백의 시를 가장 좋아하였다. 그의 호기무쌍(豪氣無雙)하고 방탕무애
(放蕩無碍)한 시풍(詩風)이 무척 마음에 들었던 것이다(17).

진이는 재예(才藝)가 출중했다. 그녀의 음률과 시 서화는 신의 경지에
이르렀다. 이는 그녀가 기적에 오르기 전, 규수로서 익힌 것이다.

* 어머니 현금은 진이가 다섯 살 때부터 음률을 가르치고 글을 가르
치고 서화를 가르쳤다. 진이는 두뇌가 어떻게나 총명한지 하나를
배우면 열을 깨달을 정도여서 그녀의 나이가 열 다섯 살이 되었을
때에는 음률에 있어서나 시가에 있어서나 이미 신(神)의 경지에 도

달했다는 말까지 떠돌아다닐 지경이었다.(14)

* 기생이 되려면 교방(敎坊)에 가 기적(妓籍)에 이름을 올리고, 서화와 가무와 시가 등 소정의 교육을 받아야 한다. 그러나 진이는 모든 것에 이미 도통해 있으므로 기생교육을 새삼스러이 받을 필요는 없었다.(43)

* 그러자 이번에는 가야금의 명수인 엄수 노장이 허연 수염을 휘날리며 벌떡 일어서더니 감격어린 어조로 이렇게 외치는 것이었다.(81) "이것은 동부(洞府)의 여운(餘韻)이 분명하오. 인간 세상에 어찌 이런 가락이 있을 수가 있겠소."

진이의 기세(棄世)는 독창적으로 묘사되어 있다. 진이는 집에서 안잠자기의 임종을 받으며 숨을 거두었다. 그녀는 기생의 장례인 줄무지를 바랐고, 후일의 경계를 위하여 시신을 강가에 버려달라고 하였다. 이는 각각 "성옹지소록"과, "송도인물지"의 기록을 반영한 인물의 형상화라 하겠다.

* "내가 죽거든 아무도 곡을 하지 말도록 하오."
* 그리고 상여가 나갈 때에는 곡을 하는 대신에 풍악을 잡혀서 나의 영혼을 풍악으로 인도해 주도록 하오."
* "나는 생전에 많은 남자들의 간장을 태워준 죄 많은 몸이오. 그러므로 내가 죽거든 시체를 관에 넣지 말고 동문 밖 사천(砂川) 모래밭에 그냥 내버려 두어서 까마귀들이 썩어가는 살을 맘대로 뜯어먹게 하오. 그래야만 천하의 방탕한 여자들이 그로 인해 경계를 삼게 되리다."

정비석의 "황진이"는 위에서 살펴본 바와 같이 황진이의 인물을 독창적으로 형상화하기보다 이덕형의 "송도기이"를 중심으로 다른 패설까지 많이 원용하여 형상화하였다. 그런데 이 소설에는 다른 소설과 달리 구변이 뛰어났다는 독창적 면도 그리고 있다.

> * 그나 그뿐이랴 변설이 또한 능수능란하여 담론풍발(談論風發), 중국
> 고사(故事)를 연방 이용해 가면서 늙은 선비들과 멋지게 어울려 돌
> 아가는데 탄복을 아니 할 수가 없었다.(62)
> * "하하하. 너는 재색만 겸비한 줄 알았더니, 구변이 또한 천하일품이
> 로구나."(189)

3.3. 홍석중 소설에서의 "황진이"의 형상화

홍석중의 소설에서 진이의 출생은 다른 이본과 차이를 보인다. 그녀는
황 진사 부인의 교전비 진현금의 딸로 묘사되었다. 황진이의 인물됨은
소설의 서두에 나오는 곰보네 마방집 "마실군"의 대화에 압축적으로 드
러난다.

> "월궁 항아님두 그 댁 아씨하구 나란히 세우믄 무색해질 만큼 곱게
> 생겼답데. 게다가 사서삼경에 무불통지하구, 척 붓을 쥐구 앉으면 시가
> 폭포처럼 쏟아져 나오는 문장이라더군. 그뿐인가? 글씨가 명필이구, 또
> 거문고나 가야금의 기예는 어찌나 절묘한지 날아가던 학이 후원 숲에
> 내려앉아 편편이 춤을 춘다지 않나." (p.27)

진이는 기적에 오르기 전, 양반가의 어린 아씨일 때 이미 자색이 출중
하고, 사서삼경에 무불통지하며, 시서가 뛰어나고, 악공 및 춤이 절묘한
것으로 묘사하였다.

이러한 황진이의 용모는 아래 보기에서와 같이 "천하절색"이라 묘사
되어 있다. 그러나 진이는 그냥 아름다운 것이 아니라, 얼굴에서 빛이
난다. 이는 "송도기이(松都記異)"의 "천연한 태도가 국색으로 광채가 났

다"고 하는 "광채(光彩)"에 발상의 초점을 맞춘 것이다. 그래서 소설에서
는 예쁘기로 말하면 진이의 몸종인 이금이가 더하다고 하고 있다. "얼굴
예쁜 이금이라면 몰라라 나 같은 못난이한테 반해서 심화병을 앓다
니…"라는 진이의 말이 그것이다. 이태준의 소설에는 "빛", "광채"라는
말은 보이지 않고, "선녀가 아니고 그렇게 눈이 부실 수 없고"(p.26)라는
표현이 보일 뿐이다. 정비석의 소설은 앞에서 언급한 바와 같이 "태양과
같이 찬란한 광채와, 보름달같이 그윽한 아름다움을 다 함께 지니고 있
는 얼굴이다."라고, 아름다움과 광채를 아울러 지닌다고 표현하고 있다.
　그러면 형식상 황진이가 미인이라는 대표적인 묘사부터 한둘 보기로
한다.

* 과연 세상에 짝이 없을 절색이로고.(217)
* 천하절색의 어여쁜 진이가 골 막바지의 비여 있던 집에 이사를 왔
　건만(하57)

빛(光彩)이 나는 미인이라는 묘사는 눈에서 나는 눈빛도 있으나, 진이
의 경우는 오히려 얼굴 내지 몸에서 나는 빛이다. 이는 야광주와 같다고
묘사하고 있다.

* 계집도 사람인데 사람이 어쩌면 저렇듯 휘황한 아름다움을 지닐 수
　있을가(217).
* 명월이 얼굴에 갑자기 밝은 등불이 켜졌다. 그것은 달빛과 같은 것
　이였다. 그것은 우유빛 진주의 부드러운 광채와 같은 것이였다. 이
　아름다움을 가리켜 옛사람들은 수중지월(물에 비낀 달)이라고 불렀
　다(263).
* 그의 얼굴에서는 어둠 속에서 빛나는 야광주의 광채와 같은 것이
　번쩍였다(264).

* 진이의 광채는 야광주와 같은 것이여서 오히려 희미한 등잔불 밑에 서 건너다보니 낮보다 더 눈에 부셨다(하58).
* 세련된 아름다움과 요염한 광채가 어찌나 눈부신지 밝은 달빛이 무색할 지경이었다(하80).

이렇게 진이는 절세의 미인이되, 그냥 미인이 아니라 빛이 나는 미인이라 강조한 것이 홍석중 소설의 특징이다.

진이의 대표적인 성격은, "무모한 호기심", 곧 모험성(冒險性)을 지닌 것이다. 이는 앞에서 언급한 바와 같이 "성옹지소록"의 "성품이 남자같이 활달하다(性偶儻類男子)"거나, "어우야담"의 "뜻이 크고 기개가 있으며, 남자처럼 용감하였다"는 성격을 바탕으로 구상한 것이라 하겠다. 그는 후원에 갇혀 있는 것을 조롱처럼 답답해했고, 사내 옷을 입고 연등놀이를 구경하러 나가는가 하면, 비 내리는 날 두문동을 찾고, "지구황천의 팔열지옥보다 더 무서운 곳"이는, 색주가 거리인 청교방엘 혼자 갔다가 봉변을 당하기도 하였다. 이렇듯 그녀는 "녀중호걸"의 분방한 성격의 소유자로 형상화하였다.

* 안존하지 못하고 늘 방황하는 꿈속에 살며… 위험한 열정을 가진 계집애(47)
* 진이의 무모한 성격 속에서도 가장 무모한 것은 호기심 그리고 그 호기심을 만족시키려는 무분별한 열정과 대담성이었다(95).
* 하긴 넌 맺고 끊는 것같이 야무지구, 작두날에 올라설 만큼 다기찬 기집애지(161).
* 아씨 같이 총명준일한 녀중호걸이 사람들 속을 떠나(하244)

진이는 또한 도고한 성격의 소유자다. 그녀는 양반집 아씨로 자라 교만한 심리가 그 정도를 더욱 심화하였다고 할 수 있다. 이는 이태준의 소설에도 보이는 것이다.

  * 그런 신분적인 우월감의 교만한 심리가 남녀 내외의 예의범절을 뛰
    어넘어 처음 보는 총각을 하인방의 아랫사람처럼 무람없이 대하도
    록 만들었다(108).
  * 진이는 허물벗기의 마지막 순서가 되어 놈이가 그 순서에서 중요한
    몫을 담당하게 될 때까지는 그 앞에서 상전의 자세를 버릴 생각이
    없다. 오히려 어떤 때는 더 되바라졌고, 도고해졌다(186).
  * 내가 듣자니 네가 너무 도고하다구 요즘 부중의 난봉군들이 잔뜩
    벼른다면서?(하15)

  재예(才藝)는 마방집 "마실군"의 대화에서 보았듯, 이미 양반집 규수로
자라며 익힌 것이다. 그는 가무와 문장이 뛰어난가 하면, 사서삼경에 이
르는 학문 또한 대단한 경지에 이르렀다. 이는 "성옹지소록"과 "송도인
물지"에 보이는 패설과 관련된다.

  * 자색과 가무와 문장이 당대에 독보할 인물이라는 소문이 북촌 대가
    집 사랑방 문턱을 바야흐로 막 넘어서고 있을 때요,(255)
  * 남녀 명창들 중에 국수는 단연 송도 기생 황진이라는 정평이 있습
    니다. 나는 아직 한번두 못 만나봤지만 고금에 전무후무한 명창이
    요, 가야금의 기예가 뛰여나구, 시문의 재주가 남다르다구 칭찬입디
    다(304).
  * 시경을 무불통지하고 있는 아씨(50)
  * 어쨌든 인물과 기예가 뛰여난 것은 두말할 것도 없구, 청루의 기집
    으로는 가당치 않게 학문이 비범해서 사서삼경에 무불통지하구 시
    문과 서화에도 능하다오(81).

  이밖에 황진이의 인물됨으로, 패설에 드러나지 않은, 위선과 거짓에

대한 반항과 반골정신을 묘사하고 있다.

> * 위인이나 성현들이 보여 준 아름다운 선행과 놀라운 덕행과 신비한
>   기적들, 사실은 그것들이 모두가 … 현란한 '상두복색'처럼 위선과
>   거짓에 불과한 것이요(171)
> * 내가 죽을 때는 적어도 내 나이만한 불상이 내 손에서 하잘 것 없
>   는 흙덩이로 나딩굴어야 한다(180).
> * 잔치날 부중의 량반댁 마나님들과 부상대고 녀편네들이 끓어오르는
>   질투에 복통이 일고 심사가 터져 칼을 물고 엎어질 일이라면 진이
>   가 하나라도 더 하려고 기를 쓰는 것이었다(하154).

홍석중의 소설이나, 다음에 살펴볼 전경린의 소설에는 황진이의 죽음
에 관한 기록은 보이지 않는다. 홍석중의 소설에서는 이사종과 함께 나
타났던 창도읍 안 교리댁 칠순 잔치 후에는 전해지는 이야기가 없다고
하며 후기에 이렇게 적고 있다 "유감스러운 일이지만 황진이가 창도읍
에서 바람처럼 사라져 버린 이후부터는 전해지는 이야기가 전혀 없다."
이렇게 그의 죽음에 대한 묘사는 없지만 홍석중의 소설에는 유언에 관
한 기술이 보인다. 그것은 진이가 이금이와 괴똥이 부부에게 한 말이다.

> "난 기약 없는 길을 가는 것이니 날을 정하구 기다리지는 말아라. 죽
> 지 않고 살아 있으문 또다시 집에 돌아올 때가 있겠지. 그래두 사람의
> 명이란 알 수 있니? 혹시 내가 객사했다는 소식이 들리거들랑 너희 내
> 외가 내 시신을 수습해 다구. 따루 봉분을 만들지 말구 길가에 아무렇게
> 나 묻어라. 나한테 넋을 빼앗겼던 사람들이 마음껏 설치를 할 수 있게
> 말이다."

이는 "송도인물지"의 내용이 변형된 것으로, 죽음을 앞둔 진이의 인생

관을 엿보게 하는 대목이다.

3.4. 전경린 소설에서의 "황진이"의 형상화

전경린의 소설에서 황진이는 병부교 아래의 맹인 악사 진현금과 다리 위의 한량 송 진사가 인연을 맺어 태어난다. 이는 "성옹지소록"과 "송도 인물지"의 패설을 바탕으로 한 것이다. 황진이의 인물됨은 우선 용모가 절색이요, 담장을 한다고 되어 있다. 이는 다른 소설의 묘사와 마찬가지 다. 다만 전경린의 소설에서는 용모의 면에서 "빛", 또는 "광채"를 띤다 고 하면서, "향내"가 난다고 하는 새로운 모습을 추가하고 있다. 이는 "송도기이"와 "송도인물지"의 기록에 근거한 발상과 표현이라 하겠다.

진이의 외모가 경국지색이요, 몸에서 광채가 난다는 묘사를 몇 개 보 면 다음과 같다.

> * 이렇게 저절로 빛나는 광채를 지닌 경국지색을 언제 다시 만나겠소
>   (하19)
> * 진이 내뿜는 빛에 기가 눌리는 것을 한사코 이겨내며(60)
> * 진은 광채가 나는 경국지색의 미모와…(하95)

이에 대해 진이의 몸에서 향내가 난다는 것으로는 다음과 같은 것이 보인다.

> * 환자의 몸에서는 사람을 혼미하게 하는 강렬한 향내가 납니다(66).
> * 아씨가 자고 일어나면 연향이 깊어져 달콤하고 아련하고 몽롱해져
>   요. 때론 어찌나 강한지 정신이 혼미하여 입이 헤벌어지고(114)
> * 네 어미 몸에서 나던 연향이 네게서도 난다(145).

이밖에 홍석중의 소설 이외의 다른 소설에서처럼 담장에 관한 기록이
여러 곳에 보인다.

  * 진은 색깔이 요란한 치장을 싫어하였으나(기생이 되어)(213)
  * 무명천에 흑자주색 치마와 거의 흰색에 가까운 연분홍 저고리를 수
    수하게 차려 입었으며, 화장도 않은 얼굴이었다(하10).
  * 얼굴엔 화장기조차 없이 깨끗했다. 기생이 아니라, 양가집의 젊은
    귀부인 같은 평화로운 품격이 있었다(하101).

전경린의 소설 속의 진이의 성격도 남자처럼 활달하고, 자존심이 강하
고 오만하다. 그녀는 대담하고, 도고하고, 세상을 바라보는 폭이 넓은가
하면, 규제를 싫어하는 자유분방한 성격을 지녔다. 그래서 홍석중의 소
설을 제외한 이태준, 정비석, 전경린의 소설에서 진이는 다 같이 계약결
혼을 제의하였고, 네 소설에서 다 같이 당시 아녀자로서는 상상도 할 수
없는 금강산 유람을 하였다. 특히 전경린의 소설에서는 자기를 사랑하다
생불이 되려하는 수근의 마음을 돌리기 위해 암자에서 합환상(合歡像)을
연출할 정도로 대담하였다. 그리고 송 유수의 부임연에서 질투로 화가
머리까지 오른 유수의 첩이 쏜살같이 달려와 진이의 따귀를 때리자 그
녀는 두 대의 뺨을 돌려주었다. 그런가 하면 이조정랑(吏曹正郞) 조장제를
모시게 된 자리에서는 그가 갖은 모욕을 하고, 완력을 휘두르자 그에 맞
서 대항하였다. 이때의 장면 일부를 보면 다음과 같다.

조장제는 순식간에 진의 팔을 낚아채 넘어뜨렸다. 간신히 지켜온 공
경심도 무뢰배에게는 아무 소용이 없었다. 진은 자리에서 벌떡 일어섰
다. 그러자 조장제는 번개같이 달려들어 진을 꿇어앉혔다. 진이 조장제
를 힘껏 밀었다. 조장제는 진의 어깨를 잡더니 따귀를 후려쳤다. 동시에

진도 팔을 올려 조장제의 얼굴을 두 번 이어 후려쳤다.(하, 76)

팔천(八賤)에 속하는 기생 몸으로 생사여탈권을 가진 관원, 그것도 중앙의 관원을 후환도 생각지 않고, 일대일로 맞서 싸운 것이다. 이는 참으로 놀라운 자존심이요, 도고한 성격이라 하겠다.

이밖에 진이의 활달하고 도고한 성격을 드러내는 표현을 보면 다음과 같다.

* "어머니, (여교 읽는 것이) 가슴이 답답해요."(52) (대국적)
* 네 성격이 예사롭지 않고 세상을 바라보는 폭이 여자 치고는 너무 크니 앞날이 힘들겠구나(209).
* 성격이 곧고 자존심이 강한 성미라(65) (자존심)
* (송 유수첩에게) 별안간 따귀를 맞은 진은 맞받아 두 대의 따귀를 돌려주고 말았다(하, 12).
* (수근에게) 뭐라고, 글자도 모르는 것이?(하106) (오만)
* 진은 천천히 저고리 고름을 풀고, 치마 말기를 풀어 흰 젖가슴을 드러냈다. 그리고 결가부좌한 수근의 무릎 위를 타고 앉아 수근의 맨 머리를 꼭 끌어안았다. 남녀 합환상의 모습이었다(하252).
* 그러니 이곳에서 3년, 그리고 임기가 끝난 뒤 한양 집에서 3년만 살겠습니다(하174).

이 소설에서 재예(才藝)는 진이가 교방교육을 받기 전에는 노래도, 거문고도 모르는 숫내기였다. 그러던 그녀가 기문에 들어 옥섬에게 노래를 배우고, 15세에 교방에 들어가 "기예와 행실과 예법과 시서를 모두" 2년만에 끝내고 머리를 올렸다. 명악공 엄수에게 거문고를 배우기도 하였다. 그래서 진이의 재예는 거문고의 명인과 명창, 빼어난 시인으로 전국에 명성이 자자하게 되었다. 이러한 재예의 묘사를 몇 개 보면 다음과 같다.

> * 그저 잔잔한 짧은 곡조인데도 사람들을 일시에 감응시키는 까닭은
>   진의 거문고 소리에 중화의 작용을 일으키는 격조와 신기가 있는데
>   다 진의 미색이 가진 힘이기도 했다(하10).
> * 명실 공히 경국지색의 미인으로, 당대의 빼어난 시인으로, 거문고의
>   명인과 명창으로 한양을 넘어 남쪽 끝과 북쪽 국경 끝까지 명성이
>   자자하게 되었다(하150).

이밖에 황진이는 종모법(從母法)에 의해 굴욕의 생활을 하며 반골정신이 가슴에 응어리졌다. 이러한 진이의 묘사에는 다음과 같은 것이 보인다.

> * 그렇겠지요. 나라에선 암수 짝을 지여 백성을 부지런히 만들어야
>   병사도 뽑고 종도 부리고 기생도 만들고 세금도 걷고 수탈도 해서
>   수지가 맞을 테니 말이에요(174).
> * 나라의 벼슬아치들이야말로 사람의 마음은 모른 채 이익만 추구하
>   는 모리배들이지요. 그러니 태종 때는 세금을 낼 양민이 더 필요하
>   다 하여 종부법을 따르더니, 세조 때부터는 역시 부려먹을 쌍것들
>   이 더 필요하다며 종모법을 따르게 하지요. 내일은 또 무슨 법을 따
>   라 양반이 쌍것 되고, 쌍것은 양반이 될지 어찌 알아요(174).

황진이의 죽음에 관한 기록은 앞에서 언급한 바와 같이 보이지 않는다. 그녀는 최후로 사월 팔일 송도의 지족암에 모습을 나타냈고, 법회가 끝날 즈음 평양의 유명한 대금장과 산을 내려간 것으로 대단원을 맺고 있다.

4. 결어

이태준, 정비석, 홍석중, 전경린 등 네 작가의 소설 "황진이"에 반영된 "황진이"란 인물의 형상화를 살펴보았다. 이들 네 작가의 "황진이"의 인물 형상화는 패설에 의존하는 바가 크다. 그래서 독창성을 드러낸다기보다는 공통점이 많이 드러난다. 차이점은 서로 다른 패설의 내용 및 독창성에 의해 빚어진 결과라 하겠다. 작품별로 보면 정비석의 황진이와 이태준의 황진이가 패설에 많이 의존하고 있고, 홍석중의 황진이, 전경린의 황진이가 좀 더 독창성을 드러낸다고 할 수 있다.

이제 앞에서 살펴본 인물의 형상화를 바탕으로 결론을 내리면 다음과 같다.

첫째, 황진이의 외모 형상화에 차이를 드러낸다.

진이의 외모는 천하절색이다. 그런데 네 작품은 다소간에 차이를 드러낸다. 이태준의 소설과 정비석의 소설, 그리고 전경린의 소설에서 진이는 담장을 한다는 것, 그리고 정비석의 소설과 홍석중의 소설, 및 전경린의 소설에서는 몸에서 빛이 난다는 것, 마지막으로 전경린의 소설에서는 광채와 향기가 난다는 것이 그 특징이다. 이들은 모두 패설에 근거를 둔 발상이나, 무엇을 강조하느냐에 따라 차이를 드러내게 된 것이다.

둘째, 성격은 "성옹지소록" 등에 보이는 "성척당류남자(性倜儻類男子)"에 바탕을 두고 호탕하고 활달한 인물로 형상화하고 있다. 더구나 그녀가 기생의 신분이라 구애 없는 풍류를 즐기는 인간상으로 형상화되고 있다. 이는 바로 풍류 명사를 쫓는 삶이고, 자연을 즐기는 것이다. 풍류 남아를 거리낌 없이 추구하는 모습은 모든 작품에 공통으로 나타난다. 자연에 대한 사랑은 특히 정비석의 "황진이"에서 강조되고 있다. 또 하나 도고하고 기개 있는 성격의 묘사다. 이는 네 작품의 강도가 난형난제라고 할 정도로 비슷하다. 이태준의 소설에서의 벽계수에 대한 희롱과 박대, 정비석의 소설에서의 박 초시 장손을 위한 위령제, 홍석중 소설에서의 지족선사 구출작전, 전경린 소설에서 이조정랑 조장제의 기방에서의 축출 등은 그 중 대표적인 것이다. 그러나 역시 가장 호방한 성격의 진이를 찾는다면 홍성중의 "황진이"가 될 것이다.

셋째, 네 작품이 다 재예가 뛰어난 여인으로 형상화하였다. 그런데 이태준과 정비석, 홍석중의 소설에서는 규수로서 양반가에서 시, 서예, 음률을 익힌 것으로, 전경린의 소설에서는 주로 교방에서 익힌 것으로 묘사를 달리하고 있다. 진이의 음률은 "동부(洞府)의 여운(餘韻)"이며, 시나 서화는 신의 경지에 이르렀고, 사서삼경 등 학문의 세계도 무불통지하는 것으로 되어 있다. 정비석의 소설에서는 진이의 언변이 또한 뛰어난 것으로 그리고 있다.

넷째, "황진이" 소설은 이본에 따라 독창성을 드러낸다. 정비석의 "황진이"를 제외하고, 다른 세 작품에서는 진이가 서녀로 태어났기 때문에 사회제도에 대한 반감, 남녀차별에 대한 불만, 호탕한 인생에 대한 꿈 등을 다 같이 저변에 깔고 있다. 이러한 가운데 이태준의 소설에서는 사회제도에 대한 반감을, 홍석중의 소설에서는 위선과 거짓에 대한 반항을, 전경린의 소설에서는 종모법(從母法), 종부법(從父法) 등 필요에 따라 제도를 바꾸는 양반 세력에 대한 반발을 두드러지게 드러내고 있다. 이는 사회적인 개혁을 바라는 진이, 나아가 민초(民草)를 형상화한 것이라 하겠다. 이들과 달리 정비석의 소설에서의 진이는 큰 고민 없이 사는 기녀로 형상화하였다. 그녀는 원래 호탕한 성품을 지녀 박 수재의 위령제로 말미암아 시집을 못 가게 되자, 그에 대한 속죄의 뜻으로 가볍게 기적에 이름을 올렸다. 그리고 김경원, 소세양, 이사종과 같은 풍류랑과 인생을 즐기는가 하면, 화담을 "영원한 스승이요, 애인이요, 지기"로 생각

하며 3년상을 치르므로 현모양처의 대리만족까지 누리는 인물로 형상화
하였다. 이밖에 정비석의 "황진이"에서는 또 진이가 당시(唐詩)에 능해
도처에서 이를 연상함으로 당시가 단순한 배경이 아닌, 소설을 전개해
나가는 역할까지 하게 하고 있다.

▎참고문헌

김탁환(2002), 나, 황진이, 푸른 역사.
박갑수(1998), 일반국어의 문체와 표현, 집문당.
박갑수(2013), 한국어교육과 언어문화교육, 역락.
樺島忠夫(1999), 文章表現法, 角川選書.
國廣哲彌 編(1992), 日英語比較講座 第4卷 發想と表現, 大修館書店.
박갑수(2012), 한국인의 발상과 표현 서설(본서에 수록).
박갑수(2013), 소설 "황진이"의 발상과 표현(미발표).
이병렬(1999), 역사적 인물의 소설적 형상화-이태준의 "황진이"를 중심으로, 숭실어
　　　　문 14, 숭어문학회.

(2014. 3. 10. 미발표)

제3장 | 동양문고본계 "고본춘향전"의 발상과 표현

1. 서언

우리의 대표적 고전 "춘향전"은 그 이본만도 100여종에 이른다. 이들은 크게 경판계통의 소설과 완판계통의 소설로 나뉜다.

경판(京板) 계통의 소설에는 몇 편의 장편 춘향전이 있다. 남원고사(南原古詞), 동양문고본(東洋文庫本) "춘향전", 동경대학본 춘향전, 도남본 춘향전, 및 활판본으로 신문관판 춘향전, 문장소재 춘향전, 중앙인서관 춘향전, 삼문사판 춘향전 등이 그것이다.

이들 경판계통의 춘향전은 대체로 그 경개가 비슷한 작품으로, 크게 보아 같은 작품에서 변화 발전한 것이라 하여 좋을 것이다. 그런데 이들 소설 가운데, 최남선이 개작한 것으로 보는, 신문관판 "고본춘향전", 통칭 "최고본"은 그 전작과 내용면에서 많은 차이를 보인다. 줄거리를 전개해 나감에 있어 상당히 많은 부분이 개수되었다. 이는 물론 개수자(改修者)가 발상을 달리하여 소설의 내용과 표현을 개고한 것이다.

최남선본 춘향전을 박갑수(1991, 1996, 1997, 2005)에서는 동양문고본계 춘향전들의 표현을 비교하고, "동양문고본"을 잠정적으로 "최고본"의 저본으로 본 바 있다. 그리고 최고본의 표현 특성으로, 다음과 같은 여덟 가지를 제시하였다(박갑수, 1988, 2005).

① 중국적 요소의 한국화, ② 외설적 사설의 제거, ③ 저속한 사설의 제거, ④ 해학적 표현의 제거, ⑤ 부조리한 표현의 조정, ⑥ 쉬운 문장으로의 개작, ⑦ 바른 말과 바른 표현으로의 교정, ⑧ 바람직하지 않은 교정 및 개악

이들은 주로 최고본이 동양문고본을 개고하며 드러낸 특성들이다. 다시 말하면 최남선이 동양문고본 춘향전을 개고하며, 발상의 일대 전환을 하여 드러낸 표현 특성이다. 이러한 표현 특성은 주체성 강구, 도덕성 제고, 교훈성 강화, 교양성 확립, 논리성 확보, 이독성 추구, 정확성 도모라는 발상의 차원에서 드러난 결과라 할 것이다. 문장본 춘향전의 행문은 최고본과 대동소이하다. 따라서 최고본의 문장 특성은 그대로 문장본에 계승된다. 문장본은 최고본과 비교할 때 다음과 같은 특성을 지니는 것으로 나타난다(박갑수, 2008).

① 알기 쉬운 낱말과 표현, ② 생략, ③ 추가, ④ 수사적 개고, ⑤ 교정, ⑥ 오기 및 개악, ⑦ 표기 및 어휘의 변화

이 글에서는 동양문고본계 춘향전 가운데 특이한 "최남선본 고본춘향전"의 표현을 발상의 차원에서 살펴보기로 한다. 발상은 그 표현 특성으로 볼 때 주체성 강구, 도덕성 제고, 교훈성 강화, 교양성 확립, 논리성 확보, 이독성 추구, 정확성 도모라는 차원에서 살펴볼 수 있을 것이다. 이 글에서는 이러한 발상의 차원에서 적어도 최고본의 모본으로 추정되는 동양문고본과, 최고본을 계승한 것으로 판단되는 문장본 춘향전을 비

교하며 그 특성을 밝히기로 한다. 필자는 동양문고본 계통의 여러 필사본과 활판본 춘향전에 대해서 여러 편의 논문을 발표한 바 있다. 이들 작품에 대한 비교도 여러 차례 수행한 바 있다(박갑수, 1982, 1988, 1991, 1996, 1997, 2004, 2007, 2008). 따라서 이 글에는 이들 연구 결과를 바탕으로, "고본춘향전"의 발상과 표현 특성이 고구될 것이다.

2. 경판본계 장편 춘향전의 해제

"고본춘향전"의 표현 특성을 비교 고찰하기 위해서는 먼저 경판계통의 장편 춘향전의 성격부터 파악할 필요가 있다. 이에 이들의 서지(書誌) 사항을 간단히 살펴보기로 한다.

"남원고사(南原古詞)"는 5권 5책, 216장으로 되어 있으며, 1864-1869년 사이에 필사된 것으로, 프랑스 파리의 동양어학교에 소장되어 있다. 이는 이들 장편 춘향전 가운데 가장 고본으로 추정된다. 이에 대해 "동양문고본(東洋文庫本) 춘향전"은 10권 10책, 260장으로 되어 있으며, 1900-1924년 사이에 필사된 것으로, 일본 동경의 동양문고에 소장되어 있다. "동경대학본(東京大學本) 춘향전"은 9권 2책, 228장으로 되어 있으며, 1907년 필사된 것으로, 일본 동경대학 중앙도서관에 소장되어 있다(박갑수, 1988, 2005). 이 밖에 도남본(陶南本) 춘향전은 5권 5책으로, 제1권은 전하지 않는 낙질본이다. 제2권-제5권의 장수는 182장이고, 필사 연대는 분명치 않으며, 영남대학교 도서관 도남문고에 소장되어 있다.

"최남선본 고본춘향전"은 최남선이 개수한 것이라 일러지는 것으로, 1913년 신문관에서 간행된 것이다. 본문은 총 240면이다. 이는 "동양문고본 춘향전"과 가장 가까운 경판 장편소설로, 동양문고본을 그 저본으로 하여 개수한 것으로 보인다(박갑수, 2005).

경판 장편 춘향전의 異本들은 큰 줄거리는 같으나 다소 차이를 보인다. 이들 이본간의 관계는 동양문고본과 동경대학본, 및 최고본이 매우 밀접한 관계를 지닌다. "남원고사"는 첨삭(添削)에 많은 차이가 난다. 따라서 남원고사가 학계에 일찍이 소개되고 동양문고본이 제대로 연구되지 않아 이들 장편 춘향전에 대해 "남원고사계"라는 용어가 일반화되어 있으나, 이본간의 표현 특성으로 볼 때에는 "남원고사계"와 "동양문고본계"라는 용어는 구별해 쓰는 것이 좀 더 바람직할 것으로 보인다. 필자는 "동양문고본계"라는 용어를 협의로 보아 "남원고사"를 제외한, "동양문고본-동경대학본-도남본-최고본-문장본"으로 이어지는 일군의 춘향전을 이르는 것으로 사용하고 있다.

"문장본 고본춘향전"은 1941년 문장지(文章誌)의 신년호에 "古本春香傳(卷之上)"이, 동년 3월호에 "古本春香傳(卷之下)"가 게재, 소개된 것이다. 권지상은 153면에서 195면까지의 43면, 권지하는 162면에서 207면까지의 46면으로, 총 89면이다. 이는 다음에 논의되는 활판본을 논외로 할 때 가장 최고본과 가까운 춘향전이다. "최고본"은 "문장본"에 비해 28년 먼저 활자화되었다. 그리고 이들 이본은 그 표현 특성으로 볼 때 최고본에서 문장본으로 변화한 것으로 보게 한다.

중앙인서관(中央印書館本) 춘향전은 1936년 간행되었고, 삼문사본(三文社本) 춘향전은 1953년 간행되었다. 따라서 중앙인서관본은 "문장본 춘향전"보다 먼저 간행된 것이다. 그러나 이는 표현 면에서 볼 때 오히려 문장본을 저본으로 하여 이의 오류를 교정한 교정본과 같은 성격의 것이다. 삼문사본은 중앙인서관본과 약간의 예외를 보이나 완전히 같은 것이다. 차이를 보이는 약간의 예외는 간행 연대와는 달리 삼문사본이 아닌, 중앙인서관본이 오히려 개고한 것으로 보인다. 따라서 이들은 저본을 달리하는 작품일 가능성도 배제할 수 없다.

3. "고본춘향전"의 발상과 표현의 특성

3.1. 주체성의 강구

사람들은 원칙적으로 주체적 사고를 하고, 표현을 한다. 달리 말하면 자문화중심의 사고와 표현을 한다. 그런데 우리는 놀랍게도 지난날 중국에 의존하는 표현을 많이 하였다. 비유를 하더라도 중국의 사물이나 고사를 끌어왔고, 중국의 시문을 인용하여 표현하는 것을 자랑으로 여겼다. 그리하여 우리의 전통적 문학 작품은 허울만 우리 문학작품이요, 그 내용이나 표현이 중국의 것이라 해야 할 것이 적지 않다. 우리의 대표적인 소설 춘향전도 마찬가지다. 이러한 춘향전을 주체적 발상, 자주적 발상, 자문화 중심의 표현으로 바꾸고자 한 것이 최고본이다. 우리 사회가 근대화하며 주체성과 自主性을 자각하게 되고 이를 추구하게 되며, 주체적 표현을 강구하게 된 것이다.

최고본은 배경이나 등장인물 등의 중국적 요소를 한국적인 것으로 바꾸었다. 이를 위해서 ①중국적인 것을 한국적인 것으로 바꾸고, ②중국적인 것을 생략·제거했으며, ③한국적인 것을 중국적인 것에 앞세우는 작업을 하였다(박갑수, 1988, 2005). 이러한 중국적 요소의 한국화는 30여 장면에 보인다. 그 가운데 대표적 장면은 #1, #3, #5, #50, #62이다. 장면 분할은 편의상 김동욱 외(1979)를 따른다. 우선 간단한 예를 #2에서 하나 들어 그 실상을 보이면 다음과 같다.

- 동양문고본 : 녀동빈의 얼골이오 두목지 풍치로다. 문장은 니빅으오 필법은 왕희지라.
- 최고본 : 김부식의 얼골이오 리덕형의 풍신이라. 문장은 최고운이오 필법은 김싱이라.
- 문장본 : 김부식의 얼골이오 이덕형의 풍신이라. 문장은 최고운이오 필법이 김생이라.

(1) 중국적 요소의 한국적 요소로의 교체

한국적인 것으로의 개작은 #1, #3, #7, #10, #11, #18, #20, #25, #50, #62, #86 등 십여 장면에 보인다. 이들 가운데 가장 대표적인 것은 뭐니 뭐니 하여도 #1의 서사와, #62의 선소리 가운데 등장하는 인물의 교체다.

먼저 동양문고본 #1의 서사(序詞)를 보면 다음과 같다. 밑줄 친 부분이 특히 중국적이라 할 표현이다.

<u>텬하명산 오악지중에 형산이 놉고 놉다.</u> 당시의 절믄 즁이 경문이 능통키로 뇽궁의 봉명ᄒ고 셕교상 느진 봄의 팔션녀 희롱한 죄로 환싱 인간ᄒ여 츌상닙장ᄐ가 틴샹당 도라들 졔 요됴졀ᄃ드리 좌우에 버려시니 난양공쥬 영양공쥬 진치봉 가츈운 계셤월 젹경홍 심효연 빅능파와 슬커정 노니다가 산즁일셩의 잠든 꿈 다 씨것다. 아마도 셰상명니와 비우희락이 니러ᄒᆞᆫ가 ᄒ노라.

청의 조흔 남니상의 니화방초로 청녀완보 드러가니 산여옥셕 층층닙의 만학운봉 놉하 닛고, 천ᄉ쥬분 졈졈비ᄂ 빅두유천 기러 잇다. 층암졍슈 졀벽간의 져 골 꾀꼬리 종달시ᄂ 셕양쳥풍의 풀풀 날고, 만학젹요 깁흔 곳의 귀쳑도 두견 졉동시 불여귀라 슬피 우니 무심ᄒ 져 구름은 봉봉이 걸엿ᄂ더 빅장유수ᄂ 징요슈라. 나무마다 얽키엿고 식식이 불근 꼿촌 골골마다 영농ᄒ니 일군교조는 공졔화라. 가자가지 불것ᄂ더 <u>힝진 쳥계 불견인은 무릉도원이 어디민고?</u> 만학천암 쇄모연은 무이산중 이러

혼가? 벽도화 천년 봄은 풍결자의 푸르엇고, 한가흐다 츈산계화 졈졈홍의 불거시니 방장 봉너가 어디미오? 영쥬 삼산이 여긔로다. 요간부상 삼빅쳑의 금계제파 일윤홍은 지쳑일시 분명흐다. 오초는 어이흐여 동남으로 터져닛고, 건곤은 무삼 일로 쥬야로 쩌 잇느니? 강안의 귤농흐니 황금이 천편이오, 노화의 풍긔흐니 빅셜이 일장이라. 창오운원천츄의 잠양낙목 경도 좃타. 무산십이 놉흔 봉은 구름 밧게 소소잇고, 동정칠빅 너른 물은 하날흐고 한빗치라. 망망평호 가는 빈는 범녀의 오호쥬오, 평스십니 나는 시는 셔왕모의 청조로다. 강함빅옥 규어흐는 옥누쳥풍 물가마다 한가흐게 안져는더 산토황금 진졉잉은 청포셰류 두던 우희 비거비러 왕너흐니 원상한산 셕졍스는 니젹션의 일흥이오, 소소낙목 귀마슈는 빅낙천의 유취로다. 자미동남 션아유는 날과 몬져 놀랏는가? 희도다 일봉이오 달 조다 월봉이라. 좌두봉 우두봉의 스지봉 칙암이라. 빅운봉봉 옥이오 천년쳐쳐암이라. 금강 무한경을 난진 그 승담이라.

"즁아"

"예"

"네 졀이 어디관더 원죵성이 들리느니?"

그 즁이 디답흐디,

"일국지 명산이요, 제불지대찰이라. 국가의 원당이오, 삼한 젹 고시로다."

즁을 따라 셕문의 드러가니 디웅뎐의 층누 우희 늘근 즁 셜법흐고 졀믄 즁 송경흐다. 쥭비는 쳘쳘, 목탁은 쏘도락, 희 갓흔 바라 광증, 달갓치 번듯 드러 월로령 졍쳘 졀걱, 경쇠 요량 북소리는 산쳔을 흔드는 듯. 슈라즁이 인도흐고 제승은 염불흐다. 나무아미타불 디셰지보술 관셰음보살, 쳔니강남은 빈조긱이오, 무량걸식은 일표공이오, 각방 제승이 제일실흐니 슈도승장이 셩불 되라.

이런 경긔 다 본 후의 어디로 가쟌 말가? 산은 쳡쳡 천봉이오, 슈는 잔잔벽계로다. 긔암층층 절벽간의 폭포창파 쩌러져서 힝심일경 빗긴 날의 장송은 울울흐고 벽도화 난만즁의 쏫 속의 잠든 나뷔 즈쳐 소리의 펄펄 날고, 노화 홍예 젹요한더 아희야, 무릉이 어드니? 도원이 여긔로

다. 도화접무 분분설이요, 유상잉비 편편금이라. 동원도리 편편츈의 <u>희</u>
<u>는 어이 슈히 가노?</u> 우양은 하산ᄒ여 오양으로 차자가고, 잘식는 죽지
씨고 군비투림ᄒ는고나. 삼간초옥 격막ᄒ듸 일편싁문 다다두고, 니화월
빅 밝근 달의 두견셩즁 혼자 안자 칠현금 빗기 안고 쳔니고인 싱각하니
산장슈원 머나먼듸 안졀어침 더욱 셜다. 오동츄야 달 밝근 밤과 호접츈
풍 희 긴 날의 산가 촌젹으로 어부ᄉ롤 화답ᄒ고 일엽어션 흘이 져어
장장어ᄉ 긴 막듸로 낙조강어 빗겼는듸 자믹풍진 미친 긔별 산간어옹
니 몰ᄂ라. 은닌옥쳑 쮜노는 더 야슈강쳔 한빗치라. <u>거구셰린 낙가ᄂ니</u>
<u>송강노어 불월소냐?</u> 십니ᄉ장 ᄂ려가니 빅구비거쑨이로다.

죽장망혀 단표ᄌ로 쳔니강산 드러가셔 만학쳔봉 구름 속의 초옥싀문
도라드러 금셔소일 ᄒ는 곳의 유주영준ᄒ여셰라. 장가 단가 두셰 곡의
일비일비 부일비라. 퇴연옥산 취ᄒ 후의셕두한침 잠을 드러 학명구소
씨다르니 계월삼경쑨이로다. 고거사마 뜻이 없고 미쥬가효 흥이 난다.
<u>승단치지 노릭ᄒ고 셕젼츈우 밧출 가니 당우텬지 뉘 아니며, 갈텬민이</u>
<u>나쑨이라.</u> 동동고이셔슈ᄒ고 님쳥유이부시로다. 남젼곡식 미리 업고 운
지고산 시비 업다. 셰상영욕 다 바리고 물외강산 오며가며 일듸계산 젹
막ᄒ듸 셕조강어쑨이로다. 범범창파 이 ᄂ 흥을 녹녹셰인 졔 뉘 알니?
쳔지 만지 억만 지롤 여츠여츠 늘그리라.

물론 여기에도 "빅두(白頭) 유쳔(流川)"과 "금강(金剛) 무한경" 및 "삼한
젹 고시로다"란 표현이 보인다. 그러나 이 서사(序詞)에는 밑줄 친 부분
과 같이 중국적인 것이 주류를 이룬다. 이에 대해 최고본의 서사를 보면
다음과 같이 백두산에서 전라도 남원부(南原府)에 이르는 한 편의 한국
기행 가사로 개편되었다.

려각 갓흔 이 텬디에 손님 갓흔 광음이라. 홍몽이 조판ᄒ 후 영웅호걸
문장직ᄌ 몃몃치나 다녀갓노? 일월 산하는 지금에 의구ᄒ되 인물 스업
은 자최를 못 볼셰라. 고인 임의 그러ᄒ니 내 인싱이 다를소냐? 꿈 갓흔

진셰명리 헌신갓치 다 버리고 출하로 명산슈에 이 회포 부치리라. 죽쟝
망혜 단표즈로 천리강산 차져가니 동대륙에 소슨 형셰 빅두산(白頭山)이
죠종이라. 마루마루 넘는 거름 상상봉 다다르니 선인하강 박달나무 천
지 만엽 너울너울, 금고 력스 일만년에 민족 퍼진 근본이오, 빅리 쥬희
룡왕담에 천파만랑 츌넝츌넝, 남북 평야 삼만리에 강토 버든 혈믹이라.
셔븍으로 바라보니 슉신 발히 고국 강토 연진이 아득홈은 고전쟝의 여
겁이오, 동남을 바라보니 삼천리 구든 산하 검극을 둘넛스니 텬부금탕
이 아닌가? 죽쟝을 둘너집고 산을 타서 나려오니 두만강(豆滿江) 상류로
다. 빅두산셕 마도진이오, 두만강슈 음마무라. 슯흐다 남이 쟝군 헛도히
가단 말가? 선츈령에 비를 늙고 랑림산 넘어가니 천리쟝강 압록슈에 통
군뎡이 놉핫는디 빅마산셩 풀은 솔은 림쟝군을 뫼옵는 듯. 쳥천강을 건
너서니 빅샹루가 여긔로다. 뭇노라 칠불도야, 고금스를 네 알리라. 살슈
상상 양벽허에 슈병빅만 화위어라. 을지공의 만고영혼 어드미에 계시는
고? 약산동디 여즈러진 바위꼿 썻거 쥬를 노코 술을 무한 먹은 후에 묘
향산(妙香山) 드러가니 산명슈려 깁흔 곳에 긔화요초 요조ᄒᆞ니 별유텬디
비인간이 과연 헛말 아니로다. 망혜를 고쳐 신고 강선류 차져가니 무산
십이봉은 붓갓치 꼿쳐 잇고, 쟝강 일디슈는 옷깃을 둘넛는디 선인의 노
던 자최 속긱을 비웃는 듯. 편쥬를 흘니져어 벽파로 나려가니 쟝셩일면
용용슈오, 대야동두 졈졈산이 평양(平壤)일시 분명ᄒᆞ다. 대동문 졉어드
러 슙령뎐에 첨알ᄒᆞ고, 련광뎐에 올나서서 스면을 바라보니 룽라도 연
긔 속에 류식이 의의ᄒᆞ고 모란봉 구름빗헤 창숑이 울울ᄒᆞ다. 금슈병 두
른 곳에 데일강산 조흘시고. 대동강을 건너서니 구월산즁 츈초록에 시
루봉이 놉핫셰라. 삼셩스 녯나무에 빅학이 잠을 자고 당쟝경 끼친 터에
황독이 밧츨 가니 문인의 창즈 속에 감회가 업슬소냐? 희쥬가 어드미뇨,
부용당이 절승ᄒᆞ다. 슈양산 치치다라 쳥셩묘 잠간 보고 숑도(松都)로 졉
어들어 관덕뎡에 안져보니 만월디 저녁 내에 왕긔가 암연ᄒᆞ고 션쥭교
봄비 속에 츙혈이 션벽훈디 황량 이십팔왕릉에 텰쥭꼿만 붉어 잇다. 덕
물산 올니 다라 최형 쟝군 비례ᄒᆞ고 마리산 건너가서 삼랑셩 삷흔 뒤에
한양(漢陽)으로 올라오니 네 노던 터이로다. 북한산에 올나안져 쟝안을

굽어보니 홍진ᄌ즉 쳔문만호 변화도 ᄒ다마는 환희풍파 명리직아, 무삼
그리 분망ᄒ뇨? 빅운디를 안고돌아 도봉으로 돌아드러 망월암 놉흔 루
에 달마지가 졍히 조타. 남한으로 건너서니 후성무스 일등디가 나를 두
고 ᄒᆞᆫ 말이라. 대괴령긔 죵육ᄒ야 동희두에 소사나니 그 일홈 금강(金剛)
이라, 텬하에 들니도다. 무지ᄒᆞᆫ 외국인도 그 용광 갈앙ᄒ야 원싱고려국
ᄒ야 일견금강산이라 ᄒ니 이 ᄯᅡ에 싱쟝ᄒ야 오늘 구경 느젓도다. 힝쟝
을 다시 단속ᄒ야 일보일보 드러간다. 단발령 놉흔 고개 단공을 머므르
고 눈을 들어 바라보니 만이쳔봉 일폭화라. 힝심일경 빗긴 길로 쟝안ᄉ
차져가니 히동데일 명산대찰 헛말이 아니로다. 빅탑을 구경ᄒ고 표훈ᄉ
잠간 거쳐 만폭동 접어드니 빅쟝비폭 곳곳이라. 상하십리 큰 반셕에 물
의 변화 무궁ᄒ다. 방광디하 졍양ᄉ는 금강산 졍믹이라. 흘셩루 올나가
니 니외산이 한눈인디 이 봉 뎌 봉 이름들을 ᄉ승이 가르친다. 보덕굴
마하연을 ᄎ데로 구경ᄒ고 은션디 지나가서 유졈ᄉ 다다르니 느름나무
녯등걸에 오십삼불 분명ᄒ다. 긔긔괴괴 형형식식 뎌 무엇이 그러ᄒᆞᆫ고?
갓가히 비쳐보니 만물초가 네로구나. 비로봉 쏙다기에 동텬을 바라보니
동희지동 깅무동에 물결만 푸르럿다. 니외 산을 보앗스니 관동팔경(關東
八景) 차져가자. 춍셕뎡 모진 돌에 글 한 귀 써 부치고, 삼일포 셕양텬에
편쥬를 씌웟다가 희금강 두로 보고, 영랑호 잠간 들러 쳥간뎡 맑은 물에
갓씬 ᄲᅡᆯ아 다시 달고, 락산사 새벽북에 해쓰는 경 포간ᄒ고 관음굴 ᄲᅢ져
나가 경포디 차져가니 삼십리 거울 속에 바람 업는 물결이라. 쥭셔루 대
숩풀에 수파람 길게 불고 월숭뎡 달 아리에 옷깃을 헤친 뒤에 거름을
뒤로 돌려 오디산을 넘어서니 고산텹텹 록슈즁즁 복사꼿 붉은 곳에 계
견이 짓거리니 도원아문 이 아니냐? 월산(越山)으로 돌아드러 ᄌ규루에
봉심ᄒ니 셩단효잠 잔월빅이오, 혈류츈곡 락화홍이라. 쳥령포 건너가니
검각산이 참암ᄒ디 피를 우는 뎌 두견은 고혼을 부르는 듯, 목이 매친
뎌 강물은 유한을 먹음은 듯, 쥭쟝아, 어서 가자 물을 조차 나려갈시 한
벽루에 ᄯᅡᆷ을 드려 남굴북벽 귀담 도담 ᄎ데로 구경ᄒ고 한 모롱 도라드
니 텬하셩산 옥슌봉이 네 아니고 뉘란 말가? 속리산(俗離山) 문장디에
한강 근원 더듬으며, 계룡산 신도 위에 호남옥야 바라본 뒤, 츄풍령 가

로 타고 팔공산 두루 밟아 치슐령 넘어가니, 천년고도 경쥬부(慶州府)라. 포셕뎡 녯 터젼은 황진만 남앗눈디 셕굴암 장륙불상 슈법이 새로워라. 령츄산 차자드러 통도스에 례불ᄒ고 희운디에 올나보니 연파만리 묘망 ᄒ다. 디마도 엽헤 끼고 창희에 배를 씌니 산악 갓흔 뎌 물결은 슈국광 경 장쾌ᄒ다. 한산도(閑山島) 돌아드러 슈루를 처다보고 촉셕루 가르치며 남강을 건너가니 텬디보군 삼장스오, 강산루긱 일고류라. 장엄홀사 의랑암이 천고에 특립ᄒ디 무심흔 슈파들만 일야오열ᄒ눈고나. 풍진에 저진 힝장 이곳에 와 다 썰치고 남방명악 두류산(頭流山)을 쳥려완보 들어가니 산여옥셕 층층립에 만학운봉 놉핫고나. 삼천리 나린 산믹 정령이 뎡축ᄒ니 되셰도 장커니와 경긔 쏘한 절승ᄒ다. 텨왕봉 반야봉이 빅리상디 흔 사이에 구뷔구뷔 동부쳔셕 곳곳이 션계로다. 근반빅리 셰ᄎ 절ᄒ니 중학불감 위ᄌ웅이라. 텬티스만 팔쳔장도 약비ᄌ산 격쇼양이라. 청학동 돌아드러 태을 션군 뵙자ᄒ니 샹쳔신션 모인 곳에 속긱참여 바이업네. 이 산 넘어셔 셔편에눈 호남승지 남원부(南原府)라. 산쳔이 뎌러ᄒ니 풍류인연 업슬소냐?

문장본의 예는 이와 대동소이하다. 따라서 사설이 장문이므로 다시 예를 드는 것은 생략하기로 한다.

최고본은 이렇게 한반도(韓半島) 기행가사로 서두를 장식하였다. 이는 백두산(白頭山)에서 평안도, 강원도, 충청도, 경상도를 거쳐 전라도 남원부(南原府)에 이르는 기행가사다. 이는 최남선이 주체성을 드러내고자 한 발상의 표현이 아니라면 있을 수 없는 서사(序詞)다.

앞에서 긴 서사를 살펴보았으므로 다음에는 발상을 달리 하는 조금 짧은 예를 보기로 한다. #62의 선소리에 보이는 사설이다. 먼저 동양문고본의 사설을 보기로 한다.

텬황삐가 나신 후에 인황삐도 나시도다. 얼널널 상스듸야. 슈인삐가 나신 후에 교인화식 흐단말가? 하우삐가 나신 후에 착산통도 흐단말가? 신농삐가 나신 후에 상빅쵸롤 흐단말가? 은왕 셩탕 나신 후에 대한 칠 년 만나시니 젼조단발 흐온 후에 샹님 쓸에 긔우흐다. 시화셰풍 틱평시 에 평원광야 농부들아, 강구연월 동요 듯던 뇨 님군에 버금이라.

이에 대해 최고본에 보이는 사설은 다음과 같다.

환인 어른 나신 후에 환웅 어른 나시도다. 얼널널 상사듸야. 배달 임 검 나신 후에 교민복식 흐단말가? 펑우 어른 나신 후에 착산통도 흐단 말가? 고시 어른 나신 후에 샹빅쵸를 흐단말가? 시화셰풍 틱평시에 평 원광야 농부들아, 텬하대본 농리흐는 우리 아니 즐거오냐?

이렇게 최고본에서는 "텬황삐"가 "환인 어른", "인황삐"가 "환웅 어른", "슈인삐"가 "배달 임검", "하우 삐"가 "펑우 어른", "신농삐"가 "고시 어른", "강구연월 동요 듯던 뇨 님군에 버금이라"가 "텬하대본 농리흐는 우리 아니 즐거오냐?"와 같이 중국적인 것이 한국적인 것으로 바뀌었다. 인물의 교체는 앞에서 본 #2의 예에서도 극명히 드러나는 바 있다.

(2) 중국적 요소의 생략, 및 한국적 요소의 우선

중국적인 요소의 생략 및 배제는 중국적 요소의 한국화의 예보다 많은 장면에 나타난다. #3, #5, #10, #11, #20, #32, #49, #50, #53, #54, #62, #67, #70, #74 등 19개 장면에 보인다. 이들 가운데 대표적인 것은 #3, #50, #62이다. 여기서는 #3의 예 하나만을 보기로 한다. 이는 방자와 이 도령의 구경처에 대한 대화로, 여기에는 소상팔경 등 중국의 명승지와, 중국 누대(樓臺)에 대한 사설이 많이 나오는데 이를 생략한 것이다. 먼저 동양문고본의 이 장면을 보면 다음과 같다.

"(무삼 경을 보랴 ᄒ고) 힝힝졈졈 졍환사ᄒ니 욕하한공 슉원시라. 과
득편만 리별안ᄒ니 촉조인노 격노화라. 평ᄉ낙안 경이 오니 이롤 구경
ᄒ랴 ᄒ오? 힝쥬비긱 ᄉ아동ᄒ니 힝화인인 걸슌풍을. 뇌시호신 범능응
ᄒ니 즁법지거 슈셔동을. 원포귀범 경이오니 이를 귀경ᄒ랴 ᄒ오? 풍염
노화 슈국츄ᄒ니 일강풍우 ᄉ변쥬를. 쳔년고범 무인도ᄒ니 단근창오 원
야슈라. 쇼상야유 경이오니 이롤 귀경ᄒ랴 ᄒ오? 반회초긱 삼경혼ᄒ니
만경츄광 범소되라. 호상슈가 취쳘격ᄒ니 벽텬무졔 안항고라. 동졍츄월
경이오니 이롤 구경ᄒ랴 ᄒ오? 낙일관관 함원슈하고 귀호인인 상한증을.
어인거깁 노화소ᄒ니 슈졈취연 만깅졍을. 어촌낙조 경이오니 이롤 구경
ᄒ랴 ᄒ오? 뉴셔비공 욕하지ᄒ니 가화낙지 역다자라. 일쥰츠도 강무쥬
ᄒ니 관도사웅 권조시라. 강천모셜 경이오니 이를 구경ᄒ랴 ᄒ오? 막막
평님취가련이라 누디은조 격나침을. 하상권시 풍취거ᄒ니 한아왕가 관
식산이라. 산시쳥남 경이오니 이를 구경ᄒ랴 ᄒ오? 일북단쳥 젼부지ᄒ
니 슈힝슈묵 등무릉이라. 불응진필 응즉농ᄒ니 남ᄉ종준 북ᄉ종이라. 연
ᄉ만종 경이오니 이롤 구경ᄒ랴 ᄒ오? 이슈문이 난진이라, 동졍호 가랴
ᄒ오?"

"동졍호 칠빅니의 비가 업셔 못 가리라."

"그리면 악양누 가랴 ᄒ오?"

"두즈미 글의 ᄒ얏시되 친붕 무일즈ᄒ고 노변뉴고쥐라. 악양누도 못
가리라."

"그리면 봉황디 보랴 ᄒ오?"

"봉황디상의 봉황유러니 봉거ᄃ공 강즈류라. 봉황디도 못 가리라."

이러한 중국적 장면을 "최고본"에서는 부분적으로 교체하는 것이 아
니라, 완전히 생략하고 한국적인 것으로 대체하였다.

(무슴 경을 보랴 ᄒ오.) 빅두산 단목 속에 신시(神市)터를 보려시오?
한나산 빅록담에 션인고젹 보려시오? 만이쳔봉 금강산에 조화 젼공(全
功) 보려시오? 쳔리만리 벽회상에 경파오랑(鯨波鰲浪) 보려시오? 십리장

림 그림 속에 금슈강산 보려시오? 명사십리 널은 벌에 힉당화를 보려시
오? 관동팔경 차즈시오? 십승디(十勝地)를 가려시오? 삼천리 별건곤이
곳곳이 승디오니 특별히 보실 경(景)이 어디라는 분부시오? 이경 더경
다 더져 두고 동불암, 셔진관, 남삼막, 븍승가, 남한, 븍한(北漢), 관악,
쳥계 호거룡반(虎踞龍盤)으로 뎨도(帝都)를 일운 경도 거록ᄒ다 하려니와
본읍에 광한루가 경기절승 유명ᄒ와 시인 소긱(騷客)들이 강남에서 지나
다ᄒ옵고 풍류지즈 칭찬ᄒ디 별건곤 별유텬디비인간으로 닐으옵닌다.

이 밖의 장면들은 문자 그대로 중국적 요소를 생략한 것이다. #20.
주효 기명 사설의 간단한 예를 하나 보면 다음과 같다.

　　도 쳐스의 (국화쥬), 니 한님의 (포도쥬), 산님쳐스 (죽엽쥬), 만고션녀
　(麻姑仙女)의 (연엽쥬), 안긔싱의 자하쥬

이는 초야의 주효 기물사설의 일절인데, "고본춘향전"에는 괄호 안의
술 이름만 남겨 두고, 중국적 요소는 생략한 것이다. "안긔싱의 자하쥬"
는 술 이름까지 생략되었다.

다음에는 중국적인 것에 대하여 한국적인 것을 우선하는 발상과 표현
의 예를 한두 개 들기로 한다. 이는 한국적인 것을 중국적인 것보다 먼
저 제시함으로 한국적인 것을 강조하고, 우월감을 드러내고자 한 것이
다. 이러한 예는 많지 않다.

　　#5. 져 나라 당버들, 우리나라 긔버들> 우리나라 개버들, 져 나라 당
버들
　　#55. 중원 당지 조션 쵸지> 죠션 초지 중원 당지

3.2. 도덕성의 제고

최고본은 동양문고본 춘향전의 많은 외설적(猥褻的) 사설을 제거(除去)
하였다. 이 외설적 사설의 제거는 최고본의 대표적 특성 가운데 하나다.
최남선은 도덕적인 건전성을 추구하고, 이를 제고하려한 것이다. 이는
문학의 오락적 기능보다 도덕적 기능을 중시한 것이 된다. "고본츈향전
셔"를 보면 최남선은 춘향전 간행의 의의를 남녀의 신(信), 정(貞)의 고취
에 두었던 것으로 보인다. 그는 이렇게 쓰고 있다.

　슲흐다 왼 세샹이 밋븜(信)이 업고 고듬(貞)이 업서 직힐 것을 직힐 줄
　모르고 벗셜(對抗) 것을 벗서지 못ᄒᆞᄂᆞᆫ 이째에 가만히 츈향의 마음과 이
　를 생각ᄒᆞ니 왼 텬하 슈염 잇ᄂᆞᆫ 즈층 대쟝부를 위ᄒᆞ야 쓰거운 눈물이
　왕연히 쏘다짐을 억제치 못ᄒᆞᆯ지라 이째에 이 칙을 냄이 더욱 도이(徒爾)
　치 아니홈을 늣기리로다.

이러한 주제 의식에 따라서 이에 벗어나거나 어긋나는 외설적 사설은
제거하였다. 따라서 "고본춘향전"은 동양문고본과 같은 모본에 비해 도
덕적·교훈적 성격이 강화되고, 흥미·오락적 성격이 약화되었다. 외설
적인 사설은 대부분 생략 또는 개고되었는데, 이러한 표현 경향은 문장
본 춘향전에도 그대로 이어진다.

최고본에서 외설적 사설이 많이 제거된 장면은 11개다. #2, #3, #5,
#8, #23, #26, #34, #53, #62, #68, #71 등이 그것이다. 이 가운데
대표적인 것은 #26, #34, #53이다. 이들 가운데 #26은 도령과 춘향의
탈의 장면으로, 이는 "남원고사(南原古詞)"에도 보이지 않는 것으로, 다음
과 같이 되어 있다.

(츈향이 몬져) 버슬 젹의 치마 버셔 옷거리의 걸고, 버션 버셔 요밋히 넛코 져고리 벗고 바지 벗고 니블 속의 쒸여들 지 니 도령 취안이 몽농ᄒ여,

"여보아라, 속것 마자 버셔라. 벗는 모양 자미 잇다."

허리쯰 그르고 속것슬 푸러 두 발길노 미젹미젹 니블 박게 넜더리니 니블 훨젹 벗겨 놋코,

"네게 쳥ᄒ자. 니러셔거라."

눈결의 얼는 보니 삼삼이의 치인 거시 밍낭ᄒ고 야릇ᄒ다. 늙근 중의 곳갈쳐로 이리져리 가로 누벼 네 귀 번듯 민다라셔 두 귀는 졉어 넛코 두 귀는 쓴을 다라 고미러 졍자 모양으로 아조 담박 차엿구나.

"져거슨 무슨 옷시니?"

츈향이 함소함틔 디답ᄒ디,

"옷시 아니라 긔당삼이라 ᄒ오."

"디져 네 집이 부자로다. 긔로 삼장을 ᄒ여 덥는가보다마는 차기는 무슴 일고?"

"초ᄒ로 보롬의 구실ᄒ기의 찻소."

"구실이라니, 무슨 구실 단니느냐? 니영쳥의 단니느냐, 금위영의 단니느냐, 훈련도감 단니느냐, 총융쳥의 단니느냐, 용호영의 단니느냐, 포도쳥의 단니느냐, 슌쳥의 단니느냐? 무삼 구실 단니느니?"

"그런 구실 아니오라, 여자의 팔자 가소로와 삼오츈광 되량이면 월후라 ᄒ는 거슬 달마다 ᄒ오."

"월후 삼장ᄒ너 놋코 심년 동당의 긔츄 관역쳐로 잠간 니러셔려무나."

"그만 과연 줌난ᄒ오. 그만ᄒ여 자사이다."

"제발 덕분 네게 비자. 아니 셔든 못 ᄒ리라."

츈향이 홀일업셔 잠간 니러셧다가 도로 안질시 유졍총목 쌜니 보니 만쳡쳥산 늙근 중이 죽을 자시다가 셔롤 더휜 형상이오, 홍모란이 반기ᄒ여 피여 오는 형상이라. 연계찜을 즐기시나 달기볏슨 무삼 일고? 먹줄 자리의 독긔가 자옥희 줄바로 마졋구나. 니 도령의 거동 보소 일신이 졈졈 져려오니 훨훨 벗고, 아조 벗고, 모도 벗고, 영졀 버셔 휘휘친친 후

리치고 금침의 쒸여들 지 츈향이 이른 말이,
　"남다려만 셔라더니 당신은 외 아니 이러셔오?"
　니 도령 눈결의 니러섯다가 어너 스이의 안질 젹의 츈향이 무론 말이,
　"반죵단 제 빗치오 송이 디강이 갓흔 거시 무엇이오?"
　"그거슬 모로리라. 동희 ㅂ다의셔 디합죠기 일슈 잘 잡아먹는 소라고 동이라 하는 거시라"

　이는 탕남탕녀인 변강쇠와 옹녀의 정사를 떠올리게 하는 흥미위주의 외설적 묘사다. 최남선에게는 이것이 용납되지 않았을 것이다. 그러기에 최남선은 이 대목을 생략하였다.
　같은 #26의 批點歌 사설도 외설적인 사설로 이루어졌다. 다만 이는 앞의 탈의 장면보다는 외형상 점잖고, 간접적 표현을 하고 있다. 동양문고본 사설은 다음과 같다.

　　에후리쳐 덤셕 안고 두 몸이 한 몸이 되어,
　　"네 몸이 니 몸이오, 네 살이 니 살이라."
　　호탕흐고 무르녹아 녀산폭포의 돌 구으드시 비졈가로 화답흔다.
　　"우리 두리 맛나시니 맛날 봉자 비졈이오, 우리 두리 누어시니 누롤 와즈 비졈이오, 두리 셔로 베여시니 벼기 침즈 비졈이오, 두리 셔로 덥 허시니 니블 금즈 비졈이오, 두리 셔로 즐겨흐니 즐길 낙즈 비졈이오, 우리 두리 입 마초시니 맛볼 상즈 비졈이오, 우리 두리 비 다희니 비 복 즈 비졈이오, 오목 요즈, 쏙족 쳘즈, 모들 합즈 비졈이오, 나아갈 진즈, 물너갈 퇴즈, 줄 빈즈 비졈이오, 조흘 호즈, 쉴 산즈, 물 슈즈 비졈이라."

　이러한 동양문고본의 표현을 최고본은 다음과 같이 외설적 색채를 제 거하고 한 문장으로 간략하게 줄이고 있다.

랑인 관계에 당흔 즈를 비뎜 타령 일장흐고 리 도령이 새 뎨목을 쓰
내것다.

문장본은 이를 "양인 관계에 당한 자를 비점 타령 일장하고 이 도령
이 새 제목을 쓰내것다."와 같이 표기만을 다소 달리 하고, 똑 같은 표현
을 하고 있다.

이밖에도 동양문고본에는 도령과 춘향의 애정행각에 대한 외설적 사
설이 많이 보인다. 그러나 이들에 대한 외설적 사설의 예는 이쯤 들고,
#68의 허 봉사의 음행에 대한 외설적 표현을 하나 보기로 한다.

> (얼골붓터 나리 만져) 젓가슴의셔 미오 지쳬흐니,
> "게는 다 관겨치 안소"
> 츳츳 나려가다가 불가불 쥬졈홀 디 쏘 잇다 흐고 나리 만지며,
> "어불스 못시 쳣다. 바로 학치롤 곳 픠엿구나. 제 아비 쳐 죽닌 원슈
> 라드가?"
> 흐며 삼을("삼사미롤"의 오기) 만지려고 몸을 굽실흐니,
> "쟝님, 두로 만져 주오. 만지는 디마다 싀원흐오."
> 판스놈 이 말 듯고 손을 쎄혀 바지츔을 쎄희고 꿀어안즈 제구 츠려
> 거취롤 흐려흐니 밍열흔 셩품의 쌤을 기쌈 치듯 흐렷마는 분을 늑키어,

이는 동양문고본의 묘사로, 허 봉사가 춘향이 갇힌 옥에 해몽 점을 치
러 와서 엉뚱하게도 음행을 하려 한 장면이다. 최고본은 물론, 문장본도
이를 제거하였다.

3.3. 교훈성의 강화

최고본은 저속하거나 품위가 없다고 생각되는 사설을 생략하거나 개

고하였고, 욕설을 제거하였다. 비속성을 순화한 것이다. 이는 교육적인 면을 고려해 생략하거나 개고한 것이다. 최고본은 그 표현에 비속한 대상이거나 내용이 들어 있는 것을 제거하였고, 표현 자체가 비속하게 된 것을 제거하였다. 전자는 "#8. 산기야미 밋궁기오", "#70. 쥬마 투계 쥬식하여 못 오든가?"와 같은 것이고, 후자는 "아러는 강아지를 품은 듯 혼"과 같이 속되게 표현한 것이다. 이들은 대체로 짧은 문장, 간단한 표현으로 되어 있는가 하면, 외설적 사설과도 넘나드는 것이다. 다만 이들 사설은 그 정도가 그리 심하지는 않다는 것이 하나의 특징이다. 이들 예는 #8, #10, #11, #13, #16, #17, #29, #32, #34, #35, #41, #49, #55, #70, #89 등 15개 장면에 보인다. 이들 가운데 #8, #10, #11, #13, #17, #55, #70, #89는 비속한 사설을 생략한 것이고, 나머지는 개고한 것이다. 먼저 생략의 예를 두어 개 보면 다음과 같다.

    #11. 도령의 말
    나 어려서 큰 스랑의 가면 늬은녀 기싱 은근자 슛보기 각 집 죵년 통지기 오락가락 흐더구나.
    #89. 대단원
    마누라 조흔 셔답 네 귀에 끈을 다라 갓거리로 방미흐고, 칙방의 쓰던 총관 말콩 망퇴로 방미흐고, 가진 줍물 다 파라셔

개고의 예를 두어 개 보면 다음과 같다.

    #34. 도령의 말
    • 동양문고 : 이후야 엇던 당챵 먹고 코 쩌러진 연인들 어늬 누가 늬 겻회 누어 멍셕인들 덥허 쥬리
    • 최고본 : 인제야 어느 누가 나를 이리 흐여 주랴
    • 문장본 : 인제야 어느 누가 나를 이리 하야 주랴

#53. 왈자의 말
- 동양문고 : 이런 제미홀 것들 어디로 간노
- 최고본 : 이런 고약훈 것들 어디로 간노
- 문장본 : 이런 고약한 것들 어대로 갓노

이 밖에 욕설에는 근친상간의 표현이 많은데, 이들을 개고하거나, 생략하였다. "제미홀 아히> 제 무엇홀(#17), 제 어미 홀 아히> 제기홀 아히, 제미 홀 것들> 고약훈 것들(#53)"은 동양문고본의 표현을 최고본에서 개고한 것이고, "제미롤 븟게(#53), 제 할미홀 (아히녀석)(#62)"은 생략 제거한 예다.

3.4. 교양성의 확립

동양문고본에는 어희적, 해학적 표현이 많이 쓰이고 있다. 이는 전통적으로 곁말이라 하여 어희적(語戱的) 해학적 표현으로 써 오고 있는 것이다. 그러나 당시 양반사회에서는 외설적 사설이나 저속한 사설과 더불어 해학적 표현은 환영할 만한 것이 못 되는 것으로 보았다. 이들은 점잖지 못하며, 품위가 없고 미풍양속을 해치는 요소로 치부되었다. 따라서 최고본에서는 이들 흥미를 유발하는 해학적 표현을 품위가 없는 말이라 보고, 점잖고 교육적인 말과 표현으로 바꾸었다. 소학(笑謔)이나, 이들 해학적 표현을 생략·제거한 것이다. 따라서 소설의 오락적 측면은 밀려나고, 자연 교조적인 것이 되었다. 해학적 표현의 생략은 #2, #7, #13, #26, #53, #70, #71, #89 등 8개 장면에 보이는데, 그 가운데 대표적인 것은 #26, #53의 것이다. 이들은 외설성과 함께 어희적 성격을 띠어 두 고본춘향전에서 다 같이 생략되었다.

#26. 이 도령과 춘향의 초야 사설

한창 이리 자죠 롤('홀'의 誤記—筆者) 제 호조도 두돈 오푼, 선혜청이 두돈 오푼, 냥영청은 혼돈 칠푼, 하날이 돈 싹이오, 남디문이 괴 궁기오, 종노 북이 미방울이오, 발가락이 뇨갑하고, 손가락이 셈을 놋코, 댱단지의 우물 파고, 오금의 장마지니 월천군아 날 살려라. 인간지락이 이 째로다. 사람의 골절이 다 녹난다.

#53. 남원 한량들의 수작

"전복일다".

"아셔라, 이 아희가 송곳이롤 방셕니가 되도록 갈아시니 쌀희가 다 숫삿다."

한 왈즈,

"이것 먹어라."

"그거시 무어시니?"

"홍합일다."

"아셔라, 홍합은 제게도 잇다."

한 왈자,

"즈 셕유 먹어라."

"아셔라, 셕유랑은 쥬지 마라. 쉰 거실니 병이 낫다."

이러한 해학적 희극성의 배격에 대한 사정은 1927년 회동서관에서 발행된 "오작교"의 본문 가운데 보이는 다음과 같은 개작자의 말에서 충분히 엿볼 수 있다.

쏘는 예로부터 례의를 숭상하여 인재를 배양하엿는고로 남자에는 도덕군자며 여자에는 정렬부인이 종종 출생하여 사긔에 나타난 사람도 만커니와 민간에 류전하는 이약이도 적지 아니한 바 그 중에 리몽룡과 성츈향의 사적은 쏘한 죠선에 긔이한 사격이라. 족히 사람의 성정을 감발할 만한 사적이어늘 용속하고 회해와 비리한 언사로 광대타령과 기생노래에 붓치여 풍류장 가온대에 일종 희극을 만들 뿐이엿스니 이는 가인

재자로만 대우함에도 소홀할 말이어니와 렬녀명사를 대우하는 바에 엇
지 온당한 말이리오. 소이로 저자는 당돌함을 무릅쓰고 그 진격의 뜻을
편찬하여 여러분의 비평하심을 바란다.

최남선본과 문장본 춘향전은 당시의 이러한 풍조로 말미암아 흥미 오
락성이 제거되고, 도덕적 교훈적 성격이 강조된 것이다.

최고본에서 생략된 해학적 표현 두어 개를 더 보면 다음과 같다.

> #71 春香이 御使에게 당부
> "(너모 셜워 우지 말고) 닙이나 좀 다혀 보즈."
> 옥문 틈으로 맛쵸려 ᄒ니 그림 속의 꼿치로다. 이런 씨는 황싀 부리나
> 되더면 조흘 번하엿다.
> #41 新官 到任 坐起
> 련면 무산 십이봉에 조운모우 양더션이, 공자 왕손 방슈하에 화중지
> 왕 모란이, 인하계하 쩌러진 더 야졍 츈산 월츌이, 대안도 차져가니 산
> 음야반 셜월이, 만경창파 깁흔 물에 파도 흉용 릉파야.
> 염으지게도 생겻다, 일흠조차 쪽쪽이, 아들 나키 원힛더니 쌀을 낫다
> 섭섭이

3.5. 논리성의 확보

지성인, 교양인이라면 조리에 맞고 논리적인 표현을 해야 한다. 조리
에 맞지 않거나, 비논리적인 표현을 하는 사람은 대체로 제대로 교육을
받지 못했거나, 정상적 사고를 하지 못하는 어리석은 사람으로 치부된
다. 더구나 조리에 맞지 않는 말은 그 의미를 제대로 파악할 수 없다. 이
에 최고본에서는 조리에 맞지 않는 표현을 조리에 맞는 표현으로 많이
개작하였다. 이러한 것에는 조사(助詞), 어미(語尾)를 교정하는 것에서부터

낱말, 구절의 개고에 이른다. 이 밖에 오자(誤字)의 교정이라 할 것은 무
수하다. 부조리한 표현을 논리적인 표현으로 바꾸는 과정은 생략(省略)과
추가(追加) 및 표현을 바꾸는 개작의 세 가지로 나타난다. 오자 교정 이상
의 부조리한 표현을 논리적인 표현으로 바꾼 장면은 20개이다. 이들 장
면 가운데 #18, #54, #63, #69은 부조리한 표현을 생략한 경우이고,
#10, #11, #13, #35, #37, #50, #66, #70, #76, #88은 부조리를
추가에 의해 해소한 경우이고, #6, #17, #18, #29, #30, #31, #35,
#37, #43, #51은 부조리한 표현을 개작한 것이다. 이들의 예를 각각
두어 장면씩 보이면 다음과 같다.

(1) 부조리한 표현의 생략

논리상 어울리지 않는 말을 생략하거나, 동의 반복의 표현 하나를 생
략하는 등의 개고를 한 것이다.

> #18. (쏘 한 노인 구절 죽장) 호로병의 (에후르쳐 둘러 집고)
> #54. 탁문군의 거문고롤 (남산의 송빅슈로 월노승을 미자 너여…)
> #63. (리별 후 광음이 우금 삼지의) 쳑쳐홍안이 흔연단조하니(약슈 삼
> 천니의 쳥조가 끈쳣고, 북희 만니의 홍안이 무로ᄒ니…)

(2) 추가에 의한 부조리 해소

조리에 맞지 않는 표현에 특정한 단어나 구절을 추가함으로 부조리를
해소한 것이다.

> #37. ("예, 젓사오디 슈삼쳔금 쓰는 방임이 셔너 자리) 되옵ᄂ이다. 그
> 러면 너 (롤 모도 다 식이니라.)
> #66. (어시 긔특이 넉겨 요긔를 달게) ᄒ고 (져른 밤 길게 실 제)

#76. (권쥬가 업스면 줄닥기의 술이) 아니 (드러가나?)

(3) 부조리한 표현의 개작

조리에 맞지 않는 표현을 다른 말로 개작한 것이다.

> #29. 팔만장안 억만 가로 촌촌 걸식 단니면서 → 팔만쟝안 억만가로
> 가가 걸식 단이면셔
> #30. 사구 삼십 칠딕국은 → 삼구 이십 칠대국은
> #31. 긴 한숨의 니별쥬 부룰 젹의 → 리별가
> #35. 우리 졀머실 졔 니별 두 자뿐이오, 쩌나면 그만이라 →우리 졂
> 엇슬 졔도 리별홀 쩌뿐이오, 쩌나면 그만이러라

3.6. 정확성의 도모

표현은 바르고 정확해야 한다. 종래의 춘향전은 판본이 없었던 것은
아니나, 많은 이본들이 필사본으로 되어 있었다. 최남선의 고본춘향전의
모본으로 추정하는 동양문고본도 세책 필사본이다. 여기에는 오자·탈
자를 비롯해 잘못 쓰인 말이나 표현이 적지 않다. 따라서 당대의 대표적
지성인인 최남선으로서는 이를 개수함에 있어 이를 바로잡아야 하겠다
는 생각을 하지 않을 수 없었을 것이다. 곧 바르고, 정확한 표현의 춘향
전을 추구하여 교정하게 하였을 것이다.

崔南善은 그의 풍부한 식견으로 모본의 많은 부분을 교정하였다. 이는
춘향전의 문학적 가치를 운위하기에 앞서 표현상 모자란 부분을 바로잡
은 것이다. 이러한 바르고 정확한 표현을 위한 교정은 최고본의 전 장면
에 무수하게 나타난다. 이는 단순한 오기의 교정에서부터 추가, 생략, 개
고 등 다양한 형태로 나타난다. 오기 이상의 의미 있는 교정은 특히 이

러한 추가, 생략, 개고 등의 유형에 나타난다. 이들 교정의 구체적인 예는 60여개 장면에 보인다. 다음에 이들 교정의 실례를 항목별로 간략하게 살피되, 거례는 간단히 하기로 한다.

(1) 추가

시문에 생략된 것을 추가하거나, 표현상 부족한 부분을 보탠 것이다. 이러한 예는 상당히 많다. 이들 표현 가운데 일반적인 것은 제외하고, 문맥상 필요해 추가한 것만을 몇 개 보면 다음과 같다.

> #11 李 도령이 춘향에게 不忘記를 써 줌
> 엄칙즁달 ᄒ오시고 텬작얼은 유가위어니와 → 엄칙즁달ᄒ오시고
> 일졀금단ᄒ오시면 텬작얼은 유가위어니와
> #49 使道 으름장
> 고히혼 인사라 헐 길도 → 고이혼 인사 아니라 홀 길도
> #60 李 御使 농부와 수작
> 창창강양 칠율운을 닉여 쥬니 → 창창강당량 칠률운을 닉여 주니
> #76 御使의 床
> 쳐박이시오, 쳐박이시오 → 쳐 박이시오, 쳐박이시오, 이 술 한 잔.

(2) 생략

"동양문고본"에 쓰인 것으로 필요가 없거나, 잘못된 것을 생략, 교정한 것이다.

> #18. 쏘 한 노인 구졀쥭장 호로병의 에후르쳐 둘너 집고 → 쏘 한 로인 구졀쥭쟝을 에후로쳐 둘너 집고
> #35. 머로 다리 포도 다리 셕유 → 머루 다리 포도 셕류
> #76. 비위가 열열녀 → 비위가 열녀

(3) 개고

"고본츈향젼"에는 잘못 쓰였거나, 부적당하다고 보이는 많은 단어가 다른 단어로 교체되었고, 개고되었다. 문법적으로 잘못된 것도 교정하였다. 이러한 예들을 형태, 의미, 문법, 표기에 따라 나누어 보면 다음과 같은 것이 보인다.

① 형태(形態)

형태적인 면에서 부적절한 것을 고친 것은 참으로 많다. 시문의 경우는 전거도 알 수 없는 것이 많아 그 원형을 가늠하기도 힘들다. 예를 들면 동양문고본의 「엽낙금정(葉落金井)」과 고본츈향젼의 「영락금정(影落金井)」과 같은 것이 그것이다. 표기의 오용 이상의 것을 보면 다음과 같은 것이 있다.

> #10. 양뉴강두 양뉴츈 → 양즈강두(楊子江頭) 양뉴츈
> #21. 쳡혼다고 시오는 아리 → 쳡혼다고 시오는 안희
> #25. 우슌풍덕 하나님 덕 → 우슌풍됴 하느님 덕
> #35. 옥창잔월추월야의 → 옥창추풍(玉窓秋風) 잔월아(殘月夜)의
> #30. 구구 팔십 일광로는 → 구구팔십 일각로난
> #49. 단댱 소원ᄒ니 → 단장쇼혼(斷腸消魂)ᄒ니
> #55. 족부답경위ᄒ고 → 족부답위경(足不踏危境)ᄒ고

② 의미(意味)

의미의 면에서 어울리지 않는 것을 고친 것도 다음과 같이 여러 장면이 있다.

> #3. 삼츈이라 → 츈삼월이라

#21. 빅발 두변 다시 검기 어렵도다 → 빅발 한번 될 양이면 다시 검
     기 어렵도다.
#29. 우리 금년의 금셕샹약 → 우리 당일에 금셕샹약
#52. 진정 송구영신 신싱되고 아니ᄒ랴 → 송구영신 아니 ᄒ면 네가
     무엇 하랴ᄂ냐
#56. 격양가롤 보시거눌 → 알셩과를 뵈시거눌
#62. 헌능 장작이라 → 헌릉 쟝막이라

③ 문법(文法)

문맥으로 보아 문법적으로 어울리지 않는 부분을 교정한 것도 보인다.

#3. 무삼 경을 보랴 ᄒ고 → 무슴 경을 보랴 ᄒ오?
#21. 먹는 거시니 → 먹난 거시지.
#41. 거원 무엇드리리 → 거원 무엇들이니?
#46. 그리 ᄒ랴오 → 그리 ᄒ래요
#52. 우리네가 아니 가미 뉘가 가리 → 우리네가 아니 가면 뉘가 가
     리?
#71. 너모 셜워 울지 말고 → 넘어셜어 우지 마라.

3.7. 이독성(易讀性)의 추구

춘향전은 많은 문장이 어려운 한문투로 되어 있다. 최고본도 마찬가지
다. 그런데 최고본에서는 이러한 어려운 문장을 좀 쉬운 말로 개작하고
자 한 흔적이 보인다. 이러한 예를 몇 개 보면 다음과 같다.

#5. 목동 요지 <u>힝화로다</u> → 살구나무꼿
#26. 효계창효 호불언이라 → 새벽닭이 원슈로다.
#33. 마조 슉시 <u>양구 후의</u> → 한참만에

#50. 사빅년 동방 녜의지국의 스긔롤 박남ㅎ오시니 스힝 팔방 텬지간
의 스디부의 슈힝이시나 스족 부녀 슈졀이나 스셔인과 쳔기라도
스졍이 업셔 불굴ㅎ면 텬왕의 위엄인들 스군 불견 나의 진졍 스
지롤 엇지 두리리가? → 스쳔년 동방 례의지국에 스대부 몸이
되여 스셔인 슈졀흠을 스졍으로 쎄앗눈 일 스히 팔방 텬디간에
어듸셔 구경ㅎ며, 스긔를 뒤여본들 어느 쩌 쏘 잇스리. 스군불견
나의 진졍 스싱으로 변ㅎ릿가.

이에 대해 문장본에서는 쉬운 문장으로의 개고가 매우 일반적으로, 그
리고 대폭적으로 이루어지고 있다. 쉬운 문장으로의 개고는 문장본 春香
傳의 가장 큰 표현 특징이다. 이는 어휘와 구문(句文)의 양쪽에서 다 이루
어지고 있다. 어휘는 한자어를 고유어로 바꾸고, 구문은 한문투가 아닌,
고유어의 구문으로 바꾸었다. 시문까지도 바꾸고 있고, 경우에 따라서는
한시문(漢詩文) 뒤에 우리말 풀이를 붙이기도 하였다. 이는 춘향전의 표현
사(表現史)에 있어 독자를 배려한 획기적 사실로 이독성을 추구한 것이다.
몇 개의 예를 들어 그 경향을 보이면 다음과 같다.

① **어휘의 경우 :**

#1. 연진이> 띠끌이, #2. 입장츌가(入丈出嫁)> 장가 드리고 시집 보
내, #7. 츠시> 이때, #27. 함비> 슬픔을 머금고, #49. 건(乾)이> 하늘
이, #68. 촉비ㅎ다> 코를 찌른다, #75. 분항(糞缸)이오> 똥딴지오, #78.
여츠> 이런

② **구문의 경우 :**

#1. 고산텹텹 록슈즁즁> 산은 첩첩 노파 잇고 물은 졸졸 푸르럿다,
#5. 화즁두견 류상잉은> 꽃속의 두견새와 버들 우의 꾀꼬리는, #30. 셜
옹남관(雪擁藍關)의 마부젼(馬不前) 뿐이어니와> 남관 눈 막힌 길에 말

이 못 나갈 뿐이려니와, #43. 강류셕부젼(江流石不轉)이라> 강물이 돌을
굴리지 못훈다고, #70. 일락쟝사 츄식원에> 해가 긴 모래에 지고 추색
이 먼데, #75. 면방안활(面方眼闊)호고 미장목슈(眉長目秀)호디> 얼굴이
번듯하고 눈썹이 기름하고 눈이 말갓는데

③ **시문에 해석을 추가한 경우 :**

#60. 유계무석 계환속이오(시내는 잇서도 돌이 업스면 시내가 도리여
속되고), 유석무계 석불기라(돌은 잇서도 시내가 업스면 돌이 긔이하지
못한 것이라), #78. 금쥰미쥬는 천인혈이오> 금쥰미주는 천인혈이오(금
준에 향기로운 술은 일천 사람의 비요), 옥반가효는 만셩고라> 옥반가
효는 만셩고라(옥반에 살진 안주는 일만 백성의 기름이라).

4. 결어

동양문고본계 춘향전을 발상의 차원에서 그 표현 특성을 살펴보았다.
이들 소설은 대체로 그 플롯이 같고, 표현이 유사하다. 다만 차이가 있
다면 최고본이 동양문고본 춘향전을 계승하였으면서도 독자성을 많이
보인다는 것이다. 이는 최남선이 동양문고본계의 문장 특성을 계승하면
서도 독자적 발상에 의해 상당 부분을 개수하였기 때문이다. 이렇게 개
수한 부분은 발상의 면에서 보면 다음과 같은 특성을 지닌다.

　1.주체성의 강구, 2.도덕성의 제고, 3.교훈성의 강화, 4.교양성의 확립,
　5.논리성의 확보, 6.정확성의 도모, 7.이독성의 추구

이 가운데, 다만 7. 이독성의 추구는 최고본이 단초를 열었으나, 본격
적으로 이를 수행한 것은 문장본의 "고본춘향전"이라는 단서를 필요로

한다.

최고본의 이러한 개수는 물론 위에 제시한 일곱 가지 발상의 결과로 말미암은 것이다. 그러나 이를 좀 더 압축 제시하면 다음의 네 가지가 된다.

첫째, 주체의식의 확립.

근대화함에 따라 자아를 각성하고 주체성을 의식하게 되면서 한국적인 것, 주체적인 것을 추구하게 된 것이다.

둘째, 전통적 도덕과 윤리의 강조.

유교적 가치관에 따라 전통적 도덕과 윤리를 강조해야 하겠다는 발상이다. 이는 최남선의 신(信)과 정(貞)의 가치관의 반영이다.

셋째, 민중 교육의 지향과 계도

문학의 흥미 오락적 기능이 아니라, 교조적·감화적 기능을 강화하여 민중을 교화하고 계도해야 한다는 의식이 크게 작용한 것이다.

넷째, 서민 대중을 위한 이독성 지향

문자생활은 본래 특권층의 전유물이었다. 그러나 오늘날은 대중화하였고, 이는 쉽고 정확하게 써야 하는 것으로 본다. 더구나 서민 대중을 대상으로 하여서는 쉽게 써야 한다.

동양문고본계 춘향전은 시대적 흐름과 더불어 난해한 전통적 표현에서 벗어나 서민들과 소통의 길을 모색하였다. 필사본 시대, 나아가 최고본에 이르러서는 비록 한국적 특성을 추구하기도 하였으나, 아직 전통적 문장 단계를 벗어나지 못하였다. 이에서 탈출한 것은 문장본 춘향전 및 그 이후의 활판시대를 맞아서이다. 이런 의미에서 도남(陶南) 조윤제(趙潤濟)의 표현을 빌면 최고본은 "귀족문학"(조윤제, 1957)이라 할 수 있다. 이에 대해 문장본 이후의 춘향전을 "서민문학", 혹은 "민중문학"이라 할 수 있다. 최고본, 특히 문장본의 고본춘향전에 이르러 발상의 전환으로 춘향전의 문체사는 근대적 의미의 표현사로 혁명적 변화를 하게 되었다고 할 것이다.

▎참고문헌

김동욱 외(1979), 춘향전비교연구, 삼영사.

박갑수(2005), 고전문학의 문체와 표현, 집문당.

조윤제(1957), 교주 춘향전-부 이본고-, 을유문화사.

박갑수(1979), "춘향전"의 해학적 표현(상), 아세아여성연구 18, 숙명여대 아세아여성
연구소.

박갑수(1980), "춘향전"의 한 문체 양상, 난정 남광우박사 회갑기념논총.

박갑수(1981), "춘향전"의 해학적 표현(하), 아세아여성연구 21, 숙명여대 아세아여성
문제연구소.

박갑수(1982), 일본 소장 "춘향전"의 문체, 사대논총 24, 서울대학교 사범대학.

박갑수(1988), "동경대학본 춘향전"에 대하여, 조선학보 126, 일본 조선학회.

박갑수(1988), "동경대학본 춘향전"의 멋과 재미, 월간중앙 7월호, 중앙일보사.

박갑수(1991), "고본츈향전"의 위상과 표현 (상), 도곡 정기호박사 회갑논총, 간행위원회.

박갑수(1996), "고본츈향전"의 위상과 표현 (중), 선청어문 24, 서울대학교 사범대학
국어교육과.

박갑수(1997), "고본츈향전"의 위상과 표현 (하), 선청어문 25, 서울대학교 사범대학
국어교육과.

박갑수(2004), "동양문고본 춘향전"의 문체, 선청어문 32, 서울대학교 사범대학 국어
교육과.

박갑수(2007), 두 고본춘향전의 표현과 위상, 선청어문 35, 서울대학교 사범대학 국어
교육과.

박갑수(2008), 문장 소재 "고본춘향전"의 새로운 발견, 국어교육 125, 한국어교육학회.

박갑수(2008), 문장 소재 "고본춘향전"의 재발견, 한글 한자문화 제103호, 전국한자교
육추진연합회.

(2011. 12. 10. 미발표)

제4장 │ 고전에 반영된 한국인의 해학과 풍자

1. 글머리에

문학의 기능은 흔히 교시적(敎示的) 기능과 쾌락적(快樂的) 기능으로 나누어 설명한다. 그러나 문학의 기능은 이들이 구별되어 각각 나타난다기보다 종합적 기능으로 나타나는 것이 일반적 현실이다.

풍자(satire)는 어리석음의 폭로, 사악함에 대한 징벌을 주축으로 하는 기지(wit), 조롱(ridicule), 반어(irony), 비꼼(sarcasm), 냉소(cynicism), 조소(sardonic), 욕설(invective) 등의 어조를 포함한다. 따라서 이는 어느 문학의 장르에서나 작가의 논의와 교훈에 앞서 등장한다. 한국문학에서의 이러한 풍자는 가전체(假傳體)소설,[1] 천군류(天君類)소설[2]이나 의인화(擬人化)소설, 몽유록(夢遊錄)소설,[3] 실학파(實學派)의 소설, 일부 사대부층 및 위항인

---

[1] 풍자적 문학형태로 사물을 의인화하여 전기 형식으로 서술하는 허구적 소설, 고려 중기 이후 성행했으며, 임춘(林椿)의 국순전, 공방전, 이규보(李奎報)의 국선생전 등이 있다.
[2] 사람의 마음을 의인화한 소설. 김우옹의 천군전(天君傳), 정태제의 천군연의(天君演儀) 등이 있다.
[3] 꿈 속에 일어난 형상을 빌려 구성한 소설. "현실-입몽-각몽"의 구조로 이루어졌다. 원호(元昊)의 원생몽유록(元生夢遊錄) 등이 있다.

(委巷人)의 한시, 시조, 탈춤(假面劇), 판소리, 인형극, 하층민의 민요 등에 폭넓게 나타난다.

풍자는 해학(humor)과 더불어 웃음을 짓게 한다. 그런데 풍자의 웃음은 공격성을 띠는 데 대하여, 해학의 웃음은 연민을 유발한다. 해학은 "즐거움을 일으키는 행동, 말하기, 쓰기의 특성(The quality of action, speech or writing, which excites amusement.)"이다. 이는 괴이함(oddity), 우스움(jocularity), 익살스러움(facetiousness), 희극성(comicality), 재미(fun)에 의해 이루어진다. 풍자와 해학은 문학의 교시적(敎示的) 기능과 오락적 기능을 드러내는 대표적인 수단이라 할 수 있다.

우리의 고전에는 이러한 풍자와 해학의 표현이 도처에 활용되고 있다. 그리하여 독자로 하여금 웃음을 짓게 하는가 하면 고소를 금치 못하게 한다. 여기서는 한문 소설, 고소설, 판소리, 시조, 민요, 가면극, 인형극, 김삿갓의 한시 등 각종 장르에 드러나는, 이러한 해학과 풍자의 표현을 살펴보기로 한다. 그리고 이를 통해 한국인이 추구한 매력적인 표현문화를 감상·향수하기로 한다.

2. 풍자와 해학적 표현의 실제

2.1. 박지원의 호질

연암 박지원은 실학파의 거장으로, 풍자문학의 대가다. 그는 "호질", "양반전", "허생전" 등 여러 편의 풍자소설을 지었다. "호질(虎叱)"은 선비의 위선적인 행실을 폭로 풍자한 작품이다. 북곽(北郭) 선생은 많은 저술을 하였고, 제후가 그의 이름을 사모하는 도학자였다. 그런데 이 도학자가 밤에 과붓집을 찾았다. 그리고 이 동리자(東里子)란 과부 또한 절조(節操)를 갸륵히 여겨 사방 몇 리의 땅을 "동리과부지려(東里寡婦之閭)"로 봉해 받은 여인이다. 그런데 이 여인에게는 놀랍게도 성이 다른 다섯 아들이 있다. 이런 두 남녀가 밀회를 한다. 그래서 다섯 아들은 북곽 선생을 사람이 아닌 여우일 거라 생각하여 밀회의 현장으로 뛰어들어 그를 마구 쳤다. 이에 북곽은 도망치다가 벌판 똥구덩이에 빠진다. 여기서 겨우 기어 나오니 앞에서 범이 길을 가로막는다. 북곽은 머리를 조아리고 절을 하며 갖은 아첨을 한다. 그러자 범은 "유(儒)"는 "유(諛)"라더니 맞는 말이라며, 자기들 범만큼도 인의(仁義)를 갖추지 못했다고 선비(儒者)를 질타한다. 그 예를 조금 보면 다음과 같다.

> "또 선악으로써 따진다면 뻔뻔스레 벌·개미의 집을 노략하고 긁어가는 놈이야 말로 천하의 큰 도(盜)가 아니겠으며, 함부로 메뚜기·누에의 살림을 빼앗고 훔쳐가는 놈이야말로 인의의 큰 적(賊)이 아니겠는가? 그리고 범이 아직 표범을 먹지 않음은 실로 차마 제 겨레를 해칠 수 없는 까닭이다. 그런데 범이 노루나 사슴 먹는 것을 헤아려도 사람이 노루와 사슴을 먹는 이만큼 많지 않을 것이며, 범이 마소 먹는 것을 헤아려도 사람이 마소 먹는 이만큼 많지 않을 것이며, 범이 사람을 먹는 것을 헤아려도 사람이 저희끼리 서로 잡아먹는 이만큼 많지 않을 것이다."

숨을 죽이고 나무람을 듣고 있던 북곽 선생은 기척이 없자 고개를 들었다. 호랑이는 이미 어디론지 가버리고 없었다. 이때 농부가 "어인 일로 일찍이 벌판에서 절을 하고 계십니까?" 하고 인사를 한다. 그러자 북곽 선생은 또 천연스레 "내 일찍 들으니 하늘이 비록 높다 하되 머리를 어찌 굽히지 않으며, 땅이 비록 두껍다 하되 얄 디디지 않을쏘냐?라 하더라"고 한다. 끝까지 낯 두꺼운 위선적 행동을 한 것이다. 이렇게 "호

질"은 해학적 장면과 함께 선비의 위선을 풍자적으로 고발함으로 이를
개혁하고자 한 작품이다.

2.2. 춘향전

춘향전은 우리의 대표적인 고전으로, 경판본 "춘향전"과 완판본 "열
녀춘향수절가" 등 많은 이본이 있다. 그래서 춘향은 "성춘향" 만이 아닌
"김춘향", "안춘향"도 있다. "춘향전"은 다 잘 알 듯, 춘향의 정절을 칭
송한 작품이다. 그러나 그것이 전부는 아니다. 이 작품은 이러한 교시적
인 주제와는 달리 오히려 풍자와 해학이 풍부한 소설이다. 이명선본 "춘
향전"에서 이 도령이 전라어사가 되어 내려오던 중 춘향이 죽었다는 절
간 강당(講堂) 선비들의 말에 속아 강 좌수(姜座首) 어머니의 초빈(草殯)을
헐고 시신을 안고 통곡하는 장면도 이러한 해학적 표현의 하나다.

　　설이 울 제 상제(喪主) 삼형제가 올라가서 (도령이) 신체를 내어 놓고
　야단하는 것을 보고 어이없어 "여보, 이 양반 이것이 웬 일이오?"
　　어사또 울다가 쳐다보니 상제 삼인 굴건제복(屈巾祭服) 갖추고 상장
　(喪杖) 짚고 서있는 거동 두 수 없이 죽었구나. 바로 상제 달려들며, "어
　떤 사람이 남의 초빈을 헐어 신체를 내어 염포(殮布)를 모두 풀고, 이 지
　경이 웬 일인가? 곡절을 들어보세. 이놈을 발길로 박살을 할까?"
　　상장(喪杖)을 들어 엉치를 한번 후리치니 어사 정신이 번쩍 나서,
　　"여보, 상제님. 내 말씀 잠깐 듣고 죽여주오. 내가 이틀거리 붙들린 지
　올해 다섯 해오. 세상 약을 다 하여도 일호(一毫) 동정 없어 세간 탕패
　(蕩敗)하고, 명의(名醫)더러 물어본즉 다른 약은 쓸데없고 삼형제 있는
　초빈에 가서 신체를 안고 울다가 매를 실컷 맞으면 즉효라 하기로 초빈
　찾아와서 벌써부터 울되 상제 기척이 없기에 헛노릇 한 줄 알았더니 이
　제야 잘 만났으니 실컷 때려 주오."

언청이 상제 심사 보소.

"형님, 그놈 털끗도 건드리지 마오. 분풀이도 아니 되고, 그놈 약만 하여 준단 말이오? 이놈, 어서 가서 이학(二瘧)이나 앓아 죽어라."

어사또 눈치 보고 "매 맞을 재수도 없다"하고, 비슥비슥 걸어 한 모퉁이 돌아가서 걸음아 날 살려라 도망하여 가며, "남우세 몹시 하였구나. 하마터면 생죽음 할 뻔하였구나. 강당(講堂)의 선비놈들 똥 한번을 싸리라."

이 도령은 암행어사가 되어 전라도로 내려오던 도중, 춘향을 그리워하던 나머지 망신을 당한다. 강당 선비들의 속임수에 속아 남의 초빈을 헐고 통곡하다가 생죽음을 당할 뻔한 것이다. 그는 이런 위기를 기지로 넘겼다. 도령이 학질이 낫게 실컷 때려달라고 하자 언청이 상주가 때리면 그놈 약만 해 주는 꼴이니 그냥 돌려보내자고 한 것이다. 이는 아이러니컬한 묘사다. 이런 상황에 우리는 실소(失笑)를 금할 수 없다. 우리 고전은 비극적 상황 속에서도 이렇게 웃음을 선사하는 멋과 풍류를 지녔다.

일본의 동양문고에 소장되어 있는 "춘향전"에는 기생 영애(永愛)의 화장이 익살스럽게 묘사되어 한바탕 웃음을 자아내게 한다. 이는 기괴함(oddity)이 빚어내는 익살이다.

사도 골내어 하는 말이,

"한서부터 주리 할 년들. 더벙머리 댕기치레 하듯, 파련 강아지 꽁지 치레하듯, 꼴 어지러운 것들이 이름은 '무엇이, 무엇이 나오, 나오' 거 무엇들이니? 하나도 쓸 것이 없구나. 아까 영애, 긴 영자, 사랑 애자. 어허 구워 다힐 년 같으니. 이마 앞 짓는다고 뒤꼭지까지 뒤버스러지게 머리를 생으로 다 빼고, 밀기름 바른다고 청어 굽는데 된장 칠하듯 하고, 연지를 뒤벌겋게 왼 뺨에다 칠하고, 분칠을 회칠하듯 하고, 눈썹 짓는다고 양편에 똑 셋씩만 남기고 다 뽑고, 어허 주리알 머리를 뽑을 년 같으니. 뉘 쇠를 먹으려고 열세 살이오. 눈공알 하고 닭도적년 같으니. 이년 목을 휘어다힐 년. 네 다 모라 내치라. 원 기생이란 것은 그뿐이냐?"

변 사또가 도임하여 기생 점고를 한 뒤 춘향이 보이지 않자 심술을 부리고 있는 장면이다. 이때 기생 영애에 주목하고, 그의 특이한 화장을 문제 삼은 것이다. 영애는 머리를 다 생으로 뽑고, 머리에 기름을 청어 굽는데 된장 바르듯 하고, 얼굴에는 온통 연지를 뻘겋게 바르고, 벽에 회칠하듯 마구 분을 발랐으며, 눈썹은 양쪽에 셋씩만 남기고 모두 뽑았다. 그러니 그 꼴이 얼마나 가관이었겠는가? 사람들은 이 기괴한 형상에 웃음을 터뜨리지 않을 수 없을 것이다.

2.3. 흥부전

"흥보가 밥을 먹다가 죽는구나. 어찌 먹었던지 눈언덕이 푹 꺼지고 코가 뾰족하고 아래턱이 축 늘어지고, 배꼽이 요강 꼭지 나오듯 쑥 솟아나와 배꼽에서는 후춧가루 같은 때가 두글두글 굴러 내리고 고개가 발딱 자드라져,

'아이고 이제는 할일없이 나 죽는다. 배고픈 것보담 더 못 살겠다. 아이고 부자들이 배불러 어떻게 사는고?' 흥부 마누라 달려들며 '아이고 이게 웬 일이오? 언제는 우리가 굶어 죽게 생겼더니만 이제는 밥에 치여 내가 과부되네. 아이고 이 자식들아, 너의 아버지 돌아가신다. 어서 와서 발상(發喪)들 하여라.'" <김연수 창본, 흥보가>

굶기를 밥 먹듯 하던 놀부가 오랜만에 밥을 너무 먹고 탈이나 죽게 된 상황을 그린 것이다. 따라서 불쌍히 여겨 동정해야 할 상황이다. 그러나 익살스런 표현을 하여 오히려 웃게 된다. 여기서의 웃음은 우월한 사람의 입장에서 그의 어리석은 행동을 비웃으며, 즐기는 것이다. 더구

나 이는 다음에 보이듯 흥부가 똥을 싸는가 하면, "이리 했다고 하나 이는 잠시 웃자는 성악가의 농담이지 그랬을 리가 있으리오."라는 사설도 보이듯 골계미(滑稽美)를 의도적으로 강조한 것이다.

> "이럴 지음에 흥보가 설사를 허는듸 궁둥이를 부비적 부비적 홱 틀어 노니 누런 똥줄기가 무지개살같이 운봉(雲峰) 팔영재 너머까지 어떻게 뻗쳐 났든지 지내가는 행인들이 보고는 황룡(黃龍) 올라간다고 모다 늘어서서 절을 꾸벅꾸벅 허든 것이었다. 이리 했다고 하나 이는 잠시 웃자는 성악가의 농담이지 그랬을 리 있으리오."

이것이 김연수본의 이어지는 흥부가 똥 싸는 장면이다. 똥을 그냥 싸는 데 그치는 것이 아니라, 똥줄기가 황룡이 되고, 행인이 꾸벅꾸벅 절을 하는 것으로 묘사되었다. 그러니 이 얼마나 희극적 장면인가? 황색은 양극단을 상징한다고 한다. 그 하나가 똥이요, 다른 하나가 금이다. 여기서는 그 하나가 황룡으로 그려져 또 다른 양극의 이미지를 드러내 강조되고 있다. 똥은 또 흥부 아내도 싼다. 설사를 한다. 이것은 또 다른 희극적 장면의 연출이다.

> "이러할 즈음에 흥보 안해도 밧턴 속에 밥을 어찌 먹었던지 밥 설사가 나것구나. 꿇어 엎데어 애고 똥이야, 기지개를 불끈 쓰니 물똥이 와락 쏟아져서, 사방으로 둘러대어 물기계로 불 끄듯 하야 노니 여러 자식들이 두서를 못 차리고 오뉴월 소나기 맞듯, 눈코를 못 뜨고서 후푸후푸 하였다더라." <임형택본 박흥보전>

굶다가 너무 먹어 배탈이 나 설사를 한 것이다. 그런데 이것도 그냥 설사를 하는 것이 아니다. 마치 소방차가 물을 뿌리듯 사방으로 물똥이 뿌려져 그 많은 자식들이 눈코를 뜰 수 없어 후푸후푸 한다는 것이다.

불쌍하다는 생각도, 더럽다는 느낌도 전혀 나지 않는다. 다만 이 희극적 장면에 웃음만이 터져 나올 뿐이다.

2.4. 배비장전

"배비장전"은 대표적 풍자소설의 하나로, 배 비장(裨將)과 관기(官妓) 애랑의 사랑을 그린 애정소설이다. 그러나 순수한 사랑이 아니요, 계교에 의해 자칭 9대 정남(貞男) 배 비장이 망신을 당하는 과정을 그린 것이다. 그러기에 여기에도 풍자와 해학이 넘쳐난다. 다음은 배 비장의 전임자인 정 비장 이별할 때 관기 애랑에게 빠져 웃음거리가 되는 장면이다. 애랑은 사랑을 빙자해 정 비장의 옷을 다 벗겨 나신(裸身)을 만들더니, 상투를 베어 달라고 하고, 이를 빼 달라고 한다.

> "그는 그러하거니와 분벽사창(粉壁紗窓)에 마주 앉아 서로 보고 당싯 웃으시던 앞니 하나 빼어 주오."
> 정 비장 어이없어 하는 말이,
> "이제는 부모의 유체까지 헐라 하니 그는 얻다 쓰려느냐?"
> 애랑이 여쭈오되,
> "호치(皓齒) 하나 빼어 주면 손수건에 싸고 싸서 백옥함에 넣어 두고, 눈에 암암 귀에 쟁쟁 임의 얼굴 보고 싶은 생각나면 종종 내어 설움 풀고, 소녀 죽은 후에라도 관 구석에 지녀 가면 합장일체(合葬一體) 아니 될까? 근들 아니 다정하오?"
> 정 비장은 대혹하여,
> "공방(工房) 고자(庫子)야! 장도리 집게 대령하여라."
> "예, 대령하였소."
> "네 이를 얼마나 빼어 보았는다?"
> "예, 많이는 못 빼어 보았으되, 서너 말 그럭이나 빼어 보았소."

"이놈, 제주 이는 몽불친 놈이로구나. 다른 이는 상치 않게 하나만 쏙 빼어라."

"소인이 이 빼기에는 숙수단(熟手段)이 났사오니 어련하오리까."

하더니, 소(小) 집게로 잡고 빼었으면 쏙 빠질 것을 큰 집게로 이 덤불째 휩쓸어 잡고 좌충우돌 창검격(槍劍格)으로, 차포(車包) 접은 장기 면상(面象) 차린 격으로, 무수히 어르다가 뜻밖에 코를 탁 치니, 정 비장이 코를 잔뜩 부둥키고,

"어허, 봉패(逢敗)로고! 이놈, 너더러 이 빼랬지, 코 빼라더냐?"

공방 고자 여쭈오되,

"울리어 쏙 빠지게 하느라고, 코를 좀 쳤소."

정 비장 탄식하며,

"이 빼란 게 내 그르다."

풍자의 웃음이 공격성을 띠는 데 반하여 해학의 웃음은 연민을 유발한다고 하였다. 애랑이 합장(合葬)을 들먹이며 정비장을 유혹하자 그는 이성을 잃고 만다. 그래서 당장 이를 뽑으라고 하였다. 이에 독자는 정비장의 어리석음에 연민의 웃음을 웃게 된다. 게다가 이를 뽑는 공방의 하는 짓이 어리석고 희극적이어 더욱 웃음을 자아내게 된다.

지난날 기녀와의의 이별에는 이를 뽑는 일이 더러 있었던 모양이다. 서거정의 "골계잡록"에도 이를 뽑는 이야기가 보인다. "색환판치(索還板齒)", 곧 "앞니를 찾다"란 이야기가 그것이다. 이는 경주 관기의 이야기인데, 청년이 헤어질 때 사랑을 나눈 기녀에게 행랑을 털어 돈을 주었더니 그녀는 이를 사절하였다. 그리고 몸에 붙은 것을 달래서 머리털을 잘라 주었다. 그랬더니 그녀는 이것보다 더 절실한 것을 원한다고 한다. 다음은 그 뒤의 이야기다.

청년은 곧 이빨을 뽑아 주었다. 그는 서울로 돌아왔으나 즐겁지 않았

다. 그 때 시골 사람이 찾아왔기에 그녀의 소식을 물었다. 그녀는 그와 작별한 뒤 곧 다른 사내 품에 안겼다고 한다. 청년은 노해 종을 경주로 보내 이빨을 찾아오게 하였다. 그녀는 손뼉을 치면서 깔깔대고 웃으면서 베주머니를 하나 던져 주었다.

"어리석은 양반아, 백정에게 도살(屠殺)하지 말라하고, 창녀에게 예법 (禮法)을 찾는 것이야 말로 바보가 아니라면 망령된 짓이 아니겠는가? 원한다면 너의 집 주인의 이빨을 찾아가라."

그 주머니는 그녀가 지금까지 뭇 사내들의 뽑은 이빨을 모아 놓은 것이었다.

앞니를 뽑는 것은 거짓된 애정 사회를 고발한 풍자다. 다만 그것이 해학과 함께 그려져 참담함보다 연민의 웃음을 짓게 한 것뿐이다.

2.5. 변강쇠전

"변강쇠전"은 판소리 사설 가운데 하나로, 무분별한 성의 추구를 표면적 주제로 하고, 유랑민의 참상 고발을 이면적 주제로 하는 작품이다. "변강쇠전"에는 유랑민의 비극이 청중이 즐거움을 느끼도록 희극적으로 포장되어 있다. 변강쇠 등 네 사람의 송장 짐을 지고 갈 때의 엽기적 사건은 그 중 대표적인 것이다.

한참 지고 가니 무겁기도 하거니와 길가에 있는 언덕 쉴 자리 매우 좋아, 네 놈이 함께 쉬어 짐 머리 서로 대어 일자로 부리고 어깨를 빼려하니 그만 땅(地)하고 송장하고 짐꾼하고 삼물조합(三物調合) 꽉 되어서 다시 변통 없구나. 네 놈이 할 수 없어 서로 보며 통곡한다. "애고애고 어찌할꼬? 천개지벽(天開地僻)한 연후에 이런 변괴 또 있을까? 한번을 앉은 후에 다시 일 수 없었으니 그림의 사람인가, 법당의 부처인가? 애고애고 설운지고. 청하는 데 별로 없이 갈 데 많은 사람이라. 텝드기 자네 신세 고향을 언제 가고, 각설이 우리 사정 대목장을 어찌할꼬? 애고 애고 설운지고. 여보시오, 저 여인네, 이게 다 뉘 탓이오? 죄는 내가 지었으니 벼락은 네 맞아라, 굿만 보고 앉았으니 그런 인심 있겠는가? 주인 송장, 손님 송장, 여인 말은 들을 테니 빌기나 하여 보소"

시체를 지고 가다 잠시 쉬는데 시체와 짐꾼이 땅에 딱 붙는 변괴가 일어난 것이다. 시체를 진채 땅에 붙어 기동을 하지 못하는 모습을 상상해 보라. 얼마나 우스꽝스러운가? 그리하여 저들은 신세타령을 하며 변강쇠의 처 옹녀를 원망하는 것이다. 이러한 상황은 좀 더 희극적 장면으로 발전한다. 참외밭 머리에 웬 사람들이 주루라니 앉아 있으니 밭 임자 움 생원이 "네 저것들 웬 놈인다?"하고 악을 쓴다. 담배장수라 하니까 수작이 오고 간다.

"그 담배 맛좋으냐?" "십상 좋은 상관초(上關草)요." "한 대 떼어 맛 좀 볼까?" "와서 떼어 잡수시오."
마음 곧은 움 생원이 담배 욕심 잔뜩 나서 달려들어 손 쑥 넣으니 독한 내가 코 쑤시고 손이 딱 붙는구나.
움 생원이 호령하여, "이놈, 이게 웬 일인고?" 텝득이 경판(京板)으로 물어, "왜 어찌 하시셨소?" "괘씸한 놈 버릇이라, 점잖은 양반 손을 어찌 쥐고 아니 놓노?" 텝득이와 각설이가 손뼉 치며 대소하여, "누가 손을 붙들었소?" "이것이 무엇이냐?" "바로 하제, 송장 짐이오." "너 이놈, 송장 짐을 외밭머리 놓았느냐?" "새벽길 가는 사람 외밭인지 콩밭인지 아는 제어미할 놈 있소?"
움 생원이 달래어 "그렇든지 저렇든지 손이나 떼어 다고" 네 놈이 각 문자로 대답하여, "아궁불열(我躬不閱)이오." "오비(吾鼻)도 삼척(三尺)이오." "동병상련이오." "아가사창(我歌査唱)이오." 움 생원이 문자 속은 익어 "너희도 붙었느냐?" "아는 말이오" "할 장사가 푹 쌓였는데 송장 장

사 어이 하며, 송장이 어디 있어 저리 많이 받아 지고 어느 장엘 가려하
며, 송장 중에 붙는 송장 생전 처음 보았으니, 내력이나 조금 알게 자상
히 말하여라."

움 생원이 담배에 욕심이 나서 송장 짐에 손을 넣었다가 손이 붙어버
렸다. 이 어처구니없는 사실에 뎁득이와 각설이패는 웃음으로 동정한다.
왜 남의 외밭머리에 송장짐을 놓았느냐는 책망에 누가 그걸 알았느냐는
대답이나, 손을 떼어 달라는 움 생원의 청에 응수하는 문자도 모두가 해
학적이다.

2.6. 사랑의 시조 교환

조선조의 풍류객 임제(林悌)와 기생 한우(寒雨)가 주고받았다는 사랑의 시
조는 비교적 잘 알려져 있다. 이들의 구애와 화답의 시조는 다음과 같다.

북창이 맑다커늘 우장 없이 나섰더니
산에는 눈이 오고, 들에는 찬비로다.
오늘은 찬비 맞았으니 얼어 잘까 하노라. <임제>

어이 얼어 자리, 무스 일 얼어 자리?
원앙침 비취금을 어디 두고 얼어 자리?
오늘은 찬비 맞았으니 녹아 잘까 하노라. <한우>

임제가 구애를 하고 한우가 화답한 것이다. 이들 시조에는 중의법이
쓰이고 있다. 시조에 쓰인 "찬비"는 "차가운 비"인 동시에 기생 한우(寒
雨)를 가리킨다. "얼다"는 물이 어는 것과, 남녀가 교합(交合)하는 것을 나

타낸다. 따라서 표면적으로는 찬비를 맞아 얼어 자는 것으로 표현하며, 내면적으로는 농도 짙은 사랑을 노래하고 있는 것이다. 이들의 연가(戀歌)는 임제의 제의를 한우가 "녹아 잘까 하노라"라고 수용함으로 성공하게 되는 것이다.

연가는 송강 정철(鄭澈)과 기생 진옥(眞玉) 사이에도 교환되었다. 그런데 이는 그리 잘 알려져 있지 않다. 송강(松江) 정철(鄭澈)은 명종 및 선조 때의 문신으로, 서인의 영수(領袖)이며, 가사문학의 대가였다. 이러한 정철이 기생 진옥(眞玉)에게 구애의 시조를 읊었다. 여기에도 중의법이 쓰이고 있다.

옥(玉)이 옥이라 하기에 번옥(燔玉)인 줄 여겼더니
이제야 보아하니 진옥(眞玉)이 적실(的實)하다.
나에게 살 송곳 있더니 뚫어 볼까 하노라.

"진옥(眞玉)"은 참 옥과 기녀 "진옥"을 가리킨다. 따라서 표면적인 뜻은 진옥에 대한 명성을 허명으로 여겼더니, 인조옥(人造玉) 아닌 참 옥이 분명하다. 내 그 옥에 살 송곳으로 구멍을 뚫어 보고자 한다는 것이다. 그러나 이면적 주제는 기생 진옥(眞玉)이 훌륭한 기생이 분명하니, 내 이 여인을 맞아 운우(雲雨)의 정을 누리고 싶다는 것이다. 중의(重意)의 수사법을 쓴 것이다. 이 시는 임제의 시와는 달리 비유적 표현을 하였다고 하나 색정(色情)이 짙게 깔려 있다. 이에 대한 진옥의 화답시(和答詩)도 마찬가지다.

철(鐵)이 철이라 하기에 섭철[假鐵]만 여겼더니
이제야 보아하니 정철(正鐵)이 분명하다.
나에게 골풀무 있더니 녹여 볼까 하노라.

이는 패러디(模作詩)라 할 정도로 송강의 시를 모방한 것이다. 여기에서 "철(鐵)"은 쇠인 동시에 송강의 이름 정철의 "철(澈)"을 가리킨다. "정철(正鐵)"은 순수한 쇠, 나아가서 "정철(鄭澈)"을 가리킴은 말할 것도 없다. 따라서 정철(鄭澈)의 소문을 들었지만 가철(假鐵)로 생각했는데, 참된 쇠 정철(正鐵)이 분명하다. 따라서 교합(交合)하여 녹여보고 싶다는 것이 참 주제다. "골풀무"는 불을 피우는 기구로, 여기서는 여성의 성기를 비유하고 있음은 물론이다. 이렇게 송강과 진옥의 시조는 색정 짙은 외설적 시조다. 그러나 그것이 중의법과 비유에 의해 야하게 노출되지 않고 이면에 감추어져 있다. 이런 은근하고 함축적인 표현이 유학자(儒學者)나 그들과 상종한 기녀들이 즐긴 풍류요, 멋이었다.

2.7. 민요

> 찔리야 꽃은 장개가고,
> 석류야 꽃은 상객(上客) 가네.
> 만 인간아, 웃지 마라.
> 씨 종자 바래 간다.

이 노래는 경주(慶州) 지방에 전하는 민요다. 이는 겉으로 보면 단순한 꽃노래 같으나 우리 겨레의 전통적 생활상을 반영하는 웃지 못 할 풍자의 노래다. "찔리야 꽃"은 흰색 찔레꽃을 말한다. 그러기에 백발노옹(白髮老翁)에 비유된다. 이에 대해 "석류꽃"은 붉은 색 석류꽃(石榴花)을 일러 홍안 소년(紅顔少年)을 비유한다. 따라서 "찔리야 꽃은 장개가고 석류야 꽃은 상객 가네"는 "백발노인은 장가를 가고, 홍안 소년은 상객(上客)으로 따라가네."라는 뜻이 된다. 이는 경우가 뒤바뀐 것이다. 당연히 "홍안 소년"이 장가를 가고, "백발노인"이 상객으로 가야 할 것이기 때문이다.
그러기에 이 민요의 다음 구절은 "만 인간아, 웃지 마라. 씨 종자 바래
간다."라 되어 있다. 이렇게 백발노옹이 홍안 소년을 상객으로 모시고
장가를 가는 것은 대(代)를 잇기 위해 어쩔 수 없이 장가를 가는 것이란
말이다. 칠거지악(七去之惡) 가운데 "무자거(無子去)"가 있거니와 무후(無後)
는 커다란 불효이기에 우리의 전통사회에서는 대를 이을 자식이 없다는
것은 생각할 수 없는 일이었다. 그러기에 자식이 없는 양반은 첩을 얻었
고, 양자를 했으며, 현부인(賢夫人)은 양반이 일부일첩(一夫一妾)을 거느리
는 것은 당연하다 하여 첩 두기를 권했던 것이다. 그래서 여기서도 "씨
종자(子息)"를 얻기 위해 부끄러움을 무릅쓰고 백발의 늙은이가 장가를
간다는 것이다. 이 노래는 전통적 유교사회의 한 단면을 단적으로 고발
한 풍자이다. 이와 비슷한 민요가 김천(金泉) 지방에도 전한다.

> 성노꽃은 상객 가고
> 지정꽃은 장개간다.
> 만 인간아, 웃지 마라.
> 귀동자 바래 간다.

이 노래에서 "성노꽃"은 석류꽃이고, "지정꽃"은 치자꽃을 가리킨다.
구전(口傳)의 민요 "미나리 요(謠)"도 비유에 의한 풍자의 노래다.

> 장다리는 한 철이나
> 미나리는 사철이라.

이는 조선조의 참요(讖謠) 가운데 하나다. "참요"란 앞으로 일어날 일
에 대하여 그 좋고 언짢음을 미리 들어서 노래하는 것이다. 이 노래는

조선조 제19대 임금 숙종(肅宗)을 둘러싼 비빈 간(妃嬪間)의 애정 사건을 예언한 것이다. 곧 이 노래 가운데 "장다리"는 장희빈(張禧嬪)을, "미나리"는 인현왕후(仁顯王后) 민씨(閔氏)를 비유한 것이다. "장다리"의 "장"이나 "미나리"의 "미"는 각각 그 성씨 "장(張)"과 "민(閔)"을 가리킨다. 이 "장다리" 노래는 장희빈이 간교한 흉계로, 유한정정(幽閑靜貞)한 성덕을 지닌 인현왕후 민비를 폐위시키고 왕비가 되어 일시적으로 득세하나 종극에는 사시사철 푸른 미나리, 곧 인현왕후가 승리할 것이라는 노래다. 이 사건은 과연 얼마 되지 않아 이 노래의 내용처럼 장 씨가 폐위되고, 인현왕후 민 씨가 복위되기에 이른다. 직설적이 아닌, 비유적 표현에 의한 이러한 참요(讖謠)는 세상사, 전란, 국가의 혁명, 위정자의 행실 및 궁중의 내분에 이르기까지 서슴없이 그 대상으로 노래했다. 다음의 "도화요(桃花謠)"도 궁중의 사랑 다툼(爭寵)을 다룬 참요다(박갑수, 1979).

> 도화라지, 도화라지?
> 네가 무슨 년의 도화냐?
> 복숭아꽃이 도화(桃花)지.

이 노래는 "농부가(農夫歌)"의 일절인, "서마지기 논배미가 반달만큼 남았네./ 네가 무슨 반달이냐?/ 초생달이 반달이지."와 같은 형식의 동요(童謠)이다. 그러나 이 노래도 소박하고 순수한 동요가 아니요, 엄청난 시샘의 뜻을 품고 있는 노래다. 고종(高宗)의 총애를 받던 엄 귀비(嚴貴妃)는 어느 진연(進宴) 때 임금의 눈을 끈 평양 기생 도화(桃花)라는 미인을 보게 되었다. 귀비는 왕의 사랑을 독점하고자 도화를 시샘하여 왕 몰래 그녀의 얼굴을 바늘로 찔러 마치 종기(腫氣)가 난 것처럼 만들고, 그녀가 좋지 못한 질병(惡疾)이 있으니 쫓아내자고 왕에게 무고하였다. 그리하여 불쌍

한 도화는 마침내 쫓겨나고 말았다. 민비(閔妃)와 고종 사이에 끼어들어 왕의 사랑을 받던 엄 귀비가 왕의 총애를 도화에게 빼앗길까 두려워 시샘을 한 것이다. 이 노래는 이러한 엄 귀비와 도화의 애증(愛憎) 관계를 예언한 것이다. "도화라지, 도화라지? 네 무슨 년의 복숭아꽃 도화냐? 복숭아꽃이 진짜 도화(桃花)지…" 복숭아꽃처럼 아리따운 도화로서 왕의 사랑을 받을 수 없는 가련한 기생의 일생을 예언한 것이다. 따라서 "도화요"는 엄 귀비가 "기생년 도화야. 네가 도화라지? 네까짓 년이 무슨 복숭아꽃 같은 도화란 말이냐? 예쁜 복숭아꽃이 진짜 도화지. 너는 도화근처에도 가지 못한다." 이렇게 악담이라도 하는 것 같은 노래다. 도화—그녀는 지존(至尊)의 사랑을 받을 뻔하다가 너무나도 억센 시샘에 가엾게 스러져버린 한 떨기의 꽃이었다.

2.8. 가면극의 대사

가면극은 탈놀이라고도 하는 것으로, 그 기원은 농경의례설, 기악설(伎樂說), 산대희설 등이 있다. 현재 전하는 산대도감 계통의 탈놀이는 대체로 17세기 중엽에 정립되었다. 가면극은 가무와 덕담, 재담이라고 하는 사설 즉 대사로 이루어진다. 옴중, 취발이, 말뚝이의 대사는 걸말의 보고이다. 한 예로 "강령(康翎)탈춤"에서 둘째 양반이 머리에 쓴 것을 "개잘량"이라 하니까 맏양반은 그것이 개잘량이 아니라, "용수관(龍鬚冠)"이라 한다. 그리고 개에게도 오륜(五倫)이 있다고 한다. 맏양반이 이르는 개의 오륜은 다음과 같다.

"지주불폐(知主不吠)허니 군신유의(君臣有義)요, 모색상사(毛色相似)허니 부자유친(父子有親)이요, 일폐중폐(一吠衆吠)허니 붕우유신(朋友有信)

이요, 잉후원부(孕後遠夫)허니 부부유별(夫婦有別)이요, 소부적대(小不敵
大)허니 장유유서(長幼有序)라. 이만 허면 가인들(개인들) 오륜이 상당치
않으냐?"

이는 모작시의 형태를 빈 결말이다. 개의 오륜은 주인을 보고는 짖지
않으니 군신유의, 아비 개와 새끼 개가 털빛이 같으니 부자유친, 개 한
마리가 짖으면 뭇 개가 짖으니 붕우유신, 암캐가 새끼를 밴 뒤에는 수캐
를 멀리 하니 부부유별, 작은 개가 큰 개에게 덤비지 않으니 장유유서라
는 것이다. 이는 사람의 도리인 오륜을 개에게 빗댄 것이다. 개에게 오
륜이란 가당치도 않은 것이다. 그러나 이렇게 적용하고 보면 익살스럽고
풍자적인 희극이 된다. 이는 개에게도 있는 오륜이 사람에게서는 사라지
고 있음을 풍자한 것이라 하겠다.

2.9. 인형극의 대사

인형극은 남사당(男寺黨)이라 불리던 유랑 연예인들에 의해 전승되어
온 것으로, 덜미, 꼭두각시놀음, 박첨지놀음, 홍동지놀음이라고도 한다.
이는 인형을 이용한다는 것 외에는 형식이나 내용이 가면극과 비슷하다.
꼭두각시놀음 대본을 보면 다음과 같은 대사가 보인다.

평안감사 : 웬 빨가벗은 놈이냐?
진둥이 : 내가 빨가벗은 몸이 아닙니다. 아주머니 바지저고리를 입었
　　　　습니다.
평안감사 : 요놈 결말을 쓰는구나. 너 이놈아, 싸리 밭에 쐐기 많다.
　　　　네 재주껏 튀겨봐라.

이는 꼭두각시놀음 제5막에 나오는 것이다. 인형극의 극본은 조선조 후반기에 서민문학의 대두와 때를 같이 하여 형성된 것으로, 구술본에 따라 차이를 드러낸다.

위의 진동이 말 가운데 "아주머니 바지저고리"란 곁말이다. 여기서는 그 의미가 분명치 않다. 그러나 다른 채록본(採錄本)을 보면 그 의미가 분명해진다.

> 홍동지 : 애 인사 여쭙겠습니다.
> 평안감사 : 이놈아, 어느 놈이냐?
> 홍동지 : 꿩 튀기러 왔소.
> 평안감사 : 이놈아, 꿩을 발가벗고야 싸리 밭에서 쐐기 쏘이고, 어떻게
> 튀길라고 와?
> 홍동지 : 아, 제가 튀길만해서 왔습니다. 빨가벗은 게 아니올시다. 아
> 주머니 바지저고리를 입어서 그래유.
> 평안감사 : 아주머니 바지저고리가 뭐냐, 이놈아!
> 홍동지 : 고모 바지저고리를 입었단 말씀입니다.
> 평안감사 : 허허허. 야, 그놈 말 참. 여보게 이놈이 꿩 튀길까?
> 마을 사람 : 잘 튀길 테지.

"아주머니 바지저고리"란 "고모(姑母) 바지저고리"이며, 이는 "고무 바지저고리"를 가리킨 것이다. "고무 바지저고리"에서 유음어 "고모 바지저고리"에 빗대어지고, 나아가 "아주머니 바지저고리"로 그 의미가 확대되어 익살스러운 표현이 된 것이다. 그리고 사실은 "고무 바지저고리"도 글자 그대로 고무로 된 바지저고리라기보다 "맨살"을 이렇게 비유한 것이라 할 것이다. 이는 비유와 펀(pun)이 복합된 곁말이라 하겠다.

2.10. 김삿갓(金笠)의 한시

김삿갓, 또는 김립(金笠)이란 조선조의 방랑시인 김병연(金炳淵)의 별호이다. 그의 한시는 희화적인 파격으로 풍자와 해학을 담고 있어 유명하다. 다음의 몇 수는 이러한 풍자와 해학의 시이다. 아래의 "요하패(腰下佩)기역"시는 한글 자형으로 사물과 한자를 나타낸 기지의 시다. 기억 자와 이응 자는 대유(代喩)에 의해 낫과 코뚜레를 나타내고, 이을과 디귿은 각각 비슷한 한자 자형인 몸 기(己)자와 망할 망(亡)자를 나타내어 풍자적인 교훈시가 되게 하고 있다.

> 腰下佩기역(허리 아래에는 기역 자 모양의 낫을 차고)
> 中鼻穿이응(쇠코에는 이응 자 모양의 코뚜레를 채웠구나)
> 歸家修이을(집에 돌아가서 리을 자, 곧 몸(己)을 닦아라)
> 不然點디귿(그렇지 않으면 디귿 자에 점을 찍어 망(亡)하리라)

이에 대해 "二十樹下" 및 "書堂" 시는 동음어에 의한 곁말로 못된 세상을 풍자하였다. "이십수하"시는 숫자에 의해 "서러운, 쉰, 이런, 설은"이란 관형어를 나타낸 것이다. 이에 대해 "서당"시는 표면상의 점잖은 표현과는 달리, 내면적으로는 성기(性器)를 언급함으로 풍자적이고 익살스러운 표현이 되게 한 것이다. 곧, "乃早知, 皆尊物, 諸未十, 來不謁"은 각각 "내좆, 개좆물, 제미씹, 내불알"을 나타낸 것이다. 과연 김삿갓다운 풍자시다.

> 二十樹下 三十客(스무나무 아래의 서러운 나그네에게)
> 四十村中 五十食(망할 놈의 마을에서 쉰밥을 주누나)
> 人間豈有 七十事(세상에 어찌 이런 일이 있으리오?)
> 不如歸家 三十食(집에 돌아가 설은 밥 먹느니만 못하도다.)

書堂乃早知(서당은 내가 이미 다 알고 있는데)
房中皆尊物(방안에서는 모두 잘난 체하는구나)
生徒諸未十(생도는 다 해야 모두 열도 안 되는데)
先生來不謁(선생은 와서 알현하지 않는구나.)

2.11. 파자(破字)

파자(破字)란 문학의 양식은 아니다. 이는 한자의 자획을 풀어 나누는 것을 말한다. "흥부전", 신재효의 "심청가" 등에는 이러한 파자에 의해 많은 표현을 윤택하게 하고 있는 것을 볼 수 있다. 다음은 경판 25장본 "흥부전"의 통성명 장면이다. 여기서는 무미건조할 통성명을 기발한 파자에 의해 흥미롭게 전개하고 있다.

군평이 ᄒᆞᄂᆞᆫ 말이 ᄇᆞ닥 셋지 안즌 분은 셩ᄌᆞ(姓字)롤 뉘라 ᄒᆞ시오? 혼 놈이 답ᄒᆞ되 나모 둘이 씨롬ᄒᆞᄂᆞᆫ 셩이오. 군평이 ᄒᆞᄂᆞᆫ 말이 목ᄌᆞ(木字) 둘 겹으로 붓치니 슈풀 님자(林字) 님 셔방이오, ᄯᅩ 져분은 뉘라 ᄒᆞ시오? 혼놈이 답ᄒᆞ되 닉셩은 목독이의 갓 쓰인 ᄌᆞ이오. 군평이 ᄒᆞᄂᆞᆫ 말이 갓머리 안희 나모 목 ᄒᆞ여스니 나라 송ᄌᆞ(宋字) 송셔방이오. ᄯᅩ 져분은 뉘라 ᄒᆞ시오? 한놈이 답ᄒᆞ되 닉 셩은 계슈남기란 목ᄌᆞ 아래 만승천ᄌᆞ(萬乘天子)란 ᄌᆞ ᄌᆞ를 밧친 외얏 니ᄌᆞ 니셔방이오. ᄯᅩ 져분 뉘라 ᄒᆞ시오? 한 놈이 원간 무식혼 놈이라 함부로 ᄒᆞᄂᆞᆫ 말이 닉 셩은 난졍 몽둥이란 나모 목ᄌᆞ ᄋᆞ리 발긴 역적의 ᄋᆞ들 누렁쇠 ᄋᆞ들 검졍기 ᄋᆞ들이란 ᄋᆞ들 ᄌᆞ ᄇ 친 복셩화 니ᄌᆞ 니셔방이오. ᄯᅩ 져분은 뉘라 ᄒᆞ오? 혼 놈이 답ᄒᆞ되 닉 셩ᄌᆞ(姓字)는 뫼 산ᄌᆞ(山字) 네히 ᄉᆞ면으로 두룬 셩이오. 군평이 가만히 삭여 ᄒᆞᄂᆞᆫ 말이 뫼 산ᄌᆞ 네히 둘너스니 밧 전ᄌᆞ(田字) 젼셔방인가 보오.

파자는 수수께끼로도 많이 활용되고 있다. 파자 수수께끼는 기발한 발상에 의해 파자함으로 문자 그대로 술수를 겨루는 것이다. 이러한 예를 몇 개 보면 다음과 같다.

- "개의 입이 넷 있는 글자가 무슨 자냐?" (그릇 器자)
- "깍지란 글자가 무슨 자냐?" (큰 大자)
- "나무 위에서 나팔 부는 글자가 무슨 자냐?" (뽕나무 桑자)
- "나무 위에서 서서 보는 글자가 무슨 자냐?" (어버이 親자)
- "눈 목(目)자에 두 점을 더하여도 조개 패(貝)자가 아닌 것이 무슨 자냐?" (하례 賀자)
- "두 개의 달이 산 밑에 가라앉은 글자가 무슨 자냐?" (무너질 崩자)
- "많은 나무가 무슨 글자냐?" (복숭아 桃자)
- "머리는 작고 꼬리는 큰 것이 무슨 글자냐?" (뾰족할 尖자)
- "병아리 상제된 글자가 무슨 자냐?" (취할 醉자)
- "불붙는 나무에 새 앉은 글자가 무슨 자냐?" (가을 秋자)
- "사방으로 고루 비치는 글자가 무슨 자냐?" (밭 田자)
- "섰다 섰다, 왈왈, 삐치고 잦히고, 삐치고 잦히고 한 자가 무엇이냐?" (다툴 競자)
- "스무 하룻날 대밭으로 오라는 것이 무슨 글자냐?" (문서 籍자)
- "시월 십일에 쓴 글자가 무슨 글자냐?" (아침 朝자)
- "양이 뿔 빠지고 꽁지 빠진 글자가 무슨 자냐?" (임금 王자)
- "어머니가 갓 쓰고 조개 줍는 글자가 무슨 자냐?" (열매 實 자)
- "열 한 치 되는 집이 무슨 글자냐?" (절 寺자)
- "외나무다리에 소 몰고 가는 것이 무슨 자냐?" (날 生자)
- "자개 패(貝)자에 두 점이 없더라도 눈 목(目)자로 보지 못할 것이 무슨 글자냐?" (재물 資자)
- "팔월에 지아비가 말을 탄 것이 무슨 글자냐?" (달릴 騰자)
- "하늘 위에서 소 모는 것이 무슨 자냐?" (웃을 笑자) (어대어대하므로)
- "한 총각이 물 긷는 처자를 표고 '시월청심(十月靑心)이오'하고 한 숨을 쉬니, 처자는 '성문일구(城門一口)에 반월삼성(半月三星)이라' 대답했다. 이것이 무엇이냐? (有情·同心)

3. 결어

한국의 고전은 교시적(敎示的) 기능과 쾌락적 기능으로 나누어 볼 때
좀 더 교시적 경향을 지니는 것으로 볼 수 있다. 전통적으로 시시덕이보
다는 새침데기를 선호하는 가치관을 지닌다. 특히 양반소설은 도덕적 교
훈위주의 작품 경향을 지닌다. 따라서 이들에는 풍자는 있으나, 해학은
좀처럼 보이지 않는다. 주제는 권선징악(勸善懲惡)이 주류를 이룬다. 장르
로 볼 때는 가전체소설, 의인화 소설, 우화소설 등은 본질적으로 이러한
풍자적 경향을 지닌다. 따라서 우리 고전은 작품 자체만이 아니라, 그
표현에도 이러한 풍자가 많이 활용되고 있는 것을 볼 수 있다. 이에 대
해 해학은 서민소설, 탈춤, 판소리, 민요 등 위항문학(委巷文學)에 많이 나
타나고, 작품 주제라기보다 표현 기법으로 많이 쓰인다.

앞에서 박지원의 호질(虎叱), 춘향전, 흥부전, 배비장전, 변강쇠전, 사랑
의 시조, 민요, 가면극, 인형극, 김삿갓의 한시, 파자 등에 나타난 한국인
의 풍자와 해학을 살펴보았다. 이들은 대부분 서민문학의 작품들이다.
춘향전, 흥부전, 변강쇠전 등은 판소리계 소설이다. 따라서 평민문학의
작품이다. 가면극, 인형극, 민요 등은 물론 서민문학이다. 따라서 이들에
는 본질적으로 풍자와 해학적 표현이 드러나게 되어 있다. 박지원의 호
질은 고전(古典)에 반기를 든 실학파의 문학이요, 김삿갓의 시는 반골정
신이 깃든 문학이라 풍자와 해학이 넘쳐난다. 평시조는 양반문학이나,
사설시조와 임제나 정철의 사랑의 시조는 일탈의 문학이라 할 것이다.

우리 고전에는 작품 전체의 주제 아닌, 설명, 묘사, 서사 등 기술(記述)
의 기법으로 풍자와 해학이 많이 쓰이고 있다. 이는 독자에게 즐거움을
제공하고자 하는 것이다. 쾌락적 기능을 드러내고자 하는 것이다. 이러
한 표현의 기법은 앞에서 언급한 바와 같이 양반문학이라기보다 서민문

학에 많이 드러나는 특징이다. 고전의 이러한 풍자와 해학적 표현을 이해함으로 좀 더 순수한 한국인에 다가갈 수 있을 것이다. 재외동포를 비롯한 이문화 사회인(異文化社會人)은 더욱 고전과의 교류를 가져야 한다.

참고문헌

박갑수(1979), 사라진 말, 살아 남는 말, 서래헌.
박갑수(1984), 국어의 표현과 순화론, 지학사.
박갑수(2006), 고전문학의 문체와 표현, 집문당.
Mucke, D. C.(1970), Irony, 문상득 역(1986), 아이러니, 서울대 출판부.
Pollard, A.(1970), Satire, 송낙헌 역(1986), 풍자, 서울대 출판부.

* 이 글은 재외동포교육진흥재단 "제5회 재외동포교육 국제학술회의"(경주교육문화회관, 2006년 7월 25일~31일)에서 발표된 것을 개고한 것이다.

제 4 부

한국어의 명명과
한자의 조자(造字)

제1장 한국어의 어원과 발상과 명명

제2장 한자의 조자와 한국어의 발상

제3장 문자와 언어에 대한 발상의 허실

제4장 한·중 파자 수수께끼의 원리와 실제

제1장 | 한국어의 어원과 발상과 명명

고유어 체언의 복합어를 중심으로

1. 서언

이 세상에는 약 3,000개의 언어가 있다. 그 가운데 하나가 한국어다. 한국어의 계통은 알타이어족에 속하는 것으로 보나 확인된 것은 아니다.

한국어에는 고유어 외에 한자어를 비롯한 외래어가 많이 들어와 있다. 과반수, 심하게는 70%가 외래어라 보기까지 한다. 이는 영어의 경우 로망스어(語)가 2/3를 차지하는 것과 경향을 같이 한다.

어휘의 유연성(有緣性)에 대해서는 이론(異論)이 있다. 유연성은 음운적 유연성과 형태적 유연성이 있다. 전자는 주로 상징어에, 후자는 주로 복합어에 나타난다. 나는 원칙적으로 명명(命名)과 조어(造語)에는 유연성이 작용한다고 보는 편이다. 다만 세월이 흐름에 의해 그 유연성이 소실되고, 그럼으로 인해 후세 사람들이 어원(語源)을 잘 파악할 수 없게 되었다고 본다. 따라서 그 어원을 밝히는 데 어려움이 따른다. 한계가 있다. 흔히는 문자 그대로 기원적 어원을 밝히기보다 중간어원(中間語源)을 밝히는 데 그쳐야 한다. 한국어의 경우 고유어의 어원은 역사적 자료의 불비와 비교언어학적 연구의 부족으로 대부분 그 어원을 밝힐 수 없는 것이 오늘의 현실이다.

이 글에서는 이러한 한국어의, 그것도 고유어 체언의 복합어를 중심으로 어원을 살펴보기로 한다. 그러나 여기서의 논의는 새로운 어원을 탐구하자는 것이 아니고, 사물에 대한 명명을 어떻게 하였고, 그 조어는 어떻게 되었는가 하는 것을 발상(發想)을 중심으로 살펴보기로 한다. 어원과 발상의 문제를 살펴보자는 것이다.

우리는 사물을 오관(五官)이란 감각기관에 의해 파악하게 되고, 이를 비유에 의해 확대 해석함으로 객관적 세계를 이해하고 표현하게 된다. 따라서 현실적으로 사물의 명명을 보면 시각적(視覺的) 현상에 따른 발상이 가장 두드러지고, 그 다음이 청각에 의한 것이며, 후각 미각 촉각은 미미한 것으로 나타난다. 이는 형상, 색채, 음성상징 등에 따른 발상과 명명, 조어가 현저하다는 것을 의미한다.

2. 시각에 따른 발상과 명명

시각은 사물의 형상(形狀)과 색채와 빛을 지각한다. 따라서 시각에 따른 발상은 형감어, 색감어, 광감어 등을 형성해 낸다. 사물의 모양에 따라, 색깔에 따라, 명암과 같은 빛깔에 따라 발상을 하고, 이에 따라 명명하고 조어를 하게 된다. 특히 시각은 일반적으로 형태에 의한 지각을 많이 하게하며, 대소, 후박(厚薄), 세태(細太), 표리와 같이 대조적으로 많이 파악하게 한다. 색채는 흑백의, 빛깔은 명암에 의한 대조에 의한 발상을 많이 보인다.

2.1. 시각에 따른 발상과 명명의 유형

(1) 형감에 따른 발상과 명명

① 형태에 따른 발상과 명명

사물의 형상(形狀)은 사물의 생긴 모양이나 상태를 말한다. 따라서 이는 형태와 상태로 나눌 수 있다. 형태는 생김새나 모양을, 상태는 사물과 현상이 놓인 모양이나 형편을 말한다. 명명은 대부분의 경우 형태에 바탕을 두고 발상을 하고 있다. 사물의 생김새나, 대소, 후박, 세태(細太), 표리를 바탕으로 발상을 한 경우가 이러한 것이다. 예를 들어보면, "갈치(刀), 괴발개발(足跡), 메밀(角), 코끼리(鼻長), 패랭이꽃(石竹花)" 같은 것이 그것이다. 이들은 각각 괄호 안에 한자로 쓰인 사물의 형상에 발상의 기초를 두고 명명을 하고, 조어한 것이다.

- 가랑비 : ᄀᆞᄅᆞ(粉)-비(雨). ᄀᆞᄅᆞ비>ᄀᆞ랑비>가랑비. ᄀᆞ랑비(濠鬆雨) <역어유해>
- 갈치(刀魚) : 갈(刀)-치(접사・魚). 갈・갏(刀)>칼. 갈ᄒᆞ로 자라목 버히듯 ᄒᆞ니(능엄)
- 강아지풀 : 구미초(狗尾草). 가히(犬)-아지(접사)-풀(草)
- 곰배팔이 : 예주(拽肘). 곰배(丁)-불(肘)-이(人)>곰배팔이.
- 곳어름 : 고드름. 곳(直)-얼(氷)-음(접사)>곧-어름>고드름. 곳어름 <역보>
- 괴발개발 : 어지럽게 쓴 글씨. 괴(猫)-발(足)-개(狗)-발(足). cf. 개발쇠발
- 괴좆나무 : 구기자(拘杞子). 괴(猫)-좃(陰莖)-나무>괴좆나무. cf. 괴좃 : 열매의 형상 비유.
- 도끼(斧) : 돓(石)-ㅅ-귀(耳). 돗귀(월석)>독긔(역해)>도끼
- 매부리코 : 응취비(鷹嘴鼻). 매(鷹)-부리(嘴)-코(鼻). 매부리코(鷹嘴鼻)

　　　＜역어＞

- 메밀 : 교맥(蕎麥). 모(角)-밀(麥)>메밀. 모밀 교(蕎)＜자회＞
- 무지개(虹) : 물(水)-지게(戶). 므지게>무지개. 므지게 홍(虹)＜자회＞
- 무지개다리 : 홍예교(紅霓橋). 무지게-ᄃ리(橋)>무지개다리. ᄃ리 교 (橋)＜자회＞
- 바늘귀 : 바늘귀. 바늘(針)-귀(耳)＜역보＞. cf. needle's eye
- 발톱 : 발(足)-톱(爪). 톱과 엄쾌 놀캅고(석보)
- 새가슴 : 계흉(鷄胸). 새(鳥)-가슴(胸)>새가슴
- 서까래 : 혀(舌)-ㅅ-가래. 혓가래(박언)>셧가래(동문)>서까래
- 싸라기눈 : 세설(細雪). ᄉ라기눈>쓸아기눈. 皆눈(米)-(粒子雪)＜역어＞
- 얼금뱅이 : 마자(麻子). 얽음(麻)-뱅이(人). 얽은이(麻子)＜역보.＞
- 엿가락 : 엿가래. 엿-가락(分岐). cf. 타래엿
- 쥐눈이콩 : 서목태(鼠目太). 쥐(鼠)-눈(目)-이-콩(太)
- 코끼리 : 곻(鼻)-길(長)-이(접사). 고키리(월석)·코키리(시경)>코끼리· 고키리샹(象)(자회)
- 키다리 : 크(大)-이(접사)-다리. 킈(석보)> 키
- 털부채게 : 게의 일종. 털(毛)-부채(扇)-게(蟹)

② 상태에 따른 발상과 명명

상태를 기초로 한 발상의 명명은 사물과 현상이 놓인 모양이나 형편을 기초로 한 것이다. 따라서 이는 형태에 따른 직접적 발상에 비해 시각성이 떨어지며, 다소간의 추상성을 띠게 된다. 이러한 상태를 기초로 한 발상의 명명도 많다.

- 개구리헤엄 : 평영(平泳). 개구리(蝸)-헤엄(泳).
- 고뿔 : 감기. 곻(鼻)-불(火). 곻-불>곳불>고뿔
- 곱창 : 곱(膏)-장(腸). 곱장>곱창. cf. 장(腸)의 중세음 [tʃiang]. 창자 (腸子)

- 구메밥 : 구무(穴)-의-밥(飯). cf. 구메혼인
- 누에(蠶) : 눕(臥)-에(접사)>누웨>누에. 누웨(구방)>누에
- 니사금(尼師今) : 임금. 닛(繼)-금·굠(王, 神)>님금>임금.
- 도리깨 : 농구(農具). 돌(回)-이(접사)-개(접사). 도리개(물보)>도리깨 (한청)>도리깨
- 목숨 : 생명(命). 목(頸)-숨(息)>목숨
- 방아깨비 : 대첨두황(大尖頭蝗). 방하(碓)-ㅅ-개비>방아깨비
- 부뚜 : 풍석(風席). 붗(扇)-돛(席)>부돛>부뚜. 붗다>붗다>부치다.
- 붓두껍 : 붓뚜껑. 붓-둣(蓋)-겁(접사)>붓두껍 cf. 인두껍을 쓰다
- 새끼 : 어린 것(仔). 숟(股)-기(접사)>삿기>새끼. 羊과 鹿馬 삿기 나 흐며<월곡>
- 앉은뱅이 : 좌객(坐客). 앉(坐)-으-ㄴ-뱅이(人). 안준방이<동의탕액>
- 어르신 : 성인. 얼(交合)-우(접사)-시(접사)-ㄴ(접사). 어루신하 허믈 마르쇼셔(大舍休怪)(박초). cf. 어룬>어른.
- 오솔길 : 單細道. 외(單)-솔(細)-길(道)>오솔길.
- 전말(蹇馬) : 저는 말. 전(蹇)-말(馬)
- 찹쌀 : 나미(糯米), 츳-ᄡᆞᆯ(米)>찹쌀. 츳ᄡᆞᆯ 나(糯)<자회>
- 해바라기 : 향일화(向日花). 해-바라(向)-기(접사).

(2) 색감과 광감에 따른 발상과 명명

① 색감에 따른 발상과 명명

색채는 명도(明度)와 채도(彩度)에 의해 여러 가지로 구분된다. 한국어에는 색채를 나타내는 형용사로 청·홍·흑·백·황의 5색이 있다. 이 밖의 어휘는 보이지 않는다. 색감에 따른 명명은 채도보다 명도에 의한 것이 많다. 특히 흑백(黑白)의 대조 내지, 특징을 드러내는 것이 많다. 색채어는 동물명에 많이 쓰인다. 무늬는 "얼룩, 어룽, 얼룽, 무지개, 바둑" 등의 어근과 결합하여 명명하고 있다.

〈색채어〉

- 가마귀(烏) : 감(黑)-아괴(접사). 가마괴>까마귀. 가마괴 오(烏)<자회>
- 가마오디 : 가마오지(水老鴉). 가마-오디>가마오지. 가마오디 자(鷀)<자회>
- 감장새 : 현조(玄鳥). 굼듸앙(鍋煤)-새> 감장-새.
- 가물치 : 어명(魚名). 감(黑)-오(접사)-티(접사)(사성)>가물티(유물)>가물치
- 검은콩 : 흑태(黑太). 검은(黑)-콩(太). 거믄콩<구방>
- 깜부기 : 소맥노(小麥奴). 감보기>깜부기. 밀감보기(小麥奴)<동의탕액>
- 검정(黑) : 검듸영(鍋煤)>검정. 검(黑)-듸영(접사). 가마 미틔 검듸영 鍋煤<구간>
- 노른자위 : 단황(蛋黃). 노른-ᄌᅀᅳ(核)>노른-자위
- 밤빛 : 밤색. 밤(栗)-빛(色).
- 불개미 : 불(火)-가얌이(蟻)<유물보> 블글 단(丹)<자회> cf. 불곰
- 불경이 : 홍초(紅草), 붉어지기 시작한 고추. 붉(紅)-엉(접사)-이(접사)
- 붉은배새매 : 매의 일종. 붉은(紅)-배(腹)-새(鳥)-매(鷹).
- 쑥빛(艾色) : 재빛을 띤 진한 녹색. 뿍(艾)(두시)-빛> 쑥빛
- 푸르대콩 : 청대콩, 청태(靑太). 프르(靑)-대(株)-콩.
- 흰나비 : 백접(白蝶) 흰(白)-납(蝶)-애(접사). 흰납이(白蛾兒)<역어>

〈문양(紋樣)어〉

- 검은어루럭이 : 피부병의 일종. 검은-어루럭-이. 검은어루럭이 紫癜風<물보>
- 무지개떡 : 층마다 다른 빛깔의 시루떡. 므지게(霓)-쩍(餠)>무지게쩍>무지개떡
- 바둑무늬 : 바독-무늬> 바둑무늬. 바독 긔(棋)<자회>
- 바둑개 : 바둑이, 바둑(斑)-개>바둑개. 바독개(花狗)<동문>
- 바둑이 : 검은 점과 흰 점이 뒤섞여 있는 개. 바둑이 검둥이<해동>
- 아롱옷 : 얼룩옷. 아롱(斑)-옷(衣). 다숫 빛체 아롱오술 닙으며(着五色

班之衣)<소학>
- 얼룩말 : 얼룩말. 얼룩(斑)-말(馬). 花馬 얼럭몰<몽어유해>
- 얼룽참집게 : 바닷게의 일종. 얼룽(斑)-참(眞)-집게(蟹).

② 광감에 따른 발상과 명명

시각에는 형감과 색감 외에 광감이 있다. 이는 광선에 대한 지각으로, 명암(明暗)이 이의 대표적 속성이다. 이밖에 해, 달, 별, 불과 같은 광원(光源)이 있다.

- 곧발기 : 평명(平明), 새벽. 곧(접사)-볽(明)-이(접사). 미양 곧볼기에 (每平旦)<소학>
- 그림자(影) : 그리메>그리매>그림자. 六塵의 그리메 像 브루믈 아라 <월석>
- 그믐날 : 회일(晦日). 그믐(그믈음)-날(日)>그믐날. 섯달그믐날<분온>
- 달빛 : 월광. 달(月)-빛(光). 돌빗>달빗>달빛
- 달박골 : 월명동(月明洞ㆍ지명). 돌(月)-볽(明)-골(洞). 돌볽골>달박골
- 모닥불 : 땔감을 모아놓고 피우는 불. 모도(集)-악(접사)-불(火).
- 반딧불 : 형광(螢光) : 반되(螢)-불. 반되-블>반되불>반딧불. 반되爲 螢<훈정>
- 박쥐 : 편복(蝙蝠). 볽(明)-쥐(鼠)>밝쥐>박쥐. 볽쥐 복(蝠)<유합>
- 밤빛 : 야광(夜光). 밤(夜)-빛(光).
- 불꽃 : 화염. 블(火)-곳(花)>불꽃. 불곳 염(炎)<유합>
- 새벽(曉) : 새(東)-볽(明)>새복>새벽. 새벽(曉頭)<동문>. cf. 새배(曉) <두시>
- 아침볕 : 조양(朝陽). 아춤(朝)-볕(陽光). 아춤볕>아침볕
- 어둑발 : 사물을 분간할 수 없을 정도의 어두운 빛살. 어둑(暗)-발 (빛발)
- 어둑새벽 : 날이 새기 전 어둑어둑한 새벽. 어둑-새벽.

- 저녁노을 : 석하(夕霞). 져녁-노올(霞). 져녁노올>저녁노을. 노올 하
  (霞)<유합>
- 해돋이 : 일출(日出). 해-돋(昇)-이(접사)
- 햇무리 : 일훈(日暈). 히-ㅅ-모로((暈). 힛모로>햇무리. 힛모로<한청>
- 햇빛 : 일광. 히-ㅅ-빛(光). 힛빛>햇빗>햇빛. 힛비츨 조차<두시>

2.2. 형감에 따른 발상과 명명의 실제

(1) 대립적 특징에 따른 발상과 명명

시각적 대상을 나타내는 말에는 앞에서 언급한 바와 같이 대소, 후박,
세태(細太), 표리, 흑백과 같이 대조적으로 파악하여 명명한 것이 많다.
이 밖에 선후(先後), 신구(新舊), 본말(本末), 인과(因果), 진부(眞否)의 대조에
의해서도 많이 명명된다.

① 대소(大小)

"크다~작다" 외에 "하다(大), 말(王)~좀, 아촌, 조막, 흑다" 등에 의해
구별, 명명하고 있다.

- 말잠자리 : 청령(蜻蛉). 몰(大)-존즈리(蜻蛉)>말잠자리. 존즈리<물보>
- 아주미 : 아촌(小)-엄(母)-이(접사), 아주머니 : 아촌(小)-어머니(母).
- 아촌설(歲暮) : 작은설. 아촌(小)-설(元旦). 아촌설밤(除夕)<역어>
- 작은집 : 아우나 작은 삼촌 집. 첩, 첩의 집. 작-은-집. cf. 큰집
- 잔소리 : 쇄언(瑣言). 잔(小)-소리. cf. 잔돈(散錢)
- 젹은말 : 소변(小便). 젹은(小)-몰(便). 큰몰 져근몰 보난디로<구급간
  이방>
- 조랑말 : 몸집이 작은 말. 조랑(小)-몰(馬)>조랑말
- 조막손 : 작은 손. 조막(小)-손(手). 조막손이거나 젓독발이거나<무원>

- 큰말 : 대변(大便). 큰-몰(大便)<역어>. 큰몰 보신다 (大見風)<역어>
- 큰벼슬 : 큰(大)-벼슬(官職). 큰벼슬 경(卿)<유합>
- 큰손 : 다액 매매자(회사). 큰(大)-손(手).
- 하늘(天) : 하닳(원각)>하늘(석보). 한-볼(大光明, 大原)·한-올(大卵)·
  한-울(大蓋)
- 하님 : 남의 집 계집종. 한(大)-옴(雌)(고려시대)>하님.
- 한가위 : 추석. 한(大)-갑(中)-이(접사)>한-가위. 한(大)-嘉排
- 한숨 : 한(大)-숨(息). cf. 한숨딯다(作)(내훈)>한숨지다(삼역)
- 하라비 : 조부(祖父). 한(大)-아비(두시)>할아비<신속>
- 함박 : 한(大)-박(瓠)(물명). cf. 함박꽃
- 황새 : 관조(鸛鳥). 한(大)-새(鳥)(훈몽)>환식(교시조)>황시
- 황소 : 황우. 한(大)-쇼(牛)(월곡)>황쇼(물보). 싸호는 한쇼롤 두 소니
  자브시니<용가>
- 효근귤 : 등자(橙子). 효근귨 등(橙)<자회>

② 후박(厚薄)

"두텁다(두껍다)~얇다, 뚱뚱하다~홀쭉하다" 등에 의해 구분, 명명된다.

- 두꺼비(蟾) : 둡(厚)-업(접사)-이(접사). 두텁(훈정)>두터비(구방). cf.
  둗겁이(물보)>두꺼비
- 두껍닫이 : 두껍집. 두껍창(窓). 두껍(厚)-닫(閉)-이.
- 두껍살 : 두껍게 찐 살. 두껍-살(肉)
- 두텁떡 : 후병(厚餠). 두텁-떡.
- 뚱뚱보 : 뚱뚱(太)-보(사람)> 뚱-보
- 얄팍수 : 얄팍한 수. 얄팍(薄)-수(術數)
- 엷은잎제비꽃 : 식물명. 엷은-잎-제비-꽃
- 엷푸름 : 박청(薄青). 엷(薄)-푸르(青)-ㅁ(접사).
- 홀쭉이 : 홀쭉한 사람. 홀쭉-이

③ 세태(細太) · 광협(廣狹)

"굵다~가늘다, 솔다, 홀쭉하다, 넓다~좁다, 넓적하다~조붓하다" 등
의 구별에 의해 명명한다.

- 가는눈 : 가늘게 뜨는 눈. 가는-눈.
- 가는체 : 가는 체(細籭). ᄀᄂ(細)-체>가는체. ᄀᄂ체<물보> cf. 굵
  은체
- 굵은베 : 굵은 올로 성기게 짠 삼베. 굴근 뵈 격(絡)<자회>. cf. 가는베
- 굵은소금 : 입자가 굵은 소금. 굵은-소금. cf. 가는소금
- 너럭바위 : 광암(廣岩). 넓(廣)-억-바위(岩). 너러바회<송강>
- 넓적다리 : 대퇴(大腿). 넓적(廣)-다리(脚). 너러바회<송강>
- 소쿠리 : 솔(細)-고리(栲)>속고리>소쿠리. 솖고리>속고리<물보>
- 손돌 : 솔(細, 窄)-돌(梁). cf. 손돌목, 손돌바람, 손돌이 추위
- 송곳 : 솔(細)-곳(串). 솔곳>솔옺(두시)>송곧(왜어)> 송곳
- 잔허리 : 가는 허리(細腰). 잔(細)-허리(腰). cf. 가는허리
- 좁은가슴잎벌레 : 동물의 일종. 좁은-가슴-잎-벌레
- 좁은잎들꽃 : 식물의 일종. 좁은-잎-들-꽃.

④ 표리(表裏)

"갓 · 겇, 않~밧ㄱ · 속 · 숩" 등에 의해 구분, 명명한다.

- 가죽 : 갗(表皮). 갗-욱(접사). 거믄 가초로 밍ᄀ론 几롤(烏皮几)<두
  시>, 느릅나모 거츠로<구방>
- 겉치레 : 외식(外飾). 겉(外)-치레(飾). 눈치레. cf. 속치레
- 바깥(外) : 밦(外)-같/겉(皮)>바깥
- 밧나랑 : 외국. 밦(外)-나랗(國). 이제 曹操ㅣ 밧나라흘 업시코져 ᄒ
  여<삼역>
- 소갈머리 : 마음 · 생각의 비어. 속(裏)-알-머리(頭). cf. 소가지(裏 ·

心), 소갈-딱지.

- 속곳 : 내의. 속(裏)-것(物). 속것>속곳
- 속서근-풀 : 황잠(黃岑). 裏朽斤草(향월)>숩서근플(구간)>속셕은풀<물명>
- 아내 : 처(妻). 않-애(內子)>안해>아내. cf. 바깥어른
- 안주머니 : 속주머니. 안(內)-줌(把)-어니(접사). cf. 줌치, 바깥주머니.

⑤ 선후(先後)

"맏~막, 올·일~늦, 앞이, 꼴-, 끝재" 등에 의해 구분, 명명한다.

- 꼴찌 : 마지막 차례. 꼴(末)-찌(접사). cf. 꼴등, 꼬라비
- 끝동 : 소맷부리에 댄 다른 색의 천. 긏동>끝동. 갑옷 ᄉ매 긏동(亮袖)<한청>
- 긏재 : 말째. 긏(末)-재(차례). 긋재(末尾)<한청>
- 늦모내기 : 만이앙(晚移秧). 늦(晚)-모(苗)-내기
- 늦바람 : 만풍(晚風). 늦(晚)-바람(動心)
- 막내 : 막-낳이>막나이>막내. 막나이(晚生子)<역어>
- 막물태 : 맨 끝물에 잡은 명태. 막(終)-물(水)-태(太)
- 맏누이 : 자(姉). 몯(昆)-누의(姉). 姉는 몯누의오<월>
- 맏물 : 몯(頭)-물(水). 몯물>뭇물(한청)>맏물
- 아이빨래 : 애벌빨래. 아시(初回)-빨래>아시-쌜래>아이빨래. cf. 아시삐다
- 오사리 : 이른 사리. 올(早)-사리(大潮)>오사리. cf. 오사리잡놈
- 올벼 : 조도(早稻). 올(早)-벼(稻) 올벼>오려. 오려 點心<청구>
- 일죽음 : 요절(夭折). 일(早)-죽(死)-음(접사)
- 첫사랑 : 초련(初戀). 첫(初)-ᄉ랑(思量)>첫사랑

⑥ 신구(新舊)

"새~예·헌, 해(年), 묵(陳), 오라" 등에 의해 구분, 명명된다.

- 묵나물밥 : 진채식(陳菜食). 묵(陳)-ㄴ뭀(菜)-밥
- 묵은해 : 구년(舊年). 묵은(舊)-해(年)
- 새살림 : 신혼살림. 새(新)-살(生)-리(접사)-ㅁ(접사). cf. 사롬사리아 어느 시러곰 니르리오(生理焉得說)<두시>.
- 색시 : 신부. 새(新)-가시(女, 妻). 새가시>새각시(박언)>시악시(女 兒·화어)>색시
- 시앗 : 첩(妾). 싀(新)-갓(妻)>싀갓>싀앗>시앗. 늄의 싀앗 되야<청 구>
- 시집 : 媤家. 싀(新)-집(家)>싀-집(속삼)>시집. 싀지븨 가<속삼>
- 옛고을 : 故鄕. 녜(昔)-ㅅ-ㄱ올>녯-고을>옛고을>옛골. 녯ㄱ올히라 와 됴토다<두시>
- 옛말 : 고담(古談). 녜-ㅅ-말(談)>옛말. 옛말 아니홈으로<소학>
- 오란비 : 장마. 오란(長·久)-비(雨). 오란비 우(雨)<자회>
- 햅쌀 : 햅쌀(新米). 해(新年)-뿔(米)>햅쌀
- 햇나물 : 신채(新菜). 해(新年)-ㅅ-ㄴ뭀(菜). 횟ㄴ뭀>횟나믈>햇나물
- 헌옷 : 폐의(弊衣). 헌(弊)-옷. 헌오술 니브샤<월곡>

⑦ 본말(本末)

"밋~긋"으로 본말을 구분, 명명한다. 지엽을 의미하는 "가지"도 있다.

- 긋니시 : 단속(斷續). 긋(末)-닛(繼)-이. 긋니시 업게 호리라<법록>
- 끝물 : 막물. 끝(末)-물(水). 그 해의 맨 나중에 나는 것. cf. 첫물, 맏물
- 끝손질 : 끝마무리. 끝(最終)-손(手)-질(접사).
- 밋남진 : 본 남편. 밑(本)-남진(男人)>밋-남쉰. 밋남진 廣州ㅣ 쓰리뷔 중ㅅ<청구>

- 믿계집 : 本妻. 밑(本)-겨집>믿계집. 믿겨집 녀종이 싀어마님을 더욱 공경하야 (妻女宗養姑愈敬)<삼강>
- 믿얼굴 : 본질(本質). 밑(本)-얼굴. 質은 꾸몸 업슨 밑얼구리라.<금삼>
- 믿집 : 본가(本家). 밑집>믿집>밋집. 사른미 믿지블 몰라<월석>
- 밑천 : 본전(本錢). 밑(本)-천(錢). 다믄 내 밑천만 갑고(只還我本錢)<박통사언해>

⑧ 인과(因果)

원인으로서의 상태를 제시하여 그 결과를 나타내는 발상의 명명이다.

- 두루마기 : 주의(周衣). 두르(圍)-우(접사)-막(防)-이(접사). 두르막이>두루마기
- 땀띠 : 쌈(汗)-되약(疹). 쌈되야기(훈몽)>쌈되>쌈쐬(한청).
- 마중물 : 펌프에 물을 끌어 올리기 위해 붓는 물. 맞(迎)-웅(접사)-물(水)>마중물
- 맞은소리 : 메아리. 맞은-소리. 맞온-소리>맞은소리. 마준소리 향(響)<유합>
- 목도리 : 목(頸)-도르(廻)-이(접사)>목도리.
- 볼가심 : 볼(頰)-가시(洗)-ㅁ(접사)
- 손썻이 : 손(手)-썻(洗)-이(접사). cf. 입썻이
- 시집가다 : 출가(出嫁). 시(新)-집(家)-가다(出)>싀집-가다>시집가다.
- 어른 : 성인(成人). 얼우(交合)-ㄴ(접사). 얼운>어른. 아히 어룬 업시<벽신>
- 열쇠(鍵) : 열(開)-쇠(鐵). 열쇠 시(鍉)<자회> cf. 자물쇠
- 열없다 : 소심(小心). 열(膽)-없다(무(無). cf. 열업시 싱긴 오적어(烏賊魚)<해동>
- 입썻김 : 입막음. 입(口)-썻(洗)-기(접사)-ㅁ(접사).
- 해바라기 : 향일련(向日蓮). 히-ㅂ라(望)-기(물보)>해바라기

⑨ 진부(眞否)

사물의 진위, 양부(良否)에 따른 발상에 의해 명명이 이루어진다. 이를 위해 "참, 돌, 개"와 같은 접두어가 사용된다. "참"은 일부 명사에 붙어 "①진짜의, 진실하고 올바른, ②품질이 좋은"을 나타낸다. 이에 대해 "돌"과 "개"는 일부 동식물을 나타내는 명사 앞에 붙어 "야생상태의, 품질이 떨어지는"을 나타낸다. 그리고 "개"는 일부 명사 앞에 붙어 "①헛된, 쓸데없는, ②(부정적 의미의 일부 명사 앞에 붙어) 정도가 심한"의 뜻을 더 나타낸다. 우리말 어휘에는 이러한 "참~개, 참~돌"을 대조적으로 제시하거나, 단독으로 제시함으로, "참과 거짓", "진짜와 가짜", 품질의 양부, 및 유무용의 대조적 명명을 하고 있는 것이 참으로 많다. "참꽃, 참비름"과 같은 경우는 "참"이 식용이 가능함을 나타내기까지 한다. 이들의 예를 약간만 들어 보면 다음과 같다.

- 개나리 : 연교(連翹). 개(假)-나리(百合). cf. 참나리
- 개두릅 : 옴나무 가지에 돋은 새순. cf. 참두릅
- 개먹 : 품질이 나쁜 먹. 개(假)-먹(墨) cf. 참먹
- 개머루 : 머루와 비슷하나 먹지 못함. cf. 참-머루
- 개살구 : 품질이 좋지 못한 살구. cf. 참살구
- 거짓소리 : 가성(假聲). 거짓(假)-소리.
- 돌계집 : 석녀(石女), 돌(不姙)-계집(女)
- 돌고래 : 하저(河猪). 돓-고래>돌고래. cf. 참고래. 믈되야지(江猪)
  <한청>
- 돌돔 : 돌(假)-돔(鯛). cf. 참돔(眞鯛)
- 돌붕어 : 잉엇과 물고기. 수수붕어. cf. 참붕어
- 돌팥 : 야생의 팥. 품질이 좋지 않음.
- 참기름 : 참깨기름. 춤(眞)-기름(油)>참기름. cf. 들기름, 개기름
- 참꽃 : 두견화. 참(眞)-꽃(花). 먹는 꽃이라는 의미. 철쭉꽃은 먹지 못함.

- 참나무 : 상수리나무. 참(眞)-나무(木).
- 참나물 : 산형과의 여러해살이 풀. 춤-ㄴ믈(역어)>참나물
- 참눈 : 사물을 올바로 볼 줄 아는 눈. 춤(眞)-눈(眼)>참눈.
- 참대 : 왕대(王竹). 춤(眞)-대(竹)>참대.
- 참말 : 진담(眞談). 춤-말. cf. 거짓말
- 참매미 : 진선(眞蟬). 춤(眞)-미얌(의성어)-이>참매미. 우는 미아미
  어즈럽도다(亂鳴蟬))<두시>
- 참먹 : 진현(眞玄). 油墨 참먹<유물>. cf. 개먹, 숯먹
- 참배 : 먹을 수 있는 배. cf. 돌배, 똘배(콩배나무의 열매)
- 참붕어 : 잉엇과의 민물고기. cf. 돌붕어
- 참비름 : 진현(眞莧). cf. 개비름, 쇠비름<한청>의 대
- 참빗 : 세소(細梳). 密批子 춤빗<사성> cf. 얼레빗(月梳)
- 참살 : 군살 없이 통통하게 찐 살. cf. 군살
- 참새구이 : 소작(燒黃雀). 참-새-굽(燒)-이(접사).
- 참외 : 진과(眞瓜), 첨과(甛瓜). 춤-외(瓜). cf. 오이
- 참젖 : 다른 동물의 젖에 상대하여 인유(人乳)를 이름. 춤(眞)-젖(乳).
- 참죽나무 : 향춘(香椿), 어린잎은 식용함. 춤듁(椿)(물보)>참죽 cf. 가
  죽나무

(2) 거처에 따른 발상과 명명

생물의 거처를 바탕으로도 많은 명명이 이루어진다. 곧 사람을 비롯한 새, 짐승, 곤충과 같은 동물 및 초목과 같은 식물이 사는 곳을 바탕으로 한 발상에 의해 많은 것이 명명된다. 동식물의 거처로는 "뫼(山), 메, 들, 논, 개(浦), 물, 바다, 시골, 집" 등이 거명되고 있고, "미국쑥부쟁이, 유럽 애기똥풀"과 같이 국외의 지명도 쓰이고 있다.

- 개버들 : 포류(蒲柳). 개(浦)-버들(柳). 蒲柳개버들<柳物>
- 굼벙이 : 굼벵이. 굼(穴)-벙(虫)>굼벙이. 굼벙爲蠐螬<훈정> 굼벙이

제(螓)<왜어>

- 논우렁 : 전라(田螺). 논(水田)-우렁. =참우렁
- 들새 : 야조(野鳥). 드릏(野)-새(鳥)>들-새
- 들풀 : 야초(野草). 드릏-플>들-풀
- 미개나리 : 들개나리. 미(野)-개나리>들개나리. 미개나리(捲丹)<물보>
- 멧나물 : 산채(山菜). 뫼(山)-ㅅ-나믈(菜)>메-ㅅ-나믈>멧나물
- 멧돼지 : 산저(山猪). 메-ㅅ-돝(猪)>멧돝-아지>멧돼지
- 묏새 : 산조(山鳥). 뫼(山)-ㅅ-새(鳥)>멧새
- 무소 : 수우(水牛). 믈(水)-쇼>물쇼>무소
- 물개 : 해구(海狗). 믈(海)-개
- 뭍나라 : 바다를 끼고 있지 않은 나라. 뭍(陸)-나라(國)
- 믈닭 : 뜸부기, 비오리. 믈-ㅅ-둙(鷄). 믈둙>물닭. 혼 双ㅅ 믌둙(一雙鸂鶒)<두시>
- 믈뿍 : 누호(蔞蒿). 믈(水)-뿍(艾)>물쑥. 믈뿍 루(蔞)<자회>
- 민물고기 : 담수어. 민물(淡水)-고기. cf. 짠물고기
- 바다갈매기 : 갈매깃과의 바닷새. 바롤(海)-굴며기(鷗)>바다갈며기>바다갈매기
- 바닷말 : 해조(海藻). 바다-ㅅ-말밤(萍)>바닷-말왐>바닷-말암>바닷마름
- 시골사람 : 향민(鄕民). 스(遐)-고봘(鄕)-사람>스고올-사롬>시골사람
- 쥐벼룩 : 서조(鼠蚤). 쥐(鼠)-벼룩(蚤)
- 집오리 : 가압(家鴨). 집-오리
- 텃새 : 유조(留鳥). 터(垈)-ㅅ-새(鳥). cf. 철새(候鳥)

(3) 위치·방위에 따른 발상과 명명

어떤 사물이 사는 거처가 아니라, 위치한 자리나 방위를 바탕으로 명명되는 경우도 많다. 이는 흔히 "앞, 뒤, 위, 아래, 밑, 가(邊), 바른, 왼, 곁, 옆, 마(南), 하늬(西)"와 같이 방위를 나타내는 말과 결합된다. "밭머

리, 콧구멍(<곳구무)”과 같이 사물로서 위치를 나타내기도 하나, 여기에서
는 구체적으로 위치를 나타내는 것만을 그 대상으로 다루기로 한다. 다
만 광의의 위치의 명명은 그만큼 조어를 쉽게 하고, 그 유연성(有緣性)으
로 말미암아 이해도가 높으며, 그 대상이 많다는 것만은 여기에 부기해
둔다. 한국어의 경우 “눈-물, 손-가락, 목-숨”이 영어의 “tear, finger,
life”와 달리 유연성을 지니고 있음이 이러한 것이다. 그리고 “앞·뒤”도
단순한 전후(前後)만이 아닌 “남·북”을 의미하는 말임도 덧붙여 둔다(앞
남(南), 뒤 북(北)<자회>, <유합>).

- 가운데 : 중심. 갑(中)-온(어미)-디(장소)>가운데. 믌가온더셔 슬프니
  <두시> cf. 그외(中秋)<역어>
- 곁자리 : 옆자리. 곁(腋)-자리(席). 곁자리>겻자리>곁자리. 겻자리
  날 그톤 벗님네는<청구>
- 고의밑솔 : 고의 밑 솔기. 당봉(襠縫). 고의밋솔<한청>. 고의밋솔>
  고의밋솔>고의밑솔기
- 냇가 : 천변(川邊), 나리(川)-가(邊)>내-ㅅ-가>냇가.
- 뒷다리 : 후각(後脚). 뒤-ㅅ-다리. 왼녁 뒷다리(左腿上)<노걸>
- 마파람 : 남풍(南風). 맗(南)-ㅂ룸(風)>마파람. 마파람에 게 눈 감추듯.
- 바깥뜰 : 외정(外庭). 바깥-뜰. cf. 안뜰
- 바른손잡이 : 오른손잡이. ㅂ른(右)-손-잡-이>바른손잡이>오른손
  잡이.
- 아내 : 처(妻). 않(內)-애>안ㅎ>아내. cf. 안사람(內子)
- 아래옷 : 아래옷. 하의, 내의. 아래-ㅅ-옷. 아래옷 샬이디 말며<내훈>
- 올흔활 : 우궁(右弓). 옳(右)-은-활(弓). 올흔활(右弓)<동문>.
- 웃무리 : 상배(上輩). 웃(上)-믈(群)>웃-무리.
- 하늬바람 : 서풍(西風). 하늬(西)-ㅂ룸(風)>하늬바람

(4) 자료에 따른 발상과 명명

사물의 재질을 밝혀, 그 사물의 특성을 드러낼 필요가 있을 경우 그 재질을 나타내는 말을 덧붙여 복합어를 만들 수 있다. 개별어로 만들 수도 있으나, 발상의 차이로 복합어를 만든 것이다. 이들 재료는 "갓(皮), 나무, 쇠(鐵·鍮·金), 돌, 베, 대(竹), 버들, 쑥, 짚, 콩, 털, 흙" 등 다양하다.

- 갓북 : 가죽 북. 갗(皮)-붚(鼓)>갓붐>가죽북. cf. 쇠북(鐵鼓)
- 나막신 : 목화(木靴). 나막(木)-신(靴).
- 나무주걱 : 나모-쥬게>나모주걱>나무주걱. 나모쥬게(橋杓)<박중>
- 놋그릇 : 유기(鍮器). 놋(鍮)-그릇(銅椀)>놋그릇. 놋그릇(銅椀)<역어>
- 대광주리 : 죽루(竹簍). 대-광조리>대광주리. 대광조리(竹簍子)<역어>
- 돌구유 : 석력(石櫪). 돌(石)-구유(櫪). 구유 력(櫪)<자회>, 돌귀위 잇느니라<박통>
- 딜병(陶甁) : 딜(陶)-병(甁)>질병. 딜병을 거후리혀<고산(孤山)>
- 버들고리 : 바들 상자(柳箱). 버들-고리(柳器)
- 뵈옷 : 포의(布衣). 뵈(麻布)-옷. 뵈옷>베옷. 三冬에 뵈옷 닙고<청구>
- 쇠북 : 종(鐘). 쇠(鐵)-붚(鼓)>쇠붐>쇠북. 鍾은 쇠부피오<월석>, 쇠붐 종(鍾)<자회>
- 쑥떡 : 애병(艾餠). 뿍(艾)-떡(餠)> 쑥떡
- 장아찌 : 장과저(醬瓜葅). 장(醬)-과(瓜)-딯이(葅)>장아찌(醬瓜子·몽어)>장아찌.
- 질동이 : 질그릇 동이. 딜(陶)-동희(盆)>질동이. 딜동희 분(盆)<자회>
- 짚신 : 초혜(草鞋). 집신>짚신. 집신(屝)<물보> cf. 갓신(皮靴)
- 콩나물 : 두채(豆菜). 콩-ㄴ뭀(荣)>콩나물.
- 털갓 : 털모자(氈帽). 털(毛)-갓(冠). 털갓(氈帽子)<역어>
- 팥비누 : 예전에 비누 대신 쓴 팥가루. 팥(小豆)-비노(肥皂)·풋비누(한청)>팥비누.

(5) 습성에 따른 발상과 명명

사물이 가지고 있는 습성을 밝혀 그 사물이나, 행동의 특성을 나타내는 경우가 있다. 이는 상징어를 활용하거나, 행동을 나타내는 동사를 활용해, 또는 비유에 의해 일반적으로 명명한다.

- 가재걸음 : 뒷걸음. 가재(鰲)-걸-음. 가재 오(鰲)<자회>
- 거지 : 걸인. 걸(乞)-ㅅ(사이시옷)-바지(人). 겂밧>것밧>것바싀(월석)>것바싀(석보)>것와싀>것워싀(육조)>거어지(역어)>거지
- 까치걸음 : 종종걸음. 가치(鵲)-걸음>까치-걸음.
- 날짐승 : 비수(飛獸). 늘(飛)-즁싱(衆生)>늘즘승>날짐승. 늘즘승 길즘승<송강>
- 다람쥐 : 율서(栗鼠). 듣(走)-옴-쥐(鼠)>ᄃ롬쥐>다람쥐. ᄃ롬쥐<한청>
- 도마뱀 : 도막(片)-뱀(蛇). 도막-ᄇ얌>도마ᄇ얌>도마뱀. 도마비얌 영(蠑)<훈몽>
- 두더쥐 : 두디(飜)-쥐(鼠). 豆地鼠(향집)>두디쥐(훈몽)>두더쥐.
- 말똥구리 : 강랑(蜣蜋). 말똥(馬糞)-구을(轉)-이>말똥구리. 물똥구을이 랑(蜋)<자회>
- 모래무지 : 모릭(沙)-묻(埋)-이>모래무지. 모릭무디<유물>
- 물맴이 : 수충. 물(水)-매암(廻)-이>물맴이
- 물벌레 : 무는 벌레. 믈(咬)-벌게(虫)>물벌에>물벌레. ᄇ얌과 믈벌에<석>
- 바람둥이 : 부랑인. ᄇ롬(風)-동(童)-이>바람-동이>바람둥이. ᄇ룸매 아니 뮐씨(風亦不扰)<용가>
- 비렁뱅이 : 걸인(乞人). 빌(乞)-엉-뱅이(人)
- 살살이 : 살살거리는 사람. 살살(의태어)-이(접사)
- 새침데기 : 새침한 성격을 지닌 사람. 새침-데기(접사).
- 오뚜기 : 장난감. 오뚝(直立)-이(접사)
- 울보 : 울기를 잘 하는 사람. 울(泣)-보(사람·甫)

- 해바라기 : 향일초. 히(日)-ㅂ라(望)-기(접사). cf. Sun flower, ひまわり

(6) 용도에 따른 발상과 명명

어떤 사물의 용도에 발상의 초점을 맞추어 명명하기도 한다. 이는 형태이기보다 상태에 주목한 명명이라 하겠다. 이들은 용도를 나타내는 말을 핵어(核語)의 앞이나 뒤에 붙이거나, "개구리밥, 도티밤, 숟깔"과 같이 그 사물의 특성을 제시하고자 하는 명명이다.

- 깔자리 : 부포단(敷蒲團). 깔(敷)-자리(席). 짙-자리<태평>
- 개구리밥 : 부평초(浮萍草) 기구리-밥<방약>
- 단고기 : 희생(犧牲), 개고기. 단(犧牲)-고기. (범) dan/dana : 神人共食 犧牲 飮食
- 도토리 : 돝(猪)-익(조사)-밤(栗). 도톨밤(두해)>도톨왐(두해)>도토리
- 물부리 : 흡구(吸口). 믈(咬)-부리(嘴)>물부리. cf. 빨부리
- 미닫이 : 옆으로 밀어 열고 닫는 창이나 문. 밀(推)-닫(閉)-이(접사). cf. 빼다지(<빼닫이)
- 배코칼 : 칼의 일종. 배코(상투를 앉힐 자리)-칼(도(刀). 배코-갈>배코칼
- 부삽 : 블(火)-삽(鍤)>불삽>부삽. cf. 부저<불저(火箸)
- 부집게 : 블(火)-집(執)-게(접사). 블집게>부집게 cf. 부지깽이(불집개 -앙이(접사)
- 빨대 : 흡입기구. 빨(吸)-대(막대)
- 빼닫이 : 서랍. 빼(引)-닫(閉)-이
- 설대 : 담배설대. 혈(吸)-대>셜대>설대
- 숫돌 : 여석(礪石). 旲(摩)-돌(石). 旲돓(능엄)>旲돓(월석)>숫돌. 숫돌 단(碫)<자회> cf. 旲다 : 마찰하다. 서로 부츨씬(相摩)<능엄>
- 열쇠(鍵) : 열(開)-쇠(鐵). 열쇠 시(鍉)<자회>
- 자물쇠 : 자물(鎖)-쇠(鐵). ᄌ물-쇠>자물쇠. ᄌ물쇠 쇠(鎖)<자회>

- 지름길 : 첩경(捷徑). 즈르(近, 捷)-ㅁ-길(道)>지름길. 즈름길 경(徑)
<유합>
- 흙손 : 이만(泥鏝). 흙일 할 때 쓰는 기구. 흙-손>흙(泥)-손(手). 흙손
오(杇)<자회>

(7) 성장에 따른 발상과 명명

생물의 경우 성장 단계를 나타내기 위해서도 특별한 발상을 통해 명명하는 것을 볼 수 있다. "아지"와 같은 지소사(指小辭)를 붙이거나, "젊은~ 늙은~, 올~, 풋~ 어린~ 얼은~"과 같은 접두어를 붙여 그 단계를 나타내는 것이다. 명태 새끼를 "노가리"라고 하듯 특수한 말로 명명하기도 한다.

- 고양이(猫) : 괴(猫)-앙이(접사)>고양이
- 늙다리소 : 늙은 소. 늙(老)-다리(접사)-소(牛). cf. 늙다리 : 늙은 짐승, 늙은이
- 늙바탕 : 만경(晩境). 늙(老)-바탕(場). cf. 늙마
- 송아지 : 소(牛)-아지(小兒). cf. 강아지(가히-아지), 돼지(돝-아지), 망아지(말-아지)
- 애호박 : 덜 여문 어린 호박. 애-호박(南瓜)
- 어룬 : 성인. 얼(交合)-우-ㄴ(접사). 아히 어룬 업시<벽신>
- 오라비 : 남형(男兄). 올(早)-아비(父·男子). 몯오라비<내훈>
- 젊은이 : 소년(少年). 절믄이(역보)>져믄이(월)>젊은이. 늘그니며 져므니며<월>
- 점잔(老若·宜) : 젊지-않은(명사형)>점잔.
- 져믄갓나히 : 소녀. 져믄-갓나히>젊은갓나희. 져믄-갓나히(丫髻)<자회>
- 풋내기 : 애숭이(素人). 풋(未熟)-나기>풋-나기>풋내기. cf. 풋잠
- 하룻강아지 : 하릅(一歲)-강아지. 하룻강아지 범 무서운 줄 모른다.

(一日之狗 不知畏虎)<이담속찬>

(8) 동작에 따른 발상과 명명

사물을 나타내되 그 사물을 동작·행동과 더불어 나타냄으로, 그 사물의 특성을 드러낼 수 있다. 이러한 어휘는 때로 그 유연성을 상실해 사물 자체만 인식되고, 그 동작성이 의식되지 않기도 한다. 이는 형태 아닌, 상태를 바탕으로 한 발상의 명명이다.

- 감발 : 발감개, 발감개를 한 차림새. 감(卷)-발(足)
- 귀걸이 : 귀마개, 귀고리. 귀(耳)-걸(掛)-이. cf. 귀고리
- 귀밝이술 : 이명주(耳明酒). 귀-붉(明)-이-술(酒)
- 더부살이 : 다못-살-이. 다못-사리>다민사리>더부살이. 다민사리
  흐야<삼강>, 더불(與)-살이>더부살이.
- 말보기 : 뒤보기, 이질(痢疾). 몰(便)-보(試)-기. 내 요스이 몰보기 어
  더셔<박통>
- 매듭 : 흘탑(紇搭). 민(結)-듭(접사). 혹은 믿-읍. 민듭>민듭. 紇搭 실
  민듭<사해>
- 무자맥질 : 수잠(水潛). 믈(水)-줌(潛)-이-악-질. 믈즈미악질>므즈미
  악질>무자맥질. 므즈미 영(泳)<유합>
- 물부리 : 빨부리. 물(咬)-부리(嘴).
- 비빔밥 : 부뷤(揉)-밥>비븸밥>비빔밥. 부븨다(揉摩)<역어>, 비븨
  찬(鑽)<자회>
- 사람 : 인간. 살(生)-익(접사)-ㅁ(접사). 사ᄅᆞᆷ>사람. 經 디닐 사ᄅᆞ미
  <석보>
- 손사래 : 손ᄉᆞ래>손-사래. 손ᄉᆞ래<계축>
- 싸움닭 : 투계(鬪鷄). 싸움-닭. 사홈·싸홈>싸움. 싸호매 브리는 고
  키리오<월석>
- 써레 : 농기구 초파(秒耙). 서흘-에>뼈흐레(물보)>써레. 서흐레 파

(把)(자회)

- 이바지 : 잔치, 연회. 이받(공양)-이(접사). 이바디>이바지. 이바디 호려커늘<삼강>
- 이엉 : 개초(蓋草). 이(蓋)-엉(접사)
- 입씨름 : 말다툼. 입-힐홈(詰難)>입-씨름. 입힐홈 업다흔 쓰디니 <월>
- 입씻이 : 입막음. 입-씻(洗)-이(형식명사)
- 자물쇠 : 시건장치. 자물(鎖)-쇠(鐵). ᄌᆞ물쇠 쇠(鎖)<자회>
- 지팡막대 : 지팡이(杖). 짚(拄)-앙(접사)-막대(杖)
- 후릿그물 : 난하망(欄河網). 후리(후리다)-ㅅ-그물(網). 후리ㅅ그물(欄 河網)<역어>
- 흘기눈 : 사안(斜眼). 흘기-눈. 흘긔눈>흘기눈. 흘긔눈에 안팟 쑵쟁 이 고쟈<청구>

(9) 계절·시기에 따른 발상과 명명

사물과 관계가 있는 계절 및 시기, 시간 등을 기초로 발상, 명명하고 이에 따라 조어하기도 한다. 이러한 것에는 계절, 주야, 조석 등과 관련 된 것이 있다.

- 가을걷이 : 추수(秋收). ᄀᆞ술-거디>가을걷이
- 개밥바라기 : 태백성(太白星). 개(犬)-밥(食)-ᄇᆞ라(望)-기>개밥-바라기
- 겨우살이 : 월동 생활. 겨을-살이>겨울-살이>겨우살이
- 낮도깨비 : 낮에 나온 도깨비. 낮-돗가비>낮도깨비. 돗가비<석보>
- 녀름지이 : 농사. 녀름(夏)-짓(作)-이>녀름지이. 녀름지이 ᄒᆞ고<두시>
- 달거리 : 월령(月令), 월경(月經). 둘(月)-거르(經)-이>달거리
- 달맞이꽃 : 월견초(月見草). 둘(月)-맞(迎)-이-꽃. cf. つきみくさ(月 見草)
- 밤다듬이 : 밤의 다듬이. 밤-다듬(裁)-이. 다듬이>다듬이. 널다듬이

흐고<박통>
- 보릿고개 : 춘궁기. 보리(麥)-ㅅ-고개(嶺)
- 봄가리팥 : 춘소두(春小豆). 봄(春)-갈이(耕)-팥(小豆). 봄가리팟<잠양>
- 봄나들이 : 춘유(春遊). 봄(春)-나들(出入)-이(접사).
- 새벽달 : 효월(曉月). 새볽-달>새박(원각)-달>새배(두시)-달>새벽달.
- 섣달 : 납월(臘月). 설(元旦)-ㅅ-둘>섯둘(두시)>섣달.
- 여름낳이 : 여름에 짠 피륙. 특히 무명. 여름((夏)-낳(生産)-이(접사)
- 하루살이(蜉) : 흐른(一日)-살(生)-이. 흐른살이>하루살이. 흐른사리
  부(蜉)<자회>
- 하루거리 : 격일학(隔日虐). 흐른-거르(隔)-이. 흐롤거리>흐른거리>
  하루거리
- 한가위(嘉俳) : 한(大)-굽(中間)-애>한가위. ᄀ외(中秋)<역어>
- 해거리 : 격년(隔年). 해-거르(隔)-이>해거리

(10) 성별에 따른 발상과 명명

생물은 암수에 따라 발상을 달리 하여 명명하고, 사람은 그 거처하는 곳의 안팎에 따라 성을 구별하여 명명하기도 한다. 사물의 경우는 생김 생김의 요철에 따라 암수라 구별하여 명명하는 것도 볼 수 있다.

- 가시내 : 여자. 갓·가시(女, 妻)-ㄴ(첨가음)-아히(兒)·가시-ᄂ희(人).
  cf. ᄉ나희
- 겨집어리다 : 장가들다. 겨집(女·妻)-얼(交合)-이-다. cf. 남진얼이
  다. 겨집 남진얼이며, 남진 겨집얼이노라(嫁女婚男)<관음>
- 까투리 : 암꿩. 가토리>까토리>까투리. 매게 ᄧ친 가토리 안과<청
  구>. cf. 장끼
- 바깥어른 : 바깥양반. 바깥(外)-어른(主人)
- 사내(男) : 손(장정)-아히·손-나희. ᄉ나히>ᄉ나희>사나희>사내.
  ᄉ나희가 간나희가(小廝兒那女孩兒)<박통>

- 수둘마기 : 수단추. 숳(雄)-둘(懸)-막(塞)-이. 수둘마기 뉴(紐)<자회>.
  cf. 암달마기 구(釦)<자회>
- 수술 : 수꽃술. 웅예(雄蕊). 수(雄)-술(蘂). cf. 암술(雌蕊)
- 수돌쩌귀 : 문설주에 다는 쇠붙이. 숳-돌져귀>수톨쩌귀. 암돌져귀
  수돌져귀<청구>
- 안사람 : 내자(內子). 않(內)-사람.
- 암꽃 : 암술만이 있는 꽃. 자화(雌花). 암(雌)-꽃(花). cf. 수꽃(雄花)
- 암단쵸 : 암단추. 암(雌)-둘(懸)-막(塞)-이>암단추. 암둘마기<역어>.
- 암디새 : 암키와. 암디새>암지애>암기와>암키와. 수디새 암디새(和
  仰瓦)<박통>
- 암수갈 : 암수칼. 암-수-갈(刀・劍)>암수칼. 匣안햇 암수갈히(匣裏雌
  雄劍)<두시>
- 어미 : 어머니. 엄(女・母)-이(접사). 어미 모(母)<자회> cf. 엄=암
  (雌). 압(父)
- 올케 : 오빠의 부인. 오라비-계집. 오라비계집>올케.
- 장끼 : 수꿩. 장(雄)-끼(雉). cf. 장닭 : 수탉

(11) 소종래(所從來)에 따른 발상과 명명

어떤 사물이 본 고장의 것이 아닌, 외래 사물일 때, 그것이 어디에서 들어왔는지, 들어온 곳을 밝힘에 의해 명명하는 경우도 많다. 그런데 이들은 일반적으로 고유어가 아닌, 한자어로 되어 있어 이 글의 주제와 차이가 난다. 이들의 명명은 "되(胡), 당(唐), 호(胡), 양(洋), 왜(倭), 강남(江南)" 등을 접두어로 하고 있다. 따라서 "되(胡)"만이 고유어다.

되광대(중국인 광대), 되놈, 되두부, 되때까치, 되박박고(오디새), 되새
(花鷄), 되성내('성냥'의 방언), 되솔새, 되오색딱따구리, 되지빠귀, 되티
티, 되프듕(胡笛)
당건, 당나귀, 당나발, 당말(唐馬), 당먹, 당사주, 당성냥, 당약, 당옴(楊

梅瘡), 당저고리, 당지(唐紙), 당혜(唐鞋), 당화기(唐畫器)

생철(西洋鐵), 서양란(西洋蘭)

호과(胡瓜), 호궁(胡弓), 호마(胡麻), 호마(胡馬), 호밀, 호박, 호산(胡蒜), 호적(胡笛), 호주머니(胡囊), 호초(胡椒), 호황모(胡黃毛)

양란(洋蘭), 양말(洋襪), 양배추, 양복, 양산(洋傘), 양은(洋銀), 양재기(洋瓷器), 양회(洋灰)

왜간장, 왜깁(倭絹), 왜낫, 왜무, 왜사기(倭沙器), 왜솥, 왜지(倭紙)

(12) 기타 체언의 용언화

앞에서의 명명은 어떠한 발상에 의해 사물의 이름이 어떻게 지어졌는가를 살펴본 것이다. 그런데 이러한 경우와는 달리 주로 체언에 의해 용언화(用言化) 하는 경우가 있다. 이는 이 글의 주제 밖의 것이나, 참고로 언급하기로 한다. 이러한 것의 대표적인 명명은 체언에 "-이다·-다"를 붙여 용언화 하는 것이다. 이와 달리 동사에 "깃다：깃-브-다, 슳다：슳-브-다"와 같이 형용사화 접사를 붙여 형용사를 만드는 경우도 있다. 명사의 용언화의 예를 몇 개 들어보면 다음과 같다.

굿(劃)-다, 깃(巢)-다, 나리(川)-다, 동(묶음)-이다, 매(束)-다, 미끼(餌)-다<소학언해>, 발(足)-ㅂ다, 배(腹)-다, 빗(梳)-다, 새(東)-다(曙), 신(靴)-다, 입(口)-입다(吟)

노른-다, 블-ㄱ-다, 플-으-다, 희-다

동사가 파생명사가 되고, 이들 동사와 명사가 연어현상(連語現象)을 보이는 것도 있다. "기츰-깇다, 꿈-꾸다, 뜸-뜨다, 사롬-살다, 임-이다, 춤-추다"와 같은 것이 그 예다.

3. 기타 감각에 따른 발상과 명명

3.1. 청각에 따른 발상과 명명

청각현상에 따른 발상과 명명의 대표적인 것은 의성어와, 의성어에서 파생된 파생어가 중심을 이룬다. 의성어 "꾀꼴꾀꼴", "맴맴"과, 이에서 파생된 "꾀꼬리"와 "매미"와 같은 파생어가 그것이다. 의태어는 시각적인 대상을 음성에 의해 나타낸 것이다. 따라서 대상이 시각적인 것으로, 시각에 따른 발상과 명명이나, 그 표현을 음성적으로 한 것이므로 청각에 의한 명명에서 다루기로 한다. 따라서 청각현상에 따른 발상과 명명의 대상은 의성어 외에 의태어 및 이들로부터 파생된 조어가 여기에 포함된다. 이 밖의 청각어로는 음향감을 나타내는 어휘와 청각작용을 포함하는 어휘를 포함시킬 수 있다. 상징어에 의한 명명 및 조어는 무수하다. 한국어는 세계적으로도 상징어가 많은 언어다. 이들의 예는 많이 들지 않기로 한다.

① 의성어 및 이의 파생어

가르랑가르랑, 개굴개굴, 귀뜰귀뜰, 기럭기럭, 깍깍, 꿀꿀, 따옥따옥, 똑똑똑, 뜸북뜸북, 맴맴, 멍멍, 붕붕, 빽빽, 뻐꾹뻐꾹, 삐악삐악, 색색, 우르릉쾅쾅, 으하하하, 쩍쩍, 찌르릉, 칙칙폭폭, 콜록콜록, 쿨쿨, 킥킥, 탕탕, 푸흐흐, 하하, 호호, 히히

까치(가치<갖-이), 개구리(<개고리), 귀뚜라미(<귀도라미), 기러기(그려기), 꿀꿀이, 따오기, 딱따구리, 떠버리, 뜸부기, 뻐꾸기, 실실이, 후루룩비쭉새

귀머거리, 우름쟉이(울음쟁이·肯哭), 울대

② 의태어 및 이의 파생어

가뿐가뿐, 갈팡질팡, 간죽간죽, 깜빡깜빡, 깡충깡충, 끈적끈적, 너슷너
슷, 너펄너펄, 미끌미끌, 발밤발밤, 뱅뱅, 비실비실, 빙글빙글, 뺀질뺀질,
삐쭉삐쭉, 싱글벙글, 오들오들, 오동통, 쨍쨍, 찰랑찰랑, 출렁출렁, 타달
타달, 팽그르르, 포동포동, 풍당풍당, 한들한들, 흐늘흐늘, 훌쩍훌쩍

까불이, 깔죽이, 깜빡이, 끈적이, 눈깜짝이, 미꾸리, 배불뚝이, 반짝이,
삐쭉이, 싱글벙글이, 시시덕이, 절뚝이, 촐랑이

③ **음향감 및 청각작용어**

개소리 : 조리 없고 당치 않은 말, 노래비 : 노랫말을 새긴 비석, 노랫
가락 : 곡조, 노랫굿 : 노래를 부르며 하는 굿, 벙어리 : 농아, 메아리 : 산
명(山鳴). 뫃-살(生)-이>뫼사리(월석)>뫼아리, 소리굿 : 농악판에서 가락
을 치면서 앞소리와 뒷소리를 함께 하는 소리, 소리북 : 판소리 반주에
사용하는 북, 소리청 : 음반, 시끌벅적 : 어수선하게 움직이며 시끄럽게
떠드는 모양, 울림통 : 공명기, 울음바다 : 온통 울음소리로 뒤덮인 상태,
울음통 : 명기(鳴器), 울음주머니 : 명낭(鳴囊), 웃음바다 : 온통 웃음소리
로 뒤덮인 상태,

콧노래, 콧소리, 지저귐, 울림, 뱃고동, 빗소리, 혀짤배기(혀-짧-아-기),
휘파람

3.2. 미각에 따른 발상과 명명

미각의 감수기관은 미뢰(味蕾)다. 이는 혀의 표면, 회창연골(會厰軟骨),
및 후두와 목의 소유두상돌기(小乳頭狀突起) 속에 자리 잡고 있다(박갑수,
1998). 미감은 맛이다. 표준국어사전에서는 "맛맛으로"의 의미를 "①입맛
을 새롭게 하기 위하여 여러 가지 음식을 조금씩 바꾸어 가며 색다른 맛
으로, ②맛있는 대로"라 풀이하고 있다. 이는 "맛맛"의 의미를 분명히

알지 못하고 한 풀이다. 이는 "맛(음식) - 맛(미감)"의 복합어다. "입맛"에
대한 "음식맛"이다. 이의 직접적인 뜻은 음식 맛으로 먹는다는 말이다.
미감(味感)은 감산신고(甘酸辛苦)로 나타난다. 이들은 단일어인 형용사로
많이 나타나나, 복합어를 이루기도 한다.

> 단감 : 감시(甘柿), 단맛 : 감미(甘味), 단물 : 민물(淡水), 단배 : 달게 먹
> 을 수 있는 배(腹), 단술 : 감주(甘酒), 단잠 : 숙면(熟眠), 맛술 : 흥겨운 마
> 음의 비유, 시건방 : 시큰둥하게 건방짐, 시큰둥이 : 말이나 행동이 시근
> 하고 건방진 사람, 매운맛 : 알알하고 독한 느낌이나 기분, 매운바람 :
> 몹시 추운 바람, 쓴맛 : 고미(苦味), 쓴술 : 고배(苦杯), 쓴웃음 : 고소(苦
> 笑), 씀바귀 : 고채(苦菜), 입맛 : 식미(食味) · 구미(口味), 짠지 : 함채(鹹
> 菜). 짠-딍이, 초병마개 : 시어터진 사람, 초친맛 : 격에 어울리지 않게
> 싱거운 취미.

3.3. 후각에 따른 발상과 명명

향감(香感)은 기체 감각으로, 콧구멍이나 비공 후부에서 감지하는 감각
이다. 후각적 성질은 과실성, 화향성(花香性), 부패성, 초취성(焦臭性), 수지
성(樹脂性), 약미성(藥味性)의 여섯 가지로 구분된다. 후각물질은 대부분 미
각도 자극시켜 이와 밀접한 관계를 갖는다(박갑수, 1998). 우리말로는 향감
을 흔히 "냄새"라 한다. 우리의 고유어에서 향감과 취감(臭感)은 영어의
smell : fragrance, 일어의 臭い : 香り 처럼 이들을 구별하는 말이 따로 없
다. "꽃답다"는 "곳답다"에서 변한 말로, 이는 "향기롭다"가 본래의 뜻
이다(곳다울 향(香)<훈몽자회>). 의미변화로 "향기롭다"의 고유어가 사라졌다.

> 고린내, 곰팡내, 구린내, 군내, 기름내, 냄새, 냇내(닛내煙臭<두경>),
> 노린내, 누린내<한청>, 단내, 들내(들깨나 들기름에서 나는 냄새), 땀내,

땅내, 똥내, 문뱃내, 불내(숯내의 방언), 비린내, 새물내, 숯내, 쇳내, 쉰
내, 암내, 입내, 자릿내(빨래감에서 나는 조금 쉰 듯한 냄새), 젖내, 젖비
린내, 지린내, 풋내, 피비린내, 해감내, 흙내
　곰팡냄새, 배냇냄새

3.4. 촉각에 따른 발상과 명명

촉각은 표피, 진피, 피하조직의 세 감수기관이 있다. 이들에 의해 느끼
게 되는 감각은 압각, 통각, 온각, 냉각의 네 종류다(박갑수, 1998). 촉감을
나타내는 말에는 특히 "미끄럽다, 보드랍다, 우툴두툴하다, 포근하다"와
같은 압감(壓感)을 나타내는 형용사가 많다.

　가벼운입술소리((脣輕音), 무게(묵(重)-에), 가슴앓이, 배앓이, 이앓이
　까칠복(복어의 일종), 깔쭉이(가장자리를 깔쭉깔쭉하게 만든 금화), 끈
끈이(粘着物), 돋을새김(凸彫), 미꾸리(鰍魚), 미끄럼틀, 볼록꽃밭(볼록하게
만든 꽃밭), 볼록날(刃), 오목거울, 오목눈이(새 이름), 오목다리(누비어
지은 어린이 버선), 오목새김(凹彫), 옴두꺼비(두꺼비의 별칭, 옴(疥癬)-두
꺼비(蟾))
　더운갈이(몹시 가물다가 소나기가 내린 뒤 그 물로 가는 일), 더운무
대(暖流), 더운술(따뜻하게 데운 술), 더운피(온혈), 따뜻한구름(온도가 평
균 이상으로 높은 구름), 식은땀(冷汗), 찬무대(寒流), 찬물배미(冷水田),
찬바람(寒風), 추위막이(防寒)

4. 결어

한국어의 어원(語源)을 발상(發想)이란 차원에서 살펴보았다. 한국어의

어원은 사료 부족과 비교언어학적 연구의 부실로 제대로 연구가 되어 있지 못하다. 따라서 이 글의 어원은 기원적인 탐구라기보다 중가어원을 확인하는 작업에 해당한다.

발상은 주로 오감(五感)을 바탕으로 이루어진다. 한국어의 어휘, 특히 고유어 체언은 오관(五官) 가운데 시각(視覺)을 바탕으로 한 발상에 의해 많은 어휘가 명명, 조어되었다. 이 뒤를 있는 것이 청각(聽覺)이고, 그 밖의 감각에 의한 것은 그 수가 미미하다.

시각에 따른 발상과 명명은 형감, 색감, 광감에 의해 이루어지며, 형감(形感)에 의한 것이 압도적으로 많다. 형감에 의한 명명은 또 형태와 상태에 따른 것으로 구분된다. 이들은 (1)대립적 특징, (2)거처, (3)방위, (4)재료, (5)습성, (6)용도, (7)성장, (8)동작, (9)계절, (10)성별, (11)소종래 등에 따라 많이 명명되는 것을 볼 수 있다. 이밖의 명명과 조어로는 구상어(具象語)의 추상어화(抽象語化), 체언의 용언화, 동사의 형용사화 등을 들 수 있다.

시각(視覺) 이외의 다른 감각기관에 따른 발상과 명명은 매우 적은 편이다. 청각에 의한 것은 의성·의태어와 이의 파생어가 꽤 있는 편이고, 미감을 나타내는 말은 단일어 형용사가 발달되었고, 이들과의 복합어가 다소 보인다. 후각에 의한 것은 "-내"를 접미사처럼 활용한 복합어가 다소 있다는 것이 하나의 특징이다. 촉각에 의한 어휘는 압각(壓覺)을 나타내는 형용사가 주류를 이루고, 촉각어와 복합어를 이루는 명명이 다소 보인다.

▌참고문헌

김민수 편(1997), 우리말 語源辭典, 태학사.

박갑수(1979), 사라진 말, 살아남는 말, 서래헌.

박갑수(1995), 우리말 바로 서야 한다, 집문당.

박갑수(1998), 현대문학의 문체와 표현, 집문당.

박갑수(2011), 외국어로서의 한국어교육 연구방법론, 배제대학교 대학원(미간행).

박일환(1994), 우리말 유래사전, 우리교육.

서정범(1989), 우리말의 뿌리, 고려원.

안옥규(1989), 어원사전, 동북조선민족교육출판사.

유창돈(1961), 국어변천사, 통문관.

유창돈(1973), 어휘사연구, 선명문화사.

조항범(1997), 다시 쓴 우리말 어원 이야기, 한국문원.

최창렬(1987), 우리말 어원연구, 일지사.

최창렬(1993), 어원산책, 한신문화사.

Ramstedt, G.J.(1949), Studies in Korean Etymology, Soumalais-Ugrilainen Seura, Helsiki.

* 이 논문은 2014년 국어교육학회 제2차 국제학술대회(중국 大連民族學院, 2014. 6. 24~25.) 에서 발표된 것이다.

제2장 │ 한자의 조자와 한국어의 발상

1. 서언

이 세상에는 약 5,000개의 언어가 있다. 그리고 문자는 약 400개가 있다. 그러니 대부분의 언어는 음성언어만이 있고, 문자언어(文字言語)가 없는 것이 된다.

우리는 일찍이 한자를 빌어 우리말을 표기하였다. 향찰(鄕札), 이두(吏讀), 구결(口訣) 같은 것이 그것이다. 이들은 우리말을 적기 위해 우리가 개발한 표기체계다. 그런데 우리는 이와는 달리 15세기에 문자 사상 유례가 없는, 세계적인 문자 한글을 창제하였다. 이에 비로소 언어에 어울리는 문자 체계를 갖추게 되었다. 그런데 우리말에는 한자어들이 많이 들어와 있어 이를 한자로 표기하는 국한혼용(國漢混用)이라는 독특한 표기체계를 확립하였다. 따라서 우리는 하나의 언어에 두 개의 문자라는 일언어(一言語) 이문자(二文字)의 언어생활을 하게 되었다. 해방 후에는 "한글전용법"이 제정되었고, 법적으로 1970년 이후 한자 교육을 하지 않게 되어 근자에는 문자생활이 한글전용의 경향을 보이고 있다.

한글전용 교육이 행해지면서 소학교에서는 "국어 시간에 가르칠 것이 없다."고 한탄한다고 한다. 이미 소학교에 입학하기 전에 한글을 익히고 들어와 다 읽고 쓰기 때문에 가르칠 것이 없다는 것이다. 그것이 사실일 것이다. 그러나 이는 표음문자인 한글을 읽고 쓸 줄 아는 것에 불과하다. 저들은 대학 교재도 읽을 수 있다. 그러나 이는 문자를 읽는 것이지 독해하는 것이 아니다. 낱말과 문장의 의미, 문맥, 어용(語用)을 제대로 가르쳐, 문식력과 함께 의사소통능력(communicative competence)을 길러 주어야 한다.

여기서 문제가 되는 것이 한자어다. 한글로 쓰인 한자어를 읽는다 하여 그 한자어를 아는 것이 아니다. 더구나 우리의 한자어는 대부분이 중국어의 단일어(單一語)가 합성된 복합어들이다. 이를 읽고 이해하는 것만으로는 부족하다. 결합된 형태소(形態素)를 바로 알아야 한다. 그런데 국어교육 내지는 한국어교육에서는 이에 대해서 별로 신경을 쓰고 있지 않은 것 같다. 그래 가지고는 제대로 언어교육이 되지 못한다.

이 글에서는 기본적인 2음절의 한자어 50개, 100개의 한자를 발상의 차원에서 그 조자(造字) 과정을 살핌으로, 그 한자를 제대로 파악할 수 있게 하기로 한다. 한어(漢語)의 한 글자는 그대로 하나의 단일어이다. 따라서 문자 교육은 그대로 어휘교육이 된다. 이러한 조자의 발상은 우리 어휘의 조어(造語)와도 연결된다. 더구나 한자의 조자는 우리의 조어와 발상의 이동(異同)을 보여 재미를 느끼게 한다. 따라서 여기서는 한자의 조자와 이들과 관련된 한국어 어휘의 명명을 발상의 차원에서 살펴봄으로 한국어 어휘교육의 진일보를 모색해 보기로 한다.

2. 한자의 조자 방법

"설문해자(說文解字)"의 저자인 허신(許愼)은 이 책에서 약 1만자(9,353자)의 한자 형성과정에 대해 설명하고 있다. 문자 구조의 원칙을 귀납하여 육서(六書)로 규정하였다. 지사, 상형, 회의, 형성, 전주, 가차가 그것이다. 이 가운데 지사, 상형, 회의, 형성은 한자의 성립과 구조와 관련된 것이고, 전주, 가차는 문자가 지니는 특수한 기능을 의미한다.

"설문해자"는 이 책이 지어질 당시만 하여도 현재와 같은 갑골문(甲骨文)이나 금석문(金石文)의 연구가 나오지 않아 그 설명에 오류라 보이는 것도 없지 않으나, 한자의 구성, 곧 조자(造字)의 문제는 설문해자를 빼어놓고 논의할 수는 없을 것이다. 이에 육서에 대해 간단히 살펴보기로 한다.

(1) 상형문자(象形文字)

상형문자란 문자를 만들 때 사물의 모습이나 형태를 본떠 만든 것이다. 이때 개별적인 사물을 간략하게 회화적으로 표현한 것이다. 따라서 자연스러운 현상으로 상형문자는 구체적인 사물을 나타내는 한자가 많다. 해와 달을 나타내는 일(日), 월(月)이나, 물, 나무를 나타내는 수(水), 목(木) 같은 글자가 그 예이다.

상형문자는 약 600자 정도 있다. 이들은 원 뜻을 구체적으로 나타낼 뿐 아니라, 자연히 의미의 확장・파생 등에 의해 변화를 보인다. 이로 말미암아 의미의 혼란이 일어나 의미를 한정할 필요가 생기게 된다. 이에 하나의 글자가 다른 글자의 부수로 쓰여 그 의미를 제한하는 구실을 한다. 상형문자는 이러한 문자 구성에 있어 많은 요소적 역할을 한다.

(2) 지사문자(指事文字)

지사문자란 회화적으로 사물의 형태를 그릴 수 없는 추상적 사실을 점 또는 선 등을 사용하여 나타내거나, 상형문자의 어떤 부분에 부호를 붙여 지시하는 문자를 가리킨다. 지사문자는 많지 않아 약 130자 정도 된다. 수(數)나 횟수를 나타내는 "一・二・三"은 선에 의해 개념을 나타낸 것이고, "上・下"는 일정한 기준 (一)의 위・아래에 사물이 있음을 나타내어 그 개념을 나타낸 것이다.

상형문자와 조합이 된 문자는 "本・刃"과 같은 것이다. "本(본)"은 "나무(木)"의 아래 부분에 표시를 하여 "나무의 뿌리, 근본"을 나타낸 것이고, "刃(인)"은 칼의 중앙부에 표시를 하여 "칼의 잘 드는 부분・칼날"을 나타낸 것이다.

(3) 회의문자(會意文字)

회의문자란 기성의 두 개 이상의 문자를 조합하여 하나의 글자를 만들어 특정한 의미와 음을 나타내는 것이다. 이는 일반적으로 주체를 나타내는 부분과 이를 꾸미는 문자 부분으로 이루어져 있다.

예를 들어 人(인)과 조합된 회의문자를 보면 "인(仁), 기(企), 건(件), 축(祝)" 등이 있는데, 仁은 人, 二 두자로 되어 두 사람이 친하게 지내는 것, 귀여워하는 것을 의미하고, 企는 人, 止(발) 두자로 되어, 사람이 발돋움하다, 나아가 바라다, 꾀하다를 의미한다. 件(건)은 人과 牛의 두 자로 되어 사람이 소를 끌고 가는 것을 의미하고, 祝은 示(神)・口・儿(人)의 석 자로 되어 신 앞에서 사람이 입을 벌리고 불러 구하며 기도하는 것으로, 뒤에 축하하다의 뜻이 되었다. 또 이와는 달리 같은 자를 두 자 혹은 석 자를 같이 써서 그 뜻을 강조하기도 한다. "임(林), 삼(森), 염(炎), 창(昌)"과 같은 것이 그것이다. 林, 森은 나무가 무성한 장소를, 炎은 불이 세게 타는 것을, 튬은 밝고, 한창인 것을 나타내는 것이 그것이다. 또 이와는 달리 "비(比), 북(北)"과 같이 같은 자를 겹쳐 썼으면서 강조 아닌 다른 뜻을 나타내기도 한다. 比는 사람이 나란히 서 있는 것으로, 이는 비교하다, 北은 사람이 등지고 있는 모양으로 등을 돌리다, 도망하다를 나타내는 것이 그것이다.

(4) 형성문자(形聲文字)

형성문자는 기성의 의미를 나타내는 문자와 음을 나타내는 문자를 조합하여 새로운 의미를 나타내는 것이다. 예를 들어 상형문자 "수(水)"는 물·내(川)와 같이 넓은 의미를 지니므로, 이를 특정한 상태, 또는 특수한 내의 흐름, 또는 물과 관계되는 것을 나타내기 위해 "수(水·氵)"를 부수로서 별개의 글자에 붙여 새로운 문자를 만드는 것이다. 예를 들면 "강(江) 급(汲) 누(淚) 목(沐) 몰(沒) 심(深) 영(泳) 옥(沃) 읍(泣) 정(汀) 지(池) 침(浸) 파(波) 하(河) 홍(洪)"과 같은 것이 그것이다. 형성문자는 매우 많은데, 한자의 8할 이상이 여기에 해당된다.

일반적으로 의미를 나타내는 부분을 의부(意符), 음은 나타내는 부분을 음부(音符)라 하는데 이는 조합의 방법에 의해 이들이 각각 좌우(강(江)·어(語)/ 구(鳩)·가(歌)), 상하(우(宇)·초(草)/ 비(悲)·상(裳)), 내외(각(閣)·원(園)/ 변(辮)·재(齋))에 놓여 다양한 글자를 형성해 낸다. 또한 같은 의부라도 음부가 다름에 의해(정(政)·공(攻)), 음부가 같더라고 의부가 다름에 의해 뜻이 달라지기도 한다(청(淸)·청(晴)).

(5) 전주문자(傳注文字)

전주문자는 그 풀이가 일정치 않다. 흔히는 어떤 문자의 본래의 의미가 전용되어 다른 비슷한 의미를 나타내는 용자법을 가리킨다. 곧 전주는 문자의 형성과는 관련이 없고, 그 문자의 의미가 전의(轉意)되어, 새로운 하나의 개념을 나타내는 경우를 말한다. 예를 들면 음악의 "악(樂)"은 흔히 사람의 마음을 부드럽게 하고, 즐겁게 하는 데서 즐기다의 의미로 전의되고, 그 음도 "락(나)"으로 바뀌는 것이 그것이다. 악할 악(惡)자가 미워할 오(惡)로 쓰이는 것도 마찬가지다. 전주문자는 모두가 전의와 함께 음도 같이 변하는 것은 아니다. 음은 그대로 있으면서 의미만 변하기도 한다. 장(長)이 "길다"의 의미에서, 연장자, 기관의 장·우두머리, 도(道)가 길에서 도의(道義), 절(節)이 대의 마디에서 절조(節操)의 뜻을 나타내는 것이 그것이다.

(6) 가차문자(假借文字)

가차문자란 사물의 의미 내용과는 관계없이, 그 글자의 음을 빌어 다른 사물을 나타내는 글자를 말한다. 예를 들어 북(北)자는 등을 돌리다·도망가다란 뜻이 본래의 의미이나, "북"이란 음을 빌어 동서남북의 북쪽이라는 방위를 나타내는 데 쓰이는 것이 그것이다. 서(西)도 마찬가지다. 이는 본래 술을 거르는 광주리이나, "서"라는 음에 따라 방위를 나타내는 데 쓰인다. 이 밖에 조자(助字)로 쓰이는 경우 "의(矣)·야(也)·이(耳)·언(焉)" 등이 가차문자이고, 외국어를 음역하는 "可口可樂(코카콜라), 基督(기독), 南無阿彌陀佛(나무아미타불), 菩薩(보살), 煙士被理純(인스피레이숀), 佛蘭西(프랑스)" 등도 이 가차문자에 해당한다.

3. 조자에 반영된 발상과 한국어

이 글에서는 신체관계, 동물 관계, 가족 관계, 문화·예술 관계, 자연 관계 등 5개 영역에서 각각 10개 기본적인 한자 어휘와, 이의 100개 한자의 조자를 살펴보기로 한다.

3.1. 신체관계 한자어와 한국어

신체 관련 한자어로는 수족, 이목, 구비, 흉복, 심폐, 두뇌, 안면, 골육, 위장, 신체의 10개 단어, 20개 한자의 조자와 발상과 함께 이에 상응하는 한국어를 살펴보기로 한다.

(1) 수족(手足)

* 손 수(手)자. <상형자> 금석문 ✋, 전서 ✿

손 수(手)자는 다섯 개의 손가락과 펼친 손바닥을 본뜬 상형문자다. 따라서 가장 구체적이고 기본적인 발상의 제자다. 문자의 부수가 되는 때에는 扌자의 형태로 써 손의 동작과 관련이 있는 것을 나타낸다.

* 발 족(足)자. <상형자> 갑골문 ♘, 금석문 ♙, 전서 ♚

족(足)자는 무릎을 나타내는 口와, 발의 모양을 나타내는 止로 이루어졌다. 무릎 아래를 가리킨다. 이는 뒤에 발목 아래를 가리키게 되었다. 한자의 부수로 쓰일 때는 발에 관한 것을 나타낸다.

手足은 상형문자여서 구체적이다. 이는 한국어의 "손발"에 해당한다. "손"은 팔목 끝 부분, "발"은 다리의 끝 부분을 의미한다. 따라서 "손발"의 기본적 의미는 한자어 "手足"에 비해 그 의미영역이 다소 넓다.

(2) 이목(耳目)

* 귀 이(耳)자. <상형자> 갑골문 ⟨, 금석문 ⟨, 전서 目

이(耳)자는 귀의 모양을 본떴다.

*눈 목(目)자. <상형자> 갑골문 ⟨, 금석문 ⟨, 전서 目

목(目)자는 눈의 모양을 본뜬 글자다. 이는 자연 그대로의 모양이 아니라, 눈의 모양을 세운 형태로 目자를 만든 것이다. 부수로 쓰일 때는 눈과 보는 것에 관련된 것을 나타낸다.

耳目은 상형문자여서 그 의미 대상이 분명하다. 한국어는 이들을 각각 "귀"와 "눈"이라 한다. 그러나 한어 "耳目"처럼 복합어를 이루어 "귀눈"이라거나, "눈귀"라고는 하지 않는다.

(3) 구비(口鼻)

* 입 구(口)자. <상형자> 갑골문 ⟨, 금석문 ⟨, 전서 ⟨

구(口)자는 입 모양을 본떴다. 이는 입에 구멍이 있어 구멍을 아울러 뜻한다. 부수로 쓰일 때는 입, 음성, 언어와 관련된 의미를 나타낸다.

* 코 비(鼻)자. <형성자> 갑골문 ⟨, 금석문 ⟨, 전서 ⟨

비(鼻)자는 코를 의미하는 자(自)와, 음을 나타내는 비(畀)로 이루어졌다. 自는 鼻의 원자로, 이는 손으로 코를 가리키며 자신을 나타내는 데서 "자기"를 뜻하게 되었다. 이에 코를 의미하는 말은 "自"에, 음을 나타내는 줄 비(畀)자를 증자하게 되었다. 부수로 쓰일 때는 코와 관계가 있음을 나타낸다. "주부코 차(齇), 냄새 맡을 후(齅), 코 골 후(齁)"가 그 예다.

"耳目口鼻"라 하여 이들 네 신체기관은 복합어를 이룬다. 그러나 "口

鼻”는 따로 복합어를 이루지 않는다. 한국어의 경우도 “입코”나, “코입”
은 복합어를 이루지 않는다. “코”의 고어는 “곻”다. “고-ㅅ-불”이 변한
“고뿔”이 그 예다.

(4) 흉복(胸腹)

* 가슴 흉(胸)자. <형성자>

흉(胸)의 원자는 匈(흉)이다. 匈은 공동(空洞)을 싼 가슴을 형상화한 것이
다. 뒤에 匈에 살 또는 몸을 의미하는 月(육)이 덧붙여졌다.

* 배 복(腹)자. <형성자>

복(腹)자는 月(살)과, 음을 나타내는 동시에 덮다(覆)를 나타내는 “复(복)”
으로 이루어져 장기를 덮어 싼 곳을 뜻한다.

흉복(胸腹)은 한국어로는 각각 “가슴”과 “배”라 한다. 고어에서는 “가
슴”과 “빙”라 하였다. “흉복”과 달리 “가슴”과 “배”는 복합어를 이루지
않는다.

(5) 심폐(心肺)

* 마음 심(心)자. <상형자> 금석문 ᔔ, 전서 ᔒ

심(心)자는 심장의 모양을 본뜬 상형자다. 이는 심장을 뜻하는 외에 심
리·정신작용을 의미한다. 부수(心, ㅏ)로 쓰일 때는 정신작용, 사고 등과
관련된 뜻을 나타낸다.

* 허파 폐(肺)자. <형성자> 전서 ᔒᔒ

폐(肺)자는 月(살·臟器)과, 음과 함께 둘로 나뉘다의 뜻을 지니는 시(市)
로 이루어져, 폐가 좌우 두 개의 장기로 나뉘었음을 뜻한다.

심폐(心肺)는 한국어로 고어에서 각각 "ᄆᆞᅀᆞᆷ"과 "허파"라 하였다. "ᄆᆞ
ᅀᆞᆷ"은 오늘날 "마음"으로 변해, 일반적으로 추상적인 심적 상태를 나타
낸다. 그러나 이 말은 본래 "심장(心臟)"을 의미하는 말이었다. 구상적 의
미에서 추상적 의미로 바뀐 말이다. 우리의 고유어에서는 "가슴"과 "마
음"은 복합어를 이루지 않는다.

(6) 두뇌(頭腦)

* 머리 두(頭)자. <형성자> 갑골문 ䷩, 금석문, ䷌, 전서 ䷕

두(頭)자는 사람의 머리를 크게 그리고, 그 아래 두 발을 그려 머리를
나타내는 의부(意符) 頁(혈)과, 음을 나타내는 두(豆)로 이루어졌다.

* 머리 뇌(腦)자. <형성자> 전서 ䷩

뇌(腦)자는 月(살·몸)과, 음과 함께 머리를 나타내는 囟(뇌 : 머리가 난 두부
형태)로 이루어져 뇌수를 의미한다.

두뇌(頭腦)는 머리 두, 머리(뇌수) 뇌자의 합성어로 머리, 나아가 사물을
판단하는 슬기를 뜻하는 말이다. 뇌수(腦髓)는 고유어로 "골"이라 일러진
다. 따라서 복합어 두뇌는 우리말 "머릿골, 골머리"에 대응된다. 두(頭)는
고어에서 "마리", 또는 "머리"라 했다. "마리"는 동물을 세는 양수사에
지금도 남아 쓰인다.

(7) 안면(顔面)

* 얼굴 안(顔)자. <형성자>

안(顔)자는 머리를 나타내는 혈(頁)과, 음과 함께 아름다운 이마의 뜻을
나타내는 彦(언)으로 이루어져 이마가 아름다운 얼굴, 나아가 얼굴을 나
타낸다.

* 낯 면(面). <회의자> 전서 茴

면(面)은 눈 또는 머리 모양을 본뜬 首(수)와 이를 싼 선(線), 곧 가면의 모양으로 이루어져, 가면을 뜻한다. 이것이 바뀌어 사람의 얼굴을 의미하게 되었다.

안면(顏面)은 두 개의 얼굴을 의미하는 말이 합성된 복합어다. 우리말에서는 안(顏)을 "얼굴", 面을 "낯"이라 한다. "얼굴"은 본래 "형체(形體)"를 의미하던 말로, 안면의 뜻이 된 것은 뒤에 변한 것이다. "낯"은 고어에서 "놏"이라 하던 말로, 이것이 얼굴을 뜻하던 말이다. "보살(菩薩)ㅅ 노촌 금색(金色)이오"<월인석보>가 그것이다. 고유어에서는 얼굴과 낯이 복합어를 이루지 않는다.

(8) 골육(骨肉)

* 뼈 골(骨)자. <회의자> 전서 骨

골(骨)자는 고기 육(肉)자와 함께, 위쪽은 관절에 집어 넣는 위쪽 뼈를, 아래 쪽은 받아들이는 아래쪽 뼈를 나타내는 부분(冎)으로 이루어졌다. 骨은 한자의 부수로, 뼈와 관련된 것을 나타낸다.

* 고기 육(肉)자. <상형자> 금석문 肉, 전서 肉

육(肉)자는 잘라낸 조수의 고기 조각, 육편(肉片)의 모양을 본뜬 자다. 고기, 살을 의미한다. 한자의 부수로는 흔히 月(살집)로 쓰여 살, 인체에 관한 뜻을 나타낸다.

골육(骨肉)은 뼈와 살을 아울러 이르는 말이다. 우리말에서는 이들을 뼈와 살이라고 각각 이른다. "뼈"는 고어에서 "쎠", "살"은 "숧"이라고 ㅎ말음을 지니고 있던 말이다.

(9) 위장(胃腸)

* 밥통 위(胃)자. <회의자> 전서 ✿

위(胃)자는 月(살·장기)과, 밥통에 먹은 곡물이 들어 있는 형태를 나타 낸 ✿으로 이루어져 밥통을 나타냈다.

* 애 장(腸)자. <형성자> 전서 ✿

장(腸)자는 月(살·장기)과 함께 음을 나타내고 동시에 길게 이어지다(暢) 의 뜻을 나타내는 易으로 이루어져 길게 구불구불 연장된 장기의 뜻을 나타낸다.

위장(胃腸)은 위와 장을 아울러 이르는 말이다. 우리말로 위는 흔히 밥 통이라 한다. 소의 밥통을 이르는 한자말에 양(胖)이 있는데, 이는 사람의 밥통도 같이 일렀을 것으로 보인다. "양이 작아서 많이 못 먹는다."의 "양"이 이 "양"으로 추정된다. 장(腸)은 창자로, 우리 고유어로는 "애"라 고 한다. "창자"는 한어 "腸子"의 차용어다. "곱창"은 기름기가 낀 창자 라는 뜻이다. 장(腸)의 발음 "창"은 한어의 차용이다. "똥창"이란 말에도 "창"이 쓰이고 있다.

(10) 신체(身體)

* 몸 신(身)자. <상형자> 금석문 ✿, 전서 ✿

신(身)자는 여성이 어린 애를 임신하고 있는 모양을 본떴다. 임신하다 를 뜻한다. 신체의 뜻으로 쓰이는 것은 신(申)의 차용에서다.

* 몸 체(體)자. <형성자>

체(體)자는 骨(골)과, 음과 함께 정확하게 늘어놓다의 뜻을 나타내는 豊 으로 이루어져 뼈의 이어짐, 골격(骨骼)·신체를 의미한다. 体는 체(體)의 약자다. 體와 体는 다른 자이나, 옛날부터 体가 體의 속자로 쓰여 왔다.

신체(身體)는 신(身)과 체(體)가 합성되어 사람의 몸을 나타내는 말이다. 고유어에는 이에 해당한 복합어가 따로 없다. 그냥 "몸"이라 한다. 고어에서도 "몸"이라 하였고, 오늘날의 "몸통"은 "몸똥", 또는 "몸동이"라 하였다.

3.2. 동물 관계 한자어와 한국어

동물관계 한자어로는 우양, 계견, 호랑, 용사, 구토, 오작, 연작, 금수, 봉접, 곤충의 10개 단어, 20개 한자를 보기로 한다.

(1) 우양(牛羊)

* 소 우(牛)자. <상형자> 갑골문 ♈, 금석문 ♈, 전서 ♈

우(牛)자는 소의 뿔과 머리를 본떴다.

* 양 양(羊)자. <상형자> 갑골문 ♈, 금석문 ♈, 전서 ♈

양(羊)자는 양의 머리와 뿔을 본떠 만들었다. 羊이 상서롭다의 의미로 쓰이는 것은 음이 상(祥)과 통하기 때문이다.

우양(牛羊)은 소와 양을 함께 이르는 말이다. 고유어로 소는 고어에서 "쇼"라 하였는데, "쇼爲牛"<훈민정음해례>가 그 예다. 이는 ㅎ말음을 지닌 말이다. 양(羊)은 따로 고유어가 보이지 않으나, 윷놀이에서의 "걸"은 양으로 본다. 우양(牛羊)에 해당한 고유어 복합어는 보이지 않는다.

(2) 계견(鷄犬)

* 닭 계(鷄)자. <형성자>

계(鷄)는 鳥(조)자와, 음과 함께 날이 새다의 뜻(啓)을 나타내는 奚(해)로 이루어진 글자다. 닭이 날이 새었음을 알리 새라는 의미다.

* 개 견(犬)자. <상형자> 갑골문 🐕, 금석문 犬, 전서 犬

개의 형태를 본떴다. 편수로 쓰일 때는 犭(견·짐승)으로 써 짐승에 관한 뜻을 나타낸다.

계견(鷄犬)은 닭과 개를 아울러 이르는 말로, 계구(鷄狗)라고도 한다. 고유어에는 이에 해당한 복합어가 없다. "닭"은 고어에서 "둙"이라 했고, "개"는 "가히"라 했다. "가히"는 "가이>개"로 변해 오늘에 이르고 있다.

(3) 호랑(虎狼)

* 범 호(虎)자. <상형자> 갑골문 🐅, 금석문 虎, 전서 虎
호랑이의 모양을 본떴다.

* 이리 랑(狼)자. <형성자>

짐승을 의미하는 견(犭)과 음을 나타내는 良으로 이루어졌다. 이리를 뜻한다.

호랑(虎狼)은 범과 이리를 아울러 이르는 말이다. 고유어로는 각각 "범"과 "이리"라 한다. "범"은 고어에서도 "범"이었고, "이리"는 "일히"라 하였다.

(4) 용사(龍蛇)

* 용 용(龍)자. <상형자> 금석문 鶐, 전서 龖

용(龍)자는 머리에 관을 쓰고, 몸통을 구부린 큰 뱀의 모양을 본떴다. 상상의 동물이다.

* 뱀 사(蛇)자. <형성자>

사(蛇)자는 뱀을 뜻하는 충(虫)자에, 본래 머리가 큰 뱀의 상형인 蛇(사)자의 오른쪽 부분의 글자를 보태어 충(虫)과 구별하게 만든 글자다.

용사(龍蛇)는 용과 뱀으로, 용은 중국의 상상상의 동물로 신수(神獸)에 속하는 것이다. 고유어로는 용을 "미르"라 한다. 뱀은 고어에서 "ᄇᆞ얌"이라 하였고, 이것이 변해 오늘의 "뱀"이 되었다. 고유어에서는 이들이 복합어를 이루지는 않는다.

(5) 구토(龜兎)

* 거북 구(龜)자. <상형자> 갑골문 鼀, 금석문 龜, 전서 龜

구(龜)는 거북의 모양을 본뜬 상형자다. 중국에서는 옛날부터 기린·봉황·거북·용을 사영수(四靈獸)의 하나로 여겨 만년의 장수를 한다고 보고, 축수할 때 거북을 일렀다.

* 토끼 토(兎)자. <상형자> 전서 兎

토(兎)자는 긴 귀와 짧은 다리를 지니고 있는 토끼의 모양을 본떴다.

구토(龜兎)는 구토설화(龜兎說話)로서 익숙한 단어다. 그러나 "구토" 자체는 사전에 복합어로 등재되어 있지 않다. 고유어로는 고어에서 구(龜)를 "거붑"이라 하였는데, 이것이 이화현상(異化現象)에 의해 "거북"으로 변하였다. 토(兎)는 "톳기"라 하였다. "토끼"는 한자어 토(兎)에서 비롯되었다.

(6) 오작(烏鵲)

* 까마귀 오(烏)자. <상형자> 금석문 🐦·🐦, 전서 🐦

오(烏)자는 까마귀 모양을 본떴다. 일설에는 까마귀가 검기 때문에 그 눈이 어디 있는지 알 수 없어 새(鳥)의 눈 부분의 획을 하나 생략한 자라 본다. 음을 빌어 감탄사(嗚와 같음), 또는 의문사, 반어사로도 쓰인다.

* 까치 작(鵲)자. <형성자>

작(鵲)자는 새를 나타내는 鳥자와, 음을 나타내는 昔(석)으로 이루어진 글자다.

오작(烏鵲)은 칠석(七夕) 날의 설화로, 오작교(烏鵲橋)에 의해 잘 알려진 복합어다. 우리말로는 고어에서 "가막가치", 현대어로는 "까막까치"라 한다. 까마귀는, 고어에서는 "가마괴", "까치"는 고어에서 "가치"라 했다. "가마괴"는 "감(黑)-아괴(접사)", "가치"는 의성어 "갗갗"의 "갗"에 접사 "-이"가 붙은 것이다.

(7) 연작(燕雀)

* 제비 연(燕)자. <상형자> 전서 🦉

연(燕)자는 제비가 나는 모양을 본떴다. 음을 빌어 주연(宴), 또는 느긋하게 쉬다(安)의 뜻으로도 쓰인다.

* 참새 작(雀)자. <회의자>

작(雀)은 작을 소(小)와 새를 뜻하는 추(隹)로 이루어져 작은 새, 곧 참새를 나타낸다. 작(雀)의 음은 약(躍·뛰다)이 변한 것으로, 참새는 뛰어다니는 새이기 때문에 이런 이름이 붙었다.

연작(燕雀)은 제비와 참새를 아울러 이르는 말이다. 제비는 고어에서 "져비"라 하였고, "참새"는 고어에서 "춤새"라 하였다. 이들은 복합어를 이루지 않는다.

(8) 금수(禽獸)

* 새 금(禽)자. <형성자> 금석문 🐦, 전서 🦅

음과 함께 자루가 달린 그물을 뜻하는 자(🐦)와 음부 수(A)으로 이루어졌다. 사로잡다의 뜻인 금(擒)의 원자다. 뜻이 바뀌어 잡은 것을 뜻하게 되었고, 짐승(獸)과 구별하여 새(鳥)를 의미하게 되었다.

* 짐승 수(獸)자. <형성자>

수(獸)자는 犬과, 짐승을 잡는 도구를 나타내는 말[嘼(총채)＋口(울타리)]로 이루어졌다. 수(狩)와 같은 뜻의 말로, 뒤에 뜻이 바뀌어 사냥하여 잡은 것, 짐승의 뜻이 되었다.

금수(禽獸)는 새와 짐승을 아울러 이르는 말이다. 고유어에서는 복합어를 이루지는 않는다. 새는 고어에서도 "새"라 하였고, 짐승은 "즁싱"에서 "즘생>짐승"으로 변하였다.

(9) 봉접(蜂蝶)

* 벌 봉(蜂)자. <형성자>

봉(蜂)자는 벌레 충(虫)과, 음과 창을 나타내는 夆(봉)으로 이루어졌다. 날카로운 침을 가진 벌레, 벌을 뜻한다. 혹은 삼각형의 집단을 이루어 이동하는 벌을 뜻한다고 본다.

* 나비 접(蝶)자. <형성자>

접(蝶)자는 虫과, 음을 나타내는 나머지 부분 枼(접)자로 이루어졌다. 나비를 나타낸다. 접(枼)은 얇은 나뭇잎, 얇다를 뜻한다.

봉접(蜂蝶)은 벌과 나비를 아울러 이르는 말이다. 고유어에서 흔히 "벌나비"라고 일러지기도 하나, 아직 복합어로 보지 않는다. "벌"은 고어에서도 "벌", 나비는 "나뷔, 나븨"라 하였다. 나비는 본래 "납"에 접사 "이"가 붙은 것이다. "나방이"이가 파생어 "납-앙이"라는 사실이 이를 증명해 준다.

(10) 곤충(昆蟲)

* 벌레 곤(昆)자. <상형자> 금석문 **&**, 전문 **&**

곤(昆)자는 발을 늘어세운 벌레의 형태를 본뜬 것이다. 벌레의 뜻이다. 곤(昆)이 형(兄)의 뜻으로 쓰이는 것은 음을 빌려 쓰는 것이다. 일설은 "日＋比"로 보아 많은 것이 일광 근처에 늘어선 것을 뜻하는 것으로 본다.

* 벌레 충(蟲)자. <회의자> 갑골문 **&**, 금석문 **&**, 전서 **&**

虫은 살무사의 모양을 본뜬 글자다. 虫(충)과 蟲(충)은 본래 다른 자였다. 蟲은 虫을 세 개 합친 회의자로 곤충을 총칭한다. 뒤에 蟲의 약자로 虫을 쓰게 되었다.

곤충(昆蟲)은 곤충류, 곧 벌레를 총칭하는 말이다. 고유어로는 "벌레"라 한다. 이는 "벌거지>벌어지>버러지"라는 말도 있어, "벌레"의 어원은 "벌"이었던 것으로 추정된다.

3.3. 가족 관계 한자어와 한국어

가족 관계 한자어로는 부모, 부부, 자녀, 조손, 숙질, 형제, 자매, 구고, 양친, 처첩의 한자어와 한자를 살펴보기로 한다.

(1) 부모(父母)

* 아비 부(父)자. <회의자> 갑골문 ♉, 금석문 ♉, 전서 ♉

부(父)자는 오른 손(又)으로 돌도끼(丨)를 들고 치는 모양을 나타낸다. 음을 빌어 아버지의 뜻으로 쓰이게 되었다. 부수로는 아버지의 뜻을 나타낸다. 아비 야(爺), 아비 파(爸), 아비 다(爹)가 그것이다.

* 어미 모(母)자. <상형자> 갑골문 ♉, 금석문 ♉, 전서 ♉

모(母)자는 계집 녀(女)자에 유방을 나타내는 점을 덧붙인 것이다. 아이를 낳아 기르다의 의미를 지닌다. 동계의 매(每)는 계속하여 아이를 낳다의 뜻을 나타낸다.

부모(父母)는 양친을 이르는 말이다. 양친은 고유어로 "어버이"라 한다. 이는 아버지를 이르는 "업"과 어머니를 이르는 "어이"가 결합된 말이다. 아버지는 본래 "압"으로 여기에 "어지"가 붙은 말이다. 이는 부자(父子)를 "어비아둘"이라 하듯 "업"이라고도 하였다. 어머니는 "엇"으로 이는 "어시>어싀"로 발전하는 말과, "엄"에서 "어머니"로 발전하는 두 개의 형태가 있다. "엄"은 "암(雌)"과 동계의 말이다. "암"은 크게 보아 한자어 "모(母)"와 발상을 같이 한다.

(2) 부부(夫婦)

* 지아비 부(夫). <회의자> 갑골문 ♉, 금석문 ♉, 전서 ♉

부(夫)자는 사람의 형태를 나타내는 大와 횡선 一로 되어, 一은 비녀를 나타내는데, 사람이 어른이 되어 성년식(元服)을 하고 관을 쓰고 비녀를 꽂고 있는 것을 나타낸 것이다. 성년식을 거친, 어른 취급을 받는 남자를 이른다.

* 며느리 부(婦)자. <형성자> 갑골문 𰲹 𰲹, 금석문 𰲹, 전서 𰲹

부(婦)자는 계집 녀(女)자와, 음과 함께 꾸미다(修)를 나타내는 추(帚)자로 이루어졌다. 성장한 며느리의 뜻에서 널리 여자의 의미로 쓰게 되었다. 일설에는 추(帚)를 箒(비 추)로 보아, 집의 청소를 하는 여자, 며느리를 뜻하는 것으로 본다. 아내가 되는 것을 "기추(箕箒)를 받들다"라 하는 것은 이러한 상황을 전제로 한 말이다.

부부(夫婦)는 남편과 아내를 이르는 말이다. 우리말로는 "지아비지어미"라 한다. "지아비"란 "집의 아비"란 말로, 남편을 의미한다. "집-ㅅ-아비"의 형태로 "짓-아비>지ᅀᅡ비>지아비"로 변한 말이다. 이때의 "아비"란 남자의 뜻이다. 지어미의 경우는 "집-ㅅ-어미"의 형태가 변한 것이다. 집에 있는 여인이란 말이다.

(3) 자녀(子女)

* 아들 자(子)자. <상형자> 갑골문 𰲹, 금석문 𰲹, 전서 𰲹

자(子)자는 어린 아이를 본떠 작은 아이를 뜻한다. 나아가 젊은이를 뜻하게 되었다. 子부에 속한 자는 의부(意符)로서 나이가 어리다(年少)의 뜻을 나타낸다.

* 계집 녀(女)자. <상형자> 갑골문 𰲹, 금석문 𰲹, 전서 𰲹

여(女)자는 무릎을 꿇고, 손을 마주잡은 여성의 모습을 본떴다. 부수로

쓰일 때는 의부로서 여성에 관한 것과 여성적인 것, 혈연에 관한 것을
나타낸다.

자녀(子女)는 "아들딸"을 의미한다. 아들은 "아들", 딸은 "뿔", 혹은
"쏠"에서 변한 말이다. "뿔"은 계림유사에 "寶妲"로 표기되어 "ㅂ둘" 쯤
의 말에서 변한 것으로 재구된다.

(4) 조손(祖孫)

* 할아비 조(祖)자. <형성자> 금석문 祖, 전서 祖

조(祖)자는 신(神)을 뜻하는 示와, 음과 처음의 뜻(初)을 나타내는 且(차)
로 이루어졌다. 시조신을 뜻한다. 이는 나아가 의미가 확장되어 아버지
대 이상의 남자를 모두 가리키게 되었다.

* 손자 손(孫)자. <회의자> 갑골문 㝮, 금석문 㝩, 전서 㬊

손(孫)자는 아들 자(子)와, 실을 잇다란 뜻을 나타내는 系(계)로 이루어
졌다. 아들의 뒤를 잇는 사람. 손자의 뜻이다.

조손(祖孫)은 할아버지와 손자를 아울러 이르는 말이다. 우리말로는 각
각 할아버지와 손자라 한다. 할아버지는 "한-아버지"가 변한 말로 "큰-
아버지"란 말이다. 아버지의 아버지이니 큰 아버지인 것이다. 손자(孫子)
에 대한 고유어는 따로 보이지 않는다.

(5) 숙질(叔姪)

* 아재비 숙(叔)자. <회의자> 전서 椒

숙(叔)자는 又(손)과, 덩굴이 감긴 콩의 모양과, 동시에 작다의 뜻을 나
타내는 말(尗)로 이루어졌다. 작은 팥이나 메밀 알을 줍다의 뜻을 나타낸다.
뒤에 작다의 뜻(縮)을 빌려 작은 동생을 나타내는 말로 쓰이게 되었다.

* 조카 질(姪)자. <형성자>

질(姪)자는 女와, 음을 나타내는 지(至)로 이루어졌다. 혈연의 말단, 형제가 낳은 조카를 뜻한다.

숙질(叔姪)은 아재비와 조카를 아울러 이르는 말이다. 우리의 고유어에는 이를 이르는 복합어가 따로 없다. "아재비"는 "아촌-아비"가 변한 말이다. "아촌"은 "작다"를 의미한다. "조카"는 족하(族下)가 변한 말로 본다.

(6) 형제(兄弟)

* 맏 형(兄)자. <회의자> 갑골문 𝌀, 금석문 𝌀, 전서 𝌀

형(兄)자는 사람인(人·儿)과, 머리가 큰 아이의 모양을 나타내는 구(口)로 이루어져, 어린애가 선장한 것, 곧 형, 나아가 연장자를 의미한다.

* 아우 제(弟)자. <지사자> 금석문 𝌀, 전서 𝌀

끈이 늘어진 모양과 말뚝을 합친 지사문자로, 막대기의 낮은 곳을 표시하여 낮은 곳을 나타낸다. 뒤에 의미가 바뀌어 아우를 의미하게 되었다.

형제(兄弟)는 형과 아우를 아울러 이르는 말이다. 곤제(昆弟)라고도 한다. 고유어로는 이를 이르는 복합어가 따로 없다. "맏"은 "맏이(昆)"를 의미하는 말이다. 제(弟)는 "아우"라 한다. 이는 고어 "아ᅀᆞ"가 "아ᅌᆞ>아우"로 변한 말이다.

(7) 자매(姉妹)

* 손윗누이 자(姉)자. <형성자> 전서 𝌀 𝌀

자(姉)는 女자와, 음과 함께 덩굴이 감은 막대의 윗부분을 나타내는 市(시)로 이루어져, 나이가 많은 여자를 뜻한다. 손윗누이, 누님을 의미한다.

* 누이 매(妹)자. <형성자> 전서 𤳄

매(妹)는 女자와, 음과 함께 나무가 아직 자라지 않은 어린 가지를 나타내는 미(未)로 이루어져, 성장하지 않은 여자, 곧 여동생, 누이를 가리킨다. 계림유사에는 "餒必"로 기록되어 있다.

자매(姉妹)는 여자 동기를 이르는 말이다. 고유어로는 이를 이르는 복합어가 따로 없다. 이들은 각각 손윗누이, 손아래누이라 한다. 달리는 누님, 누이동생이라 한다. 누이는 남자가 자매를 지칭하는 말이다. 고어에 "누위(弟妹<두시>), 누의(妹<月釋>)"가 보인다. "누비>누뷔>누위>누의>누이"로 변화된 것으로 보인다.

(8) 구고(舅姑)

* 시아비 구(舅)자. <형성자>

구(舅)자는 사내 남(男)과, 음과 함께 오래다의 뜻을 나타내는 구(臼)로 이루어져 나이가 든 남성을 이른다. 나아가 시아비를 이르게 되었다.

* 시어미 고(姑)자. <형성>

고(姑)는 여(女)자와, 음을 나타내는 고(古)로 이루어져 나이 든 여성, 나아가 남편의 어머니, 또는 아내의 어머니를 뜻하게 되었다.

구고(舅姑)는 시부모를 아울러 이르는 말이다. "시부모"는 혼종어라 할 말이다. "시"는 "시(媤)"라는 한자를 쓰고 있으나, 이는 "시(新)>싀>시"로 변한 고유어다.

(9) 양친(兩親)

* 두 양(兩)자. <상형자> 금석문 𠕃·𠔿, 전서 兩

양(兩)자는 본래 저울대에 거는 추로, 좌우 양쪽이 평형을 이룬 모양을 본뜬 것이다. 무게 단위 이름에서 변해 둘의 의미도 지니게 되었다.

* 어버이 친(親)자. <형성자>

친(親)자는 볼 견(見)과, 음과 함께 칼로 자른 생나무를 뜻하는 亲자로 이루어졌다. 가까이 접해서 보고 있는 것을 나타낸다. 직접 자극을 받을 가까운 사이를 뜻한다. 같은 혈족인(血族人), 나아가 어버이의 뜻이 되었다. 또한 가깝고 친하다의 뜻을 나타내기도 한다.

양친(兩親)은 부모를 의미한다. 이는 앞에서 살펴본 바와 같이 고유어로, "아버지 어머니"라 하고, "어버이"라 한다.

(10) **처첩(妻妾)**

* 아내 처(妻)자. <회의자> 전서 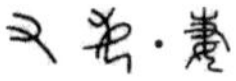

처(妻)자는 비녀를 꽂은 여자와, 음과 함께 손을 나타내는 글자(又)로 이루어졌다. 가사를 처리하는 성인 여성을 의미한다.

* 고마 첩(妾)자. <형성자> 갑골문 , 금석문 , 전서 

첩(妾)자는 계집 녀(女)자와, 辛(신)의 생략형인 입(立)으로 이루어져 있다. 입(立)은 입묵(入墨)을 하는 날붙이(刃物), 나아서 입묵을 한 죄인을 뜻한다. 첩(妾)은 입묵을 한 여자 종이다. 뒤에 여성을 비하하는 말로 쓰이게 되었다. 妾은 작은집이라고도 한다. 이는 소실(小室)에서 연유하는 말이다.

처첩(妻妾)은 아내와 첩을 아울러 이르는 말이다. 고유어로는 이를 함께 이르는 말이 따로 없다. 처(妻)는 아내라 한다. 이는 고어 "안히"가 변한 말이다. 이는 한자어 내자(內子)와 발상을 같이 한다. 첩(妾)은 고어에서 "고마"라 했다. 소실(少室)이란 의미의 말이다.

3.4. 문화·예술 관계 한자어와 한국어

문화·예술 관계 한자어는 문화, 예술, 학문 관계 한자어로, 언어, 시문, 민속, 제도, 학문, 서화, 가요, 금슬, 연극, 무용의 10개 단어 20개 한자이다.

(1) 언어(言語)

* 말씀 언(言)자. <형성자> 갑골문 💋, 전서 💌

언(言)자는 입 구(口)자와, 음과 함께 마음(心)을 나타내는 신(辛)자로 되었다. 입에서 나오는 마음, 생각하고 있는 것을 입으로 나타낸 것이라는 뜻이다.

* 말씀 어(語)자. <형성자> 전서 💍

말씀 언(言)과, 음과 함께 서로의 뜻(互)을 나타내는 오(吾)로 이루어졌다. 서로 말을 교환하다의 뜻이다.

언어(言語)는 의사전달의 음성적 수단을 말한다. 이는 우리 고유어로는 "말, 말씀"이라 한다. 말씀은 고어에서 "말씀, 말숨"이라 하였다. 이것이 "말숨>말씀"으로 바뀌어 오늘에 이르렀다.

(2) 시문(詩文)

* 귀글 시(詩)자. <형성자> 전서 💎

시(詩)자는 言과, 음을 나타내는 동시에 뜻을 나타내는 寺(사)로 이루어졌다. 생각을 말로 나타낸 것이란 뜻이다. 귀글은 구문(句文)을 의미한다.

* 글월 문(文)자. <상형자> 갑골문 💘, 금석문 💘, 전서 💘

문(文)자는 토기에 새긴 새끼줄 모양의 무늬를 본떴다. 세세하게 장식한 모양을 나타낸다. 문(紋)의 원자다. 나아가 문자, 문장이란 의미로 쓰이게 되었다. 일설에는 문신(文身)의 문(文)으로, 똑바로 서 있는 사람의 가슴에 새긴 문식을 나타내는 것으로 본다.

시문(詩文)은 시와 산문을 아울러 이른다. 우리 고유어에는 이에 대응되는 말이 따로 없다. 시(詩)는 특히 한시(漢詩)의 경우 그러하지만 "귀글"이란 말이 쓰인다. 문(文)은 산문이라기보다 문장이란 의미로 "글월"이라 했다. 이는 "글발>글뢀>글월>글"로 변하였다. "글"이란 한자 "契"로 표기된 것이 보인다.

(3) 민속(民俗)

* 백성 민(民)자. <상형자> 금석문 ⺠, 전서 ⺠

민(民)은 눈동자가 없는 눈을 찌르는 모양을 상형한 글자로, 눈을 바늘로 찔러 눈이 보이지 않게 한 노예를 나타낸다. 면(眠)과 동계의 말이다. 뒤에 사물을 분별하지 못하는 많은 사람들, 지배하에 놓인 사람들을 뜻하게 되었다.

* 풍속 속(俗)자. <형성자> 전서 𬾨 · 俗

속(俗)자는 인(人)과, 음을 나타내고 동시에 계속하다의 뜻을 나타내는 곡(谷)으로 이루어져 사람이 전해 배우는 것, 풍습을 의미한다.

민속(民俗)은 민간생활과 결부된 신앙, 풍속, 습관, 전설, 기술, 전승 문화 등을 통틀어 이른다. 고유어에는 이에 해당한 말이 따로 없다.

(4) 제도(制度)

* 마를 제(制)자. <회의자> 전서 𥘼

제(制)자는 가지가 붙은 나무(朱)와 칼(刂)이 결합된 회의문자다. 칼로 필요한 부분만 잘라 취하고 나머지는 버리는 것을 의미한다. 이는 나아가 재단(裁斷)하다, 중한 범죄를 처단하다(斷獄), 금하다, 억제하다의 뜻을 나타내게 되었다. "마르다"는 고어에서는 "ᄆᆞᄅᆞ다, 마ᄅᆞ다"라 하였다. "ᄆᆞ롤 재(裁)"<훈몽자회>가 그 예다.

* 법도 도(度)자. <형성자> 전서 **度**

도(度)는 손(又)과, 음을 나타내고 동시에 놓다의 뜻을 나타내는 庶(서)자의 생략형으로 이루어졌다. 손을 펴서 물건의 길이를 재다를 뜻한다. 나아가 법, 규칙, 법칙을 나타낸다.

제도(制度)는 규범이나 사회구조의 체제를 뜻하는 말이다. 고유어에는 이에 해당한 말이 따로 없다.

(5) 학문(學問)

* 배울 학(學)자. <형성자> 갑골문 **𦥯**, 금석문 **學**, 전서 **學**

학(學)자는 양쪽의 손(手)과 집(宀)과 아이(子)와, 음부(音符)인 동시에 교차 전수를 뜻하는 효(爻)로 이루어진 것으로 본다. 본래 전수(傳授)가 행해지는 장소, 곧 학교를 뜻했다. 여기서 아이가 예의작법을 흉내 내어 익히다, 나아가 배우다의 뜻을 지니게 되었다.

* 물을 문(問)자. <형성자> 전서 **問**

문(問)자는 口와, 음을 나타내는 동시에 듣다의 뜻(聞)을 나타내는 문(門)으로 이루어졌다. 물어 확인하다, 캐묻다의 뜻이다.

학문(學問)이란 어떤 분야를 체계적으로 배워 익히거나, 그렇게 하여 얻은 지식을 말한다. 우리말에는 이에 해당한 말은 따로 없다. 배울 학(學)

의 "배우다"는 고어에서는 "비호다"라 하였다. ㅎ이 약화 탈락하였다.

(6) 서화(書畵)

* 글 서(書)자. <형성자> 금석문 書, 전서 書

서(書)는 붓을 손에 쥐고 있는 모양(聿)과, 음을 나타내는 동시에 정착의 의미를 나타내는 者(자)로 이루어져, 일정한 장소에 정착시키다의 뜻을 나타낸다. 종이나 목간(木簡)에 기록하여 정착시키다의 뜻이다. 일설에는 자(者)를 흉내(肖, 像)의 뜻으로 보아 흉내 내어 베끼다의 뜻이라 본다. 나아가 쓰다, 쓰인 것을 의미하게 되었다.

* 그림 화(畵)자. <형성자> 금석문 畵, 전서 畵

화(畵)자는 붓을 손에 쥐고 있는 모양을 본뜬 글자와, 밭(田)의 주변을 선으로 둘러 싼 모양을 나타낸 나머지 글자(畵)로 이루어졌다. 어떤 면적을 잘라 붓으로 그 구획을 기록하다란 뜻을 나타낸다. 획(劃), 규(規) 등과 동계의 말이다.

서화(書畵)는 글씨와 그림을 아울러 이르는 말이다. 고유어에는 이들을 함께 나타내는 말이 따로 없다. 서(書)와 화(畵)는 각각 고어에서 "글시", "그림"이라 하였다.

(7) 가요(歌謠)

* 노래 가(歌)자. <형성자> 전서 歌

가(歌)자는 입을 벌린 모양의 흠(欠)과, 음과 동시에 소리를 길게 내다의 뜻을 나타내는 가(哥)를 겹친 가(哥)로 이루어졌다. 입을 벌려 "가"하고 길게 노래하다의 뜻이다. 나아가 노래의 뜻을 지니게 되었다.

* 노래 요(謠)자. <형성자>

요(謠)는 언(言)과, 음과 동시에 길다의 뜻을 나내는 요(䍃)로 이루어졌다. 말을 길게 늘여 노래하다를 뜻한다.

가요(歌謠)는 노래를 통틀어 이르는 말이다. 가요에 해당한 말을 "노래"라 할 수 있다. 이는 "놀다(遊)"의 어간 "놀"에 접사 "애"가 결합된 파생명사다. 노래와 달리 "소리"라는 말도 있는데, 이는 판소리나 잡가 따위를 통틀어 이르는 말이다.

(8) 금슬(琴瑟)

* 비파 금(琴)자. <형성자>

금(琴)은 본래 검은고의 모양(玨)과, 음과 함께 포함하다, 가운데에 담기다의 뜻을 나타내는 금(今)으로 이루어졌다.

* 큰 거문고 슬(瑟)자. <형성자>

슬(瑟)은 현악기를 본뜬 玨과, 음을 나타내고 단단히 달라붙다의 뜻을 나타내는 필(必)로 이루어져 많은 현이 꽉 벌여져 있는 대형 거문고를 나타낸다.

금슬(琴瑟)은 거문고와 비파를 아울러 이르는 말이다. "거문고"는 현금(玄琴)이라고도 일러지듯 검은 악기라는 말이고, "비파"는 비파(琵琶)와 같이 한자말이다.

(9) 연극(演劇)

* 멀리 흐를 연(演)자. <형성자>

연(演)자는 흐름을 의미하는 氵(水)와, 음과 함께 길게 늘어나다의 뜻(延)을 나타내는 寅(인)으로 이루어져, 길게 늘어진 흐름, 장류(長流)를 뜻한다.

뒤에 뜻이 바뀌어 잡아당겨 늘이다의 뜻으로도 쓰이게 되었다.

* 심할 극(劇)자. <형성자>

본래는 勮이라 써서, 力(력)과 음을 나타내는 동시에 바쁘다의 뜻(遽)을 나타내는 豦로 이루어졌다. 힘쓰다의 의미로, 뒤에 勮>劇>극(劇)과 같이 서체가 바뀌었다. 차용하여 격렬하다의 뜻(激), 또는 연극의 의미를 나타내게 되었다. "豦"은 범과 멧돼지가 격렬하게 싸우는 것을 의미하는 것으로도 본다.

연극(演劇)은 희곡을 무대에 올리는 것을 의미한다. 연희(演戲)라고도 한다. 우리 전통예술에서는 이를 "탈춤, 판소리"라 하였다.

(10) 무용(舞踊)

* 춤 무(舞)자. <상형자> 갑골문 **𣥒**, 금석문 **𣥒**, 전서 **舞**

무(舞)는 본래 無(무)로 사람이 장식이 붙은 긴 소맷자락의 옷을 입고 춤을 추는 모습을 본뜬 글자이다. 뒤에 無가 부정사로 전용됨에 의해 양 발의 모양을 덧붙인 舞(무)로 춤의 뜻을 나타내게 되었다.

* 뛸 용(踊)자. <형성자> 전서 **踊**

용(踊)자는 발 족(足)과, 음을 나타내는 동시에 올리다의 뜻(跳・揚・上)을 나타내는 甬(용)으로 이루어졌다. 뛰다를 뜻한다.

무용(舞踊)은 율동적 동작으로, 감정과 의지를 표현하는 예술이다, "수지무지(手之舞之) 족지도지(足之蹈之)"함으로 무도(舞蹈)라고도 한다. 우리말로는 "춤"이라 한다. 동작은 "춤 츠다"라 했다. "추다"는 "츠다"가 변한 말이고, 이의 파생명사가 "춤"이다.

3.5. 자연 관계 한자어와 한국어

자연 관계 한자어는 천지, 산천, 해도, 수토, 초목, 화훼, 일월, 성운, 풍우, 빙설의 10개 단어, 20개 한자의 조자와 발상을 보기로 한다.

(1) 천지(天地)

* 하늘 천(天)자. <상형자> 갑골문 大, 금석문 天, 전서 天

천(天)은 사람이 손발을 벌리고 선 모양인 大의 머리 부분을 높고 평탄하게 一자로 표시한 것이다. 머리 위의 높고 넓은 하늘을 형상한 것이다. 이는 높고, 평탄하게 넓다는 뜻을 나타낸다. 천(天)은 지사자(指事字)로 보기도 한다.

* 땅 지(地)자. <형성자> 전서 地

지(地)는 土와, 음과 함께 꾸불꾸불 이어지다의 뜻(迆·이)을 나타내는 也(야)로 이루어졌다. 꾸불꾸불 이어진 대지의 뜻이다.

천지(天地)는 하늘과 땅을 아울러 이르는 말이다. 고유어에서는 이를 "하늘땅"이라 복합어로 보고 있다. 하늘은 고어에서 "하ᄂᆞᆯ"이라 하였고, 땅은 "ᄯᅡ"라 하였다. 고유어에서 "ㅎ"말음이 "ㅇ"으로 바뀌는 경우가 있다. "땅(<ᄯᅡᇂ), 지붕(<집웅)"이 그것이다.

(2) 산천(山川)

* 뫼 산(山)자. <상형자> 금석문 山, 전서 山

산(山)은 산의 뾰족한 모양을 본떴다. 령(嶺)은 높이 깎아지른 듯한 산, 구(丘)는 분지를 둘러 싼 외륜(外輪)의 산을 의미한다.

* 내 천(川)자. <상형자> 갑골문 **≋**, 금석문 **⦙⦙⦙**, 전서 **⦙⦙⦙**

세 줄기의 물이 흐르는 모양을 본떴다. 일설에서는 양쪽 강 언덕 사이를 꾸불꾸불 흐르는 물을 형상한 것으로 본다. 내를 의미한다.

산천(山川)은 산과 내를 아울러 이르는 말이다. 고유어에는 이의 복합어가 보이지 않는다. 산(山)은 고어에서 "뫼"라 하였고, 천(川)은 "나리, 낳"라 하였다. "나리>내"로 변하였다.

(3) 해도(海島)

* 바다 해(海)자. <형성자>

해(海)는 물(氵·수)과, 음과 더불어 어둡다(晦)를 나타내는 每(매)로 이루어졌다. 어두운 빛깔의 바닷물을 의미한다. 중국인이 알고 있던 바다는 현해(玄海)와 발해(渤海)의 어두운 빛의 바다였다.

* 섬 도(島)자. <형성자>

도(島)는 山과, 음과 함께 물결의 뜻(潮·濤)을 나타내는 조(鳥)의 생략형으로 이루어졌다. 철새가 쉬는 바닷속에 떠 있는 작은 산이란 뜻이다. 본래는 嶋(도)로 쓴다.

해도(海島)는 바다 가운데 있는 섬이다. 고유어에는 이를 이르는 말이 따로 없다. 해(海)는 고어에서 "바둘>바롤"이라 하였고, 이것이 오늘날 "바당"를 거쳐 "바다"가 되었다. 도(島)는 고어에서 "셤"이라 하였다.

(4) 수토(水土)

* 물 수(水)자. <상형자> 갑골문 **⦙**, 금석문 **⦙**, 전서 **⦙**

수(水)는 물의 흐르는 모양(水流)을 본떴다. 일설에는 수류와 물로 된 회의자라 보기도 한다. 물을 나타낸다. 한자의 부수(氵)로 쓰일 때는 흐름·

강·바다·물결 등과 관련된 뜻을 나타낸다.

* 흙 토(土)자. <상형자> 갑골문 ⛎, 금석문 ⬗, 전서 土

토(土)자는 흙을 쌓아 놓은 모양을 본떴다. 흙무덤은 만물을 태어나게
하는 토지를 제사지내기 위해 만든 것이다. 바닥의 횡선은 대지를 나타
낸다. 社(사)의 원자이다. 나아가 땅의 뜻을 지니게 되었다.

수토(水土)는 물과 흙을 아울러 이르는 말이다. 고유어에서는 이러한
복합어는 없다. 수(水)의 고어는 "믈"이었고, 토(土)의 고어는 "흙"이었다.

(5) 초목(草木)

* 풀 초(草)자. <형성자> 금석문 ⍦⍦, 전서 ⍦⍦

초(草)는 艹(풀)과, 음을 나타내는 早(조)로 이루어졌다. 屮, 艹(초)가 풀을
뜻하는 원자이나, 초관(草冠)으로 쓰여, 따로 풀을 뜻하는 글자가 필요해
초(艹)에 음을 나타내는 早(조)를 추가해 草자를 만들었다.

* 나무 목(木)자. <상형자> 갑골문 ⍋, 금석문 ⍋, 전서 ⍦

서 있는 나무의 모양을 본떴다.

초목(草木)은 풀과 나무를 아울러 이르는 말이다. 고유어로는 "푸나무"
라 한다. 이는 "풀나무"가 "ㄴ" 소리 앞에서 "ㄹ"이 탈락한 것이다. 풀
의 고어는 "플"이고, 나무의 고어는 "나모"이다. "풀"은 순음 아래의 횡
순모음이 원순모음으로 동화한 것이다. "나무"는 "낡-"으로 특수한 곡
용(曲用)을 하는 말이다.

(6) 화훼(花卉)

* 꽃 화(花)자. <형성자>

화(花)자는 ++(草)와, 음과 함께 꽃의 뜻(華)을 나타내는 化(화)로 이루어
졌다. 풀꽃을 뜻한다. 이는 육조(六朝)시대에 華자와 구별하기 위해 만들
었다. 華자는 회의자로, ++(草)와 垂로 이루어졌다. 垂는 버들잎이 아름답
게 늘어져 있는 모양을 나타낸다. 일설에는 꽃이 아름답게 늘어져 있는
모양이라 한다.

* 풀 훼(卉)자. <회의자> 전서 ψψ

훼(卉)자는 屮(草)자를 세 개 겹친 것으로, 여러 가지 풀을 의미한다. 본
래는 둥그렇게 모아 심은 초화(草花)를 의미했다. 卉(훼)는 艸(초)의 속자다.
화훼(花卉)는 화초를 의미한다. 따라서 우리말로는 "꽃"으로 대치할 수 있
을 것이다. 꽃은 고어에서 "곳"이라 했다. 꽃은 이 말이 경음화한 것이다.

(7) 일월(日月)

* 날 일(日)자. <상형자> 갑골문 ⊖, 금석문 ⊙, 전서 ⊖

일(日)자는 태양의 모양을 본떴다. 달과 같이 이질어지지 않은 둥근 모
양을 그렸다. 태양·햇빛, 또는 하루를 뜻한다. 한자의 부수로는 태양·
햇빛·일·시와 관련된 뜻을 나타낸다.

* 달 월(月)자. <상형자> 갑골문 ☽, 금석문 ☽, 전서 ☽

월(月)자는 이지러진 달의 모양을 본떴다. 한자의 부수로는 달·월광·
시기 등에 관한 뜻을 나타낸다.

일월(日月)은 해와 달을 아울러 이르는 말이다. 고유어로는 "해달"이라
한다. 해는 고어에서 "히"라 하였고, "달"은 "돌"이라 하였다. 일(日)은
해와 달리 "날"이라고도 한다. 해와 날은 고어에서도 같이 쓰던 말이다.
다만 오늘날은 날이 단독으로 해를 가리키지는 않는다.

(8) 성운(星雲)

* 별 성(星)자. <형성자> 전서 👑

성(星)자는 별을 본뜬 👑와, 음과 함께 깨끗하게 빛나다의 뜻을 나타내는 生(생)으로 이루어져 하늘에 하얗게 빛나는 별을 뜻한다.

* 구름 운(雲)자. <형성자> 갑골문 👑, 전서 👑

운(雲)자는 雨(우)와, 음과 함께 수증기가 뭉게뭉게 엉긴 모양을 본뜬 云(👑)으로 이루어졌다. 비구름. 나아가 구름을 뜻한다.

성운(星雲)은 별과 구름을 아울러 이르는 말이다. 고유어에서는 이들을 복합어로는 보지 않는다. "별"은 고어에서도 오늘날과 같았고, 구름은 "구름" 외에 "구룸, 구롬, 구룸" 등 여러 가지로 씌었다.

(9) 풍우(風雨)

* 바람 풍(風)자. <가차자> 갑골문 👑, 전서 👑

풍(風)자는 이설이 많다. 중국에서는 봉황을 바람의 사자라 생각했다. 그래서 風과 봉(鳳)은 동일한 글자였다. 전서에서는 바람과 봉황을 구별하기 위해 鳥를 虫으로 바꾸어 風자를 만들어 쓰게 되었다.

* 비 우(雨)자. <상형> 갑골문 👑·👑, 금석문 👑, 전서 雨

우(雨)자는 덮고 있는 구름(ㄱ, ㎜)과 물방울(…, ⁞⁞)로 이루어졌다. 맨 위의 횡선은 하늘을 본뜬 것이다. 구름에서 내리는 물방울이다. 부수로서는 비 또는 구름, 그 밖의 다른 기상에 관한 것을 나타낸다.

풍우(風雨)는 바람과 비를 아울러 이르는 말이다. 우리말에서는 "비바람"이라 한다. 바람은 고어에서 "ᄇᆞ람"이라 하였고, "비"는 고어에서도 마찬가지로 "비"였다.

(10) 빙설(氷雪)

* 얼음 빙(氷)자. <회의자> 금석문 ⌘⸗, 전서 ⛄

빙(氷)자는 물이 얼은 모양을 나타내는 仌(冫ㆍ빙)과 수(氺)로 이루어져 冰(빙)이 정자이다. 물이 얼다, 또는 얼음을 뜻한다. 氷은 속자다.

* 눈 설(雪)자. <형성자> 갑골문 ⛆ㆍ⛆, 전서 雪

설(雪)자는 雨(우)와, 음과 함께 깨끗하다의 뜻(潔)을 나타내는 ㅋ(彗의 생략형)로 이루어졌다. 하늘에서 내려오는 결백한 것, 눈의 뜻이다.

빙설(氷雪)은 얼음과 눈을 아울러 이르는 말이다. 고유어에는 "눈얼음"이란 말이 있다. 빙(氷)은 고어에서 "어름"이라 했고, 눈은 오늘날과 같이 "눈"이라 했다.

4. 결어

50개의 한자어, 100개의 기본적인 한자의 조자(造字)와 이에 해당한 우리의 고유어를 살펴보았다. 조자의 과정은 곧 어원(語源)에 관한 발상을 보여 주는 것이다. 한국어의 경우는 자료의 부족으로 중세 이전의 어휘를 상고할 수 없는 것이 현실이다. 따라서 한한(韓漢), 양어의 어원, 다시 말해 명명 과정을 비교해 보면 두 언어 사이의 유연성(有緣性)은 쉽게 발견되지 않는다. 그런 가운데 "심(心)과 ᄆᆞᅀᆞᆷ, 위(胃)와 밥통, 모(母)와 암, 부(婦)와 지어미, 처(妻)와 안히, 천(天)과 하늘,", 및 "두뇌(頭腦)와 골머리ㆍ머릿골, 부모(父母)와 어버이, 자녀(子女)와 아들딸, 풍우(風雨)와 비바람, 빙설(氷雪)과 눈얼음" 등은 어느 정도 발상과 구조에 있어 상호 관련성을 지니는 것으로 볼 수 있다. 이와는 달리 "안(顏)"에 대한 "얼굴", 육친(肉親)을 이르는 "골육(骨肉)"에 대한 "피·핏줄", "작(雀)"에 대한 "참새"는 차이를 보인다 하겠다.

그리고 한한(韓漢) 양어 사이에 나타나는 하나의 특징은 한어(漢語)의 단일어 및 복합어에 우리말 어휘가 많이 고유어 아닌, 한자어로 대응된다는 것이다. 영역별로 보면 문화예술 분야의 어휘가 가장 심하고, 가족 관계 어휘가 가장 덜한 것으로 나타난다. 나머지 분야들은 다 고유어에 비해 한자어가 많은 것으로 나타난다.

우리말의 대부분의 어휘(語彙)는 그 말의 기원적인 어원을 재구(再構)하기가 거의 불가능하다. 중간어원(中間語源)을 살펴볼 수 있을 뿐이다. 이에 대해 한자의 조자 과정은 근본적인 어원을 재구하게 하는 중요한 자료다. 상형자(象形字)라 하더라도 그것은 사진을 찍듯 사실적으로 그린 것이 아니다. 오히려 한족 또는 동이족(東夷族)의 발상을 반영하는 것으로, 특정 부분에 초점을 맞춘 상형인 것이다. 추상화한 상형문자(象形文字)다. 언어로서의 한자(漢字)에는 상형자가 많다. 그러니 한자는 양국의 문화를 이해하기 위해서도 주의 깊게 살펴보아야 할 대상이다.

끝으로 덧붙일 것은 조자 및 조어에 대한 발상은 유연성(有緣性)을 제공해 주어 그 어휘를 쉽게 이해하게 하고, 교육적 효과를 증대한다는 것이다. 따라서 앞으로 한자의 조자 및 조어 과정과 한국어의 명명 내지 조어에 대해 좀 더 많은 관심을 가지고, 교육에 임하도록 해야 하겠다. 지금까지는 이에 대한 관심이 매우 미미한 편이었다. 더구나 어원 내지 명명의 과정이 많은 흥미를 갖게 함에도 이를 제대로 교육에 활용하지 아니 하였다. 특히 한국어의 교육에 한자의 조자(造字)에 대한 관심이 많이 기울여지기를 기대해 마지않는다.

▮ 참고문헌

陳泰夏(2012), 漢字學全書, 梨花文化出版社.

石定果 外編(2009), 漢字的智慧, 이강재 역(2013), 중국문화와 한자, 역락.

韓鑑堂 編著(2005), 漢字文化, 문준혜 역(2013), 한자문화, 역락.

許愼 撰, 段玉裁 注(1988), 說文解字注, 上海古籍出版社.

許愼 原著, 湯可敬 撰(2001), 說文解字今釋, 岳麓書社.

阿部吉雄(1970), 旺文社 漢和辭典, 旺文社.

藤堂明保(1980), 學研 漢和大字典, 學習研究社.

白川 靜(2014), 字通, 平凡社.

朴甲洙(2014), 문자와 언어에 있어서의 발상, 서울대학교 명예교수회보, 제9호, 서울대
학교 명예교수협의회.

(2014. 1. 10. 미발표)

제3장 | 문자와 언어에 대한 발상의 허실

한자의 造字와 한국어 어휘

1. 서언

"모든 것을 어떻게 생각하는가는 네 마음에 달렸다"는 옛 철인의 말이 있다. 확실히 모든 사상(事狀)은 생각하기에 따라 다르다. 불행 속에서 행복을 찾기도 하고, 행복 속에서 징징거리기도 한다.

우리의 옛 이야기 가운데 3년 고개 설화가 있다. 3년 고개에서 넘어지면 3년밖에 못 산단다. 이에 여기서 넘어진 노인은 3년밖에 못 살리라 생각해 근심 걱정 끝에 병이 난다. 이때 한 사람이 발상(發想)을 달리 하여 그 노인에게 위로의 말을 건넨다. 한번 넘어지면 3년을 사니 무엇이 걱정이냐, 여러 번 넘어지면 10년도 백년도 살 것이 아니냐고. 노인은 씻은 듯 근심 걱정을 털어버리고 희망을 갖게 됐다. 발상의 차이다.

조자(造字)와 조어(造語)에 있어서도 이러한 발상이 작용한다. 한자 조자(造字)는 소위 육서(六書) 가운데 상형(象形), 지사(指事), 회의(會意), 형성(形聲) 등의 과정을 통해 개별 한자가 생성된다. 상형문자는 사물의 모습이나 형태를 본떠 만드는 것이고, 지사문자는 추상적 사실을 선이나 부호를 사용하여 지시하도록 한 것이다. 회의문자는 두 개 이상의 문자를 조합하여 특정한 의미와 음을 나타내는 것이다. 이에 대해 형성문자는 기성의 의미를 나타내는 문자와 음을 나타내는 문자를 조합하여 새로운 의미를 나타내게 한 것이다. 이러한 조자를 할 때 일정한 발상을 거치게 된다. 언어의 경우는 일정한 발상을 통해 사물에 명명을 함으로 어휘가 생성된다. 개별 한자는 그것이 하나의 문자인 동시에 한어(漢語)의 어휘다. 개괄적으로 말한다면 상형문자는 단일어, 회의문자는 복합어, 형성문자는 합성어의 성격을 지닌다. 따라서 조자 과정을 살피는 것은 조어 과정을 살피는 것과 유사하다.

이 글에서는 한자의 조자와 한국어의 명명 과정을 살핌으로 두 언어의 발상을 살펴보기로 한다. 한자를 중심으로 이에 해당한 한국어의 어휘를 아울러 살피는 것이다. 이렇게 되면 한(漢)·한(韓) 두 언어의 어휘 구성의 특성과 발상 및 문화적 특성을 엿보게 할 것이다. 그리고 이는 한자의 이해를 돕게 할 것이고, 한중 발상과 문화적 차이에 눈뜨게 하며, 나아가 진진한 흥미 또한 느끼게 할 것이다.

조자를 논의할 한자는 문화예술, 자연현상, 사회생활, 인간행동 등의 다양한 영역에서 무작위로 선택하여 살펴보기로 한다.

2. 조자와 한국어 어휘의 명명

한자의 조자 과정은 몇 가지 유형으로 나누어 살펴볼 수 있다. 그것은 발상과정이 특수한 것, 상식적인 것, 문화를 반영하는 것, 엉뚱한 것, 기발한 것, 상식과 다른 것 등이 그것이다. 이 글에서는 이러한 발상의 유형에 따라 한자를 살펴보기로 한다.

2.1. 특수한 발상의 조자

평범한 생각이 아니라, 좀 특이하고 색다른 발상을 통해 조자한 것이다.

(1) 聖(성인 성)〈형성〉

성인 성(聖)자는 귀를 나타내는 耳(이)와, 음과 함께 똑바로 통하다의 뜻을 나타내는 呈(정)으로 이루어졌다. 귀가 잘 통해 신(神)의 목소리를 들을 수 있는 사람을 가리킨다. 聖이 오늘날처럼 도덕군자나 현철을 의미하는 것이 아니다. 聖이 지덕이 뛰어난 성인의 뜻이 된 것은 뒷날의 일이다. 우리말로는 한자를 그대로 받아들여 "성인(聖人), 성스럽다"라 한다. 비슷한 뜻의 말로 "거룩하다"가 있다. 이는 오늘날 "거룩하다"라 한다. 성(聖)은 "착하다, 통하다"의 뜻으로도 쓰인다.

(2) 主(임금 주)〈상형〉 금문 ◖, 전서 ◛

주인(主人), 주객(主客)의 主자는 놀랍게도 촛대의 초 심지에 불이 타고 있는 모양을 본뜬 상형문자다. 主자의 점은 촛불, 첫 번째 횡선은 등잔, 나머지 土자 모양은 촛대를 본뜬 것이다. 밤에는 어두워 등불을 켜 놓고 어둠을 밝혔고, 가족들은 모두 등불 주변에 모여 앉았다. 이에 이 상형자는 주인(主人)의 뜻으로 그 의미가 바뀌었다. 우리말에 주인은 "님"이라 한다. 주상(主上)은 조선조에 "님금"이라 하였다. "금"은 "검"으로 신을 의미한다. 따라서 우리말 "님금>임금"은 주상(主上), 주군(主君)이란 말이다.

(3) 役(부릴 역)〈형성〉

역할(役割)의 役자는 길을 가다의 뜻을 나타내는 중인 변(彳)과, 막대를 손에 잡은 모습을 본뜬 나머지 부분으로 이루어졌다. 오른 편의 글자 几는 막대기를, 又는 손을 상형한 것이 변한 글자다. 따라서 役자는 막대기를 들고 돌면서 경계(警戒)하다의 뜻을 나타낸다. 이는 나아가 구실, 사역(使役)의 의미를 나타내게 되었다. 우리말의 역할을 나타내는 말은 "구실"이다. 구실은 본래 役을 나타내는 말이 아니었다. 이는 오히려 "그위실"이 변한 말로 공직(公職)을 의미하는 말이었다. 이는 "그위-실"로, "그위"는 관청을 나타내고 "실"은 접미사로 "일(事)"을 뜻한다. 따라서 "그위실"은 공직, 곧 벼슬을 의미한다. 벼슬살이는 이를 주려 "실살이"라 하기도 했다. 공공의 공(公)의 새김을 "귀 공"이라 하기도 하는데 이는 "그위 공"이 변한 것이다. "그위실"은 공직의 의미에서 직능(職能)의 의미로 발전하게 되고, 나아가 오늘날 역할, 기능의 의미를 지니게 되었다.

(4) 筋(힘줄 근)〈회의〉

근육을 의미하는 筋은 月(肉)과 力(력)으로 이루어져 힘을 쓰게 하는 근육의 힘줄을 의미한다. 대나무(竹)는 결, 줄이 많은 나무다. 이에 "肋"자는 竹이 덧붙어 오늘의 "筋"자가 되었다. 따라서 이 글자의 원뜻은 "대의 줄"이고, 근육, 체력은 여기서 확장된 뜻이다. 우리말에서도 "힘爲筋"이라 하여 힘줄, 또는 근육을 "힘"이라 하였다. 근육에서 힘(力)이 나오기 때문에 筋이 자연스럽게 힘을 뜻하게 된 것이다. 구상에서 추상의 의미가 생성된 것이다. "힘(>심)"이 근육을 의미하는 말로는 "안심, 등심, 쇠심(牛肋)"을 들 수 있다. "힘"이 "심"으로 바뀐 것은 구개음화란 음운변화에 말미암은 것이다. "뱃심, 입심, 뒷심"도 같은 예다.

(5) 家(집 가)〈형성〉 갑골문 🐷, 금문 🐷, 전서 家

사람들이 거처하는 집에는 "가(家), 실(室), 옥(屋), 우(宇), 주(宙)" 등 여러 가지가 있다. 이 가운데 家는 집을 의미하는 宀(면)과, 음과 함께 "있다"의 뜻을 나타내는 豕(시)로 이루어졌다. 시(豕)는 가(豭)의 약자이다. 일설에는 집안에서 돼지를 쳐, 돼지(豕)가 집안에 있는 것을 형상한 것이라 한다. 이는 집의 구조가 다락집으로 되어, 바닥에는 돼지가 살고, 그 위에 사람이 거처하던 지난날의 가옥 구조를 나타낸 것이라는 것이다. 또 다른 설은 희생을 묻어 땅을 진정시킨 건물임을 뜻한다고 본다.

(6) 取(가질 취)⟨회의⟩

取자는 耳(귀)와, 又(손)을 본뜬 것이다. 이는 짐승의 귀를 취해 "잡다"의 뜻을 나타낸 것이다. 이는 뒤에 널리 "사물을 취하다"의 뜻을 지니게 되었다. 잡되 귀를 잡는 것은 토끼를 잡는 것이 대표적 경우다. 이총(耳塚)도 이와 관련된다. 전장에서 적을 얼마나 죽였는가를 증명하기 위해 시체를 다 끌고 올 수는 없는 일이어, 귀를 베어 그 수를 확인하였던 것이다. 우리말의 "잡다"에는 취하다, 포착(捕捉)하다는 의미 외에, 새나 짐승을 도살(屠殺)하다의 의미를 지녀 한자 取와 다른 면도 보인다.

(7) 尊(높을 존/ 귀할 존)⟨회의⟩

술 항아리(酉)와 두 손(현재의 尊자는 한 손으로, 寸이 이를 나타낸다.)으로 이루어졌다. 이는 손에 술 항아리를 들고 신에게 바치다(獻)의 의미를 나타낸다. 뒤에 "존경하다, 공경하다, 고귀하다"의 뜻을 나타내게 되었다. 이 尊은 구상에서 추상의 의미를 나타내게 된 글자요, 말이다. 우리말로는 "높다", 한자어로 "귀하다, 존귀하다"라 한다.

(8) 太(클 태)⟨지사⟩

태극(太極), 태자(太子)와 같이 쓰이는 太는 특별한 조자법에 의해 형성된 것이다. 이는 大자 밑에 점(본래는 =)으로 이루어진 글자다. "="는 같은 자를 겹쳐 쓸 때의 기호이다. 따라서 이는 "大大"의 표기로, 매우 크다의 뜻을 나타내며, 나아가 "너무 심하다"와 "굵다"를 나타낸다. 우리말로는 "크다, 굵다"라 한다. 고어에서는 "하다(大)"라 하였다. "한-아버지>할아버지"가 그 예다. 하늘(天)의 옛말 "하늘"도 "큰 알"이란 뜻의 "한-올", 또는 "큰 울"이란 뜻의 "한-울"이 변한 말로 보인다.

(9) 虹(무지개 홍)〈형성〉

무지개를 나타내는 虹은 홍예문(紅霓門)이라고 아치형의 다리를 가리키는 말에서 볼 수 있다. 虹은 이색적 발상에 의해 조자된 것이다. 이는 뱀과 용을 나타내는 虫(충)과, 음과 함께 하늘을 나타내는 工(空)으로 이루어졌다. 하늘의 벌레라는 뜻이다. 옛날 중국사람은 하늘에 걸린 무지개를 용이 나타난 것이라 생각해 뱀과 용을 나타내는 虫을 조합해 무지개를 나타낸 것이다. 우리의 옛말로는 "무지게"라 하였다. 믈(水)-지게(戶), 물로 된 문이다. 호(戶)는 위쪽이 아치형으로 된 문을 의미한다. 무지개를 천국으로 들어가는 문으로 여겼던 것이다.

(10) 色(빛 색)〈상형〉 전서 魚

몸을 구부린 여성과 그 뒤에서 몸을 구부려 감싼 남성을 그려 성교하는 모양을 본뜬 글자다. 여기에서 色은 이성관계, 나아가 얼굴, 모습, 색깔 등의 뜻을 지니게 되었다. 색(色)은 이렇게 오늘날 우리가 생각하는 것처럼 빛(色)이 주의(主意)가 아니라, 성(性)을 주의로 하여 조자한 것이다.

2.2. 상식적 발상의 조자

이는 특수한 것이 아닌, 일반적이고 상식적 발상, 흔히 생각할 수 있는 자연스런 발상에 의해 조자된 것이다.

(1) 牧(기를 목)〈형성〉

목동(牧童), 방목(放牧)과 같이 쓰이는 牧은 牛(牛)와, 치다(打)의 뜻과 함께 음을 나타내는 攵(칠 복)으로 이루어졌다. 攵자는 치다, 채찍질하다를 나타내는 글자로, 이는 손에 대나무 가지를 잡고 있는 모습을 본뜬 것이다. 따라서 牧자는 손에 막대기를 잡고 소를 모는 것을 나타낸다. 이러한 목동이 회초리로 짐승을 치는 광경은 우리에게 익숙한 풍경이다. 牧은 이렇게 소를 치는 것, 방목을 의미한다. 이는 뒤에 양을 치는 것까지 나타내게 되었다. 우리말로는 "소를 치다", "돼지를 치다"라 한다. 이때 "치다"를 흔히 "사육하다(畜)"의 뜻으로 보나, 이것도 분명히 "치다(打)"의 뜻이다. 사육하다의 뜻은 뒤에 의미가 바뀐 것이다. 교육(敎育)의 敎·정치(政治)의 政", "전보 치다"의 "치다"도 다 같이 이 "치다(打)"와 관련되는 글자요, 단어다. 한자어 타전(打電)은 이를 잘 설명해준다.

(2) 伏(엎드릴 복)〈회의〉

개도 삼복(三伏)에는 더워서 엎드려 헐떡인다. 伏은 人과 犬으로 이루어져, 개가 사람 옆에 엎드려 있는 모양으로, "엎드리다", 나아가 "숨다"를 나타낸다. 개가 사람 옆에 있을 때는 흔히 사람 옆에 가만히 엎드려 있다. 더구나 더운 여름날은 더욱 그러하다. 우리말 엎드리다의 "엎다"는 伏과 같이 상하, 내외의 안과 밑이 아래를 향하게 하는 것이다.

(3) 孝(효도할 효)〈회의〉 전서 𡥀

효도의 孝는 子와, 노인을 나타내는 老자의 윗부분(耂)으로 이루어졌다. 이 윗부분은 허리가 구부러지고, 머리털이 긴 사람을 상형한 것이다. 아들이 노인, 곧 부모를 업고 있는 모습, 또는 노인이 아들에 의지하고 있는 모습으로, "봉양하다"의 뜻을 나타낸다. 우리말로는 "효하다, 효도하다"라 한다. 중국의 효 개념이 들어 온 뒤의 문화어라 하겠다.

(4) 位(자리 위)〈회의〉

자리를 나타내는 位는 人과 立으로 이루어졌다. 사람(人)이 정해진 자리에 서는 것(立)을 의미한다. 이는 뒤에 위치·신분의 뜻을 나타내게 되었다. 자연스러운 연쇄적 의미변화다. 우리말로는 "자리"라 한다. "자리"는 위치와, 바닥에 까는 물건(席)이란 동음이의(同音異義)의 말이 있다. 후자는 고어에 "돍"으로 쓰여, 왕골이나 골풀을 재료로 하여 만든 깔개를 가리킨다. 오늘날 "돍·돗"이란 말은 그 의미도 거의 잊혀졌고, 단일어로 쓰이는 것도 볼 수 없다. 그래서 흔히 "자리"와 결합되어 "돗자리"라 한다. 앉거나 누울 자리에 깔기 때문에 쉽게 복합어가 된 것이다. "돗바늘"의 "돗"도 같은 돗(席)이다. 돗자리와는 달리 "삿자리"라는 말도 있는데, 이것도 석자(席子)를 의미하는 말로, 고어에서는 "샀"으로 나타난다.

(5) 浦(물가 포)〈형성〉

浦는 물을 나타내는 氵(水)와, 음과 함께 "이어지다"의 뜻을 나타내는 甫(보)로 이루어졌다. 냇물에 이어진 곳을 의미한다. 우리말로는 물가, 또는 "개 포"라 하여 "개"를 뜻하기도 한다. "개"란 강이나 내에 바닷물이 들고 나는 곳을 말한다. 따라서 이는 내에 이어진 물가(水邊), 강가(江邊)의 일부를 나타내는 말이라 하겠다.

(6) 憎(미워할 증)〈형성〉

마음을 뜻하는 忄(心)과, 음과 함께 "다투다, 겨루다"의 뜻을 나타내는 증(曾)으로 이루어져, 상대방에게 적대하는 기분을 나타낸다. 경쟁은 승부를 다투고, 이는 애증과 결부되게 마련이다. 우리말로는 "믜다, 미워하다"라 한다. 형용사는 "밉다"이다.

(7) 法(법 법)〈형성〉

물을 뜻하는 氵(水)와, 음과 동시에 "평평하다"는 뜻을 나타내는 거(去)로 이루어져 수평의 뜻을 나타낸다. 이는 나아가 평평하게 하다, 공평하게 심판하다, 표준·법률의 뜻이 되었다. 또한 법칙도 뜻한다. 법은 한자 문화권의 말로 고유어가 따로 보이지 않는다.

(8) 住(살 주)〈형성〉

人과, 음과 함께 "머무르다"의 뜻을 나타내는 主(주)로 이루어졌다. 이는 "머무르다"의 뜻에서 나아가 "살다"를 뜻하게 되었다. 우리말은 "살다"다. 그 어원은 분명치 않다.

(9) 悲(슬퍼할 비)〈형성〉

마음을 나타내는 忄(心)과, 음과 함께 "찢다"의 뜻을 나타내는 비(非)로 이루어져, 마음이 찢어지는 것 같은 애달픈 기분을 나타낸다. 흔히 우리는 마음 아닌, 가슴이 찢어지는 것 같은 슬픔이라 한다. 우리말로는 "슬프다"라 한다. 이는 동사 "슳다"에서 "슳-브-다"로 전성한 말이다.

(10) 豐(풍성할 풍)〈형성〉 갑골문 🐛, 금석문 🐛

풍성(豐盛)하다의 豐은 굽이 높은 그릇을 뜻하는 豆(상형문자)와, 음과 함께 "채우다"란 丰(봉)으로 이루어져, 식기에 먹을 것을 하나 가득 채우다, 나아가 풍부함, 번창함을 의미한다. 일설에는 "山＋豆＋음부 丰 2개"라 본다. 우리말도 한자어 그대로 "풍성하다"라 일러진다. 유의어에 "부유하다"를 뜻하는 "가슴멸다"가 있다.

(11) 安(편안할 안)〈형성〉

집을 나타내는 宀(면)과 女자로 이루어져 여자가 집안에 가만히 앉아 있는 것을 나타낸다. 나아가 편안하다의 뜻이다. 뜻을 빌어 의문사로도 쓰인다. 우리말로는 "편안하다"와 같이 한자어를 쓴다.

2.3. 전통문화를 반영한 발상

언어는 문화를 반영한다. 특히 어휘가 그러하다. 어휘는 전통문화를 반영하기 때문이다. 조자 가운데는 특히 전통문화를 바탕에 깐 발상의 글자도 있다.

(1) 夫(지아비 부)〈회의〉

결혼한 남녀를 부부(夫婦)라 한다. 夫는 남편인 남자를 말한다. 이 글자는 사지를 벌리고 있는 사람의 모습을 나타내는 大와 一의 두 자로 이루어졌다. 一은 비녀를 나타낸다. 어른이 되면 원복(元服)을 하고 관을 쓰고 비녀를 꽂았다. 夫자는 바로 성인이 되어 비녀를 꽂은 것을 의미한다. 우리도 고려 광종(光宗) 때부터 왕자에게 성인식인 관례(冠禮)가 행해졌다. 왕자에게 관례인 원복(元服)의 예를 행하였는데, 그 뒤 이것이 상류계층에 이어져 내려왔다. 우리나라에서는 비녀를 꽂는 의식을 계(笄)라 하여 어머니가 주관하며 딸에게 쪽을 찌우고 비녀를 꽂아 주는 것이다. 夫는 우리말로는 "지아비"라 한다. 이는 "집의 아비", 곧 자기 집에 있는 남자를 뜻한다. 따라서 중국의 "夫"는 모양에, 우리의 "지아비"는 위치에 초점을 맞춘 발상의 말이라 하겠다. 夫를 "오가출두천(吾家出頭天)"이라고, "자기 집의 하늘보다 높은 사람"이라 하는 표현은 파자(破字)에 의한 어희(語戱)다.

(2) 婦(며느리 부)〈형성〉

부부(夫婦)의 婦는 女와 함께, 음과 꾸미다의 뜻을 나타내는 帚(추)로 이루어진 것이라 본다. 본래 성장한 며느리를 뜻하였는데, 그 의미가 확대되어 널리 여자를 가리키게 되었다. 일설에는 帚(추)를 箒(비 추)로 보아, 집의 청소를 하는 여자, 며느리의 뜻이라 보기도 한다. 키질하고(箕), 비질하는 것(箒)을 여자의 성역할로 본 전통적 발상이다. 그래서 아내나 첩이 되는 것을 겸손하게 일러 "기추(箕箒)를 받들다"라 한다. 이는 달리 "건즐(巾櫛)을 받들다"라고도 하는데, 이는 수건과 빗을 받들다라는 말이다. 세면하는 옆에 수건과 빗을 들고 다소곳이 서 있는 여인을 떠 올리면 된다. 婦를 옛말로는 "며느리", 또는 "지어미"라 하였다. "며느리"는 "며느리"로 바뀌었다. "지어미"는 "집의 어미"라는 뜻의 "집-ㅅ-어미"에서 "지서미>지ᅀᅥ미>지어미"로 변한 말이다. 집에 있는 여자라는 뜻이다.

(3) 祝(빌 축)〈회의〉

세상을 살다 보면 빌어야 할 일도 많다. 祝은 신의 뜻을 나타내는 示와, 사람 특히 무당이 무릎을 꿇고 있는 모양인 밑사람 인(儿)과 입 구(口)자로 이루어졌다. 무당이 기원을 하기 위해 신을 부르며 왕림하기를 바라는 것을 뜻한다. 그리고 기원을 하는 그 사람, 무당을 의미한다. 이는 뒤에 축복의 의미로 발전하였고, 더 나아가 축원하다란 뜻을 나타내게 되었다. 우리말로는 "빌다"라 한다. 어원은 분명치 않다.

(4) 妄(망녕될 망)〈형성〉

망언(妄言), 망신(妄信)의 妄은 女와, 음을 나타내는 동시에 "어둡다"의 뜻을 나타내는 亡(망)으로 이루어졌다. 도리와 예법에 어둡고, 도리에 어긋나다의 뜻을 나타낸다. 남존여비의 사상이 바탕에 깔린 발상이다. 여인에게 마음을 빼앗겨 제정신 없이 행동하는 것을 의미하는 것으로도 본다. 우리말로는 "망녕"이라 한다. 이는 망령(妄靈)이 변한 말이다. 흔히 듣게 되는 "망령들다"라는 말은 오늘날 곧잘 화두가 되고 있는 "치매(癡呆)" 현상을 말한다 하겠다.

(5) 童(아이 동)〈형성〉

아이를 뜻하는 童은 뜻밖의 발상에 의해 생성된 말이다. 이는 옛 글자를 보면 입묵(入墨)을 할 때 쓰는 바늘, 辛(신)과 음을 나타내는 重(중)으로 이루어졌다. 이는 눈위 이마에 입묵을 한 노예를 의미했다. 아이를 의미하게 된 것은 음을 빌려 僮(아이 동)에 차용된 것이다. 입묵을 한 노예로 아이를 의미하게 되었다는 것은 좀 끔찍하다. 우리 옛말에 아이는 "아희"라 했다. 이는 한자어 아해(兒孩)의 차용일 것이다. "아희>아해>아이"로 "ㅎ" 소리가 약화 탈락되어 변한 말이다.

(6) 貴(귀할 귀)〈형성〉 전서 貴

존귀(尊貴)하다는 뜻을 나타내는 貴는 화폐를 나타내는 貝와, 두 손으로 바치는 것을 나타내는 臼자로 이루어졌다. 옛날에 조개는 화폐로 사용하였으므로, 귀한 존재였다. 그래서 이는 고귀하다의 뜻으로 쓰였다. 우미말로는 "높다, 드물다, 보배롭다, 귀하다"라 한다. "보배"는 보패(寶

貝)란 한자말의 음이 변한 것이다.

(7) 賣(팔 매)〈회의〉

매매의 賣는 出(土는 잘못된 것)과, 음과 동시에 물품과 금전(貝)을 교환하는 것, 곧 교역하다의 뜻을 나타내는 買(매)로 이루어졌다. 그리하여 교역할 물품을 내어놓다, 팔다의 뜻을 나타낸다. 본래는 매(買)자에 팔다·사다의 두 가지 뜻이 있었는데, 뒤에 買(매)는 사다의 뜻으로, 팔다는 여기에 출(出)자를 더해 구별하였다. 우리말에도 "쌀을 팔다"라고 할 때 매매의 두 가지 뜻을 다 나타낸다. 이는 물물교환의 흔적을 보이는 것이다.

(8) 葬(장사지낼 장)〈형성〉

경사 아닌, 애사(哀事)에 속하는 장례(葬禮)의 葬은 死(사)와, 풀(卄)의 뜻과 함께 음을 나타내는 나머지 부분으로 이루어졌다. 이는 시체(死)를 들에 내놓아 비를 맞혀 장례하다의 뜻을 나타낸다. 분묘 아닌 초장(草葬), 초빈(草殯)을 하는 것이다. 우리도 지난날에는 초장을 하였고, 오늘날에도 도서 지방에는 이 초장의 풍습이 남아 있다. 우리말로는 "장사지내다"라고 한자어로 나타낸다.

(9) 祭(제사지낼 제)〈회의〉

초종(初終) 장례를 지낸 뒤에는 기제(忌祭)를 지낸다. 祭는 신의 뜻을 나타내는 示와, 月(肉)과 又(手)로 이루어졌다. 이는 희생의 고기를 손에 들고 신에게 바치다의 뜻을 나타낸다. 그리고 여기서 나아가 제를 지내는 행사를 이르게 되었다. 우리말로도 제(祭), 제사(祭祀)지내다라고 한자말을 쓴다.

(10) 貨(재화 화)〈형성〉

貨는 화폐를 의미하는 貝(패)와, 음과 함께 변하다의 뜻을 나타내는 화(化)로 이루어져 금전으로 바꾸는 것을 뜻한다. 돈으로 바꾸는 재물이다. 우리말로는 재화(財貨), 화물(貨物)과 같이 한자어로 이른다.

(11) 福(복 복)〈형성〉

행복을 뜻하는 복(福)은 신의(神意)를 뜻하는 시(示)와, 음을 나타내고 동시에 술을 담는 항아리를 뜻하는 복(畐)으로 이루어졌다. 신이 주는 술, 나아가 신이 베풀어 주는 것, 행복을 뜻한다.

2.4. 엉뚱한 발상

엉뚱한 발상이라 할 발상으로 조자를 한 것도 보인다. 이는 평범하지 아니한, 의외의 발상에 의한 조자다. 다만 신기한 것이 아니라, 수용하기에 마뜩치 않은 발상에 의한 것이다.

(1) 俳(광대 배)〈형성〉

스타라고 인기를 얻고 있는 배우(俳優)를 나타내는 俳는 人과, 음과 함께 배반하다의 뜻을 나타내는 非(비)로 이루어져, 보통 사람과 달리 익살 부리는 예인을 뜻한다. 이는 그 뜻하는 바는 이해되나 사람 같지 않다고 한 것은 좀 엉뚱한 발상이다. 다른 사람의 배역을 하고 있기 때문이다. 우리말로는 이를 "광대"라 한다. 광대는 廣大라고 한자로도 쓴다. 이는 가면, 곧 탈을 쓰고 있는 데서 명명된 것이다.

(2) 宮(집 궁)〈회의〉

宮은 궁궐, 궁전을 나타내기 위해 조자한 것이 아니다. 宮은 집을 나타내는 宀(면)과, 呂를 연이어 건물이 연해 있는 형태를 형상화한 것으로, 여러 건물이 있는 큰 집을 나타낸다. 옛날에 이는 신분과 관계없이 큰 집을 가리켰다. 북한에서 "학생소년궁전", "인민문화궁전"이라 쓰는 것은 이런 예라 하겠다. 이것이 뒤에 왕궁의 궁전(宮殿)의 의미로 바뀌었다. 우리말에서 궁(宮)은 흔히 대궐(大闕), 또는 궐(闕)이라 한다.

(3) 獄(옥 옥)〈회의〉

감옥(監獄)을 의미하는 獄(옥)은 엉뚱하게도 두 마리의 개(犭·犬)와, 말씀 언(言)으로 이루어져 개 두 마리가 짖는다는 뜻을 나타낸다. 이는 뒤에 의미가 확대되어 원고와 피고가 언쟁하다는 뜻이 되었다. 원고와 피고가 다투는 것이 개 두 마리가 짖어대는 것과 비슷하게 느껴졌기 때문이다. 그리고 이는 딱딱하다는 뜻의 학(确)과 상통되어, 나아가 굳게 가두어두는 곳 감옥의 뜻이 되었다. 옥은 기구한 사람이 가는 곳이기도 하지만, 글자도 기구한 운명의 길을 걸었다. 우리말에는 옥(獄)을 나타내는 고유어가 따로 없다.

(4) 將(장수 장, 거느릴 장)〈형성〉

장수(將帥)를 나타내는 將은 음과 함께 "권하다"의 뜻을 나타내는 장(爿)과, 고기를 나타내는 月과 손을 나타내는 寸으로 이루어졌다. 손에 고기를 들고 신에게 권하다의 뜻을 나타낸다. 이는 또한 장로(長老)가 일족을 끌고 신에게 공물을 바치는 데서 "거느리다, 통솔하다"의 뜻을 나타내게 되었다. 將은 군이 아닌 제례와 관련되어 조자된 것이다. 우리말로는 장수(將帥), 거느리다라 한다.

(5) 突(부딪칠 돌)〈회의〉

충돌(衝突), 돌출(突出)의 突은 穴(구멍 혈)과 犬(개 견)으로 이루어져, 개가 구멍에서 튀어나오다의 뜻을 나타낸다. 이는 나아가 "돌출하다, 돌연"의 뜻을 지니게 되었다. "갑자기", 또는 "부딪치다"를 나타냄에 개의 돌출 이란 좀 엉뚱한 발상이다. 우리말로는 "부딪다, 갑작스럽다"가 이에 대응된다.

(6) 永(길 영)〈상형〉 갑골문 𣱒, 금석문 𣱒

"길다"는 추상어다. 따라서 구상어를 빌리어 나타내게 된다. 永은 내의 본류(本流)에서 지류가 나뉜 모양을 본뜬 상형문자다. 이는 지류(支流)를 여럿 지닌 긴 강의 흐름을 뜻한다. 여기서 "길다"의 뜻이 나왔다. 그럴 수도 있겠으나, 좀 엉뚱하다는 인상이다. 한국어 "길다"의 어원은 알수 없다. 일설에는 "길(道)"에서 "길다"가 나왔다고 한다. 가능성은 있으나, 정설은 아니다.

(7) 京(서울 경)〈상형〉 갑골문 𩰫, 금석문 𩰫

수도를 의미하는 京은 놀랍게도 상형문자다. 京의 아랫부분 小는 언덕이고, 그 위는 집의 형상을 본뜬 것이다. 이렇게 京은 언덕 위에 세워진 집의 형태를 본뜬 상형자다. 고대 중국의 주거는 언덕 위에 있었다. 특히 높은 언덕 위에 지배자의 주거 및 신전이 있었다. 그래서 그곳이 정치의 중심이 되고 서울이 되었다. 우리말의 서울은 향가에 "徐伐"이라 한자를 빌어 표기한 것이 보인다. "서벌" 쯤으로 읽힐 것이다. 그 이후 15세기의 표기로 "셔볼"이 보인다. 이는 "셔울>서울"로 변해 오늘에 이르렀다.

(8) 宙(집 주)〈형성〉

우주(宇宙)의 宙는 집을 나타내는 宀(면)과, 음과 함께 덮다의 뜻을 나타내는 由(유)로 이루어졌다. 집을 덮은 지붕을 뜻한다. 이는 뒤에 하늘 · 공간의 뜻을 지니게 되었다. 따라서 宙를 집이라 하는 데는 문제가 있다. 우리말로는 "집"이라 한다. 그 어원은 알 수 없다.

(9) 鼻(코 비)〈형성〉 갑골문 ﷼, 금석문 ﷼, 전서 ﷼

이목구비(耳目口鼻)의 코를 의미하는 鼻는 自(자)와 음을 나타내는 비(畀)로 이루어졌다. 自는 鼻의 원자로 코를 본뜬 상형문자다. 이는 뒤에 코를 가리키며 자신을 나타내게 되어 "스스로 자(自)"의 뜻이 되었다. 이에 코는 "自"자에 비(畀)자를 덧붙여 나타내게 되었다. 鼻는 우리말로 "곻"가 변한 "코"다. 감기를 "곳불"이라 하는데 이때의 "고"가 코의 고어 "고"이다. "곳불"은 코에 열이 난다고 하여 "비(鼻)-화(火)"의 구조로 조어된 것이다. 현대어에서는 이를 발음되는 대로 "고뿔"로 쓴다.

(10) 有(있을 유)〈형성〉

유무(有無)의 有는 月(肉)과, 손으로 든다는 뜻과 함께 음을 나타내는 손의 상형문자 又(𠂇)로 이루어졌다. 고기를 들고 남에게 권하다의 뜻이다. 권할 유(侑)자의 원자다. 뒤에 뜻이 바뀌어 "있다, 취하다, 또"의 뜻으로 쓰이게 되었다. 우리말은 고어에 "잇다, 이시다"의 양형이 있었다.

2.5. 기발한 발상

기발한 발상에 의한 조자는 크게 보아 특수한 발상에 의한 조자에 속하는 것이다. 다만 이는 기발한, 참신성을 그 특징으로 하여 구분된다.

(1) 名(이름 명)〈회의〉

저녁 석(夕)과 입 구(口)자로 이루어졌다. 저녁에는 어두워 사물이 잘 보이지 않는다. 이름을 대지 않으면 누구인지 알 수가 없다. 이에 夕과 口를 조합하여 이름을 나타내게 된 것이다. 名을 우리 고어에서는 "이름" 아닌 "일훔"이라 하고 있다. 이는 운위(云謂)의 "이르다"와 구별되는 "일후다, 일호다"란 어휘가 따로 있었을 것으로 추정하게 한다.

(2) 悅(기쁠 열)〈형성〉

희열(喜悅)을 의미하는 悅은 마음을 뜻하는 忄(心)과, 음과 함께 제거하다의 뜻을 나타내는 兌(태)로 이루어져 마음의 거리낌을 제거하다의 뜻을 나타낸다. 마음의 거리낌을 없애면 자연히 기쁨을 느끼게 될 것이다. 일설에는 兌(태)가 기뻐하다의 원자로, 여기에 마음 심(忄)을 덧붙였다고 본다. 우리말로는 기쁘다라 한다. 이는 기뻐하다의 뜻인 "깃다"에 형용사를 만드는 "-브"가 붙어 "깃브다>기쁘다"가 된 것이다.

(3) 賢(어질 현)〈형성〉

현우(賢愚)를 나타낼 때 쓰이는 賢은 재화를 의미하는 貝와, 음과 동시에 "구제하다"를 나타내는 賢자의 윗부분, 곧 현(臤)으로 이루어졌다. 많은 재화를 가지고서 사람들에게 나누어 주다의 뜻이다. 여기서 나아가 뛰어나다, 현명하다의 뜻이 되었다. 일설에서는 현(臤)을 손으로 안정(眼精)을 찢다의 뜻으로 보아 신을 섬길 수 있는 현자로 본다. 현명(賢明)의 "賢"이 구제의 뜻에서 비롯되었다는 것은 자못 뜻밖의 발상이다. 우리말로는 "어질다"라 한다. 그 어원은 분명치 않다.

(4) 古(예 고)〈회의〉

"오래다"의 뜻을 어떻게 나타낼 수 있을까? 古는 十(열 십)과 口(입 구)로 이루어졌다. 십대(十代)를 계승하여 입으로 전하는 옛 일을 뜻한다. 십대라면 300년, 300년이면 옛날이라 할 수 있을 것이다. 우리말로는 "예, 옛날"이라 한다.

(5) 君(임금 군)〈형성〉

군부일체(君父一體)라는 君은 입 구(口)와, 사람을 다스리다라는 뜻의 尹(윤)으로 이루어졌다. 호령을 하여 사람을 다스리다의 뜻이다. 임금에 대한 소박한 정의다. 尹은 회의문자로, 왼손에 자(丨)를 들고 공사를 감독하는 사람, 나아가 다스리다의 뜻을 나타내게 된 말이다. 그래서 "尹"은 장관(長官)을 의미한다. 한성부윤(漢城府尹), 판윤(判尹)의 尹이 그것이다. 君의 우리말 "임금"은 "님금>임금"으로 변한 것이다. 더 올라가면 "尼斯今"이라 하여 이는 "닛금", 계승되는 신을 의미한 말이었다.

(6) 如(같을 여)〈형성〉

如는 女와, 말을 뜻하는 口(구)로 이루어져, 여자가 남의 말을 잘 따르다의 뜻을 나타낸다. 여기서 나아가 "가다"의 뜻도 나타내게 되었다. 如가 여자가 남의 말을 잘 따라 女와 口로 조자하였다는 것은 기발한 발상이다. 우리말로는 고어에서 "ᄀᆞ트다"라 하였다. 그 어원은 "ᄀᆞᆮ-ᄒᆞ-다"일 것으로 추정된다. 그래서 "같다"를 부사형으로 쓸 때, 흔히 "같아" 아닌, "같애"라 쓰게 된다.

(7) 島(섬 도)〈형성〉

도서(島嶼)를 나타내는 島는 山과, 음과 함께 파도를 의미하는 鳥(조)의

생략형인 나머지 부분(鳥)으로 이루어졌다. 파도 사이로 떠오르는 산의 뜻이다. 원자는 嶋(도)다. 우리말로는 "셤"이라 했다. "셤>섬"으로 변하였다. 일본어 しま(sima)는 "셤"이 변한 말이다.

(8) 幸(다행 행)〈형성〉 갑골문 , 전서 

다행(多幸)스럽다는 幸의 옛 글자는 일찍 죽다의 뜻인 夭(요)와, 반대의 뜻과 음을 나타내는 거스릴 역(逆)자의 책받침을 뺀 자로 이루어졌다. 따라서 요절의 반대 오래 살다, 장생(長生)하다, 나아가 행운을 의미한다. 이는 사실의 설명이 아닌, 무엇의 반대라는 부정의 논리로 조자한 것이다. 우리말로는 행운, 다행과 같이 한자어를 쓴다.

(9) 慄(두려워할 율)〈형성〉

전율(戰慄)의 慄은 忄(心)과, 음과 함께 알갱이(粒)를 나타내는 율(栗)로 이루어져, 피부에 좁쌀 같이 도톨도톨 소름이 돋치는 느낌이 나다를 뜻한다. 우리말로는 "두렵다, 소름 돋치다"라 한다. 소름의 고어는 "소흠"이다.

(10) 性(성품 성)〈형성〉

현대인은 性이라면 우선 짝짓기를 생각한다. 그러나 이 자의 조자(造字)에 대한 발상은 그렇지 않다. 이는 生과, 마음을 뜻하는 忄(심)으로 이루어졌다. 이는 태어나면서부터 가지고 있는 마음으로, 나아가 태어난 그대로의 본성, 자연히 갖추어진 본질을 의미한다. 우리말로는 고유어는 따로 없고, 성품, 성질이라고 한자어를 쓴다.

2.6. 상식과 다른 발상

어떤 한자에 대해서는 세인들이 흔히 이르는 조자에 대한 견해가 있다. 그런데 이들 가운데는 그 견해가 옳지 않은 경우도 있다. 이러한 세인의 상식과 다른 발상에 의해 조자된 것이 이 유형에 속하는 것이다.

(1) 人(사람 인)〈상형〉 갑골문 ﾄ, 금석문 ﾏ

人은 흔히 사람이 서로 의지하고 있는 모습을 그린 것이라 한다. 그러나 그렇지 않다. 몸을 구부리고 서 있는 사람의 모양을 옆에서 보고 형상화한 것이다. 왼쪽으로 삐친 획은 손이다. 고유어로는 "사름"이라 한다. 이는 "살다"에서 파생된 명사다.

(2) 僧(중 승)〈형성〉

승려(僧侶)의 僧은 인(人)과 일찍이를 뜻하는 증(曾)으로 이루어져, 일찍 사람다운 사람이 된 것을 나타낸다고 한다. 그러나 이는 바른 조자(造字)에 대한 설명이 아니다. 曾은 뜻이 아닌, 음을 나타내는 글자다. 이는 범어(梵語) Shanggha(僧伽邪)의 음역(音譯)으로 만든 글자다. 중, 승려를 의미한다. 우리말 스님은 "승남(僧-)"의 변한 것이다.

(3) 內(안 내)〈형성〉

內는 문(冂) 안으로 들어간다(入)는 뜻으로 조자한 것이라 하나 그렇지가 않다. 지붕을 나타내는 변형된 글자(冂)와, 음과 들어가다의 뜻인 入으로 이루어진 것이다. 따라서 이는 집의 입구, 나아가 집안, 들어가다의 의미를 나타낸다. 우리말은 고어에세 "않"이라 했다. 그래서 아내(妻)도 안(閨中)에 있는 사람이라 하여 고어에서는 "안해·안히"라 적었다.

(4) 親(어버이 친)〈형성〉

親은 흔히 그 구성 요소 立(입)·木(목)·見(견)을 바탕으로 어버이가 나무 위에 올라가 자녀가 이제나 오나, 저제나 오나 보는 글자라 한다. 그러나 그렇지가 않다. 見과, 음과 동시에 태어나다의 뜻을 나타내는 亲(신)자로 이루어졌다. 이는 늘 마주 대하는 같은 혈족의 사람을 뜻한다. 부모·형제가 그들이다. 이는 뒤에 어버이를 가리키고, 가깝고 친하다는 뜻으로까지 확장하였다. 우리말 "어버이"는 "업(父)"과 "어이(母)"가 합성된 말이다. "업"은 "압", "어이"는 "엇"이 변한 말이다.

(5) 志(뜻 지)〈형성〉

志자는 사(士) 심(心)의 조합으로 선비(士)의 마음(心)이 곧 뜻이라 한다. 그러나 이 자의 조자원리는 그렇지 않다. 옛 자형은 心과, 음과 함께 나아가다의 뜻을 나타내는 之(지)로 이루어졌다. 之는 진행하는 발의 모양을 나타낸다. 따라서 志는 마음이 향해 가는 곳, 마음의 움직임을 의미한다. 士는 之의 해서형이다. 우리말 "뜻"은 고어에서 "뜯·뜯"으로 표기되었다. 어원은 분명치 않다. 마음은 고어에서 "ᄆᆞᅀᆞᆷ"이라 하였는데, 이는 심장(心臟)을 가리키는 말이다. 심정(心情)의 뜻은 여기서 의미가 확장된 것이다. 구상에서 추상의 의미가 생성된 것이다.

(6) 好(좋을 호)〈회의〉

여자가 아이를 안고 있는 것이 좋은 것이라 한다. 그러나 이 글자를 만들게 된 발상은 이와 조금 다르다. 女와 子가 조합되어 "여자 아이", 곧 젊은 여성을 의미한다. 여기서 나아가 좋다, 좋아하다의 뜻을 나타내게 되었다. 우리말로는 "둏다"라 한다. 이는 깨끗하다의 뜻을 나타내는 "좋다"와 구별된다.

(7) 愁(근심 수)〈형성〉

가을이 되면 걱정이 많아 秋(추)-心(심)이 수심(愁心)을 나타낸다고 한다. 그러나 愁의 조자는 이와 발상을 달리한다. 愁는 心과, 음을 나타내는 동시에 주름을 나타내는 秋로 이루어졌다. 눈가나 이마에 주름을 잡고 걱정하다를 뜻한다. 우리말로는 "근심"이라 한다. 어원은 분명치 않다.

(8) 休(쉴 휴)〈형성〉

휴게(休憩), 휴양(休養)에 쓰이는 休는 흔히 사람이 나무에 기대어 쉬는 것을 나타낸다고 하나 이는 옳지 않은 것으로 본다. 人과, 樛(규)자의 원자인, 가만히 있다의 뜻을 나타내는, 木과 비슷한 자를 잘못 쓴 것이다. 따라서 가만히 있다를 뜻한다. 휴가(休暇)의 뜻은 우리말로 "말미"라 한다. 이는 "말ᄆᆡ"에서 변한 말이다.

(9) 岳(큰산 악)〈형성〉

산악(山岳)이라 할 때의 岳(악)을 흔히 산보다 낮은 언덕으로 생각한다. 그러나 이는 잘못된 생각이다. 岳은 "태산 중악(泰山衆嶽)"에 쓰인 嶽의 고자(古字)로, 이는 山 위에 또 丘(언덕)가 놓인 것으로 조자하여 산 위에 다시 작은 산이나 언덕이 있는 큰 산을 의미한다. 그래서 새김을 "큰산 악"이라 한다. 우리나라에서는 山이 높고 큰 것을 흔히 峰(봉)이라 한다. 비로봉, 장군봉, 천왕봉 하는 것이 그것이다. 그런데 중국이나 일본에서는 오히려 크고 높은 산을 악(岳·嶽)이라 한다. 우리말로는 산을 뫼라 한다. "뫼 산(山)"의 새김이 그것이다.

(10) 日(날 일)〈상형〉

日은 해의 둥근 모양을 본떴다고 한다. 그런데 청천백일기(靑天白日旗)

와 같이 단순히 둥글고 광채가 나게 그린 것이 아니다. 가운데 작은 점이 있다. 이는 태양이 빛을 내는 존재임을 나타낸 것이라 하기도 하고, 금오조(金烏鳥)를 그린 것이라 하기도 한다. 日은 태양·햇빛, 또는 하루를 뜻한다. 우리말로는 "날"이라 한다. 태양을 나타내는 말로는 또 "해"가 있다. "날"은 "해"와 구별되는, 알타이어 계통의 말이다. "날"은 날일(日)과 같이 하루의, "해"는 해 년(年), 해 세(歲)와 같이 일년의 뜻으로 쓰여 구별된다.

(11) 情(뜻 정)〈형성〉

情은 곧 감정(感情)이 아니다. 이는 忄(心)과, 음과 동시에 그리워 찾다를 나타내는 靑으로 이루어져 마음에 이렇게 되었으면 좋겠다고 바라는 기분을 나타낸다. 이는 나아가 인간의 자연적 욕구인 인정, 인정과 같이 자연히 움직이는 감정을 의미하게 되었다. 우리말로는 "뜻"이라 하고, 한자 그대로 정(情)이라 한다. 옛날 우리 조상들은 사랑 아닌 정으로 살았다. 그리고 정이 무섭다고 했다.

2.7. 전용의 발상

발상의 전용에 의한 차용은 조자라기보다 운용의 문제다. 가차(假借)와 전주(傳注)는 육서 가운데 속하지만 조자는 아니다. 이렇듯 가차(假借), 전주(傳注) 내지 전의(轉義)에 의해 문자의 기능이 바뀌는 것을 볼 수 있는데, 이에 해당한 것이 전용이다.

(1) 身(몸 신)〈상형〉 금석문 ⾝

신체, 육신을 의미하는 身은 여성의 임신한 모습을 본뜬 상형문자다.

충실하다, 하나 가득차다의 뜻을 포함하여 무겁게 근골이 차 있는 몸을 뜻한다. 우리말로는 "몸"이라 한다. "얼굴"이 본래 안면(顔面) 아닌, 형체(形體)를 의미하는 말이었던 것도 身과 관련된다 할 것이다.

(2) 器(그릇 기)〈회의〉

네 개의 口자로 많은 입을 나태는 "뭇 입 즙(㗊)"자와, 犬(견)으로 이루어졌다. 많은 개가 끝없이 짖어대다의 뜻을 나타낸다. 그릇의 뜻을 나타내는 것은 음을 빌어 전의된 것이다. 우리말로는 물론 "그릇"이라 한다.

(3) 德(큰 덕)〈형성〉

德은 가다를 의미하는 彳(자축거릴 척)과, 음과 동시에 오르다를 뜻하는 悳(덕)으로 이루어졌다. "올라가다"의 뜻이다. 도덕을 뜻하는 원자는 후자인 悳자다. 이는 뒤에 德으로 바뀌었다. 따라서 올라가다의 뜻을 지닌 德은 덕 덕(德)과, 선행 덕(悳)의 뜻을 아울러 지니게 되었다. 우리말에서도 한자어 그대로 "덕"이라 한다.

(4) 我(나 아)〈상형〉 갑골문 𰚏, 금석문 𰚐, 전서 𰚑

날이 삐쭉삐쭉하게 선 창(戈)을 본떴다. 창으로 죽이다를 나타낸다.

옛날 "우리"를 [ŋa]라 하여 我음을 차용하여 대명사로 쓴 가차문자다. 오(吾)는 주로 주격·소유격, 아(我)는 소유격·목적격으로 썼으나 뒤에 혼동하여 쓰게 되었다. 사(私)는 공(公)에 대가 되는 말로, 여(余·予)는 예스런 일인칭으로 쓰인다.

(5) 姻(혼인할 인)〈형성〉

女와, 음과 함께 의지한다는 인(因)으로 이루어져, 여자가 의지하는 사위네 집을 뜻한다. 뒤에 결연의 뜻을 나타내게 되었다. 因은 둘레를 뜻하는 圍(위)의 고자인 囗와, 음과 함께 의지하다란 뜻의 大로 이루어진 글자다. 이에 姻은 여자가 기우(寄寓)하다·의지하다를 뜻하게 되었다. 사위는 고어 "사회"가 변한 말이다. 姻에 대해 婚(혼)은 며느리네 집을 가리킨다. 따라서 婚姻은 두 집의 결연, 곧 결혼(結婚)을 의미한다. 우리말로는 고어에서 "얼이다"라 하였다. "남신(혹은 겨집) 얼이다"가 그 예다. "얼이다"는 교접(交接)하다의 의미를 지닌다. "나이만 많이 먹으면 어른이냐, 장가를 가야 어른이지"라는 말은 이러한 문화를 반영한다.

(6) 何(어찌 하)〈형성〉

"어찌"를 나타내는 何는 人과, 음과 함께 보태다의 뜻을 나타내는 可(가)로 이루어져 본래 사람이 등에 짐을 지는 것을 의미하였다. 짐을 지다를 의미하는 荷(하)의 원자이다. 그런데 이 자가 뒤에 의미가 바뀌어 "짐을 지다"가 아닌, 오로지 "어찌, 어떤"과 같은 의문의 뜻으로 쓰이게 되었다. 우리말 "짐"은 "지다"의 전성명사다. 의문사로는 "엇디, 어느"가 고어에 쓰였다. 이는 "어찌, 어느"로 발달하였다.

(7) 豆(콩 두)〈상형〉

두태(豆太)라고 하여 콩을 나타내는 豆는 콩 아닌 그릇을 상형한 글자다. 뚜껑을 나타내는 一과 그릇을 나타내는 口와 발을 나타내는 丷로 이루어져, 고기를 수북이 담은 식기의 모양을 본뜬 것이다. 뒤에 荅(좀콩 답)과 통용되어 콩의 뜻으로 차용되게 되었다. 콩, 특히 좀콩은 작은 것을 뜻한다. 우리말에 "콩알만 하다"의 콩알이 그것이다. 특히 일본말에서 まめ(豆)는 작은 것을 잘 나타낸다. まめほん(豆本), まめでんきゆう(豆電球), まめじどうしや(豆自動車) 등이 그 예다.

(8) 字(글자 자)〈형성〉

문자를 뜻하는 字는 집을 나타내는 宀(면)과 음을 나타내는 子로 이루어져, 집에서 아이를 낳아 기르다의 뜻을 나타낸다. 아이가 태어나듯, 문자가 차례로 만들어져 불어나므로 문자의 의미로 뜻이 바뀌었다. 우리말로는 글, 또는 글자라 한다. 글의 옛 표기로는 "契(글)"이란 한자를 빈 표기가 보인다.

(9) 行(다닐 행)〈상형〉 갑골문 行, 금석문 行

행보(行步), 진행(進行)의 行은 상형문자다. 가운데 십자로가 되게 사방에 꺾쇠 모양을 그려 길을 의미하였다. 이것이 전의되어 "통하다, 가다, 행하다"의 뜻이 되었다. 우리말로는 고어에서 "네다, 예다, 둔니다, 가다"라 했다. "둔니다"는 본래 "둔다"와 "니다"의 합성어로 "달리다"를 뜻하는 말이나, "다니다(行)"의 뜻으로 바뀌었고, 형태도 음운변화가 일어나 "다니다"가 되었다. 중국에서도 오늘날 "주(走)"자가 달리다 아닌, "다니다, 가다"의 의미로 쓰인다. 작별인사로 살펴가라고 할 때 "만조우(慢走)"라 하는 것이 그것이다.

(10) 奴(종 노)〈회의〉

노예(奴隷)의 노(奴)는 女와 일을 하다를 뜻하는 손의 상형문자 又로 되었다. 노동에 종사하는 여자를 의미한다. 뒤에 널리 남이 부리는 천한 사람을 가리키게 되었고, 특히 남자 하인을 뜻하게 되었다. 우리말로는 고어에서 "종, 종년, 종놈"이라 하였다.

(11) 師(스승 사)〈형성〉

작은 언덕을 나타내는 阝(부)와, 음을 나타내는 지(之)를 거꾸로 한 자로 이루어졌다. 옛날에는 언덕에 사람이 모여 살았고, 여기에 군대가 주둔해 있었으므로 군대 나아가 병사를 뜻하게 되었다. 사단(師團)의 師가 그 예다. 또한 이는 장수 수(帥)를 빌려 인도하는 사람, "스승"의 뜻이 되었다. 일설에는 白(軍社에 제 지낸 날고기의 상형)과 帀(손잡이가 있는 칼)의 회의문자로 본다. 우리말 스승은 고어에 자충(慈充)이란 표기가 보이는데 이는 본래 무(巫)로, 존장자를 의미하였다. "스승"은 무(巫)에서 사(師)의 뜻으로 변한 말이다.

3. 결어

사람들의 생각은 같기도 하고 다르기도 하다. 개성이 있고 민족문화가 있는가 하면, 인류공통의 성정(性情)을 지니고 있기 때문이다. 그러기에 언어에도 공통되는 발상이 작용하는가 하면 차이도 드러낸다. 먹고 마시는 문제만 하여도 우리는 흔히 "밥을 먹고, 물을 먹고, 담배를 먹는다."고 한다. 물론 "밥을 먹고, 물을 마시고, 담배를 피운다."고도 한다. 이런 면에서 우리는 중국어권과 비슷하다. 그러나 영어권이나 일본어권은 마시고 피우는 것을 "먹는다"고는 하지 않는다.

한자의 조자(造字)를 발상의 면에서 볼 때 그것은 크게 보아 우리와 같이하는 면이 많다고 할 수 있다. 그러나 개별적 한자의 조자 과정을 보면 많은 경우 우리말과 차이가 난다. 우리와 다른 특이한 발상을 하고 있다. 이는 물론 자료 부족으로 우리말의 어원을 제대로 재구(再構)하지 못하는 데도 원인이 있을 것이다. 그러나 전통문화를 반영한 발상, 엉뚱한 발상, 기발한 발상에 의한 조자는 확실히 다른 면을 보여 준다.

한자의 조자 과정은 확실히 사람들의 발상의 과정을 폭넓게 이해하게 하고, 한자를 잘 이해하게 하고, 한자와 친숙하게 하며, 흥미를 갖게 한다. 한자는 한글과 함께 우리의 표기수단이다. 더구나 근자에는 중국의 부상으로 한자 한문에 많은 관심을 가지게 되었다. 한자, 곧 한어(漢語)와 함께 우리말에 좀 더 많은 관심을 가져야 하겠다. 우리말 어휘의 과반수가 한자어다. 그런데 이는 대부분 합성어로 이루어져 있다. 그래서 개별 한자어에 대해서 관심이 적고, 이에 대해 무식한 것이 우리의 현실이다. 한자어를 제대로 이해하자면 개별 한자를 제대로 알아야 한다. 한자의 조자, 말을 바꾸면 제자에 얽힌 발상을 이해하는 것은 한자와 한자어를 제대로 이해하게 하는 지름길이다. 게다가 조자에 얽힌 발상은 재미있다. 한자에 대해 좀 더 많은 관심을 가졌으면 한다.

▌참고문헌

石定果 外編(2009), 漢字的智慧, 이강재 역(2013), 중국문화와 한자, 역락.
韓鑑堂 編著(2005), 漢字文化, 문준혜 역(2013), 한자문화, 역락.
許愼 撰, 段玉裁 注(1988), 說文解字注, 上海古籍出版社.
許愼 原著, 湯可敬 撰(2001), 說文解字今釋, 岳麓書社.
阿部吉雄(1970), 旺文社 漢和辭典, 旺文社.
白川 靜(2014), 字通, 平凡社.
藤堂明保(1980), 學硏 漢和大字典, 學習硏究社.
朴甲洙(2014), 문자와 언어에 있어서의 발상, 서울대학교 명예교수회보, 제9호, 서울대학교 명예교수협의회.

* 이 글은 2014년 3월 탈고한 것으로. 서울대학교 명예교수 회보 제9호(2014. 4)에 "문자와 언어에 있어서의 발상"이란 제목으로 축약본이 발표되었다.

제4장 | 한·중 파자 수수께끼의 원리와 실제

1. 서언

수수께끼는 민속학(民俗學)의 대상이 되는가 하면, 구비문학(口碑文學)의 한 영역에 속한다. 이는 보편적 특성과 함께 민족적 특성을 지니기 때문에 민족문화의 연구 대상도 된다. 또한 이는 오락성을 지니는 지적유희(知的遊戲)로서 지성을 계발하고, 참여자에게 즐거움을 주는가 하면, 효과적인 언어교육의 대상도 된다.

수수께끼는 언어문화(言語文化)의 자료다. 이는 문화적 특성과 표현적 특성을 지닌다. 수수께끼는 일반 수수께끼(謎語)와 글자 수수께끼(字謎), 그림 수수께끼(畵謎) 등으로 나눌 수 있다. 여기서는 이 가운데 글자 수수께끼, 그 가운데도 파자(破字) 수수께끼에 대해 살펴보기로 한다. 이를 통해 우리는 민족문화의 일단을 살피고, 나아가 이를 한국어교육에 활용함으로 한국어교육의 발전도 도모할 수 있을 것이다. 파자 수수께끼는 중국의 파자 수수께끼인 측자(測字) 수수께끼를 아울러 살핌으로 한국 파자 수수께끼의 특성을 좀 더 잘 파악하고, 잘 이해할 수 있게 하기로 한다.

언어교육은 언어만의 교육이 아니다. 언어는 문화를 반영하기 때문에 언어교육은 문화교육(文化敎育)과 함께 수행되어야 한다. 언어문화(言語文化) 교육으로 수행되어야 하는 것이다. 이런 의미에서 수수께끼의 교육은 속담(俗談)과 하께 언어교육의 좋은 학습 대상의 하나가 된다. 이는 표현·이해의 배경으로서의 문화를 알게 하고, 언어의 정확한 의미와 언어 지식을 확장해 주기 때문이다. 특히 파자 수수께끼는 한국어교육에서 무시할 수 없는 한자(漢字) 학습에 대한 흥미를 갖게 하고, 이의 교수·학습을 도울 것이다.

여기서는 우선 수수께끼에 대해 개관하고, 파자(破字)의 원리와 유형을 살핀 다음, 한국의 파자(破字) 수수께끼와 중국의 이에 해당한 미어(謎語)를 아울러 살펴 한국 파자 수수께끼의 특성을 밝히기로 한다.

수수께끼의 자료(data)는 한국의 경우 다음의 자료(text)에 의해 수집하고, 중국의 경우는 문헌 자료의 입수가 용이치 않아 인터넷 검색 자료에 의지하기로 한다.

朝鮮總督府(1919), 朝鮮の謎, 朝鮮總督府.
김성배 편(1976) 한국수수께끼사전, 언어문화사.
최상수 편(1977), 한국의 수수께끼, 서문문고.

2. 수수께끼의 종류와 글자 수수께끼

2.1. 수수께끼의 종류

언어유희(言語遊戱)로서의 수수께끼를 표준국어대사전(국립국어원, 1999)에서는 "어떤 사물에 대하여 바로 말하지 아니하고 빗대어 말하여 알아맞히는 놀이. =미어"라고 풀이하고 있다. 이를 다른 말로 하면 수수께 끼란 사물의 형태·성정(性情) 및 사물 상호간의 관계 등을 간결한 문답 체(問答體)의 형식을 빌려 해설하는 일종의 언어유희다.

수수께끼란 어떤 사물에 대하여, 흔히 비유적인 질문을 하고 이에 답을 하는 형식의 말놀이다. 이는 자연발생적 의문을 제기하는 것이 아니다. 모르는 사람이 제기하는 문제가 아니라, 아는 사람이 제기하는 질문이다. 따라서 문제를 내는 사람은 그 답을 알고 있다. 이는 준비된 설문이다(鈴木棠三, 1959).

수수께끼는 이를 분류하는 방법에 따라 두세 가지로 나뉜다. 흔히는 일반 수수께끼(謎語)와 어미(語謎), 또는 미어와 자미(字謎)로 나누고, 여기에 그림 수수께끼, 화미(畵謎)를 덧붙인다. 일반 수수께끼는 사물의 형태나 성정 및 사물 상호간의 관계를 문답을 통해 해설하는 것이고, 어미(語謎)는 철자미(綴字謎)라고도 하여 언어와 문자에 대한 해설을 하는 것이다. 자미(字謎)는 중국에서 비롯된 말로, 문자에 초점이 놓인 글자 수수께끼다. 그런데 이것이 어미(語謎)에 대한 상대적인 개념으로 쓰일 때는 문제가 되기도 한다. 중국에서는 어휘와 문자의 구별이 따로 필요 없기 때문에 문제가 안 되나, 표음문자(表音文字)를 사용하는 민족에게는 글자와 말(어휘)이 구별된다. 따라서 자미(字謎)라는 말이 어미(語謎)와 동의어로 쓰이게 되면 문제가 되는 것이다. 이들 미어(謎語)에 대해 그림 수수께끼는 주로 그림이나 도안화(圖案化)한 문자에 의해 문제를 제기하고 푸는 수수께끼다. 우리의 고소설 "정수경전(鄭壽景傳)"에는 술사가 백지에 황색으로 대나무를 그려 주는데, 이 수수께끼를 풀어 범인 백황죽(白黃竹)을 잡는 이야기가 전개되고 있다. 이는 화미(畵謎)의 한 예라 하겠다. 여기서 고찰하려는 파자(破字) 수수께끼는 그 성격이 어미(語謎), 그 가운데도 중국의 자미(字謎)에 해당한 것이라 하겠다.

이러한 수수께끼는 다음과 같은 특징을 지니는 것으로 볼 수 있다.

① 구연(口演)에 있어서 화자·청자 쌍방이 참여한다.
② 묘사가 극히 단순하다.
③ 은유적 표현을 한다.

수수께끼는 은유를 써서 대상을 정의하는 언어 표현이라 한다. 그러나 모든 수수께끼가 은유로 이루어지는 것은 아니다. 많은 수수께끼가 은유적 표현을 한다는 말이다.

④ 고의적 오도성(誤導性)을 띤다.

수수께끼는 준비된 질문이기 때문에 되도록 상대방으로 하여금 풀기 어렵게, 혼란이 빚어지게 구성하려는 노력을 기우린다. 이로 말미암아 수수께끼는 지적유희로서 발전하게 된다(장덕순 외, 1971).

⑤ 화자와 청자가 같은 기반에 서야 한다(鈴木, 1959).

수수께끼를 내는 사람과 푸는 사람이 공통 기반, 곧 공통 문화를 바탕으로 하지 않으면 수수께끼를 풀 수 없고, 풀지 못한다고 해서 부끄러워할 것이 없다. 서로가 아는 사실에 대한 수수께끼를 풀지 못할 때 비로소 패배감과 승리감을 맛보게 된다.

2.2. 글자 수수께끼의 성격과 형식

파자 수수께끼는 문자 그대로 글자 수수께끼, 자미(字謎)의 일종이다. 중국의 자미는 문자에 관한 수수께끼의 총칭으로 쓰인다. 이는 앞에서 잠간 언급한 바와 같이 어미(語謎), 혹은 철자미에 속하는 것이다. 따라서 자미(字謎)의 성격을 분명히 하기 위해서는 서양의 어미(語謎)에 대해 좀 알아볼 필요가 있다.

어미(語謎)는 그 형식에 따라 여러 가지로 구분된다. 이를 대별하면 다음과 같이 너덧 가지가 된다(田中, 1920).

① 자모(字母) 혹은 단어의 부분인 철자를 이합(離合)하는 것 : 로고그
  립(logogriph) 및 아나그람(anagramm)
② 단일어 혹은 합성어의 이합(離合)을 다루는 것 : 샤라데(scharade)
③ 동음어 또는 유음어(類音語)를 다루는 것 : 호모님(homonym)
④ 단어 혹은 어구의 회문(回文)을 다루는 것 : 파린드롬(palindrom)

 위의 로고그립 등 다섯 가지 형식은 본래 수사기법으로, 수수께끼에
전용(轉用)된 용어다. 로고그립(logogriph)은 "뜨겁지 않은 불이 무엇이냐?
<반딧불>, 해의 동생이 무엇이냐? <해오라비>"와 같이 자모(字母) 또는
간단한 철자의 이합(離合)에 관한 수수께끼다. 아나그람(anagramm)은 단어
혹은 어구 중의 개개의 자모를 거의 모두 자리바꿈을 하여 뜻이 다른
말, 혹은 어구가 되게 하는 것이다. 한국 속담에는 이에 알맞은 예는 보
이지 않는다. 억지로 예를 든다면 "밑에는 군대가 있고, 중간에는 산이
있고, 산 위에는 공이 하나 있는 것은? <공산당>"이라 하는 것을 들 수
있을 것이다. 샤라데(scharade)는 단일어 혹은 복합어의 이합과 관련된 수
수께끼다. "시월십일은 무슨 글자냐? <아침 조(朝)자>, 두 개의 달이 산
밑에 가라앉은 자가 무슨 자냐? <무너질 붕(崩)자>"가 그것이다. 이 샤
라샤데가 바로 파자에 해당되는 것이다. 한자는 육서(六書) 가운데 회의
(會意)와 형성(形聲)의 경우 둘 이상의 글자로 되어 있어 글자의 분해가 가
능하기 때문에 파자(破字)가 가능하다. 청나라의 성조(聖祖)가 제위(帝位)에
오르기 전 패전하여 한 기관(妓館)에 머물고, 이튿날 아침 떠나며 벽에 적
었다는 제사도 이런 것이다. "이지십(二之十) 우지일(右之一) 좌칠우칠횡산
도출(左七右七橫山倒出) 득료일(得了一) 시위지사지일(是爲之士之一)"이 그것이
다. 이는 "왕길부득자위왕(王吉婦得子爲王)"의 예언적 자미로, 기녀의 아들
은 뒤에 왕에 봉해졌다. 호모님(homonym)은 동음이의어(同音異議語)에 의한

수수께끼로, "집안이 고요한 자는 무슨 자냐? <아들 자(子)자>, 노잣돈 없는데 음식 찾는 것이 무슨 글자냐? <술 주(酒)자>"가 그것이다. 이들은 자미(字謎)이기는 하나 파자는 아니다. 파린드롬(palindrom)은 중국의 회문(回文)과 비슷하나 표기 수단이 다른 한국어나 구문(歐文)은 이와 차이를 보인다. 한국 수수께끼엔 회문(回文)의 예가 보이지 않는다. "아 좋다 좋아, 이심전심이다, 다 큰 도라지일지라도 큰다"와 같이 어희(語戱)로서의 회문만이 보일 뿐이다.

2.3. 파자 수수께끼의 원리와 유형

파자(破字)는 한자를 빌려 표현하는 우리 나름의 독특한 표현법이다. 이는 세 가지 의미를 지닌다. 첫째, 한자의 자획을 분합하는 표현 기법이고, 둘째, 한자의 자획을 분합(分合)하여 알아맞히는 "수수께끼"이며, 셋째, 이러한 기법에 의한 "점술법(占術法)", 곧 파자점이다(박갑수 2009). 중국이나 일본에도 이러한 파자 기법이 있다. 그러나 저들은 이를 파자라 하지 않는다. 중·일에서는 파자의 의미를 "경문 중의 가차자(假借字)를 파제(破除)하여, 본 자(本字)를 가지고 해석하는 것. 某當作某 某讀爲某의 類"(諸橋, 1966)를 의미한다. 경의술문(經義述聞)에는 가차자(假借字)의 독법에 대한 자세한 설명을 보여 준다. "훈고지지(訓詁之旨) 재호성음(在乎聲音) 자지성동성근자(字地聲同聲近者) 경전왕왕가차(經傳往往假借) 학자이성구의(學者以聲求義) 파기가차지자(破其假借之字) 이독이본자(而讀以本字) 환연빙석(渙然冰釋)"이 그것이다. 중국과 일본에서는 우리의 파자의 의미를 각각 해자(解字), 탁자(柝字)·측자(測字)라는 말로 나타낸다. 같은 諸橋(1966)에는 이들에 대해 다음과 같이 풀이하고 있다.

- 解字 : ①자의(字義)를 해석하다. [後漢書 儒林 許愼傳] 作説文解字十
  四篇
  ②자형(字形)을 해석하다. [讀書偶見] 陣后山云 金陵人喜解字
  以同田爲富 分貝爲貧
- 測字 : 문자의 편방(偏旁) 점획(点劃)을 분해하고 조합하여 길흉을
  점치는 법. 사람에게 글자(文字)를 쓰게 하여, 그 글자로 운명을 판
  단하는 일. 일명 탁자(柝字)
- 柝字 : 占卜의 일종. 문자를 편방(偏旁) 관각(冠脚) 등으로 분해하여
  그 의미에 따라 일의 길흉을 점치는 법. 松을 十八公이라 하고, 貨
  泉을 白水眞人이라 부르는 따위. 漢書王莽傳에 "劉之爲字 卯金刀也"
  라 한 데서 비롯되었다 하나, 左傳에 止戈爲武 皿蟲爲蠱라 분석하고
  있다.

이러한 풀이는 중화학술원의 "中文大辭典"(1972)에도 같이 보인다. 이
렇듯 중·일의 해자(解字)는 우리의 파자에 해당한, 한자의 자획을 분합
하는 기법이고, 측자(測字)와 탁자(柝字)는 동의어로 파자에 의한 점, 곧 파
자점(破字占)을 가리킨다. 이들 세 단어는 우리의 파자 수수께끼를 나타내
지 않는다. 그런데 이러한 사전의 풀이와는 달리 인터넷에서는 근자에
"측자(測字), 자미(字謎)"에 의해서도 파자 수수께끼가 검색되고 있다. 의
미가 확장되어 있다.

그러면 파자 수수께끼는 어떻게 형성된 것인가? 그 구성 원리(原理)는
무엇인가? 먼저 형태적 구조부터 보기로 한다. 이는 물론 문항과 답항의
이항구조(二項構造)로 되어 있다. 형식면에서 볼 때 파자의 원리는 주로
문항에 적용된다. 일부 답항에도 적용되고 있으나 그것은 몇 개 되지 않
는다. 이들 원리는 여섯 가지 유형으로 나눌 수 있는데, 음독형, 석독형,
상형형 의성형, 대유형, 혼합형이 그것이다(박갑수, 2009). 이들의 특성은
다음과 같다.

① 音讀形 : 분합되는 자획을 자음으로 나타내는 것 : 이십일일이 무슨 자냐?-예 석(昔)자

② 釋讀形 : 파자한 글자를 새김으로 나타내는 것 : 어머니가 갓 쓰고 조개 줍는 글자는?-열매 실(實)자

③ 象形形 : 사물의 모양으로 상형하여 나타내는 것 : 곰배팔이가 사람 치는 자는 무슨 자냐?-써 이(以)자

④ 擬聲形 : 의성어를 사용하여 나타내는 것 : 나무 위에서 나팔 부는 글자는?-뽕나무 상(桑)자(又又又 : 뚜뚜뚜)

⑤ 代喩形 : 제유 및 환유 등으로 나타내는 것 : 돌 위에 문장 명필이 무슨 글자냐?-푸를 벽(碧)자(왕희지, 이백)

⑥ 混合形 : 몇 개 유형을 혼합해 나타내는 것 : 불붙는 나무에 새 앉은 글자는?-가을 추(秋)자

이러한 파자 수수께끼는 형식면에서 또 문항의 종결어(終結語)에 따라 달리 구성된다. 그 형식은 7-8종 된다. "무슨 글자냐?"라고 글자(자)를 직접 묻는 것과, 간접적으로 그 글자가 "무엇이냐?"라고 묻는 것, "N-은?"의 형태로 사물을 들어 간접적으로 글자를 맞히는 형식의 것과, 이 밖에 동작동사나 상태동사의 서술형으로 질문하는 것 따위가 있다. 이들 문항의 종결형에 따른 유형을 구체적으로 제시하면 다음과 같다.

① "무슨 자(글자)냐?/ 인가"형
　　무슨 자냐?/ 무슨 글자냐?/ 무슨 글자인가?
② "자(글자)는?"형
　　자는?/ 글자는?
③ "무엇이냐/ 인가?"형
　　무엇이냐?/ 무엇인가?
④ "-(N)은(는)?"형
⑤ "-(N)이냐/ 일까?"형

　　N이냐?/ N일까?
　　⑥ "-(V) -ㄹ까"형
　　⑦ "-(V)냐?"형
　　⑧ "-(V)는?"형 1개

　　파자 수수께끼의 내용면(內容面)에서의 구성 원리는 어떤 대상을 파자하고 있느냐 하는 것이다. 이는 답항(答項)의 내용을 분류함으로 알 수 있다. 내용에 따른 수수께끼의 유형화는 "朝鮮の謎"(1919)에서 "천문, 세시, 지리, 지문, 초목, 조류, 수류, 충류…" 등 26 가지로 나눈 것을 볼 수 있다. 그러나 이는 파자 수수께끼의 내용 분류 기준으로는 적당한 것이 못 된다. 미어(謎語)의 답항이 이들 26항과 부합되지 않기 때문이다. 답항의 한자 자석(字釋)으로 볼 때 이들은 새로 분류해야 한다. 이들은 답항의 자석으로 볼 때 "천지, 시후, 자연, 인체, 초목, 동물, 어패, 주거, 문화, 제도, 인사, 성씨, 기물, 농축, 수사(數詞), 동작, 성상" 등 약 20 가지로 유형화하는 것이 바람직할 것으로 보인다.

3. 한국의 파자 수수께끼의 유형과 실제

3.1. 형식상의 유형과 수수께끼의 실제

　　파자 수수께끼는 수수께끼 자료집 외에 설화, 소설 등의 기타 자료에도 산재해 있다. 여기서 고찰하려는 파자 수수께끼는 앞에 제시한 세 자료집에서 추출된 것을 중심으로 논의하기로 한다.
　　조선총독부 편(1919)의 "朝鮮の謎"와 김성배 편(1976)의 "한국 수수께끼사전" 및 최상수 편(1977)의 "한국의 수수께끼"에 수록된 파자 수수께

끼는 195개다. 이들은 대부분 문항이 파자 형식을 취한 것으로, 문항 아닌 답항이 파자로 된 것은 6개뿐이다. 이들 수수께끼는 문항의 형식에 따라 유형화할 때 혼합형 92개(47.2%), 석독형 68개(35.0%?), 음독형 21개(10.8%?), 상형형 12개(6.1%?), 대유형 1개, 의성형 0개로 나타나 혼합형과 석독형이 압도적으로 다수를 차지한다. 이들 가운데는 답항이 1자로 된 것이 186개이고, 2자 이상으로 된 것이 8개다. 이 밖에 색다른 것으로 한글 파자 하나와, 글자 아닌 기호인 음표(音標)를 분해한 것이 하나 더 보인다.

문항 형식에 따른 파자 수수께끼의 실례는 다음과 같다.

(1) 음독형 파자 수수께끼 (21개)

답항이 한자 1자로 되어 있는 것이 18개이고, 두 개 이상의 한자(漢字)로 되어 있는 것이 3개다. "산(山)"은 고유어처럼 쓰이는 것으로 볼 수도 있으나 "뫼 산(山)"과 같이 석(釋)이 따로 있다고 보아 음독으로 다룬다. 답항이 1자로 된 수수께끼의 예는 다음과 같다.

* 동서남북으로 왕(王)자가 되는 글자가 무슨 자냐? <밭 전(田)자>
* 동토서력북을(東土西力北乙)의 자는 무슨 자냐? <땅 지(地)자>
* 사일공일구촌(士一工一口寸)은 무슨 자냐? <목숨 수(壽)자>
* 사방이 산으로 둘러막힌 글자가 무슨 자냐? <밭 전(田)자>
* 산 밑에 산이 있고, 산 위에 산이 있는 자가 무슨 자냐? <날 출(出)자>
* 산으로 둘려 있는 글자가 무슨 자냐? <밭 전(田)자>
* 산이 산을 머리에 인 글자가 무슨 자냐? <날 출(出)자>
* 상팔(上八) 하팔(下八)에 왕인(王人)이 재중한 것이 무슨 자냐? <아름다울 미(美)>(속자)
* 시월 십일에 쓴 글자가 무슨 자냐? <아침 조(朝)>
* 시월 십일이 무슨 글자냐? <아침 조(朝)자>

* 이십 일일에 쓴 글자는? <예 석(昔)자>
* 이십 일일이 무슨 글자냐? <예 석(昔)자>
* 입월복기삼(立月卜己三)이 무엇이냐? <용 룡(龍)자>
* 좌군(左君) 우군(右君)이 무슨 글자냐? <물을 문(問)자>
* 좌궁(左弓) 우궁(右弓)에 백발백중(百發百中)하는 것이 무슨 자냐?
  <도울 필(弼)자>
* 좌편에도 삼이 있고, 우편에도 삼이 있는 것이 무슨 글자냐? <아닐
  비(非)자>
* 토인구(土人口) 토인구(土人口)로 된 글자가 무슨 자냐? <담 장(墻)자>
* 팔왕녀(八王女)가 무슨 글자냐? <성 강(姜)자>

답항이 1자가 아닌 2자 이상으로 된 것은 다음과 같다. "출출(出出)하
다"의 경우는 한자가 고유어를 차음(借音)한 것이다.

* 어떤 길손이 먼 길을 가다가 서서 하는 말이 뫼산(山)자가 넉 자로
  구나 하는 것은? <출출(出出)하다>
* 입량복일(入良卜一)하오리까? 하니 월월산산(月月山山)커든이란 무엇
  이냐? <식상(食上)하오리까, 붕출(朋出)커든>
* 일 소 여자가 무슨 자냐? <불호(不好)>

(2) 석독형 파자 수수께끼 (68개)

석독형 파자는 68개로 35.0%의 높은 비율을 보여, 혼합형(47.2%) 다음
으로 빈도가 높은 자미(字謎)다. 답항이 단일 한자로 된 것이 66개, 두 자
이상의 한자로 된 것이 2개다. "스무 아흐렛날"을 "그믐 소(宵)"자로 대
치한 것은 특이한 용례다. "소(宵)"는 음력으로 작은 달의 29일과 큰 달
의 30일을 아울러 이른다. 따라서 "스무 아흐렛날"을 "소(宵)"라 한 것은
지나친 대유, 혹은 제유라 하겠다. "조나라 조(趙)" 등에 "초(肖)"를 "스무

아흐레"로 본 것은 "초(肖)"가 "小-月"로 파자되기 때문에 오히려 당연
하다. 병립(竝立)된 글자는 "씨름하는 글자(林), 재롱 하는 글자(林), 엉긴
글자(絲), 맞대고 있는 것(笑)"과 같이 발상을 달리 하여 다양한 표현을 하
고 있다. 파자에는 이런 비슷한 유형의 것이 많다. 田中(1920)는 한국 수
수께끼의 이런 유추(analogy)를 비난하고 있으나, 수수께끼의 대중성으로
보아 이는 당연한 현상이라 할 것이다. "갈대밭에 말이 서서 풀을 다 먹
은 것이 무슨 글자냐?"를 "나귀 려(驢)"자로 푸는 것과 같은 것은 고의적
오도성(誤導性)이 가미된 수수께끼라 할 것이다.

* 갈대밭에 말이 서서 풀을 다 먹은 것이 무슨 글자냐? <나귀 려(驢)자>
* 개 두 마리가 마주 서서 말하는 글자가 무슨 자냐? <옥 옥(獄)자>
* 개의 입이 넷 있는 글자가 무슨 글자냐? <그릇 기(器)자>
* 계집이 갓 쓴 글자가 무슨 자냐? <편안 안(安)자>
* 계집이 자식 안은 자가 무슨 자냐? <좋을 호(好)자>
* 고기는 고기지만 고기 아닌 글자가 무슨 자냐? <물고기 새끼 비(鮞)자>
* 고기 스물두 마리가 무슨 자냐? <복 해(鮭)자>
* 나무 밑에 입 달린 것이 무슨 자냐? <살구 행(杏)자>
* 나무보다 높은 풀은? <짚 고(藁)>
* 나무에 매달린 아들이 무엇이냐? <오얏 리(李)>
* 나무와 나무가 씨름하는 글자가 무슨 자냐? <수풀 림(林)자>
* 나무와 나무가 서로 재롱 하는 글자는? <수풀 림(林)자>
* 나무 위에 서서 보는 글자가 무슨 자냐? <어버이 친(親)자>
* 남자가 계집을 안고 있는 글자가 무슨 자냐? <좋을 호(好)자>
* 대가리는 작고, 몸뚱이가 커다란 자는? <끝 첨(尖)자>
* 돼지 갓 쓴 글자가 무슨 자냐? <집 가(家)자>
* 두 개의 달이 산 밑에 가라앉은 자가 무슨 자냐? <무너질 붕(崩)자>
* 많은 나무가 무슨 자냐? <복숭아 도(桃)자>
* 말이 갈대에 의지하여 그 풀을 먹은 것이 무슨 자냐? <나귀 려(驢)자>

* 말이 농막 집에 의지하여 있는 글자는? <나귀 려(驢)자>
* 머리는 작고 꼬리는 큰 것이 무슨 글자냐? <뾰족할 첨(尖)자>
* 바람에 새가 날아와서 벌레를 다 먹은 것이 무슨 자냐? <새 봉(鳳)
  자> (風)鳳)
* 밭 옆에 우물 있는 것이 무슨 자냐? <갈 경(畊)자>
* 병아리 상제된 글자가 무슨 자냐? <술 취할 취(醉)자>
* 비 맞고 있는 입 셋 가진 무당이 무슨 글자냐? <신령 령(靈)자>
* 사방으로 고루 비치는 글자가 무슨 자냐? <밭 전(田)> (사방이 날
  日자)
* 스무 아흐렛날 갓 쓴 것이 무슨 글자냐? <밤 소(宵)자>
* 스무 아흐렛날 도망가는 글자가 무슨 자냐? <나라 조(趙)자>
* 스무 아흐렛날 비 맞고 선 것이 무슨 글자냐? <싸라기눈 소(霄)자>
* 스무 하룻날 대밭으로 오라 하는 것이 무슨 글자냐? <문서 적(籍)자>
* 실하고 실이 엉킨 글자가 무슨 글자냐? <실 사(絲)자>
* 아들이 갓 쓴 글자가 무슨 자냐? <글자 자(字)>
* 어머니가 갓을 쓰고 조개를 줍는 글자가 무슨 자냐? <열매 실(實)자>
* 여자가 갓 쓰고 있는 글자는? <편안 안(安)자>
* 여자가 아들을 안고 있는 자는? <좋을 호(好)자>
* 열여덟의 아들이 무슨 자냐? <오얏 리(李)자>
* 열 엿 냥 위에 풀이 있는 것이 무슨 자냐? <미나리 근(芹)자> (한
  근은 열 엿 냥)
* 열 한 치 되는 집이 무슨 글자냐? <절 사(寺)자>
* 우물 가에 쟁기 놓은 글자가 무슨 자냐? <갈 경(耕)자> (쟁기 뇌
  (耒), 우물 정(井))
* 위에는 밭이 있고, 아래에는 내가 있는 것이 무슨 자냐? <쓸 용(用)자>
* 음력 스무 아흐렛날 관례 하는 글자가 무슨 자냐? <밤 소(宵)자>
* 이십구일에 칼에 의지한 것이 무슨 자냐? <깎을 삭(削)자>
* 입 속에 열 놈이 들어앉은 자는? <밭 전(田)자>
* 입 속에 입 있는 자는? <돌 회(回)자>

* 입이 넷 달린 개는? <그릇 기(器)자>
* 입이 열넷 있는 글자는? <그림도(圖)자>
* 작은 달이 달아나는 자는? <조나라 조(趙)자>
* 저녁에 점치러 가는 것이 무슨 자냐? <바깥 외(外)자>
* 주인이 달보고 이야기하는 것이 무슨 글자냐? <청할 청(請)자>
* 죽은 지 오래되 살았다 하는 것이 무슨 글자냐? <살 거(居)자>
* 지금은 살았으나 벌써 죽은 것이 무슨 글자냐? <살 거(居)자>
* 칠십 노인의 입이 왼편에 있는 것이 무엇이냐? <즐길 기(嗜)자>
  (耆 : 60세(이상))
* 탈모 하면 한 서양인이 되는 글자가 무슨 자냐? <잘 숙(宿)자>
* 토끼가 밭에 다니는 글자가 무슨 자냐? <머물 류(留)자>
* 하늘보다 더 높은 것은? <지아비 부(夫)자>
* 하늘 위에 대나무가 있는데, 날마다 맞대고 있는 것은? <웃음 소(笑)자>
* 한 백인종이 갓 쓴 것이 무슨 자냐? <잘 숙(宿)자>
* 한 살 먹어 열 살 되고, 재주 좋아 나무 장사하여 아들 낳고 잘 사는 자는? <오얏 리(李)자><(一·十·才·木·子)
* 한 자 한 치 되는 집이 무슨 글자냐? <절 사(寺)자>
* 해와 달이 씨름하는 글자가 무슨 자냐? <밝을 명(明)자>

이상의 예와는 달리, 다음과 같은 예는 같은 석독형 파자 수수께끼이나, 형식을 다소 달리하는 것이다. 이들은 사회적 문맥을 전제로 하거나(多자), 의성성을 드러내거나(趙자), 글자 아닌 빛·색으로 물어(紫色·靑色) 자미(字謎)의 형식 구조를 달리한 것이다. "작년 섣달에 산 잉크가 붉은 색일까, 푸른색일까? <청(靑)색>"은 답항이 파자된 것인가 하면, "무슨 색일까?"라고 물어 어색한 형식이 된 수수께끼다. 답항이 "靑색"이 되게 하려면, 문항이 "작년 십이월은 무슨 색이냐?"라 하는 것이 오히려 바람직하다. "제일 좋은 소"를 "特"자로 파자한 것은 "靑색"과 같이 문항이 아닌, 답항을 파자한 미어(謎語)다.

* 오늘도 가고 내일도 다 간 것이 무엇이냐? <많을 다(多)자>
* 와당탕 변에 음력 스무 아흐레 자가 무슨 자냐? <나라 조(趙)자>
* 이 실(此糸)은 무슨 색이냐? <자(紫)색>
* 이 실(此糸)이 무슨 빛으로 되는 글자가 무슨 자냐? <자줏빛 자(紫)자>
* 작년 섣달에 산 잉크가 붉은색일까, 푸른색일까? <청(靑)색>
* 소는 어디서 먹이는 소가 제일 좋으냐? <절> (우(牛)+사(寺)=특(特))
* 소 중에서 제일 좋은 소는? <절(寺) 소(牛)> (寺+牛=特)

이 밖에 답항이 두 자로 된 파자 수수께끼로 다음과 같은 것이 있다.

* 나무가 둘이어도 수풀, 다섯이어도 수풀은? <삼림(森林)>
* 해와 달이 한꺼번에 나오는 때는? <명일(明日)>

(3) 상형형 파자 수수께끼 (12개)

상형형은 자형을 사물의 모양으로 파자하여 해학미(諧謔味)를 안겨 주는 수수께끼다. 한자(漢字)를 파자한 것은 10개다. "점"도 글자 아닌 상형성을 지니는 것으로 본다.

* 기둥에 파리가 붙은 자가 무슨 자냐? <점 복(卜)자>
* 늙은이가 지팡이를 짚은 글자가 무슨 자냐? <이에 내(乃)자>
* 물렁물렁 한데 한 점을 붙이면 단단해지고, 거기서 한 점을 떼면 도로 물렁물렁해지는 것은? <얼음 빙(氷)자>
* 앉으면 소 되는 글자가 무엇이냐? <바를 윤(尹)자>
* 이고 지고 뻗대는 글자는 무슨 자냐? <글월 문(文)자>
* 점을 찍으면 굳고, 점을 안 찍으면 흐르는 것은? <물 수(水)자>

* 제일 키가 작은 자는 무슨 자냐? <구멍 혈(穴)자>
* 좌삼성(左三星) 우삼성(右三星), 좌 홍두깨 우 홍두깨, 등골 터진 것이 무슨 자냐? <아닐 비(非)자>
* 키 작은 자가 무엇이냐? <다만 지(只)자>
* 한문 글자 가운데 가장 키가 작은 것은? <구멍 혈(穴)자>

위의 "키가 작은 글자"를 묻는 수수께끼에서 답항이 "혈(穴), 지(只)"자로 된 것은 답항이 파자된 것이다. 이 밖에 답항이 한자 아닌, 한글 "먀"자와 글자가 아닌 팔분음표로 된 것이 각각 하나씩 보인다. 이들은 상형형의 색다른 예라 하겠다.

* 두부 하나 기둥 하나에 파리 두 마리 붙어 있는 것은? <마먀 먀자>
* 머리 하나에 기둥 하나, 꼬리 하나 있는 것은? <팔분음표>

(4) 의성형 파자 수수께끼 (0개)

의성형 파자만으로 이루어진 수수께끼는 보이지 않는다. 혼합형의 예 두어 개가 보인다. 따라서 의성형 파자는 여기에 참고로 예를 드나, 통계 처리는 혼합형에서 다루어진다.

* 나무 위에서 나팔 부는 글자는? <뽕나무 상(桑)자>(又又又 : 뚜뚜뚜)
* 하늘 위에서 소 모는 것이 무슨 자냐? <웃을 소(笑)자> (쯔쯔쯔, 어대어대)

(5) 대유형 파자 수수께끼 (1개)

대유형 파자 수수께끼는 한 개가 보인다. 소진(蘇秦) 장의(張儀)는 변론가라 입 구(口)자로, 항우(項羽)는 천하장사라 힘 력(力)자로, 형가(荊軻)는 진시황을 시해하려던 자객이라 칼 도(刂)자로 비유한 것이다.

* 소진(蘇秦)이 육국 승상하고, 항우(項羽)가 역발산하고, 형가(荊軻)가
  서입진하는 것이 무엇이냐? <나눌 별(別)자>

(6) 혼합형 파자 수수께끼 (92개)

혼합형 파자 수수께끼는 앞에서 언급한 유형이 둘 또는 셋이 함께 활
용된 것으로, 그 예는 92개, 47.4%의 높은 비율을 보인다. 답항이 1자로
된 것이 89개, 2자 이상으로 된 것이 3개다. 혼합형 파자 수수께끼의 형
식은 다시 7・8개 유형으로 하위분류할 수 있다. 석독-상형 혼합형, 음
독-상형 혼합형, 음독-석독 혼합형, 석독-대유 혼합형, 음독-대유
혼합형, 음독-의성 혼합형, 석독-의성 혼합형, 음독-석독-상형 혼합
형이 그것이다. 이들 중 석독-상형형(51.1%), 음독-상형형(18.5%), 음독
-석독형(18.5%)이 주종을 이루고, 나머지는 그 예가 몇 개씩밖에 안 된
다. 이들 유형의 파자 수수께끼는 다음과 같다.

① 석독-상형 혼합형(47개)

이 유형의 수수께끼는 47개로, 혼합형 수수께끼의 과반수(56.5%)를 차
지한다. 이들은 자석(字釋)에 점획을 "층층대, 곰배팔이, 기둥, 옥, 파리,
활개, 밭둑, 말뚝, 바지, 막대기, 발, 대님, 새, 외나무다리, 쌍상투, 줄,
칼, 사마귀, 기둥" 등 다양한 형상으로 파자해 흥미로운 파자 수수께끼
가 되게 하고 있다. "새 봉(鳳)자, 바람 풍(風)자"는 "几-鳥, 几-一-虫"의
파자로 보아 几를 "기댈상 궤(几)"자로 볼 수도 있으나, 여기서는 서술
태도와 해자(解字)의 원리에 따라 상형으로 다룬다.

* 갓 쓰고 층층대 올라가는데, 밑에 여덟 덩이 흙이 있는 것이 무슨
  자냐? <막을 색(塞)자>
* 곰배팔이가 사람 치는 것이 무슨 글자냐? <써 이(以)자>

* 궤 속에 새 한 마리 든 것이 무슨 자냐? <새 봉(鳳)자>
* 궤 안에 벌레 생긴 것이 무슨 자냐? <바람 풍(風)자>
* 기둥을 (입에) 물고 있는 자가 무슨 자냐? <가운데 중(中)자>
* 깍지란 글자가 무슨 자냐? <큰 대(大)자> (<콩 태(太))
* 나무가 옥에 갇혀서 곤한 글자가 무슨 자냐? <곤할 곤(困)자>
* 나무 기둥에 파리 붙은 자가 무엇이냐? <성 박(朴)자>
* 나무 셋이 누워 있는 가운데, 사람이 서서 해를 바라보고 있는 것이 무슨 자냐? <봄 춘(春)자>
* 남쪽과 북쪽 밭둑 가운데 말뚝 하나씩 세우면 무슨 글자냐? <납 신(申)자>
* 내가 셋만 모이면 물건이 되고, 복판에 십자가를 품으면 광야가 된다. 나는 무슨 글자인가? <입 구(口)자>
* 노옹(老翁)이 바지를 벗고 나무 옆에 선 것이 무슨 자냐? <소나무 송(松)자>
* 논에 막대기를 세운 글자가 무슨 자냐? <납 신(申)자>
* 눈 밑에 발 있는 자가 무슨 자냐? <조개 패(貝)자>
* 눈 위에 댓잎 붙은 자가 무슨 자냐? <스스로 자(自)자>
* 목도 없고 허리도 없고 손도 없고, 입 아래 발만 있는 글자가 무엇이냐? <다만 지(只)자>
* 목 맨 사람에게 불알 달린 글자가 무슨 자냐? <콩 태(太)자>
* 발이 갓 쓴 자가 무슨 자냐? <구멍 혈(穴)자>
* 발이 없어서 나무 위에서만 사는 새는? <올빼미 효(梟)자>
* 밤낮 맞대고 웃는 글자는? <웃음 소(笑)자>
* 밭 아래 물이 흐른다. 이 글자를 분해하면 "口"이 네 개, "ㅣ"가 세 개로 되어 있다. 이 글자는 무슨 자냐? <쓸 용(用)자>
* 밭을 갈고 있는 소년에게 "네 나이가 몇이냐?" 했더니, "저 건너 밭 둑이 모두 무너졌어요"라 했다. 이 소년의 나이는? <십(十) 세>
* 불붙는 나무에 새 앉은 글자가 무슨 자냐? <가을 추(秋)자>
* 사람이 감옥에 갇혀 있는 글자가 무슨 자냐? <갇힐 수(囚)자>

* 새가 나뭇가지를 물고 가는 것이 무슨 글자냐? <아홉 구(九)자>
* 서라 서라, 가로되 가로되, 비켜라 비켜라, 잦혀라 잦혀라 하는 글자
  가 무슨 자냐? <다툴 경(競)자>
* 소가 외나무 다리에 선 글자가 무슨 자냐? <날 생(生)자>
* 쌍상투를 짜고 계집을 타고 있는 임금이 무슨 글자냐? <성 강(姜)자>
* 아이들(아들)이 긴 막대기에 흙덩이 꿴 글자가 무슨 자냐? <효도 효
  (孝)자>
* 어떤 사람을 옥중에 가둔 것이 무슨 글자냐? <나라 국(國)자>
* 언덕 밑에 발 달린 글자가 무슨 자냐? <군사 병(兵)자>
* 열 명이 외나무다리를 건너는 것은? <흙 토(土)자>
* 열에 대 잎사귀 하나 붙인 것이 무엇이냐? <일천 천(千)자>
* 열 하룻날에 총을 메고 있는 글자가 무슨 자냐? <놈 자(者)자>
* 외나무다리에 소 몰고 가는 것이 무슨 자냐? <날 생(生)자>
* 우리 밭둑이 사방이 무너졌어요 하는 아이의 나이는? <십(十)세>
* 위에 한 줄이 있고, 아래에 한 줄이 있는 사이에 사람이 있는 것이
  무슨 글자냐? <하늘 천(天)자>
* 인군이 쌍상투 짜고 양 다리에 칼 꽂은 글자가 무슨 자냐? <아름다
  울 미(美)자>
* 임금이 사마귀 달린 글자가 무슨 자냐? <구슬 옥(玉)자>
* 입 밑에(아래) 발 달린 자가 무엇이냐? <다만 지(只)자>
* 입에 기둥 세운 것이 무엇인가? <가운데 중(中)자>
* 입에 열 가지를 물은 것이 무슨 자냐? <밭 전(田)자>
* 입이 다섯인데 한 입은 닫히고, 네 입은 열린 자가 무엇이냐? <우
  물 정(井)자>
* 입이 아홉인데 하나는 다물고, 여덟은 벌리고 있는 자는? <우물 정
  (井)자>
* 저녁 기둥에 파리 붙은 글자가 무슨 자냐? <바깥 외(外)자>
* 한 소에 꼬리 둘 있는 것이 무슨 자냐? <잃을 실(失)자>
* 한 입은 실하고, 여덟 입은 허한 것은? <우물 정(井)자>

② 음독-상형 혼합형(16개)

음독과 상형이 혼합된 파자 수수께끼는 많지 않아(17.4%) 석독-상형이 혼합된 수수께끼(47.4%)의 1/3에 해당된다. 이 유형에는 상형에 점·획이란 말이 상대적으로 많이 쓰이고 있다. 답항이 2자 이상으로 된 수수께끼도 두 개가 보인다.

* 눈 목자에 두 점을 더 하더라도 조개 패(貝)가 아닌 것이 무슨 자냐?
  <하례 하(賀)자>
* 다리 없는 새가 산으로 올라가는 것은? <섬 도(島)자>
* 동(同)자에 한 획을 더 넣어서 만든 글자가 무슨 자냐? <살필 사(伺)자>
* 목(目)자에 두 점을 더해도 패(貝)자가 아닌 자는 무슨 자냐? <하례 하(賀)자>
* 상투 없어진 지아비가 무슨 글자냐? <하늘 천(天)자>
* 십분의 육에 십분의 육을 곱한 것이 무슨 글자냐? <분별할 변(辨)자>
* 십일일에 곤장 메고 가는 것이 무슨 글자냐? <놈 자(者)자>
* 양이 뿔 빠지고 꽁지 빠진 글자가 무슨 자냐? <임금 왕(王)자>
* 왕이 혹 달린 글자가 무슨 자냐? <구슬 옥(玉)자>
* 좌삼(左三) 우삼(右三) 등 터진 글자가 무슨 자냐? <물을 문(問)>
* 좌칠우칠(左七右七)에 횡산(橫山)이 도출(倒出)한 글자가 무슨 자냐?
  <며느리 부(婦)자>
* 차 밑에 사람이 깔린 형상을 한 글자는? <연할 연(連)자>
* 채(茉)자에 한 획을 더해 만든 글자는? <국화 국(菊)자>
* 한 총각이 처녀에게 만나 달라고 부탁하니, 처녀 왈 "일점삼구(一點三口) 우두불출(牛頭不出)"이라 이거 야단났습니다. 그 글자는? <허락할 허(許)자>
* 천탈관이득점(天脫冠而得點)하고, 내실장이횡대(乃失杖而橫帶)가 무슨 자냐? <견자(犬子)>(개새끼)
* 한 총각이 물 긷는 처자를 보고 "시월청심(十月靑心)이오"하고 한숨

을 쉬니, 처자는 "성문일구(城門一口)에 반월삼성(半月三星)이라" 대
답했다. 이것이 무엇이냐? <유정(有情)이오 하니, 동심(同心)이라>

③ 음독-석독 혼합형(16개)

한자의 기본 독법인 음독과 석독을 활용한 음독-석독 혼합형의 수수
께끼로 그 예가 15개(16.3%?) 보인다. 이는 파자의 기법으로 보아 상대적
으로 편한 기법이라 하겠는데 그 예는 많지 않다. 아래의 답항이 "오리
(鴨)"로 된 것은 문항 아닌, 답항이 파자된 것이다.

* 개 두 마리가 산 밑에 마주 서서 말하는 글자는? <묏부리 악(嶽)자>
* 동문 위에 풀이 난 자가 무슨 자냐? <난초 난(蘭)자>
* 땅에 한 일(一)자 쓴 자가 무슨 자냐? <임금 왕(王)자>
* 백(白)에 하나를 더하면 무슨 글자냐? <일백 백(百)자>
* 백에서 하나를 뺀 글자가 무슨 글자냐? <흰 백(白)자>
* 산 아래 새가 있는 글자가 무슨 자냐? <높을 최(崔)자>
* 산이 선 글자가 무슨 자냐? <끝 단(端)자>
* 새 한 마리를 그려 선생님께 보여 드렸더니, 두말없이 갑(甲)을 주
  셨다. 무엇을 그렸을까? <오리(鴨)>
* 왕사심(王四心))이 갓 쓴 글자가 무슨 자냐? <법 헌(憲)자>
* 이십일일 대밭으로 오라는 글자는? <문서 적(籍)자>
* 촌(村) 가운데 팥 있는 것이 무슨 자냐? <나무 수(樹)자>
* 팔월에 지아비가 말을 탄 것이 무슨 글자냐? <달릴 등(騰)자>
* 팔(八)자 단 입이 무슨 글자냐? <다만 지(只)자>
* 패(貝)자에 두 점이 없더라도 목(目)자로 보지 못할 것은? <재물 자
  (資)자>
* 호변(胡邊)에 달 떨어진 것이 무슨 글자냐? <예 고(古)자>
* 흙 위에 한 일(一)자를 그은 것은? <임금 왕(王)자>

④ 석독 - 대유 혼합형(2개)

석독 - 대유 혼합형과 음독 - 대유 혼합형, 음독 - 의성 혼합형, 석독 -
의성 혼합형 등은 그 예가 한두 개씩밖에 보이지 않는다.

* 돌 위의 문장 명필이 무슨 글자냐? <푸를 벽(碧)자>
* 항우(項羽)와 소진(蘇秦)이 말 한 필에 같이 탄 것이 무슨 자냐? <멍
  에 가(駕)자>

⑤ 음독 - 대유 혼합형(2개)

* 석상의 문장 명필이 무슨 자냐? <푸를 벽(碧)자>
* 천일(千日) 중에 이사(二四)요, 이십일(二十日) 중에 이오(二五)가 무
  슨 글자냐? <향초(香草)>

⑥ 음독 - 의성 혼합형(1개)

* 산 밑에 개 부르는 글자가 무슨 자냐? <무너질 붕(崩)자>

⑦ 석독 - 의성 혼합형(1개)

* 하늘 위에서 소 모는 것이 무슨 자냐? <웃을 소(笑)자> (쯔쯔쯔, 어
  대어대)

⑧ 음독 - 석독 - 상형 혼합형(7개)

이는 두 가지 유형이 아니라, 세 가지 유형이 혼합된 형이다. 예는 많
지 않고 7개(7.6%)가 보인다.

* 섰다 섰다, 왈 왈, 삐치고 삐치고, 삐치고 삐치고는? <다툴 경(競)자>
* 섰다 섰다, 왈 왈, 삐치고 잦히고, 삐치고 잦히고 한 자가 무엇이냐?
  <다툴 경(競)자>

* 임금이 둘인데 하나는 혹 달린 왕이 무슨 자냐? <쌍구슬 각(珏)자>
* 자개 패(貝)자에 두 점이 없더라도 눈 목(目)자로 보지 못할 것이 무슨 글자냐? <재물 자(資)자>
* 죽은 양(羊)이 다리를 밟고 있는 것이 무슨 글자냐? <더딜 지(遲)자> (속자)
* 한 학생은 위에는 밭이 있고, 아래엔 내가 흐른다 하고, 또 한 학생은 방이 모두 여섯인데 두 방은 문이 열렸다고 하니까, 또 한 학생은 산 셋이 거꾸로 차곡차곡 포개져 있다고 하는 것은? <쓸 용(用)자>
* 한 학생은 위에는 발이 있고 아래엔 내가 흐른다 하고, 한 학생은 달 둘이 정답게 붙어 있다 하고, 또 한 학생은 방이 모두 여섯인데 두 방은 문이 열렸다니까, 또 한 학생은 산 셋이 거꾸로 차곡차곡 포개져 있다는 것은? <쓸 용(用)자>

다음에는 종결형에 따른 파자 수수께끼의 유형과 실상을 보기로 한다. 195개 파자 수수께끼의 종결어를 앞에서 제시한 유형에 따라 분류하면 다음과 같이 나타난다.

① "무슨 자(글자)냐?"형 133개
   무슨 자냐? 96개, 무슨 글자냐? 36개, 무슨 글자인가? 1개
② "자(글자)는?"형 18개
   글자는? 11개, 자는? 7개
③ "무엇이냐/ 인가?"형 16개
   무엇이냐? 15개, 무엇인가? 1개
④ "-(N)은/ 는?"형 23개
⑤ "-(N)이냐/ 일까?"형 2개
   N이냐? 1개, N일까? 1개
⑥ "-(V) -ㄹ까"형 1개
⑦ "-(V)으냐?"형 1개
⑧ "-(V)는?"형 1개

위의 도표에 보이는 바와 같이 ①② 유형과 같이 "무슨 글자인가?" 묻는 유형이 151개로 77.4%?를 차지한다. 제①형은 구어형(口語形)이라 할 수 있고, 제②형은 문어형(文語形)이라 할 수 있다. "양이 뿔 빠지고 꽁지 빠진 자가 무슨 자냐? <임금 왕(王)자>, 열 한 치 되는 집이 무슨 글자냐? <절 사(寺)자>"와 같은 제①형의 "무슨 자(글자)냐?"형이 가장 빈도가 높아 133개로, 67.8%를 차지한다. "대가리가 작고 몸뚱이가 커다란 자는? <끝 첨(尖)자>"와 같은 제②형의 "자(글자)는?"형은 18개로 9.2%를 차지한다. 두번째로 높은 빈도를 보이는 것은 "N은/ 는?"형으로 23개, 11.8%를 차지한다. 이 형은 "나무보다 높은 풀은?"과 같이 묻는 형태다. "무엇이냐"형도 16개로, 8.2%의 빈도를 보인다. 이 형은 "나무에 매달린 아들이 무엇이냐?"와 같이 "N이(가/은) 무엇이냐?"라 묻는 것이다. "-(N)이냐?"형은 "무슨 (색)이냐?" 하는 것이고, "-(N)일까?"형은 "무슨 색일까?" 하는 것이다. "-(V)ㄹ까?"형은 동사형 어미로, "그렸을까?", "-(V)으냐?"형은 형용사 어미로 "좋으냐?" 하는 것이다. "-(V)는?" 형은 "삐치고는?"과 같이 용언에 조사가 연결된 것이다. 이들은 도표에 보이는 바와 같이 빈도가 낮아 한두 개의 예를 보일 뿐이다. 그런데 여기 부언할 것은 구어형 어미와 문어형 어미의 사용은 속담자료집의 편찬자에 따라 차이를 보인다는 것이다. 따라서 종결어에 의한 유형의 분류는 절대적 의미를 지니는 것은 못 된다 할 것이다.

3.2. 내용상의 유형과 수수께끼의 실제

형식 아닌 답항의 내용에 따른 유형은 앞에서 제시한 바와 같이 10여 가지로 나눌 수 있다. 한자 1자로 된 답항은 185개이며, 여기 쓰인 개별 한자는 127자이다. 이들 개별 한자의 자석(字釋)을 앞에서 제시한 분류의 틀에 따라 유형화 해 보면 다음과 같다.

① 天地類(4) : 천(天), 지(地), 도(島), 악(嶽)

② 時候類(6) : 춘(春), 추(秋), 조(朝), 소(宵)/ 고(古), 석(昔)

③ 自然類(5) : 풍(風), 소(霄), 수(水), 빙(氷), 토(土)

④ 人體類(1) : 구(口)

⑤ 草木類(11) : 국(菊), 도(桃), 이(李), 임(林), 난(蘭), 송(松), 상(桑), 행
(杏), 근(芹), 수(樹), 실(實)

⑥ 動物類(6) : 봉(鳳), 압(鴨), 효(梟), 용(龍), 여(驢), 양(羊)

⑦ 魚貝類(3) : 패(貝), 해(鮭), 비(緋)

⑧ 住居類(6) : 가(家), 혈(穴), 정(井), 장(墻), 숙(宿), 거(居)

⑨ 文化類(8) : 문(文), 자(字), 도(圖), 적(籍), 자(資), 영(靈), 사(寺), 복(卜)

⑩ 制度類(6) : 국(國), 왕(王), 헌(憲), 옥(獄), 병(兵), 수(囚)

⑪ 人事類(6) : 부(夫), 부(婦) 친(親)/ 수(壽), 효(孝), 자(者)

⑫ 姓氏類(5) : 강(姜), 박(朴), 윤(尹), 조(趙), 최(崔)

⑬ 器物類(5) : 기(器), 가(駕), 옥(玉), 각(珏), 사(絲)

⑭ 農畜類(5) : 태(太), 고(藁), 경(耕・경(畊), 전(田)

⑮ 數詞類(4) : 구(九), 십(十), 백(百), 천(千)

⑯ 動作類(23) : 경(競), 기(嗜), 등(騰), 문(問), 변(辨), 별(別), 붕(崩), 생
(生), 소(笑), 신(申), 출(出), 허(許), 회(回), 유(留), 사(伺), 삭(削), 색
(塞), 실(失), 연(連), 용(用), 필(弻), 청(請), 하(賀)

⑰ 性狀類(23) : 백(白), 벽(碧), 청(靑), 자(紫)/ 미(美) 호(好), 안(安), 명
(明), 다(多), 대(大), 특(特), 첨(尖), 단(端), 비(非), 지(遲), 곤(困), 취
(醉)/ 지(只), 내(乃), 이(以), 자(自) 외(外), 중(中)

이들 유형은 동작(23), 성상(23), 초목(11), 문화(8), 시후(6), 동물(6), 주거
(6), 인사(6), 등이 높은 빈도를 보인다. 특히 성상류(性狀類)와 동작류(動作
類)는 각각 전체의 12.4%의 빈도를 보인다. 성상은 상태동사(狀態動詞) 외

에 부사(副詞)가 있어 그 빈도가 더욱 높게 나타난 것이다. 답항의 개별 한자는 중복되어 나타나기도 한다. 2회 이상의 빈도를 보이는 한자는 41 자이며, "밭 전(田)"자가 6회, "쓸 용(用), 다만 지(只)"자가 4회로, 고빈도 를 보이는 것이다. 이들 한자는 다음과 같다.

- 6회(1자) : 밭 전(田)
- 4회(2자) : 쓸 용(用), 다만 지(只)
- 3회(8자) : 다툴 경(競), 나귀 여(驢), 웃음 소(笑), 오얏 이(李), 우물 정(井), 나라 조(趙), 좋을 호(好), 구멍 혈(穴)
- 2회(31자) : 성 강(姜), 살 거(居), 그릇 기(器), 물을 문(問), 아름다울 미(美), 푸를 벽(碧), 새 봉(鳳), 무너질 붕(崩), 절 사(寺), 낳을 생(生), 예 석(昔), 그믐 소(宵), 잘 숙(宿), 열 십(十), 펼 신(申), 편안할 안(安), 구슬 옥(玉), 임금 왕(王), 바깥 외(外), 수풀 임(林), 재물 자(資), 놈 자(者), 자줏빛 자(紫), 문서 적(籍), 아침 조(朝), 가운데 중(中), 하늘 천(天), 뾰족할 첨(尖), 날 출(出), 특별할 특(特), 하례할 하(賀)

그런데 이들 내용상 유형화된 자료의 해석은 주의를 요한다. 그것은 이들 유형의 내용이 곧 답항의 내용이 아니요, 해당 한자의 자석(字釋)이 란 것이다. 자석(字釋)과 답항의 내용은 반드시 일치하는 것이 아니다. 답 항의 내용은 자석과 다를 수 있다. 한 예로 높은 빈도를 보이는 "지(只)" 자의 경우 수수께끼의 답은 "지(只)"자의 자석인 "다만"이 아니고, 이와 는 달리 "키가 작은 자(字)"를 의미하기도 하기 때문이다. 따라서 이는 오해 없이 수용해야 한다. 이들은 이런 자석의 한자가 얼마나 쓰였느냐 하는 경향을 드러내는 것으로 인식해야 한다.

4. 중국의 측자 수수께끼의 유형과 내용

인터넷 검색을 통해 수집된 중국의 측자(測字) 수수께끼는 50개다. 따라서 한국의 파자 수수께끼에 비해 상대적으로 그 수가 적다. 그러면 이들 중국 수수께끼의 형식과 내용은 어떤 경향을 보이는가? 이들도 한국의 수수께끼의 경우와 같이 형식과 내용에 따라 유형화해 보기로 한다. 먼저 문항의 형식에 따라 유형을 나누어 보면 음독형 28개(56%), 석독형 10개(20%), 대유형 1개, 혼합형 11개(22%)가 된다. 따라서 유형이 한국의 수수께끼에 비해 간단하고, 음독형이 상대적으로 빈도가 높아 한국 수수께끼와 대조를 보인다. 이들의 실례는 다음과 같다.

① 음독형(音讀型)(28개)

한국의 파자 수수께끼는 석독형이 빈도가 높아 69개, 35.4%를 차지한다. 그런데 중국의 측자 수수께끼는 음독형의 빈도가 높아 28개, 56%를 차지한다. 이는 한·중 파자 수수께끼의 커다란 특징이요, 차이다. 이러한 특성은 중국에서는 파자한 자를 석독으로 나타내기가 여의치 않고, 일반적으로 음독으로 나타내야 하기 때문에 생긴 표현상의 특징이라 하겠다.

* 공수를 남에게 양보한 것(拱手讓人)은? <한가지 공(共)>
* 구름이 흩어지고 달이 나오는 것(云破月來)은? <기를 육(育)>
* 그 마음을 잃다를 1자로 맞혀라(失其心也, 猜一個字). <한가지 공 (共)>
* 나의 마음(我的心)은? <깨달을 오(悟)>
* 땅 위에 대나무, 땅 아래 한 치의 금(土上有竹林 土下一寸金)은? <무리 등(等)>

* 반쪽 사람(半個人)은? <짝 반(伴)>
* 사람이 모두 도착한 것(人都到了)은? <너머질 도(倒)>
* 사람이 자리에 없는 것(人不在其位)은? <설 립(立)>
* 사람이 가지면 커지는 것(人有他則變大)은? <한 일(一)>
* 상하가 합한 것(上下合)은? <카드 카(卡)>
* 상하가 결탁한 것(上下串通)은? <카드 카(卡)>
* 상하를 구별하기 어려운 것(上下難分)은? <카드 카(卡)>
* 소 한 마리(一只牛)는? <날 생(生)>
* 손에 든 가방(手提包)은? <안을 포(抱)>
* 시월(十月) 십일(十月十日)은? <아침 조(朝)> 또는 <싹 맹(萌)>
* 십이점(十二点)은? <싸움 투(斗)>
* 우레가 운지 오래나 비가 안 오는 것(久雷不下雨)은? <밭 전(田)>
* 일월 칠일(一月七日)은? <기름 지(脂)>
* 잡고 손을 내밀지 않는 것(拿不出手)은? <합할 합(合)>
* 진심으로 짝이 되는 것(眞心相伴)은? <삼갈 신(愼)>
* 천에 한 입이 온 것(千來一口)은? <빠를 괄(适)> (千은 遷의 간체자)
* 팔 형제가 같이 달구경하는 것(八兄弟同賞月)은? <벗을 탈(脫)>
* 하나 더하기 하나는(一加一)? <임금 왕(王)>
* 하나의 대(大), 두 개의 소(小)(一大二小)는? <어찌 나(奈)>
* 한 사람의 허리에 활을 건 것(一人腰上掛把弓)은? <오랑캐 이(夷)>
* 한 사람이 안에 있는 것(一人在內)은? <고기 육(肉)>
* 한 집에 열한 입(一家十一口)은? <길할 길(吉)>
* 해는 서쪽으로 기울고, 달은 동쪽에 걸린 것(太陽西邊下 月兒東邊掛)
  은? <밝을 명(明)>

② 석독형(10개)

중국에서는 석독이 용이치 않다. 나타낸다면 동의어(同義語)에 의해 나
타낼 수 있다. 이러한 것이 석독형이다. 이 유형은 많지 않아 10개가 보
인다.

* 다시 만나는 것(重逢)은 <볼 관( )> (覌은 觀의 간체자)
* 동양의 병사(東洋兵)는? <무리 훈(暈)> (日軍)
* 둘째 딸(二小姐)은? <맵시 자(姿)>
* 물속의 동물과 산위에 있는 동물인 두 동물이 있는 것(有兩個動物 一個在水裏 一個在山上)은? <신선 선(鮮)>
* 미국 아가씨(美國小姐)는? <구할 요(要)>
* 발을 싼 글자(裹脚)는? <뛸 포(跑)>
* 천언만어(千言萬語)는? <넉넉할 구(够)>
* 풍년이 든 해(豊收年)은? <이사할 이(移)>
* 형이 빚을 진 것(兄有債)은? <노래 가(歌)>
* 형제자매를 1자로 맞혀라(兄弟姉妹 猜一字) <잡을 착(捉)>(手足)

③ 대유형(1개)

* 칠십이시간(七十二小時)은? <수정 정(晶)>

④ 음독－석독형(3개)

* 석 장의 종이(三張紙)는? <순할 순(順)>
* 입 넷 가진 개는(一只狗四個口)? <그릇 기(器)>
* 한 마리의 검은 개가 짖지 않는 것(一只黑狗 不叫不吼)은? <잠잠할 묵(默)>

⑤ 음독－상형형(7개)

한자를 파자하되 일부 자획을 음독하고, 나머지를 상형화한 것이다. 이 경우도 한국의 파자 수수께끼는 석독－상형형이 압도적으로 높은 빈도를 보이는데, 중국의 경우는 음독－상형형만이 10 여%의 비교적 높은 빈도를 보인다. 이러한 경향은 물론 중국의 자미(字謎)는 음독에 의한 표현을 많이 함에 원인이 있다 할 것이다.

* 네 사람이 나무를 옮기는 것은(四人搬木頭)? <뛰어날 걸(杰)>
* 마음에 꽂힌 한 화살(一箭穿心)은? <반듯 필(必)>
* 마음을 칼로 찌르는 것 같은 것(心如刀刺))은? <반듯 필(必)>
* 천리의 인연을 한 줄로 끄는 것(千里因緣一線牽)은? <무거울 중(重)>
* 육십은 부족하고, 팔십은 넉넉한 것(六十不足 八十有餘)은 <평평할 평(平)>
* 한입에 쇠꼬리를 먹은 것(一口喫掉牛尾巴)은? <고할 고(告)>
* 활시위에 걸린 화살 같은 것(如箭在弦)은? <끌 인(引)>

⑥ 음독-대유형(1개)

* 왕 선생과 백 소저가 돌 위에 앉은 것(王先生白小姐坐在石頭上) <푸를 벽(碧)>

이는 같은 자를 파자하며 한국의 경우와 차이가 난다. 한국의 경우는 왕희지(王)와 백거이(白)에 비유하여 보다 구체적이다. 그것도 중국의 인물이란 역설적 면을 보여 준다.

한국 수수께끼의 종결어에 따른 유형화처럼, 중국의 자미(字謎)는 유형화가 불가능하다. 그것은 예로 든 자료가 앞에서 본 바와 같이 대부분의 미어(謎語)의 질문형식을 결하고 있기 때문이다.

다음에는 내용의 유형화를 보기로 한다. 이들은 앞에서 살펴본 한국 파자 수수께끼의 분류 유형에 따라 중국 수수께끼의 답항을 대입하여 살펴보기로 한다. 문항 50항에 답항의 한자는 51개다. 그것은 "시월(十月) 십일(十日)은?"이란 문항이 "아침 조(朝)자"와 "싹 맹(萌)자"란 두 가지 답이 가능하기 때문이다.

① 天地類(1) : 훈(暈)

② 時候類(1) : 조(朝)

③ 自然類(0) :

④ 人體類(0) :

⑤ 草木類(1) : 맹(萌)

⑥ 動物類(0) :

⑦ 魚貝類(0) :

⑧ 住居類(0) :

⑨ 文化類(1) : 가(歌)

⑩ 制度類(2) : 왕(王), 이(夷)

⑪ 人事類(1) : 반(伴)

⑫ 姓氏類(0) :

⑬ 器物類(5) : 기(器), 정(晶), 카(卡), 카(卡), 카(卡),

⑭ 農畜類(3) : 육(肉), 지(脂), 전(田)

⑮ 數詞類(1) : 일(一)

⑯ 動作類(17) : 관(觀) 고(告), 도(倒), 묵(默), 신(愼), 오(悟), 육(育), 이
(移), 인(引), 입(立) 생(生), 착(捉), 탈(脫), 투(斗), 포(抱), 포(跑), 합
(合)

⑰ 性狀類(18) : 길(吉), 괄(适), 구(够), 걸(杰), 등(等), 명(明), 벽(碧), 선
(鮮), 순(順), 요(要), 자(姿), 중(重), 평(平)/ 공(共), 공(共), 나(奈), 필
(必), 필(必)

이상의 도표에 보이는 바와 같이 17개 유형 가운데 11개 유형에만 해
당되는 예가 보인다. 그것도 동작류와 성상류에 집중적 분포를 보이는가
하면, 상대적으로 기물류(器物類)가 고빈도를 나타낸다. 개별 한자는 "공
(共) 필(必)"의 두 자가 각 2회, 카드를 나타내는 "카(卡)"자가 3회 반복 사
용되고 있다.

한·중 자미의 답항에 공통되는 한자는 "기(器), 명(明), 벽(碧), 생(生),

왕(王), 전(田), 조(朝)"의 7자다. 따라서 한·중 파자 수수께끼의 답항에 쓰인 개별 한자어 174자의 4.0%에 불과하다. 이는 한·중의 파자 수수께끼의 세계가 현격하게 다르다는 것을 의미한다. 파자되는 한자의 96%가 다르다. 이는 한·중 파자 수수께끼의 대상이 되는 한자가 같은 것이 없다고 할 수 있을 정도다. 양국의 파자 수수께끼에 공통되는 면은 동작류(動作類), 성상류(性狀類)의 한자가 많다는 것이다. 중국 자미의 경우 동작류는 33.3%, 성상류는 35.3%의 빈도를 보인다. 이는 한국의 경우 각각 12.4%인 데 비해 빈도가 매우 높은 것이다.

5. 결어

수수께끼는 일반 수수께끼(謎語)와 어미(語謎), 또는 글자 수수께끼(字謎), 그리고 그림 수수께끼(畵謎)로 나뉜다. 파자 수수께끼는 이 가운데 자미(字謎)에 속하는 것이다.

한·중 파자 수수께끼를 비교해 보면 앞에서 본 바와 같이 다음과 같은 특징을 드러낸다.

첫째, 문항 형식면에서 볼 때 한국 수수께끼는 음독형, 석독형, 상형형, 의성형, 대유형, 혼합형의 다섯 가지 유형, 중국의 수수께끼는 음독형, 석독형, 대유형, 혼합형의 네 가지 유형으로 나타난다. 한국 수수께끼의 경우는 혼합형(47.2%), 석독형(35.4%), 음독형(10.8%), 상형형(6.1%)의 순으로 빈도가 낮아지고, 중국의 경우는 음독형(56%), 혼합형(22%), 석독형(20%)의 순으로 빈도가 낮아진다. 따라서 한국(韓國)의 수수께끼가 유형이 복잡하고, 석독형이 빈도가 높은데 대해, 중국(中國)의 경우는 유형이 간단하고, 음독형이 빈도가 높다는 특징을 지닌다.

둘째, 문항의 종결어(終結語)에 따른 유형은 한국의 경우 7종이 보이는데, "무슨 자(글자)냐?"라고 묻는 유형이 150개로 81.5%를 차지하여 대부분이 이 유형에 속한다. 이 유형 가운데도 가장 빈도가 높은 것은 "무슨 자(글자)냐?"형으로 72.8%의 빈도를 보인다. 중국의 경우는 수집된 대부분의 수수께끼가 종결어를 결해 자료의 불비로 유형화가 불가능하다.

셋째, 내용에 따른 유형은 10여 가지로 분류되는데, 한국의 수수께끼는 동작류(23), 성상류(23)가 각각 12.4%로 가장 높은 빈도를 보인다. 그 다음이 초목(9), 문화(8), 시후(6), 동물(6), 주거(6), 인사(6) 등이 높은 빈도를 보이는 것이다. 이에 대해 중국의 미어(謎語)가 동작류와 성상류에 집중적 분포를 보이는 것은 한국의 경향과 같으나, 기물류(5)가 고빈도를 보여 차이를 보인다.

넷째, 답항의 답이 한자 1자로 되는 경우 한국 수수께끼는 개별어가 126자, 중국의 미어는 47자로 나타난다. 한 · 중 자미의 답항에 공통되는 한자는 "기(器), 명(明), 벽(碧), 생(生), 왕(王), 전(田), 조(朝)"의 7자뿐이다. 이는 한 · 중 파자 수수께끼의 대상이 현격하게 달라, 파자의 대상 약 96%가 다르다는 것을 의미한다. 공통되는 점은 동작류(動作類), 성상류(性狀類)의 빈도가 높다는 것이다.

다섯째, 답항의 빈도가 높은 한자는 한국의 경우는 "전(田)"자가 6회, "용(用), 지(只)"자가 4회, "경(競), 여(驢), 소(笑), 이(李), 정(井), 조(趙), 혈(穴), 호(好)"의 8자가 3회씩 쓰여 고빈도를 보인다. 이에 대해 중국의 경우는 카드를 나타내는 "카(卡)"자가 3회, "공(共), 필(必)"자가 각 2회 반복되고 있다. 따라서 답항에 나타나는 한자의 빈도도 현격한 차이를 보인다.

두 나라는 파자 수수께끼를 공유한다는 공통된 문화적(文化的) 배경(背景)을 지니고 있다. 그러나 파자 수수께끼의 세계는 현격한 차이를 보인다. 이는 파자를 할 수 있는 가능성이 광범하다는 것을 의미하는가 하면, 문화적 차이가 크다는 것을 말해 준다. 이러한 파자 경향의 차이는 파자 수수께끼를 한자 학습에 효과적으로 활용할 수 있음을 암시한다. 필요하다면 파자 수수께끼는 얼마든지 창작하여 효과적으로 한국어교육에 활용할 수 있다. 특히 파자(破字)는 자형을 쉽고 흥미롭게 학습하고, 잘 기억하게 해준다. 이렇게 볼 때 한국어교육의 동기 및 흥미 유발, 그리고 효과적인 한국의 언어문화(言語文化) 학습을 위해 파자 수수께끼를 적극적으로 도입·활용함이 바람직하다고 하겠다.

▌참고문헌

김성배 편(1976), 한국수수께끼사전, 언어문화사.

박갑수(2005), 국어교육과 한국어교육의 성찰, 서울대학교 출판부.

장덕순 외(1971), 구비문학개설, 일조각.

최상수 편(1977), 한국의 수수께끼, 서문문고.

田中梅吉(1920), 謎の硏究(歷史とその樣式), 朝鮮總督府.

朝鮮總督府(1919), 朝鮮の謎, 朝鮮總督府.

Pepicello, W.J, T.A. Green(1984), The Language of Riddle : New Perspective, Ohio State University Press, 남기탁 외 역(1993), 수수께끼의 언어, 강원대학교 출판부.

박갑수(2009), 破字, 기지와 해학의 표현, 한국어문회 편, 國漢混用의 國語生活, 한국어문회.

박갑수(2009), 기지와 해학의 표현 파자, 中韓韓國文化學術討論會 論文集, 中國 浙江越秀外國語學院 韓國文化硏究所.

* 이 글은 한국어교육연구 제15집(서울대학교 외국인을 위한 한국어교육지도자과정, 2011년 10월)에 게재된 것이다.

사항 찾아보기

ㄱ

가면극 391
가시리 30
가시리 評說 31
가요(歌謠) 460
가족 관계 145, 179
가족 관계 한자어 451
가차문자(假借文字) 438
감각의 예둔을 나타낼 때 65
감정(感情)의 표현 60
감추는 것 51
강령(康翎)탈춤 391
개(犬·dog)의 이미지 77
개고 368
개념적 면 235
개방직유(open simile) 267
거짓말하는 것 46
거처에 따른 발상과 명명 415
결의를 나타낼 때 66
계견(鷄犬) 446
계절·시기에 따른 발상과 명명 423
"고본춘향전"의 발상과 표현 347
"고본춘향전"의 발상과 표현 특성 345
고생하는 것 49
곤충(昆蟲) 277, 297, 450
골육(骨肉) 443
공통 항목 176
관계 217
관용 표현 66
관용어(idiom) 207, 233

관용적 표현 232, 233
광감어 402
광감에 따른 발상과 명명 407
광물 271, 278, 299
교시적(教示的) 기능 375, 397
교양성의 확립 362
교훈성의 강화 360
구고(舅姑) 455
구비(口鼻) 440
구슬 279
구토(龜兎) 447
귀 관련 관용어 248
귀 관련 관용어의 주요 유형 분포 239
귀 관련 관용어의 특징 262
귀와 관련된 관용어 233
귀의 이미지 85
그림 수수께끼(畫謎) 501
근거리·즉시 224
글자 수수께끼(字謎) 501
금 278
금석 300
금수(禽獸) 449
금슬(琴瑟) 461
기구 281, 293
기구·재료 273, 305
기발한 발상 487
기쁨을 나타낼 때 60
기생·봉사 293
기타 행위 58

김삿갓(金笠)의 한시 394
김삿갓의 수연시(壽宴詩) 24
김택영(金澤榮)의 송도인물지(松都人物
　志) 117, 320
"까마귀"에 관한 속담 183
"까마귀·여우·꽃·딸"에 관한 속담 181
까마귀의 속성 188
까마귀의 식성 187
까마귀의 식성·속성 184
까마귀의 이미지 183, 186, 188
꼭두각시놀음 392
"꽃"에 관한 속담 194
꽃의 이미지 194, 196, 197
꽃의 품격·속성 195, 196

ㄴ

남원고사(南原古詞) 35, 345
남을 기다릴 때 55
남편(夫) 167
남편(男便) 150
내용면에서의 구성 원리 509
내용상의 유형화 530
노래하는 것 51
노여움을 나타낼 때 60
노힐 부득(努肹不得) 23
논리성의 확보 364
눈 관련 관용어의 주요 유형 분포 247
눈 관련 관용어의 특징 263
눈(目·eye)의 이미지 89
눈·서리 302
눈과 관련된 관용어 236

ㄷ

단순직유(simple simile) 267, 269

달달 박박(怛怛朴朴) 23
닭(鷄·chicken, rooster, cock, hen)의 이미
　지 82
대립적 특징에 따른 발상과 명명 408
대소(大小) 408
대유형 529
대유형 파자 수수께끼 516
대인관계 55
대조법 34
대조언어학(對照言語學) 43
대표적인 원관념 311
도남본(陶南本) 춘향전 345
도덕성의 제고 357
도덕적 교훈적 성격 364
도령 270
도화요(桃花謠) 390
동경대학본(東京大學本) 춘향전 345
동물 271, 289, 296
동물 관계 한자어 445
동양문고본(東洋文庫本) 313
동양문고본 직유의 보조관념 296
동양문고본 춘향전 268, 345
동양문고본 춘향전의 비유 285
동의·동형의 관용어 234, 236
동작·태도 218
동작에 따른 발상과 명명 422
동질성 233, 236
동체 290
돼지(豚·pig, hog, swine)의 이미지 74
두 언어권에 공통되는 관용어 234, 237
두뇌(頭腦) 442
두발 290
듣는 것 47
딸(女) 153
딸(娘) 169
"딸"에 관한 속담 198
딸의 이미지 198, 200, 202

뜻·절개 295

ㄹ

로고그립(logogriph) 505

ㅁ

마음 274
말을 하는 것 44
먹는 것 49
며느리(婦) 159
며느리(媳) 174
명명(命名) 36, 403
모파상(Maupassant) 19
무서움을 나타낼 때 63
무용(舞踊) 462
문식력 434
문자언어(文字言語) 433
문장본 고본춘향전 346
문체언어(Stilsprachen) 231
문항 형식에 따른 유형 527
문화·예술 관계 한자어 457
문화적 발상 18, 37
물·물결 303
미각에 따른 발상과 명명 428
민속(民俗) 458
민요 388
민족어의 표현 231

ㅂ

박지원의 호질 376
반골정신 338
발상(發想) 316
발상과 구상 112

발상과 표현 44
발상과 표현의 관계 316
발상과 표현의 특징 262
발상의 의미 15
발상의 차원 344
발상의 특징 313
발상의 특징적 경향 261
밥(飯·rice)의 이미지 100
배비장전 382
배신하는 것 56
변 사또와 방자 292
변강쇠전 384
보조관념(veichle) 268, 269, 284, 309
보조관념의 빈도와 분포 296
본말(本末) 412
본의(本義) 268
본의와 유의의 상호관계 283
봉접(蜂蝶) 449
부끄러움을 느낄 때 65
부모(父母) 149, 163, 451
부부(夫婦) 150, 166, 451
부조리한 표현 365
분함을 나타낼 때 61
불경이부(不更二夫) 22
불쾌함을 나타낼 때 64
비·구름·안개 302
비유법(metaphor) 33
비유의 보조관념 275, 296
비유의 원관념 269, 285
빙설(氷雪) 468
빵(パン·bread)의 이미지 103

ㅅ

사랑 274, 294
사랑손님과 어머니 19, 20
사랑의 시조 386

사물의 명명 402
사위(壻) 160, 174
사회적인 면 37
산·바다 303
산천(山川) 463
산하(山河) 279, 302
삼문사본(三文社本) 춘향전 346
상상의 세계 274, 281, 294
상식과 다른 발상 491
상식적 발상의 조자 477
상태에 따른 발상과 명명 404
상형문자(象形文字) 435
상형형 파자 수수께끼 515
새 289, 297
색감어 402
색감에 따른 발상과 명명 405
생략 367
샤라데(scharade) 505
서민문학 397
서유영(徐有英)의 금계필담(錦溪筆談) 116, 320
서화(書畫) 460
석독—대유 혼합형 522
석독—상형 혼합형 517
석독—의성 혼합형 522
석독형 528
석독형 파자 수수께끼 511
선후(先後) 411
설문해자(說文解字) 435
섬 도(島)자 464
성별에 따른 발상과 명명 424
성애(性愛)의 묘사 137
성운(星雲) 467
성장에 따른 발상과 명명 421
세 언어권에 공통되는 관용어 233
세밀히 조사하는 것 59
세월 295

세태(細太)·광협(廣狹) 410
소(牛·ox, bull, cow)의 이미지 70
소·돼지·개·닭 69
소설의 허구, 곧 창작성 140
소유 221
소종래(所從來)에 따른 발상과 명명 425
"손" 관련 관용구의 개념 213
"손" 관련 관용어의 구조 209
"손"과 관련된 관용어 208
솜씨·역량 215
수수께끼 501
수수께끼의 내용상의 유형 524
수수께끼의 분류 503
수수께끼의 종류 502
수수께끼의 특징 504
수입·소비 222
수족(手足) 439
수토(水土) 464
숙질(叔姪) 453
슈절가 313
슬픔을 나타낼 때 62
습성에 따른 발상과 명명 419
시각 이외의 감각기관에 따른 발상과 명명 431
시각에 따른 발상과 명명 402, 431
시누이(小姑) 161, 176
시몬의 아빠(Simon's Papa) 19
시문(詩文) 457
시부모(媤父母) 156, 157
시부모(舅姑) 172
시아버지(舅) 172
시어머니(姑) 172
식물 271, 289, 298
신구(新舊) 412
신연하인·군노사령·관원 292
신재효(申在孝)의 "박타령" 29
신체(身體) 444

신체 부위 272, 280, 289, 303
신체관계 한자어 439
심리적인 면 38
심정(心情)의 표현 63
심폐(心肺) 441

ㅇ

아나그람(anagramm) 505
아들(子) 152
아들(男の子) 169
아버지(父) 146, 162
아첨하는 것 46
안도를 나타낼 때 62
안면(顔面) 290, 442
애증을 나타낼 때 62
야단치는 것 45
양반문학 397
양자 290
양주동(梁柱東) 31
양친(兩親) 455
어류 289
어머니(母) 148, 163
어미(語謎)의 형식적 구분 504
어원과 발상의 문제 402
어패류 298
어휘 구성의 특성 472
어희적, 해학적 표현 362
언어(言語) 457
언어권에 따른 분포 248
언어권에 따른 특징 240
언어문체(Sprachstil) 231
언어문화(言語文化) 교육 502
언어생활 44
언어적 발상 18, 37
언어적인 면 38
엉뚱한 발상 484

"여우"에 관한 속담 189
여우의 이미지 189, 190, 191, 193
연극(演劇) 461
연작(燕雀) 448
열거법 33
열녀춘향수절가 27
열녀춘향수절가의 비유 268
열여춘향슈절가 268
영어 관용구의 개념 226
영어 관용구의 구조 210
영어 속담의 표현 187, 191, 197, 200
오작(烏鵲) 448
옥 278, 300
용도에 따른 발상과 명명 420
용사(龍蛇) 447
우양(牛羊) 445
웃는 것 52
원관념(tenor) 268, 269, 283, 308
원관념과 보조관념의 상호관계 282, 307
위장(胃腸) 444
위치·방위에 따른 발상과 명명 416
유구곡(維鳩曲) 34
유몽인(柳夢寅)의 어우야담(於于野談) 113,
  317
유연성(有緣性) 401, 468
유의(喩義) 268
유형적 문체 231
육서(六書) 39, 435
음독-대유 혼합형 522
음독-대유형 530
음독-상형 혼합형 520
음독-상형형 529
음독-석독형 529
음독-석독 혼합형 521
음독-석독-상형 혼합형 522
음독-의성 혼합형 522
음독형 파자 수수께끼 510

음독형(音讀型) 527
음성·음향 273, 291
음향 303
의사소통능력(communicative competence) 434
의성형 파자 수수께끼 516
의식주 273, 280, 293, 304
이덕형(李德泂)의 송도기이(松都記異) 114, 318
이독성(易讀性)의 추구 369
이명선본 "춘향전" 378
이목(耳目) 440
이목 관련 관용어 231, 262
이목구비(耳目口鼻) 69
이목구비의 이미지 85
이태준 소설 322
이태준 소설의 구성 내용 126
이태준 소설의 구성 형식 118
이태준 소설의 창작성 132
이태준의 "황진이" 112, 322
이태준의 발상과 구성 119
이해조의 옥중화 27
인과(因果) 413
인물의 형상화 339
인형극 392
일·일손 214
일반 수수께끼(謎語) 501
일본 속담의 표현 185, 190, 196, 200
일본어 관용구의 개념 227
일본어 관용구의 구조 212
일본의 가족 관계 162
일상생활 48
일에 관계하는 것 50
일월(日月) 466
일을 저지를 때 53
일하는 것 48
임방(任防)의 수촌만록(水村漫錄) 115,

319
임제(林悌) 386
입(口·mouth)의 이미지 92
입신양명하는 것 52

ㅈ

자녀(子女) 452
자는 것 50
자료에 따른 발상과 명명 418
자매(姉妹) 454
자식(子) 170
자식(子息) 154
자연 관계 한자어 463
작가의 발상과 표현 112
잘 사는 것 48
장인장모(丈人丈母) 156, 158
장편 춘향전의 해제 345
재명명(再命名) 36
전경린 소설의 구성 내용 130
전경린 소설의 구성 형식 122
전경린 소설의 창작성 136
전경린의 "황진이" 112, 335
전경린의 발상과 구성 123
전용의 발상 494
전주문자(傳注文字) 437
전통문화를 반영한 발상 480
정비석의 "황진이" 325
정석가 36
정읍사(井邑詞) 31
정철(鄭澈) 387
정확성의 도모 366
제1유형 신체 부위 241, 249
제2유형 시각 능력 250
제2유형 청각기능 241
제3유형 판단·이해(력) 242, 250
제4유형 주의·관심 242, 251

제5유형 시선·표정·태도 253
제5유형 표정·태도 244
제6유형 의사 전달·전언 244
제6유형 의사전달 255
제7유형 소식·풍문 244
제7유형 외모 255
제8유형 경험 245, 256
제9유형 감정 245, 256
제10유형 귀의 모양·위치 246
제10유형 생사 258
제11유형 잠 259
제11유형 주변·근처·현장 246
제12유형 기준·정도 246
제12유형 기준·정도·운수 259
제13유형 근거리 260
제13유형 싸움·구타 247
제14유형 대가 247
제14유형 기만, 속이다 260
제15유형 수면 247
제15유형 눈물, 운다 260
제16유형 아첨 247
제16유형 추파 261
제17유형 싸움 261
제도(制度) 458
제자(製字) 38
조류 276
조손(祖孫) 453
조어(造語) 37
조자(造字) 38
조자(造字) 과정 434, 469
조자에 반영된 발상 438
종결어에 따른 구분 508
종결어에 따른 유형화 530
종결형에 따른 파자 수수께끼의 유형 523
종교 관계 281
주변 인물 273, 280, 291, 303
주요섭(朱耀燮) 19

주인공 269, 285
주체성의 강구 347
중간어원(中間語源) 401, 469
중국의 측자(測字) 수수께끼 527
중국적 요소의 교체 348
중국적 요소의 생략 354
중앙인서관(中央印書館本) 춘향전 346
지배·간섭 219
지사문자(指事文字) 436
지체(肢體) 223
직유 사용의 경향 310
직유(simile) 267
진부(眞否) 414
진옥(眞玉) 387
진이의 기세(棄世) 329
진이의 성격 326, 336
진이의 외모 335
짐승 276, 297

ㅊ

착수 220
참요(讖謠) 389
처첩(妻妾·女房) 151, 167, 456
천지(天地) 463
천체와 기상 271, 279, 289, 301
청각에 따른 발상과 명명 427
초목(草木) 299, 465
초목류 277
촉각에 따른 발상과 명명 430
최고본 354
최고본의 표현 특성 344
최남선본 고본춘향전 345
추가 367
춘향 270, 286
춘향전 378, 379
춘향전의 대단원 26

측자(測字) 507
측자(測字) 수수께끼 501
침묵하는 것 45

ㅋ

코(鼻·nose)의 이미지 96
쾌락적(快樂的) 기능 375, 397

ㅌ

탁자(柝字) 507
탈놀이 391
특수한 발상의 조자 473
특정 인물 296
특정문화 45

ㅍ

파린드롬(palindrom) 506
파자(破字) 395, 506
파자(破字) 수수께끼 395, 501
파자 수수께끼의 구성 원리 507
파자 수수께끼의 원리 506
파자 수수께끼의 형식상의 유형 509
패설 자료와 소설의 구성 내용 123
패설 자료와 소설의 구성 형식 117
패설(稗說)의 수용 여부 112
패설과 소설 구성의 형식 139
패설과 소설과의 관계 138
패설과 소설의 상호관계 124
패설에 반영된 황진이 317
패설의 내용과 소설의 내용 140
편(pun) 393
폐쇄직유(closed simile) 267
표리(表裏) 410

표현 특성 344
풍우(風雨) 467
풍자(satire) 375, 397

ㅎ

한·영·일의 관용구 208, 228
한·영어 간 동의·동형의 관용어 235
한·일·영 관용어의 표현상의 특징 262
한·일·영어권 이미지의 공통요소 107
한·일·영어권의 관용어 233
한·일·영어권의 동의·동형의 관용어 236
한·일·영어권의 발상과 이미지 69
한·중 자미의 답항 531
한·중 파자 수수께끼 501
한·중 파자 수수께끼의 비교 532
한국 관용어의 형태 235
한국 속담의 표현 183, 189, 194, 198
한국·일본·영어권의 까마귀 203
한국·일본·영어권의 꽃 204
한국·일본·영어권의 딸 205
한국·일본·영어권의 여우 204
한국어 관용구의 개념 214
한국어 관용구의 구조 209
한국어교육 534
한국어의 발상 17
한국어의 정체성 67
한국의 가족 관계 146
한국인의 발상(發想) 146, 267
한국인의 발상과 표현 268
한국인의 발상의 특성 313
한국적 발상 232
한국적 요소의 우선 356
한량·왈자들 292
한우(寒雨) 386
한자의 조자 과정 471, 472, 498
한자의 조자 방법 435

한자의 조자와 발상 498
한중 발상과 문화적 차이 472
한한(韓漢) 양어의 특징 469
해고 · 배척하는 것 56
해도(海島) 464
해학(humor) 376, 397
해학적 표현 362
해학적 희극성의 배격 363
햇빛 · 달빛 · 성화 301
행위에 관한 표현 44
허균(許筠)의 성옹지소록(惺翁識小錄) 115,
  319
허신(許愼) 435
협력 · 협조 224
형감어 402
형감에 따른 발상과 명명 403, 408
형성문자(形聲文字) 437
형용법(figure of speech) 33
형제(兄弟) 161, 175, 454
형태에 따른 발상과 명명 403
형태적 구조에 따른 구분 507
호랑(虎狼) 446
호모님(homonym) 505
혼합형 파자 수수께끼 517
홍석중 소설의 구성 내용 128
홍석중 소설의 구성 형식 120
홍석중 소설의 창작성 134
홍석중의 "황진이" 112, 330
홍석중의 발상과 구성 121
화냥년 22
화훼(花卉) 299, 465
화훼류 277
확장직유(expanded simile) 267, 269, 277,
  303, 312
황진이(黃眞伊) 315
황진이 생애 관련 기록 113
"황진이" 소설의 구성 132

"황진이" 소설의 독창성 340
"황진이" 소설의 발상과 표현 316
"황진이" 소설의 특성 138
황진이의 반골정신 334
황진이의 생애 118
황진이의 성격(性格) 323, 332, 339
"황진이"의 인물 형상화 339
황진이의 외모(外貌) 322, 326, 339
황진이의 용모 330
황진이의 인물 317, 321
황진이의 재예(才藝) 324, 328, 333,
  337, 340
"황진이"의 형상화 315, 321, 322
회의문자(會意文字) 436
효과적인 한국의 언어문화(言語文化) 학
  습 534
후각에 따른 발상과 명명 429
후박(厚薄) 409
흉복(胸腹) 441
흥부전 380, 395
흥부전의 대단원 29

Genung 33

I

Ideation 17
Idea generation 17
Idiom 207

W

Wikipedia 17

조자(造字) 풀이 찾아보기

歌 노래 가 460

家 집 가 474

犬 개 견 446

京 서울 경 486

鷄 닭 계 446

姑 시어미 고 455

古 예 고 489

昆 벌레 곤 450

骨 뼈 골 443

龜 거북 구 447

舅 시아비 구 455

口 입 구 440

君 임금 군 489

宮 집 궁 485

貴 귀할 귀 482

劇 심할 극 462

筋 힘줄 근 474

琴 비파 금 461

禽 새 금 449

器 그릇 기 495

內 안 내 491

女 계집 녀 452

奴 종 노 497

腦 머리 뇌 442

德 큰 덕 495

度 법도 도 459

島 섬 도 489

突 부딪칠 돌 486

童 아이 동 482

豆 콩 두 496

頭 머리 두 442

狼 이리 랑 446

禮 예도 례 40

妄 망녕될 망 482

妹 누이 매 455

賣 팔 매 483

面 낯 면 443

名 이름 명 488

母 어미 모 451

目 눈 목 440

牧 기를 목 477

木 나무 목 465

牧 칠 목 39

舞 춤 무 462

文 글월 문 457

問 물을 문 495

民 백성 민 458

俳 광대 배 484

法 법 법 479

腹 배 복 441

福 복 복 484

伏 엎드릴 복 477

蜂 벌 봉 449

婦 며느리 부 452, 481

父 아비 부 451

夫 지아비 부 40, 480

悲 슬퍼할 비 479

鼻 코 비 440, 487

氷 얼음 빙 468

蛇 뱀 사 447

師 스승 사 497

山 뫼 산 463

色 빛 색 476

書 글 서 460

雪 눈 설 468

星 별 성 467

聖 성인 성 473

性 성품 성 490

俗 풍속 속 458

孫 손자 손 453

愁 근심 수 493

水 물 수 464

手 손 수 439

獸 짐승 수 449

叔 아재비 숙 453

瑟 큰 거문고 슬 461

僧 중 승 491

詩 귀글 시 457

身 몸 신 444, 494

心 마음 심 441

我 나 아 495

岳 큰산 악 493

顔 얼굴 안 442

安 편안할 안 480

兩 두 양 455

羊 양 양 445

語 말씀 어 457

言 말씀 언 457

如 같을 여 489

役 부릴 역 473

演 멀리 흐를 연 461

燕 제비 연 448

悅 기쁠 열 488

永 길 영 486

烏 까마귀 오 448

獄 옥 옥 485

謠 노래 요 461

踊 뛸 용 462

龍 용 용 447

雨 비 우 467

牛 소 우 445

雲 구름 운 467

月 달 월 466

胃 밥통 위 444

位 자리 위 478

有 있을 유 487

肉 고기 육 443

育 기를 육 40

慄 두려워할 율 490

耳 귀 이 440

人 사람 인 491

姻 혼인할 인 495

日 날 일 466, 493

字 글자 자 497

姉 손윗누이 자 454

子 아들 자 452

鵲 까치 작 448

雀 참새 작 448

腸 애 장 444

葬 장사지낼 장 483

將 장수 장, 거느릴 장 485

蝶 나비 접 450

情 뜻 정 494

制 마를 제 458

弟 아우 제 454

祭 제사지낼 제 483

祖 할아비 조 453

足 발 족 439

尊 높을 존/ 귀할 존 475

走 달릴 주 39

住 살 주 479

主 임금 주 473

宙 집 주 487

憎 미워할 증 479

地 땅 지 463

志 뜻 지 492

姪 조카 질 454

妻 아내 처 456

川 내 천 464

天 하늘 천 463

妾 고마 첩 456

體 몸 체 444

草 풀 초 465

祝 빌 축 481

蟲 벌레 충 450

取 가질 취 475

親 어버이 친 456, 492

太 클 태 475

兎 토끼 토 447

土 흙 토 465

肺 허파 폐 441

浦 물가 포 478

風 바람 풍 467

豊 풍성할 풍 479

何 어찌 하 496

學 배울 학 459

海 바다 해 464

行 다닐 행 497

幸 다행 행 490

賢 어질 현 488

兄 맏 형 454

虎 범 호 446

好 좋을 호 492

虹 무지개 홍 476

花 꽃 화 465

畵 그림 화 460

貨 재화 화 484

孝 효도할 효 478

休 쉴 휴 493

胸 가슴 흉 441

卉 풀 훼 466

저자 소개

박 갑 수

서울대 명예교수, 연변대 과기학원 겸직교수
일본 天理大學, 筑波大學, 중국 洛陽外國語大學 초빙교수 역임
한국어 세계화재단 이사 역임
한국어능력시험 자문위원장 역임
재외동포교육진흥재단 상임대표 역임
(사)한국문화국제교류운동본부 이사장
국어교육학회·이중언어학회·한국언어문화교육학회 고문
논저: "현대문학의 문체와 표현"
　　　"고전문학의 문체와 표현"
　　　"일반국어의 문체와 표현"
　　　"국어교육과 한국어교육의 성찰"
　　　"한국어교육의 원리와 방법"
　　　"한국어교육과 언어문화 교육"
　　　"재외동포 교육과 한국어교육" 외 다수.

한국인과 한국어의 발상과 표현

　　초판 인쇄 2014년 8월 1일
　　초판 발행 2014년 8월 8일

　　지은이 박갑수
　　펴낸이 이대현
　　편 집 이소희
　　펴낸곳 도서출판 역락
　　　　　　서울 서초구 동광로 46길 6-6 문창빌딩 2층
　　　　　　전화 02-3409-2058(영업부), 2060(편집부)
　　　　　　팩시밀리 02-3409-2059
　　　　　　이메일 youkrack@hanmail.net
　　　　　　등록 1999년 4월 19일 제303-2002-000014호

ISBN 979-11-5686-069-3 93710
정 가 38,000원

* 파본은 구입처에서 교환해 드립니다.

이 도서의 국립중앙도서관 출판예정도서목록(CIP)은 서지정보유통지원시스템 홈페이지(http://seoji.nl.go.kr)와
국가자료공동목록시스템(http://www.nl.go.kr/kolisnet)에서 이용하실 수 있습니다.(CIP제어번호 : CIP2014022622)